북한개발협력의 이해

이론과 실제

국제개발협력학회 연구총서 Ⅰ

북한개발협력의 이해
이론과 실제

초판 1쇄 발행 | 2017년 12월 29일
초판 2쇄 발행 | 2018년 10월 17일

지은이 | 손혁상·유웅조·김지영·박지연 외
발행인 | 부성옥
발행처 | 도서출판 오름
등록번호 | 제2-1548호 (1993. 5. 11)

주 소 | 서울특별시 중구 퇴계로 180-8 서일빌딩 4층
전 화 | (02) 585-9122, 9123 / 팩 스 | (02) 584-7952
E-mail | oruem9123@naver.com
ISBN   978-89-7778-480-2   93340

※ 잘못된 책은 교환해 드립니다.
※ 값은 뒤표지에 있습니다.

이 도서의 국립중앙도서관 출판예정도서목록(CIP)은 서지정
보유통지원시스템 홈페이지(http://seoji.nl.go.kr)와 국가자
료공동목록시스템(http://www.nl.go.kr/kolisnet)에서 이용
하실 수 있습니다. (CIP제어번호: CIP2017033250)

국제개발협력학회 연구총서 I

북한개발협력의 이해
이론과 실제

손혁상 · 유웅조 · 김지영 · 박지연 외

Understanding Development Cooperation in North Korea
Theory and Practice

Hyuk-Sang Sohn · Woong-Jo You
Jiyoung Kim · Jiyoun Park et al.

ORUEM Publishing House
Seoul, Korea
2018

〈국제개발협력학회 연구총서〉 발간에 즈음하여

우리 국제개발협력학회가 결성된 지도 어언 10년이 넘었습니다. 그간 우리 학회는 우리나라 국제개발협력의 성장과 더불어 양적으로나 질적으로 도약을 해왔습니다. 이런 발전에 따라 개발협력 인력을 양성하는 교육 현장과 개발협력 사업이 수행되는 현장으로부터 국제개발협력에 대한 연구와 교육, 이론과 실제에 관한 다양한 요구들이 있었습니다. 이런 요구에 부응하여 국제개발협력 전반을 다루는 입문서가 여러 관련 기관과 연구자들에 의해 발간되었습니다.

그러나 위에서도 언급했듯이 우리나라의 국제개발협력 활동은 양적으로나 질적으로 짧은 기간 동안 비약적으로 성장했고 이 성장은 보건, 교육, 행정, 정보통신기술 등 많은 분야에서의 다양성의 증가와 내용의 심화를 의미했습니다. 이에 따라 개별 분야에서 현장의 경험을 정리하고 연구를 심화하고 또 교육적 수요에 대응할 필요가 생겼고, 국제개발협력 개론서, 입문서가 아니라 각 분야 전문서적에 대한 필요가 제기되었습니다. 저희 학회는 이미 이러한 필요성을 인식하고 〈국제개발협력 해설서〉라는 제목으로 각론을 다루는 편집서를 발간한 바 있습니다. 그러나 우리나라 국제개발협력의 빠른 성장은 여러 분야의 지식을 더 이상 한 권으로 다룰 수는 없는 수준이 되었습니다. 이에 따라 〈국제개발협력학회 연구총서〉를 발간하자는 합의가 자연스럽게 이루어졌고, 북한개발협력 연구분과위원회에서 첫 번째 분과 전문서적으로 『북한개발협력의 이해: 이론과 실제』를 발간하게 되었습니다.

저는 『북한개발협력의 이해: 이론과 실제』가 우리 연구총서의 첫 번째 도서가 된 것이 더욱 각별한 의미가 있다고 생각합니다. 북핵 문제, 북한에 대한 인도적 지원과 관련된 여러 논란에도 불구하고 북한은 우리가 협력하고 같이 발전해 나가야 할 개발협력의 대상이자 궁극적으로 그 이상의 동반자이기 때문입니다. 또한 향후 북한의 개발협력에서 개발협력 국제공동체와 협력을 해 나가되 우리나라가 주도하기 위해서는 차근차근 이론적·실무적 준비가 시작되어야 합니다. 그런 점에서 이 책의 발간은 매우 시기적절합니다. 『북한개발협력의 이해: 이론과 실제』가 연구총서의 첫 번째 서적으로 나오는 데 적극 협력해 주신 손혁상 전 회장님, 김지영 연구분과위원장 이하 연구자 여러분에게 감사드립니다.

앞으로도 저희 학회는 〈국제개발협력학회 연구총서〉에서 각 분야의 연구를 집대성하고 교육에 활용할 수 있는 서적들을 발간할 것입니다. 이번 첫 번째 『북한개발협력의 이해: 이론과 실제』이 나온 것을 축하해 주시고 앞으로 나올 시리즈를 관심 갖고 지켜봐 주시기 바랍니다.

국제개발협력학회 학회장
이희진

차 례

제2부   북한개발협력의 주요 행위자

Contents

Contents

Contents

북한개발협력의 포괄적 이해와
다양한 접근법

손혁상 | 경희대학교 공공대학원
유웅조 | 국회입법조사처 외교안보팀

이 책을 처음 구상하던 2016년 초와 비교하여 현 시점의 한반도 정세는 많은 변화가 진행되고 있다. 트럼프(Donald Trump) 행정부가 들어서기 이전인 2016년 초는 북한의 핵과 미사일 실험이라는 불확실성에도 불구하고 '북·미 대화' 가능성이 높았던 시기였다. 현재는 북한의 연이은 핵과 미사일 도발과 미국의 강경대응으로 대화와 교류 가능성이 낮아졌기 때문에 이 책에 수록된 글들이 현실적 상황과 다소 부합하지 않을 수도 있다는 인식을 갖게 할 수 있다. 특히 현재 북한이 핵무기를 절대로 포기하지 않겠다는 입장을 고수하고 있어, 북한개발협력에 대한 논의가 당분간은 중요한 사안이 되지 못할 것이라는 입장이 강화되고 있음은 틀림없다. 그러나 일각에서는 북한에 대한 인도적 지원의 필요성을 주장하고 있으며, 실제로 스위스를 비롯한 일부 국가의 양자원조와 WFP 등 국제기구를 통한 다자원조가 현재에도 이루어지고 있어 이 책에서 다루고자 하는 북한개발협력에 대한 논의는 현재진행형이다. 또한 북핵 문제가 어떠한 방식으로 해결되더라도 북한에 대한 개발지원은 향후 협상과정과 해결 이후에도 우리와 국제사회가 다룰 수밖에 없는 주제이기도 하다.

이 책에서 다루고 있는 북한개발협력에 대한 이해를 위해서는 '북한개발협력'의 범주에 대한 논의가 우선되어야 한다. 이 책의 저자들이 사용하고 있는 '북한개발협력'의 개념은 정부 및 비정부 차원(시민단체 등)의 양자 및 다자적인 지원(자금, 물품, 물자, 인력 이동 등)과 북한 정부뿐만 아니라 일반 민간을 대상으로 한 직접적 지원까지를 모두 포함하는 매우 포괄적 의미이다. 이 같은 개념에 따라 '개발협력'은 무역이나 투자 등 경제적 활동이나 군사적 수단(물품, 물자, 자금, 인력 등)을 제공하는 '군사적 원조'와는 구분된다. 이 맥락에서 '북한개발협력'은 '대북 (경제)지원(또는 '대북 (경제)원조)'과 혼용될 수 있다. 다만 개발협력위원회(DAC: Development Assistance Committee)에서 정의하는 공적개발원조(ODA: Official Development Assistance)와는 차이가 있다. ODA는 공여 주체의 측면에서 정부 및 지방정부만을 포함하며, 양허율에 대한 엄밀한 규정을 포함하고 있기 때문이다. 즉 '북한개발협력' 또는 '대북 (경제)원조' 및 '대북 (경제)지원'은 북한에 대한 ODA보다 광의적 범주이다. 특히 우리나라 대북지원의 경우 DAC에서 정의하는 ODA보다 포괄적이고 한국 정부가 헌법규정에 근거하여 국내지원으로 간주하기 때문에 DAC 통계자료와는 구분된다.

이와 같은 범주에 의거하여 북한개발협력에 관한 주요 선행 국내연구를 살펴보면 다음과 같다.[1] 우선 학술지를 통해 발표된 주요한 연구들 중에 중국과 러시아(구 소련)를 비롯한 사회주의권 국가들의 대북 경제 원조 분석이 있다. 초기의 대표적인 연구자로 조인석(1974a; 1974b)과 김윤환(1979) 등은 중국과 러시아(구 소련)의 대북 원조와 북한의 경제발전계획 및 발전과의 연계성에 대해서 역사적으로 기술하고 있다. 이후 1990년대와 2000년대 들어

---

1) 이 밖에도 한국수출입은행의 『수은북한경제』, 한국개발연구원의 『KDI 북한경제리뷰』, 한국농촌경제연구원의 『북한농업동향』 등을 통해 발표된 많은 연구들이 있으나, 이 연구들은 학술지나 단행본을 통해 발표된 연구와 중복된 경우가 있어서 여기에서는 제외하였다.

서도 관련 연구들이 진행되었는데, 전홍철(1993)과 임방순과 한마크만균 (2015a; 2015b; 2016)은 중국과 러시아(구 소련)의 외교전략과 대북 원조정책 간의 연계에 대해서, 그리고 신지혜(2017)의 경우에는 중국의 지역개발정책 과 대북 원조 간의 연계성에 대해서 분석하고 있다.

한편 학술지를 통해 발표된 대부분의 연구들은 국제사회 또는 한국의 대북 원조에 대한 연구들인데, 이 연구들은 대북지원의 의의, 대북지원 거버 넌스, 재원, 효과 및 여론 등에 대한 것으로 구분할 수 있다.

대북 원조의 의의와 관련하여서, 김덕준과 Kelleher(2005)는 대북지원의 인도적 성격을 강조하고 있는 반면에, 강동완(2011)은 대북 식량지원을 남 북한 상생과 공영을 위한 한반도 종합발전구상이라는 맥락에서의 개발협력 으로 활용해야 한다는 점을 주장하고 있다. 또한 북한개발협력의 국제규범 적 측면으로의 발전을 기하는 차원에서 새천년발전목표(MDGs)와 지속가능 발전목표(SDGs)의 실현 차원에서 북한개발협력 현황과 과제를 제시하는 연 구(박지연 외 2016)가 있으며, 박지연·문경연·조동호(2016)는 또 다른 연구 에서 유엔 SDGs 차원에서 북한개발의 평가지표를 도출하고 있다.

대북지원 거버넌스에 대한 연구들은 정부 차원, 정부와 비정부 부문 간 의 협치, 그리고 비정부 부문(특히 NGO)의 역할과 기능 및 발전과제 등에 대한 것들이 있다. 정부 차원의 거버넌스 문제와 관련해서 강동완(2008)은 김대중 정부와 노무현 정부의 대북지원 정책네트워크 분석을 통해 대북지원 정책의 발전과제를 제시하고 있으며, 문경연(2013)은 한국의 대북지원 정책 결정 과정에 내재된 딜레마를 파악하고, 이를 극복하기 위한 방안으로 국제 개발협력 규범을 제시하고 있다. 그리고 정부와 비정부 간의 협치와 관련하 여 최대석(2006)은 대북지원의 성격이 인도적 지원에서 개발협력으로의 전 환으로 변화하고 있다는 점을 지적하고 이에 따른 정부와 NGO 간의 역할 분담과 조정의 필요성을 강조한다. 강동완과 양현모(2009)는 정책네트워크 분석을 토대로 대북 인도적 지원사업의 민관협력체계의 개선방안을 제시하 고 있다. 그리고 대북지원에서 비정부 부문의 역할 및 기능과 관련하여 송 정호(2010)는 통일정책이라는 맥락에서 대북개발지원의 시민사회의 역할에 대해서 분석하였고, 김창근(2011)은 국내 민간단체의 대북 개발지원이 북한의 경제적·사회적 개발과 역량강화에 기여하기 위한 발전과제를 제시하고 있다. 같은 맥락에서 김성한과 문경연(2015)은 대북지원 NGO와 북한인권 NGO의 활동에 대한 분석을 통해 이들 NGO가 남북관계의 완충망 역할, 북한 인권에 대한 국내외 관심제고, 북한 주민들의 인도적 참상 완화, 북한에 대한 민족 공동체 의식 회복 등에 기여했음을 밝히고 있다. 이와 함께 거버넌스 차원에 포함될 수 있는 기술적 차원에서 이금순(2005)은 1995년부터 개시된 대북 인도적 지원의 효과를 평가하는 데 있어서의 한계점을 지적하고 이를 개선해야 한다는 입장을 제시하고 있으며, 김영근(2008)은 기존 사례를 바탕으로 북한 경제재건을 위한 ODA 규모를 추정하는 연구를 실시하였다.

이 같은 거버넌스 문제와 함께 대북지원의 재원이 중요한 사안 중의 하나인데, 이와 관련하여 장형수(2008)는 북한개발에 필요한 재원을 조달하는 방안으로 '북한개발재원그룹' 설립을 주장하고, 이종운(2014)은 대북지원의 원조효과성 제고라는 측면에서 다자간 신탁기금의 설립방안을 제시하고 있다.

한편 대북지원에서 다루어져야 할 핵심 주제 중에 하나가 국내여론에 대한 연구일 것이다. 이와 관련하여 강주현(2013)은 남북통일의 필요성을 느끼는 강도와 북한을 적대 대상으로 인지하는 수준에 따라 대북지원 수준에 영향을 미치고 있음을 밝히고 있으며, 이와 유사하게 민태은(2016)은 북핵 위협에 대한 인식이 대북지원에 대한 의식에 영향을 미치고 있음을 분석했다. 이와 관련하여 임을출(2011; 2013)은 대북 원조와 새천년개발목표 등에 대해서 북한이 매우 부정적인 인식을 갖고 있다는 점을 밝히고 이를 극복하는 방안이 필요하다는 점을 강조하고 있다. 이에 반해 이우영(2014)은 대북 인도적 지원에 참여하는 국내 참여자에 대한 면접자료를 토대로 북한에 대한 지식과 경험을 풍부하게 했을 뿐만 아니라, 타협을 위한 협상의 기술도 발전시켜 상대방에 대한 마음체계의 순응에 기여했다는 점을 밝히고 있으며, 김지영(2016)은 탈북민에 대한 설문조사와 심층면접조사를 토대로 국제사회의 대북 인도적 지원이 주요 공여기관에 대한 북한 주민들의 인식을 긍정적으로 변화시키는 데 기여하고 있다는 점을 밝히고 있다. 그리고 국제적 차원에서 김상기(2015)는 유엔총회 투표자료에 대한 실증분석을 토대로 DAC 회원국의 ODA가 북한의 외교정책에 영향을 미쳤는가를 분석하였다.

이와 같이 학술지를 통해 개별적으로 발표된 연구와 함께 여러 편의 단행본은 북한개발협력에 대한 이해를 제고하는 데 기여하였다. 장형수와 박영곤(2000)은 국제협력체 설립을 통한 북한개발 지원방안을 제시하였으며, 윤대규와 임을출(2006)은 북한개발협력을 북한 경제개혁을 위한 새로운 패러다임으로 제시하였다. 이와 함께 통일연구원에서 북한개발협력과 관련한 일련의 단행본 발간하였다. 우선 임을출(2006)은 북한개발협력과 관련한 주요 개념과 정책에 대한 쟁점을 소개하고 정책적 개선과제를 제시하였고, 조한범(2007)은 기존의 대북지원이 인도적 차원과 경제개발차원에 제한되고 있다는 점을 지적하고, 향후 도시·주택·교통·보건의료·공중위생·사회복지·교육 등 사회개발적 측면의 지원으로 확대 되어야 한다고 주장하였다.

박형중(2007)은 유엔기구와 OECD DAC 등의 개발협력 이론과 업무추진방식을 체계적으로 정리하고, 이를 토대로 북한개발협력 모델을 제시하고 있다. 한편 통일연구원이 주관하여 발간한 주요한 경제인문사회연구회 총서로는 임강택과 공동연구자(2011)들이 부패, 체제 전환, 개발지원 등의 다양한 이론적 관점을 토대로 북한개발협력 정책과제를 제시하고, 이종무와 공동연구자(2011)들이 진행한 수원국 역량발전모델에 대한 연구가 있다. 또한 최근에 김석진과 홍제환(2016)은 북한의 민생경제 또는 사경제(private sector development) 진흥을 위한 개발협력정책을 제안하고 있다. 이 밖에도 한국수출입은행(2014)에서는 금융지원을 통한 북한개발협력 방안에 대한 포괄적인 논의를 정리한 단행본을 발간한 바 있다.

이와 같이 다양한 주제와 시각에서 진행되어온 북한개발협력에 대한 선행연구와 비교하여 이 책은 다음과 같은 특징을 가지고 있다.

첫째, 북한개발협력에 대한 포괄적 이해를 지향한다. 이 책은 이론과 역사뿐만 아니라 행위자별 북한개발협력에 대한 논의와 주요 쟁점까지 다루고 있다.

둘째, 북한개발협력에 대한 다양한 접근법을 제시하고 있어, 방법론 발전에 기여하고 있다. 이 책에 실린 글 중에는 기술적 방법, 사례연구, 비교연구, 그리고 통계방법까지 활용한 연구들을 포함하고 있다는 점이다. 즉 앞에서 언급한 연구들이 접근한 대부분의 방법론을 포괄하고 있다.

셋째, 북한개발협력에 대한 단계별 학습이 가능하다. 제1장에서는 이론과 역사를 다루고 있으며, 제2장에서는 행위자별 북한개발협력, 그리고 제3장에서는 주요한 쟁점을 다루고 있기 때문에 단계별로 북한개발협력에 대한 학습이 가능하다.

이 책의 주요내용을 살펴보면, 우선 김태균은 "북한개발협력을 위한 이론적 소고(小考): 국제사회론을 중심으로"에서 북한을 국제사회로 유인하고 개발협력정책을 통해 북한의 사회화를 극대화하기 위해서는 북한의 사회화 과정을 아우를 수 있는 이론적 프레임 구축과, 실제 사업의 국제적 그리고 북한의 대내적 수준에서 협력체계를 이론과 연계하는 일련의 포괄적인 거시와 미시의 연계 노력이 필요하다고 주장한다. 북한의 사회화는 단순히 국제사회가 단결하여 북한에 제공하는 개발협력 내용을 통일한다고 해결될 문제가 아니고, 북한의 내부 변화를 유도하고 개발협력을 소화할 수 있는 국내 역량을 강화한다고 해결될 문제도 아니라는 시각에서 국제사회의 원조 주체들이 어떠한 이유에서 북한개발에 적극적으로 참여해야 하는가에 대한 이론적 설득 논리를 제공하는 것이 성공적 연계체계 구축의 시발점으로 밝히고 있다. 이에 본 연구는 체계적인 대북한 지원에 관한 설득력 있는 논리와 이론을 개발하는 연구목적을 가지고 영국학파의 국제사회론을 중심으로 북한의 사회화를 위한 개발협력정책에 대한 시사점을 도출한다.

박지연은 "북한개발협력의 역사와 현황"에서 다음과 같은 내용을 담고 있다. 국제사회의 대북지원은 1945년 이후 현재까지 지속되고 있는데 이를 시기별로 구분한다면 냉전 시기와 탈냉전 시기로 나눌 수 있으며 각 시기별 대북지원은 다양한 정치·경제적 배경을 가지고 있다. 먼저 냉전 시기 국제사회의 대북지원은 전후복구의 목적으로 시작되었으며, 이후 사회주의 국가들로부터의 호혜성 지원이 주를 이루었다. 한편 1970년대 들어서는 사회주의 국가들의 지원이 감소하고, 오히려 서방국가들로부터의 지원이 이루어지기 시작하였다. 1990년 이후에는 구사회주의 국가들로부터의 지원이 현실적으로 어려워졌다. 더욱이 심각한 경제난을 겪으면서 북한은 서방국가들에게 공식적인 경제 원조를 요청하지 않을 수 없게 되었다. 이러한 북한의 원조호소에 대하여 국제사회는 2015년까지 총 24억 2,455만 달러를 지원하였다. 국제사회의 대북지원 규모는 증감을 반복해왔는데, 특히 1999년, 2002년, 2008년을 정점으로 증감이 반복되다가 최근 6,000만 달러 전후로 소규모 대북지원이 지속되고 있는 특징을 보이고 있으며, 지원영역도 다양해지고 있다. 국제사회의 대북지원이 70년이란 오랜 기간 지속되어왔음에도 불구하고 이에 대한 통시적인 자료정리가 충분히 이루어지지 못한 바, 자료를 종합적으로 정리한 연구로서 의의를 가지고 있고 국제사회의 대북 원조에 대한 발전적인 논의를 추진하기 위한 기초자료로서 향후 정책적·학술적 논의를 구체화하는 것에 유용한 자료가 될 것이다.

문경연은 "한국 정부의 대북지원 현황과 평가"에서 대북지원 20주년의 성공과 실패 경험은 한국 정부와 시민사회로 하여금 대북지원에 관한 바람직한 접근법과 정책적 우선순위, 그리고 추진체계 및 제도적 교훈을 도출하는 데 있어 충분한 시간과 경험이었고, 이제는 이러한 교훈을 대북지원 정책에 반영함으로써 발전된 대북지원 정책의 추진이 필요하다는 문제의식에서 1995년 이래로 이루어진 한국 정부의 대북지원 정책을 분석하였다. 1995년 시작된 20년간의 우리 정부의 대북지원은 역사적 관점에서 북한 주민들이 식량난으로 인해 인도주의 사태에 직면했을 때 대규모 식량 및 비료 지원을 실시함으로써 북한 주민의 인도주의 사태 완화여 기여하였고 남북 간 민족공동체 조성의 기반을 다졌다는 긍정적인 평가가 가능하다고 본다. 하지만 지원과정에서의 분배현장 모니터링의 소홀과 인도적 지원에도 불구하고 북한의 도발이 지속되었다는 점에서 비판의 목소리가 존재한다는 점에서 향후 대북지원 재개 시 지원 물자의 분배투명성 확보를 위한 모니터링 문제와 안보와 인도주의 접근법의 연계정책에 대한 현명한 접근법 모색은 풀어야 할

과제로 제시한다.

정구연은 "유엔의 대북지원 현황과 평가"에서 1990년대 이후 진행된 유엔차원의 대북지원의 주요 내용과 이에 대해서 평가하고 있다. 유엔은 국제사회 여러 국가들의 장기적 개발과 빈곤퇴치 및 인도적 위기극복을 위한 다자적 지원을 시행해왔는데, 북한 역시 1990년대 초기 고난의 행군 시기를 시작으로 유엔으로부터 대규모 인도적 지원을 받아왔으며, 이후 긴급구호 차원의 인도적 지원은 개발협력으로 발전하게 되었다. 그러나 북한은 경제 개발과 발전을 위한 근본적인 체제변화를 거부함으로써 개발협력의 효과뿐 아니라 이를 효과적으로 시행할 수 있는 가이드라인 마련이 어려운 상황이다. 더욱이 대북 인도적 지원의 경우 북한 정권의 생존을 연장시키며 북한 체제의 정당성을 제공하고 있다는 비난으로부터 자유롭지 않으며, 그 효과 측정을 위한 모니터링 역시 매우 제한적으로 허용되기 때문에 국제사회 공여국과 수원국으로서의 북한 간에는 신뢰가 형성되기 어려운 상황이다. 결과적으로 유엔의 대북지원은 북한 당국이 북한 주민의 인간안보를 우선순위에 놓고 고려하는 전향적인 태도변화가 선행되지 않는 한 근본적인 효과를 거두가 어렵다고 볼 수 있다. 그럼에도 불구하고 북한에 대한 유엔의 다자적 지원은 인도적 차원에서 여전히 필요할 것이며 장기적으로는 북한 주민 및 북한 당국과의 신뢰구축 차원에서, 그리고 통일기반 구축 차원에서 필요한 요소일 것이다. 이를 고려해볼 때 단기적 효과에 연연하지 않고 대북 다자적 개발협력체제 및 가이드라인을 모색할 필요가 있다고 주장한다.

손혁상은 "국내외 NGO의 북한개발지원 논쟁과 동향 연구"에서 1995년 이후 국내외 NGO의 북한지원활동을 시기별로 분류하여 각 시기의 NGO 지원의 특징을 살펴보고, 동시에 국내와 국제 NGO 간의 활동 목적, 분야, 방식 등에 관하여 유사점과 차이점 분석한다. 취약국인 북한에 대한 지원에서 NGO가 공여국 정부기관이나 국제기구의 지원사업을 대행하거나, 자체기금과 사업모델을 가지고 독자적인 사업을 함으로써 정부나 국제기구 지원에 대해 보완과 더 나아가 대안의 역할을 동시에 수행하기도 한다. 이 글은 북한에 대한 NGO 지원활동의 경우 1995년 이후 시기별로 대행, 보완, 대안의 역할이 어떠한 양상으로 나타나는지에 초점을 두고 향후 북한개발지원에서 국내외 NGO의 역할에 대한 방향성을 제시하기 위한 시사점을 제시한다.

황지환은 "국제사회의 대북지원과 북한개발협력"에서 국제사회의 대북개발협력이 구조적인 어려움을 극복하기가 쉽지 않다고 밝히고 있다. 국제사회의 본격적인 대북 인도적 지원은 북한이 자연재해로 인해 유엔인도지원국(UNDHA)에 긴급지원을 공식적으로 요청했던 1995년 8월에 시작되었다. 하지만 2005년 이후 국제사회의 대북지원 금액은 급감하기 시작하였다. 이러한 상황을 타개하기 위해서는 단순한 인도적 지원과 더불어 개발협력 방식의 지원이 병행되어야 한다고 판단된다. 한국 정부 역시 그동안 세계식량계획(WFP), 유엔아동기금(UNICEF), 세계보건기구(WHO) 등의 국제기구를 통해 북한에 인도적 지원을 지속해 왔다. 하지만 2016년 북한의 4, 5차 핵실험 이후 국제기구를 통한 한국 정부의 대북지원은 중단되었다. 북한의 지속적인 핵 실험과 미사일 발사 실험은 동북아에서 대북제재 분위기를 더욱 강화시켜 국제사회의 대북 인도적 지원은 구조적인 어려움을 겪어 왔다. 이러한 상황은 개발협력 방식의 대북지원을 하는 경우에도 북한개발에 관심을 가질 국가가 그리 많지 않을 것이라고 예상된다고 주장한다.

김상기는 "개발협력의 효과로서 북한의 외교정책 변화 가능성"에서 OECD 개발원조위원회 국가들의 대북 공적개발원조가 북한의 대외정책 선호에 어떤 영향을 미치는 지를 실증적으로 분석한다. 1991년부터 2008년까지 유엔 총회 투표 자료를 이용한 통계적 분석을 통해 본 연구는 다음과 같은 결과를 발견한다. 첫째, 국가들의 대북 원조가 일반적으로는 북한과의 양자 간 외교정책 선호 유사도에 유의미한 영향을 미치지 않는다. 둘째, 강대국들의 대북 원조도 북한의 외교정책 변화라는 정치적 효과를 거두지 못하는 경향이 있다. 셋째, 노르딕 국가들의 원조는 북한의 외교정책을 자신의 선호에 보다 가깝게 만드는 효과를 가진다. 이러한 결과의 이유는 원조의 목적 및 북한의 국제관계 인식과 관련된다. 국가들의 원조는 대체로 인도주의보다는 정치·전략적 목적을 우선시하지만, 북한은 자주권 존중을 강조하면서 타 국가들이 원조를 통해 전략적 목표를 추구하거나 정치적 영향력을 행사하는 것에 거부감을 가지게 된다. 반면 인도적 목적을 추구하는 노르딕 국가들의 원조에 대해서는 호의적 인식을 가질 수 있고, 그에 따라 노르딕 국가와 북한 간에 우호적 관계가 형성되면서, 북한의 외교정책 선호 변화라는 결과가 발생할 수 있다. 본 연구의 경험적 발견은 대북한 원조가 정치적 목적보다는 원조 본연의 인도적 목적을 지향할 때 결국에는 북한의 변화에 기여할 수 있다는 정책적 함의를 제시한다.

김지영은 "국제사회의 대북 인도적 지원의 실제와 효과성"에서 탈북민의 인식조사 결과를 토대로 대북 인도적 지원에 대해서 분석하고 있다. 이를 통해 객관적 자료와 정보가 매우 제한적인 북한에 대한 이해를 도모할 뿐 아니라 취약국가 그리고 폐쇄적인 전체주의 사회에서의 원조의 효과성에 대한 논의에 주요한 함의를 제공하고 있다. 특히 1990년대 중반 이후 진행된 대북 인도적 지원의 성격과 효과성에 대해 알아보기 위해 한국에 거주하는 북한 이탈민들을 대상으로 설문조사와 심층면접을 실시했으며, 이러한 설문 및 인터뷰 자료를 기반으로 원조가 북한 주민들에게 어떠한 영향을 미치는지 살펴보았다. 설문 및 심층 인터뷰 조사 결과, 기존의 주장대로 대북 인도적 지원의 상당 부분은 군부와 장마당으로 흘러들어가고 있었지만 다른 한편으로 국제사회의 인도적 지원은 북한 주민의 인식 변화에 주요한 역할하고 있다고 주장한다.

권율은 "체제 전환 모델과 북한개발협력"에서 일반적인 개발도상국과는 달리 북한의 개발과제는 이행의 문제와 중첩되어 있기 때문에 경제성장과 공업화를 위한 개발과제 외에도 중앙집권적 자원배분체제로부터 시장메커니즘에 기초한 분권적 자원배분체제로 경제운영의 원칙을 변화시켜 나가야 한다고 밝힌다. 중장기적으로 북한은 개혁체제를 전면적으로 수용한다 하더라도 중국, 베트남의 사례에서 보여지듯이 기본적으로는 정치적 안정성을 전제로 점진적 개혁·개방노선을 추진해 나가겠지만, 북한의 체제 전환은 이행, 개발, 남북통합이라는 복잡한 상호연계 속에서 진행될 것이기 때문에 국제협력모델 또한 안정적 체제를 구축하기엔 많은 제약요인을 갖고 있다. 베트남과는 달리 북한의 국제금융기구 가입에는 다소간의 시일이 소요될 것

으로 예상되는 바, 주변 4강, EU, 국제금융기구와 긴밀한 협의를 통해 사전
에 보다 신축적이고 체계적인 노력이 기울여져야 한다. 특히 한국의 경우
글로벌 파트너십과 리더십 제고에 적극적인 정책적 노력을 기울여 나가면서
국제사회의 개발협력체제를 통해 북한의 개발과제를 효과적으로 연계해 나
가야 한다. 한반도 안정을 위한 국제사회의 책임분담과 개발지원의 국제화
라는 측면에서 북한에 대한 개발과 이행지원을 종합적으로 검토하고, 국제
사회의 안정적 재원 및 국제적 조정채널 확보에 역점을 둘 것을 제안한다.

문경연은 "북한체제 전환을 위한 기술협력"에서 북한에 대한 삼각협력
차원의 기술협력 현황과 적용가능성에 대해서 분석하고 있다. 냉전의 해체
와 함께 사회주의 계획경제를 포기하고 시장경제로 체제 전환을 실시한 동
유럽과 구사회주의 국가들과 달리, 여전히 국가 중심의 사회주의 계획경제
를 유지하고 있는 북한은 1990년대 중반부터 자본주의 경제에 대한 학습과
교육을 시작하였다. 1990년대 중반부터 국제사회와 한국 정부가 북한 인력
을 대상으로 하는 시장경제교육 사업의 현황과 특징을 살펴보고, 이들 사업
중에서 삼각협력으로 평가할 수 있는 사업 대상을 정리하고, 이를 바탕으로
이들 사업의 추진 과정에서 발견된 한계와 도전 과제들을 고찰하고, 향후
북한이 시장경제 도입 및 경제발전을 위한 개혁·개방 정책을 추진할 경우
국제사회 및 한국 정부가 중국, 러시아, 베트남 등 제3국과의 협력을 바탕으
로 하는 삼각협력의 틀을 활용한 북한 국제경제 KSP 사업의 발전 가능성을
검토하였다.

정구연은 "북한인권과 개발협력"에서 냉전 종식 이후 발전해온 인권과
개발협력이라는 두 영역을 통합하는 논의를 제안한다. 개발협력 수원국에
대한 정책 추진을 통해 수원국 내부의 경제발전을 도모하며 수원국 주민들
의 기본적인 인권도 보장되는 방향으로 개발협력정책이 추진되어야 한다는
공감대가 확산되고 있다. 이에 따라 인권대화, 인권 주류화, 권리기반 접근
법 등 다양한 방법론을 통해 공여국이 개발협력정책을 통해 수원국 국민의
인권보호 제고를 위한 노력을 시도하고 있다. 한편 북한의 경우 북한 주민
의 인권 문제가 국제사회에 의해 제기되는 현황에 대해 매우 비판적이며 정

권안보의 위협으로 받아들이고 있는 상황이다. 더욱이 북한이 국제사회 개발협력의 규범과 원칙을 받아들이고 있지 않은 상황이므로, 개발협력을 통한 북한 주민 인권 개선이라는 목표는 두 가지 차원의 도전에 직면하고 있는 셈이다. 본 장은 이러한 문제의식하에 북한에 대한 개발협력과 인권제고의 목표가 어떻게 상호 시너지 효과를 내며 추진 될 수 있는지 그 가능성을 타진해본다.

박지연은 "취약국 원조 논의와 북학개발협력"에서 국제사회의 대북지원에 대한 기존 평가의 문제점을 제기하고, 대북지원 평가의 한계가 북한의 폐쇄성과 더불어 관련 논의의 부족에 있음을 지적하였다. 논의의 부족을 해결하기 위해 최근 활발히 진행되고 있는 취약국 원조 논의를 살펴보고, 해당 논의에 기반한 원조 규범을 대북지원에 적용하는 것을 시도하였다. 취약국 지원 규범에 기반하여 대북지원의 현실을 평가한 결과, 북한의 취약성 개선을 위한 원조이행이 거의 관찰되지 않았을 뿐 아니라, 주요 공여국들도 취약국 원조 이행 논의에 기반한 원조 집행을 추진해오지 못하고 있었다. 국제사회는 북한의 취약성을 심각하게 평가하고 있음에도 대북지원에 있어 대 취약국 지원 규범은 적용되고 있지 않았다. 이는 기존의 대북지원 관련 연구에 있어 다루어지지 못했던 원조 규범이란 포괄적인 차원의 접근을 시도했다는 측면에서 의의를 가진다.

이와 같이 북한개발협력의 이론과 역사, 주체, 그리고 주요 쟁점과 다양한 접근법을 망라하고 있기 때문에 북한개발협력에 대한 체계적인 이해를 도모하는 데 기여할 수 있을 뿐만 아니라, 이후 발전된 연구를 진행하는 데 있어서 매우 중요한 길잡이가 될 것이다. 또한 북한개발협력에 대한 정책수립과 실제사업을 추진하는 데 있어서 기초 자료를 활용되길 기대한다. 교육 차원에서도 북한개발협력에 대한 적절한 대학수업교재를 찾기 어려운 현실에서 학생들에게도 북한이해에 대한 참고서가 되기를 바란다.

이 책은 2016년 국제개발협력학회 북한개발협력연구분과위원회 참여

연구진이 각자의 관심분야에 대한 연구를 엮어 북한개발협력에 대한 체계적인 이해 도모하자는 취지에서 시작하였고, 국제개발협력학회에서 발간하는 연구총서 제1호로 발간하는 것이다. 이 글을 빌어 이를 위해 전폭적인 지지를 보내준 이희진 회장에게 감사의 마음을 전한다. 더불어 여러 가지 개인적으로 바쁜 일정에도 불구하고 헌신적으로 시간을 내어 이 책이 발간될 수 있도록 힘써 주신 김지영 분과위원장과 박지연 박사, 그리고 문경연 교수께 고마움을 전한다. 끝으로 이 책을 발간한 도서출판 오름 부성옥 대표님과 세심하게 교정과 편집에 수고해준 최선숙 부장님과 신정규 님께도 감사의 뜻을 전한다.

▣ 참고문헌 ▣

강동완. "남북한 통합 대비 북한개발지원 추진방안." 『통일과 평화』 3집 1호: 253-300. 2011.

_____. "정책네트워크 분석을 통한 대북지원정책 거버넌스 연구: 정책결정과정을 중심으로." 『국제정치논총』 48집 1호: 293-323. 2008.

강동완·양현모. "대북 인도적 지원사업의 민관협력체계 개선방안: 정책네트워크 분석을 통한 정부와 민간단체 관계를 중심으로." 『정책연구』 161호: 135-179. 2009.

강주현. "노무현·이명박 정부시기 남북관계 및 교류와 대북지원 여론 분석." 『21세기정치학회보』 23집 3호: 83-107. 2013.

김덕준·David Keller. "인도적 대북지원 동기에 관한 연구." 『북한연구학회보』 9권 2호: 315-337. 2005.

김민주. "대북지원 NGO 활동의 성장과 정부 재정지원의 상대적 중요도." 『한국행정연구』 21권 1호: 73-94. 2012.

김상기. "원조가 북한의 외교정책을 변화시키는가?" 『21세기정치학회보』 25권 4호: 135-160. 2015.

김석진·홍제환. 『북한 민생경제 진흥을 위한 개발협력 방안』. 서울: 통일연구원, 2016.

김성한·문경연. "한반도 통일기반 조성을 위한 비정부기구(NGO)의 역할: 대북 지원 NGO와 북한 인권 NGO를 중심으로." 『국제관계연구』 143-171. 2014.

김수암. "대북지원과 국민적 합의." 『사회과학연구』 33권: 195-224. 2009.

김영근. "북한 경제 재건을 위한 국제 공적개발원조(ODA) 지원 규모 추정." 『국제지역연구』 17권 4호: 1-31. 2008.

김영훈. 『대북식량지원의 효과와 정책과제』. 서울: 한국농촌경제연구원, 2008.

김정수. "인도적 대북지원과 북한체제의 존속력에 미친 영향." 『통일정책연구』. 19권 1호: 211-218. 2010.

김지영. "국제사회의 대북 인도적 지원의 실제와 효과성: 탈북민의 인식조사 결과를 중심으로." 『한국동북아논총』 21권 1호(통권 78집): 87-103. 2016.

김창근. "대북 개발지원을 위한 민간단체의 역할과 과제." 『윤리연구』 87호: 323-348. 2011.

문경연. "대북지원의 인간안보적 재해석." 『북한연구학회보』 16권 2호: 295-328. 2012.

_____. "대북지원 딜레마와 극복방안 모색." 『글로벌정치연구』 6권 1호: pp.5-37. 2013.

민태은. "남남갈등과 인도적 대북지원." 『의정연구』 22권 3호(통권 49호): 201-230. 2016.

박지연 외. "국제사회의 개발협력 패러다임과 북한개발협력: 새천년개발목표(MDGs) 와 지속가능개발목표(SDGs)를 중심으로." 『아태연구』 23권 2호: 249-275. 2016.

박지연·문경연·조동호. "UN 지속가능개발목표(SDGs) 담론의 북한 적용을 위한 이행지표 고찰." 『담론 201』 9권 4호: 123-147. 2016.

박형중. 『구호와 개발 그리고 원조: 국제논의수준과 북한을 위한 교훈』. 서울: 해남, 2007.

박형중 외. 『국제사회의 개발협력 이론과 실제: 북한개발지원을 위한 모색』. 서울: 통일연구원, 2008.

배성인. "국제사회의 대북 인도적 지원." 『국제정치논총』 44권 1호: 255-280. 2004.

송정호. "통일정책 거버넌스와 시민사회의 역할: 대북개발지원에 관한 논의를 중심으로." 『시민사회와 NGO』 8권 1호: 125-157. 2010.

신지혜. "중국의 국제개발협력과 국내 지역개발정책과의 연계성: 중국의 대북한 개발협력 사례를 중심으로." 『국제개발협력연구』 9권 1호: 75-106. 2017.

안득기. "대북지원 NGO의 기능과 역할에 관한 연구." 『북한연구학회보』 12권 2호: 179-209. 2008.

양현모. "대북지원 NGO 활동에 대한 정부 지원체제 연구." 『한독 사회과학논총』 17권 2호: 129-159. 2007.

윤대규·임을출. 『북한 경제개혁을 위한 새로운 패러다임: 개발협력의 이론과 실제』. 서울: 한울, 2006.

이금순. 『대북 인도적 지원 개선방안: 개발구호를 중심으로』. 서울: 통일연구원, 2000.

_____. "대북 인도적 지원의 실효성 연구: 평가지표와 과제." 『통일정책연구』 14권 2호: 17-47. 2005.

이우영. 2014. "대북 인도적 지원과 남북한 마음의 통합." 『현대북한연구』 17권 2호:

44-84.

이종무 외. 『북한개발지원체제의 구축방안』. 서울: 통일연구원, 2009.

_____. 『수원국의 역량발전을 위한 개발협력전략과 사례연구』. 서울: 통일연구원, 2011.

이종운. "대북 지원의 원조효과성 제고를 위한 다자간 신탁기금 설립방안과 과제." 『유라시아연구』 11권 4호: 043-061. 2014.

임강택 외. 『북한 경제발전을 위한 국제협력 프로그램 연구: 국제사회의 경험분석』. 서울: 통일연구원, 2011.

임강택·권태진. 『농업분야의 지속가능한 대북지원 및 남북 협력방안 모색』. 서울: 통일연구원, 2014.

임방순·한마크만균. "한국전쟁직후 중국의 대북한 원조에 관한 연구." 『공공사회연구』 5권 1호: 368-399. 2015a.

_____. "중소분쟁 초기 중국의 대북한 원조: 1956-1960년을 중심으로." 『인문사회과학연구』 16권 3호: 267-298. 2015b.

_____. "중소 분쟁 격화기 중소의 대북한 원조경쟁과 북한의 자주노선: 1961-1967." 『사회과학연구』 24집 1호: 50-76. 2016.

임을출. 『북한 개발협력을 위한 주요 쟁점과 정책 과제』. 서울: 통일연구원, 2006.

_____. "동북아 개발협력: 북한의 인식과 법제적 대응." 『통일정책연구』 19권 2호: 237-269. 2010.

_____. "글로벌 개발협력 거버넌스에 대한 북한의 시각과 대응: 새천년개발목표(MDGs)와의 관계를 중심으로." 『통일정책연구』 22권 2호: 137-164. 2013.

장형수. "북한 개발지원을 위한 국제협력 방향: 재원조달 방안을 중심으로." 『통일정책연구』 17권 1호: 315-338. 2008.

장형수 외. 『국제사회의 개발지원전략과 협력체계 연구』. 서울: 통일연구원, 2011.

조대엽·홍성태. "대북지원의 정치경제와 인도주의의 딜레마." 『민족문화연구』 59호. 2013.

조한범. 『북한 사회개발협력방안 연구』. 서울: 통일연구원, 2007.

주성환. "남한의 대북 경제지원의 정치적 효과에 관한 연구." 『동북아경제연구』 21권 3호: 191-218. 2009.

최철영. "대북지원 NGO의 공동행동규범에 대한 의식분석." 『북한연구학회보』 11권 2호: 279-309. 2007.

한국수출입은행 북한개발연구센터 편. 『북한개발과 국제협력』. 서울: 도서출판 오름, 2014.

Shin, Sang-hyup, and So-min Jung. "A Study on the Integration of the IKCF into Korea's ODA: Is it possible?"『국제지역연구』 19권 3호: 3-31. 2015.

金潤煥. "北韓 第2次 7個年計劃과 中·蘇의 對北韓 援助關係."『産硏論叢』 5-21. 1979.
全洪燦. "蘇聯의 對북한 經濟·軍事援助政策에 관한 연구."『中蘇硏究』 통권 60호: 183-228. 1993.
趙仁錫. "共産圈諸國의 對北韓 經濟援助와 北韓의 經濟發展: 特히 鑛工業을 中心으로 하여."『省谷論叢』 5輯: 573-616. 1974a.
_____. "共産諸國의 對北傀經濟援助: 소련·中共 및 東歐諸國의 經濟援助를 中心으로."『北韓』 207-217. 1974b.

제 **1** 부

북한개발협력의
이론과 역사

북한개발협력을 위한 이론적 소고(小考):
국제사회론을 중심으로*

김태균 | 서울대학교 국제대학원

I. 서론: 북한개발과 이론의 빈곤

주지하다시피, 북한 관련 국제개발협력은 기존의 한국이 추진해 온 공적 개발원조(ODA: official development assistance)와는 다른 양상의 개발협력 성격을 띠게 된다. 이는 헌법 제3조에 "대한민국의 영토는 한반도와 그 부속도서로 한다"라고 명시되어 있어서 북한에 대한 개발협력에 국가 간 이전되는 일반적인 ODA의 적용이 어려우며, 정부기금인 남북경협기금[1] 내지

* 본 글은 김태균, "북한개발협력을 위한 이론적 소고(小考): 국제사회론을 중심으로," 『국가전략』 제23권 2호(2017)의 원문을 발췌하여 작성되었음을 밝힙니다.
1) 남북협력기금은 대한민국과 조선민주주의인민공화국 간의 경제협력·교류를 위해 대한민국 정부가 설치한 기금이다. 1990년 8월 1일 제정한 남북협력기금법을 기초로, 1991년 3월 조성한 대북정책자금이다. 재원 마련은 정부출연금·민간단체의 기부금,

민간단체들이 직접 지원하는 방식으로 주로 대북지원이 이루어진다. 또한 특정 유엔개발계획(UNDP), 유엔세계식량계획(WFP) 등과 같은 국제기구를 통해 북한을 원조의 수혜국으로 사전에 결정해서 조건을 붙인 신탁기금(trust fund)을 통해 한국 정부가 북한의 개발협력을 간접적으로나마 수행할 수 있다. 따라서 일반적인 ODA에 적용되는 개발이론들과는 차별화된 이론적 분석틀이 북한개발협력 연구에 기획되어야 한다.

지금까지의 북한개발협력에 대한 연구는 대부분 실제적인 사업이나 구체적인 정책제언을 위한 경험적 연구가 주류였는 데 반해, 북한원조와 개발협력에 대한 이론적 접근을 심도 있게 논의한 연구는 거의 없다고 해도 과언이 아니다. 또한 기존의 경험적 연구들을 사후적으로 적용하는 거시적 이론틀이나 분석적 개념도 찾아보기 어렵다. 이러한 북한개발협력에 관한 이론의 빈곤현상이 발생하는 이유는 북한연구 이슈영역의 대부분이 북한의 국내정치 및 사회현상에 대한 연구 및 남북한관계 분석, 그리고 북한의 대외정책 연구에 초점이 맞춰져 진화되어 왔기 때문이다. 이에 맞춰서 북한연구 방법도 연구방법 1세대라 볼 수 있는 전체주의 접근법, 2세대인 내재적 접근법을 넘어 다양한 방법론으로 확장되고, 기존 정치 중심의 분석에서 북한의 일상생활연구 및 북한문화연구와 같이 비정치적인 분야로까지 전문화·세분화되고 있다.[2]

북한의 특수성을 지나치게 강조하는 내재적 접근법에 대한 비판과 함께 방법론적 한계를 극복하기 위하여 인류보편가치에 입각한 보편주의적 북한 접근법인 외재적 접근법과, 지역학으로서의 북한연구의 필요성이 3세대로서 주목을 받고 있다.[3] 북한의 특수성을 북한연구의 절대적인 상수로 전제

재정융자특별회계·금융기관의 장기차입금, 국채관리기금의 예수금, 기금 운용과정 가운데서 발생하는 수입금을 통해 이뤄진다.

2) 이종석, 『새로 쓴 현대 북한의 이해』(서울: 역사비평사, 2002).

3) 고유환, "북한연구 방법론의 현황과 과제," 『통일과 평화』 제1권 1호(2009); 조영주 편저·북한연구학회 기획, 『북한 연구의 새로운 패러다임: 관점·방법론·연구방법』(파주: 한울아카데미, 2015).

하는 기존의 접근법을 지양하고 인류 보편적 잣대로 북한을 재단하고 국제 사회로 사회화해야 한다는 대안적인 시각은 북한에 대한 개혁·개방을 보다 글 로벌 시각에서 접근하여 체제가 전환되는 과정을 상정하고 있다.[4]

이러한 기존 북한연구의 질적 전환은 상대적으로 신생 의제인 북한개발 협력 분야에 이론적 실마리를 제공한다. 북한개발협력 연구는 개발협력의 글로벌 속성과 북한이라는 사례의 특수성이 교차하는 공간이기 때문에, 북 한이라는 특수한 맥락에 개발협력을 위한 국제규범과 사회화과정을 적용하 는 특수성과 보편성이 혼재한다. 다시 말해, '북한개발협력의 이론'에 대한 연구는 크게 북한연구에 배태된 두 가지 속성을 이해하는 것이 중요하다.

첫째, 북한연구의 특수성이다. 개발협력 측면에서 볼 때, 북한은 한국의 ODA 협력대상국이 될 가능성이 낮고 북한 정권의 폐쇄적인 성격은 국제기 구의 인도주의적 지원 이외의 개발원조 및 경제차관을 적극적으로 유치하는 데 구조적인 장애물로 작용한다. 둘째, 개발협력 연구의 보편성이다. 취약 국을 비롯한 개발도상국에 필요한 개발원조에 적용되는 보편적인 국제개발 규범이 국제사회에서 통용되고 있기 때문에 북한이라는 특수한 대상국가에 게 일방적으로 특혜를 제공할 가능성은 낮다.[5]

따라서 이러한 이질적인 특징을 상존시키고 간극을 좁히는 임무가 북한 개발협력 연구의 기초적인 맥락이자 연구조건이라 볼 수 있다. 지역연구의 특수성과 개발학의 보편성을 이론적으로 접목하기 위해서는 북한의 특수성 을 적극적으로 포용할 수 있는 국제개발 규범의 다원주의적 해석이 필요하 고 동시에 북한이 개발협력의 국제규범을 어느 정도 국내적으로 수용하는

---

4) 정영철, "북한의 시장화 개혁: 시장사회주의의 북한식 실험,"『북한연구학회보』제8권 1호(2004); 김일기, "체제변화론의 관점에서 본 북한의 개혁, 개방 연구,"『북한연구학 회보』제10권 1호(2006); 김태균, "북한의 개발역량 발전을 위한 시론: 남북협력 파트 너십으로서 지식공유·역량발전의 유연성,"『국가전략』제20권 4호(2014).

5) 개발원조의 국제규범이라 할 수 있는 사례로 원조효과성을 위한 5가지 원칙으로 구성 된 2005년 파리선언, 2000년 새천년개발목표(MDGs), 그리고 2015년 새롭게 도입된 지속가능개발목표(SDGs) 등을 들 수 있다.

사회화 과정과 연계되어야 한다.

이러한 북한개발협력을 위한 이론적 시도는 정책 단계에서 어떻게 현실화될 수 있는가에 대한 미시적인 고민과 연결되며, 대북한 개발원조를 추진할 수 있는 국내외 연계대응체계를 구축하는 과정과 반드시 공조되어야만 이론의 실질적인 효과가 나타난다. 5.24 조치 이후 남북한 교류의 맥이 거의 끊긴 상황에서 북한의 사회화를 위한 개발협력 방안은 대내적으로 동원가능한 대응체계와 국제적으로 동원할 수 있는 국제개발의 파이프라인을 연결시켜 제한적이나마 대북 협력을 재가동하는 방안을 기획하여야 한다. 북한은 남한과의 협력 관계를 전략적으로 이념화하여 통제해 왔지만, 국제원조사회와의 협력관계는 다소 질곡이 있었음에도 불구하고 지속적으로 원만한 관계를 유지하려고 노력해 왔다.

앞으로 한국 정부는 대북한개발협력정책을 추진하는 데 있어 개발이슈를 대내적으로 전략화하는 것보다 대외적인 개발주체들을 어떻게 전략적으로 활용할 것인가가 더욱 중요할 것이다. 오히려 국제개발 주체들과 전략적인 협력관계를 조성하기 위하여 대내적 전략을 국제개발 주체의 정책과 일치시키는 작업이 북한의 사회화를 위한 지름길이라 할 수 있다.

이를 토대로 본 연구는 북한 국제개발협력정책과 집행을 위한 이론적인 프레임워크 구축을 시도한다. 거시적인 측면에서 개발협력과 북한의 특수한 맥락 사이에서 발생하는 보편성과 특수성의 구조적인 문제는 주로 영국학파의 국제사회론을 중심으로 양 극단의 정체성을 혼용할 수 있는 이론적 다원성을 제시하는 한편, 미시적인 수준에서 국제개발을 위한 북한의 국내외 개발주체들의 협력을 목적으로 사회화(socialization)와 관련된 단계별 체제의 정합성을 강조한다. 따라서 북한개발협력의 이론적 고찰을 위하여 본 연구는 크게 세 부분으로 구성된다.

첫째, 북한개발협력에 대한 이론의 빈곤이라는 문제에 천착하여 국제정치이론 중 방법론적 다원주의와 역사사회학적 접근법을 제공하는 영국학파(English School) 또는 국제사회론(International Society)을 중심으로 북한의 사회화를 위한 국제개발정책 및 사업의 실천적 함의를 도출하고자 한다. 먼저 국제사회론의 이론적 검토를 통하여 규범이론으로서의 성격과 연대주의 (solidarism)와 다원주의(pluralism)로 나누어 경험적으로 실제 사례에서 나타나는 국제사회의 상이한 대응 양상을 고찰한다. 이를 바탕으로 북한의 개발을 위한 사회화 과정을 국제사회론의 질서(order)와 정의(justice) 간의 균형적인 결과물로 해석한다.

둘째, 국제사회론이 제공하는 이론적 틀을 토대로 대북한개발협력 시나리오를 북한의 구체적인 사회화 과정으로 해석하고 이 과정을 북한의 대내와 대외 수준으로 구분하여 정리한다. 먼저 국제 수준에서 북한의 사회화를 위해 동원 가능한 방식의 시나리오를 다자개발은행(multilateral development bank)을 중심으로 이루어질 수 있는 대규모 경제개발협력과 다양한 국제원조기관들이 요구하는 시장민주주의를 위한 굿거버넌스(good governance)의 도입으로 설명한다. 국내 수준에서는 국제 수준에서 제공되는 국제개발협력 프로그램을 북한 국내에 적극적으로 체내화하기 위한 역량발전의 사회화를 강조한다.

마지막으로 개발협력정책을 통한 북한 사회화 목표를 달성하기 위하여 대내적 수준과 대외적 수준의 정책 간 정합성을 제고하기 위한 연계 방식을 제안하며, 국제사회론이 제공하는 이론적 프레임 내에서 국제개발의 다양한 주체들과 긴밀한 협력을 통해 국제사회에서 통용되는 글로벌 개발협력 규범을 적극적으로 북한의 특수성에 접목하는 입체적인 시각을 강조한다.

II. 북한개발을 위한 이론적 접근:
국제사회론과 북한의 사회화

북한개발에 관한 이론적 설명틀은 지금까지 거의 전무했다고 평가해도 과언이 아니다. 이론의 빈곤은 앞서도 언급했듯이, 북한개발의 내재적 특성에 기인한다. 북한의 폐쇄적인 특성으로 인하여 북한에 대한 국제사회의 원조방식은 북한의 특수성을 필수적으로 고려해야 된다는 견해와, 이에 반해 국제 원조의 보편성은 북한의 경우에도 예외 없이 정책실행의 근간이 되어야 한다는 주장이 북한개발을 위한 사회화 과정에서 동시에 상존한다.6) 이러한 북한개발협력정책의 이중적인 속성은 단순히 국제정치이론 중 현실주의 또는 자유주의를 선택하여 이론틀로 차용하는 것을 거부한다. 북한이라는 척박한 토양에 국제개발원조를 접목하는 것은 현실주의적 속성과 자유주의적 속성이 동시에 공존하고 이러한 복합적 특성을 반영하여 이론화할 수 있는 '방법론적 다원주의(methodological pluralism)'가 필요하다.7)

이러한 방법론적인 다원주의를 이론적으로 포괄할 수 있는 국제정치이론 및 사회정치이론을 영국학파의 '국제사회론'으로 주류화하고 국제사회론의 프레임 안에서 국제개발, 특히 북한에 대한 개발협력의 이론적 논의를 검토하고자 한다.

1. 문명의 표준을 통한 강압적 사회화

국제사회론은 2차 세계대전 이후 미국 중심의 현실주의적 국제정치이론에 대한 대안적인 이론을 모색하기 위하여 영국 국제정치학계가 발전시킨 규범적인 대안이론으로서 국제정치이론의 대표 공급처였던 미국 학계가 미처 담지하지 못했던 국제사회의 존재론적 가치와 인식론적 방법론을 새롭게 제안하였다는 평가를 받고 있다.8) 영국학파에 따르면, '국제사회'에 관한 개

---

6) Bradley O. Babson, "Realistic Expectations of the Future Role of the IFIs on the Peninsula," *Korea Economy* 24(2008).

7) 김태균, "개발원조의 인식론적 전환을 위한 국제사회론: 국익과 인도주의의 이분법을 넘어서," 『한국정치학회보』 제50집 1호(2016); Barry Buzan, *An Introduction to the English School of International Relations: The Societal Approach* (Cambridge: Polity Press, 2014).

넘적 정의는 "어떤 공통의 이익들과 공통의 가치들을 의식하는 일단의 국가들이 다른 집단에 속한 국가와의 관계에서 스스로 공통의 규칙에 의해 구속받는 것으로 인식하고 공통의 제도의 운용에 함께 한다는 의미에서 하나의 사회를 형성할 때"에 존재하는 "국가들로 구성되는 하나의 사회(a society of states)"라 할 수 있다.[9] 국제사회를 구성하는 국가들은 이론적으로 공통의 가치와 제도, 그리고 정체성을 공유하게 되고, 국가 단위로 구성되는 현실주의적 국제체제(international system)에 '사회성(the social)'을 추가하여 간주관적인 국제사회가 질서(order) 중심의 현실과 정의(justice) 중심의 규범 사이에서 적절한 타협과 절충을 지속하게 된다.[10]

이러한 국제사회는 17세기 유럽의 베스트팔렌체제에서 형성된 국민국가(nation-state)를 토대로 구축된 국제체제가 역사적으로 팽창하여 비유럽 지역을 유럽식 국제사회로 포섭하거나 물리적 개입을 통해 그 영향력을 확대하고 강압적인 사회화를 일상화하였다. 그러나 국제사회는 국민국가라는 특정 양식에 천착하여 국제체제를 기반으로 형성되어왔음에도 불구하고, 제국주의에서 탈식민주의, 그리고 신자유주의 등과 같이 끊임없이 국제질서의 변화에 개별 국가가 적응해 온 역사적 진화를 배제해서는 안 된다.[11]

---

8) 1959년 미국의 록펠러재단(Rockefeller Foundation)의 재정지원으로 설립된 영국국제정치이론위원회(British Committee on Theory of International Politics)가 1985년 중지될 때까지 마틴 와이트(Martin Wight)와 헤들리 불(Hedley Bull) 등 영국학계의 주요 이론가들이 중심으로 주류 국제정치학이었던 미국 국제정치이론에 대한 하나의 대안으로서 영국학파의 위상을 정립하여 왔다. 영국학파의 역사적 형성과정과 국제사회론의 태동에 관한 자세한 내용은 Tim Dunne, *Inventing International Society: A History of the English School* (1998) 및 마상윤, "영국학파의 국제사회론," 『세계정치』(2008) 참고.

9) Hedley Bull, *The Anarchical Society: A Study of Order in World Politics* (New York: Columbia University Press, 1977), p.13.

10) Jonathan Joseph, *The Social in the Global: Social Theory, Governmentality and Global Politics* (Cambridge: Cambridge University Press, 2012).

11) Adam Watson, *The Evolution of International Society: A Comparative Historical Analysis* (London: Routledge, 1992).

국가 간의 관계가 항상 주권국가의 힘에 의해 결정되는 것은 아니다. 공통의 문명과 상호이해에 의해 공동의 규범과 제도로 상호 관계성을 규정하고 비문명의 국가를 사회화한다.[12] 국제사회론이 분석단위로서 주권국가의 중요성을 부정하는 것이 아니라, 국가의 행위를 힘 중심의 질서유지 기능과 규범 중심의 인도주의적 정의로 구성되는 이중의 목적에 천착시킴으로써 초보단계이지만 질서와 정의 사이에 진자의 추가 반복되면서 국제체제에서도 사회성을 공유하게 된다는 해석이다. 따라서 영국학파는 현실주의자들과 달리 국제사회의 무정부상태(anarchy)를 무질서(anomie)로 인식하는 것이 아니라, 국가행위자 간에 공유된 규범·제도·정체성으로 운영되는 일정 수준의 사회적 질서가 존재한다고 인식한다.[13]

그럼에도 불구하고 이러한 사회적 질서 내면에는 국제사회의 주요 핵심 국가들이 합의하여 정한 '문명의 표준(standard of civilization)'이 비문명 국가들을 국제사회의 일원으로 받아들일 때 주요 기준으로 사용되었으며, 동시에 문명의 표준은 강대국이 선택적이면서도 강압적인 사회화를 추진할 수 있는 이데올로기적 정당성으로 작동하였다. 문명의 표준을 만족시키지 못한 비문명 국가들은 국제사회의 일원으로 합류하는 데 실패하게 되고 이에 상응한 대가를 치르게 된다.

역사적으로 문명의 표준을 통한 강압적 사회화가 유럽에서 비유럽지역으로 계속해서 팽창해왔기 때문에, 비문명 국가들은 적극적으로 사회화를 받아들여 국제사회의 일원이 되거나 아니면 문명의 표준을 극복하고 독자적인 제국과 문명을 세울만한 물리적인 힘을 확보할 것인가에 대한 선택의 기로에 서게 된다.[14] 같은 논리로, 유럽식 내지 서구식 국제사회의 표준화된

---

12) Gerrit W. Gong, *The Standard of 'Civilization' in International Society* (Oxford: Clarendon, 1984).

13) Barry Buzan, *From International to World Society? English School Theory and the Social Structure of Globalisation* (Cambridge: Cambridge University Press, 2004); Andrew Linklater and Hidemi Suganami, *The English School of International Relations: A Contemporary Reassessment* (Cambridge: Cambridge University Press, 2006); Hedley Bull, *The Anarchical Society* (1977).

문명이 북한에게 수용과 거부 중 선택을 계속해서 ─ 특히, 탈냉전 이후 ─
요구하고 있으며, 북한에게는 유럽식 국제사회의 가치와 질서, 그리고 정의
의 관념이 내부체제 유지에 위협을 받을 정도로 강압적인 사회화로 인식해
왔다고 해석할 수 있다.[15]

2. 체제이성의 물리적 존재성

국제사회론은 현실주의의 국가이성(raison d'Etat) 대신 체제이성(raison
de système)을 강조한다.[16] 현실주의의 국제체제를 유지하는 자기목적적
존재로서 국가를 지탱하는 법칙과 행동기준으로서 국가이성이 존재한다면,
체제이성도 국가이성과 마찬가지로 국제체제가 체제이기 위하여 이를 유지·
강화해가는 데 필요한 법칙과 행동기준을 의미한다.

국제사회는 국가이성이 아닌 체제이성의 기초 위에서 형성되고 역사적
으로 진화하게 된다. 국제사회의 존재가 이성화되고 합리화되는 중요한 구
성주의적 요소가 체제이성이라 볼 수 있는데, 다른 각도에서는 체제이성이

---

14) Brett Bowden, *The Empire of Civilization: The Evolution of an Imperial Idea*
(Chicago: University of Chicago Press, 2009); David P. Fidler, "The Return of
the Standard of Civilization," *Chicago Journal of International Law* 2-1(2001);
Gerrit Gong, *The Standard of 'Civilization' in International Society* (1984).

15) 국제사회론자들은 유럽 방식의 국제사회를 제3의 문명지역으로 적용하고 상호 구성
하는 과정을 분석하려고 노력해 왔으며, 이는 동북아시아의 일본, 중국, 한국에서도
그 시도를 확인할 수 있다. 이러한 의미에서 국제개발규범을 통한 개도국, 특히 취약
국가에 대한 문명화 과정에서 개발원조의 제도적 영향력을 유추할 수 있다. 신욱희,
"동아시아 국제이론의 모색," 『세계정치』 제10권(2008); 장인성, "동아시아 문명과
국제사회: 구성원리와 존재방식," 『한국정치외교사논총』 제24집 2호(2003); Yongjin
Zhang, "China's Entry into International Society: Beyond the Standard of 'Civi-
lization'," *Review of International Studies* 17-1(1991); Shogo Suzuki, "Japan's
Socialization in Janus-faced European International Society," *European Journal
of International Relations* 11-2(2005).

16) Adam Watson, *The Evolution of International Society* (1992), p.14.

앞서 언급한 문명의 표준을 통한 강압적 사회화를 정당화하고 국제사회 영역 밖에 위치하여 아직 미개한 집합체로 머물러 있거나 국제사회의 질서와 정의를 거부하는 주권국가 및 비정부기관을 국제사회 영역 안으로 인도하고 계몽하는 이성적 규범의 역할을 수행한다고 해석할 수 있다. 환언하면, 국제사회에서 통용되는 가치·규범·행동기준 등을 포괄하는 체제이성을 부정하고 수용하지 않는 국가와 이에 준하는 집합체를 국제사회에서 배제시키는 문지기(gatekeeper) 역할을 체제이성이 수행하는 것이다.[17]

즉, 체제이성은 국제사회의 존재이유를 제공하고 실질적인 행동기준과 구조적인 운영기제를 제도화할 수 있는 이론적 토대를 구축하는 프레이밍 효과(framing effects)의 핵심이다.[18] 만약 북한이 대규모의 원조를 서방의 공여국이나 세계은행과 같은 다자개발은행으로부터 지원을 받기 위해서는 국제사회의 주요 공여주체들이 공유하고 있는 체제이성을 원칙적으로 수용해야 하며, 이를 수용하지 않고 도전하는 세력들은 통제의 대상이 되고 강압적으로 사회화하려는 행동기준을 고안하여 제도로 고착시킬 것이다.

---

17) Benedict Kingsbury, "Sovereignty and Inequality," in Andrew Hurrell and Ngaire Woods, eds., *Inequality, Globalization, and World Politics* (Oxford: Oxford University Press, 1999).

18) 프레이밍 이론은 사회커뮤니케이션 이론 중 하나로 어떤 행위자가 특정 간주간적 이해와 거시적 맥락을 권력구조에 맞게 지배적인 프레임으로 표상화하고 재구성할 수 있는 역량과 의도를 비교·분석할 수 있는 접근법이다. 다시 말해, 행위자들이 의도한 목적을 기획하고 성취하기 위해서 특정 담론이나 가치를 중요한 내·외장 프레임으로 주류화(mainstreaming)하는 전략적 방법론이라 할 수 있는데, 이러한 프레임은 경합 관계에 있는 권력구조들이 표출하는 담론 사이에서 발생하는 경쟁과 갈등이 어떻게 행위자들의 관계와 위계성을 형성하는 과정과 연계되는가를 분석하는 데 유용하게 사용된다. Dennis Chong and James N. Druckman, "Framing Theory," *Annual Review of Political Science* 10(2007); Alex Mintz and Steven B. Redd, "Framing Effects in International Relations," *Synthese* 135(2003) 참고.

3. 질서와 정의의 미학: 연대주의와 다원주의

북한개발과 같이 특수성과 보편성이 교차하는 경우 문명의 표준과 체제이성을 통한 강압적 사회화를 북한개발협력연구의 주요 이론틀로 이용한다면, 북한이 개방을 선택하지 않고 국제사회의 규범을 적극적으로 수용하지않으면 북한에게 개발프로젝트를 제공하는 것이 현실적으로 불가능하다는상당히 단순화된 예상답안을 국제사회론으로부터 유추할 수 있다. 그러나국제사회론은 정의와 질서의 균형을 위한 사회화를 추구함으로써 일방적인압박으로 사회화를 관철하는 방식과 동시에 연대주의와 다원주의라는 방법론적 다원주의로 북한원조 및 개발협력에 관한 보다 입체적인 이론프레임을제시할 수 있다.[19] 이론적으로 국제사회라는 공간에 현실주의적 질서와 자유주의적 정의가 공존하고, 질서와 정의 중 어느 가치에 무게를 두냐에 따라 국제사회 공간 내에서 현실주의적 국제체제에 입각하여 북한의 개발협력을 물리적으로 통제할 것인지 아니면 자유주의적 세계사회(world society)에입각하여 북한기근에 인도주의적 원조를 적극적으로 추진할 것인가가 결정된다.

무엇보다도 국제사회의 공간적 권력이 국제체제와 세계사회 사이에 위치하기 때문에 북한에게 제공되는 개발원조의 다양한 시각들이 공존할 수있으며, 공여주체의 정치적 무게중심이 세계사회에 가까울수록 정의와 연대주의를 강조하게 되고 국제체제에 가까울수록 질서와 다원주의를 강조하게된다.

요컨대, 국제사회는 다양한 접근법의 공존과 분리가 상대적으로 용이하

---

19) Andrew Hurrell, "Order and Justice in International Relations: What is at Stake?" in Rosemary Foot, John Lewis Gaddis and Andrew Hurrell, eds., *Order and Justice in International Relations* (Oxford: Oxford University Press, 2003); Kai Alderson and Andrew Hurrell, "International Society and the Academic Study of International Relations," in Kai Alderson and Andrew Hurrell, eds., *Hedley Bull on International Society* (Basingstoke: Macmillan, 2000).

고, 특정 국가가 문명의 표준을 수용하여 국제사회에 편입되면 그 이후 선택할 수 있는 국가전략은 국제사회 내에서 복합적으로 조합되고 표출될 수 있다. 국제사회 내적 분화의 산물인 연대주의와 다원주의는 각각 현실주의적 속성과 자유주의적 속성을 원천적으로 배제하지 않는 상태에서 방법론적 유연성과 도구적 절충주의를 꾀한다.[20] 따라서 국제사회론은 주권국가의 전통적 역할을 수용하는 반면, 국제사회에 발생하는 다양한 이슈를 공동으로 해결하고 국제사회의 질서를 유지하기 위한 공통의 규범을 제도화하는 사회성을 동시에 강조한다.

국제사회론이 보유하고 있는 질서와 정의의 미학은 상호 배타적이지 않고 보완적이라는 상보성(complementarity)이라는 특징에 근거한다.[21] 정의가 보장되지 않은 국제사회는 질서를 장기적으로 안정화하기 위한 보편적인 정당성을 상실하게 되며, 반대로 질서가 유지되지 않는 국제사회에서는 정의를 보호하기 위한 국가 간의 협력이 현실적으로 불가능한 목표로 전락하게 된다.[22] 정의가 부재한 국제사회는 전통적인 현실주의적 국제체제로 회귀할 가능성이 높기 때문에 정의를 제도화하는 보편주의적 규범이 필요하며, 이는 자유주의 비전이 부활하도록 연대주의적 인식을 확대하는 움직임과 직결된다. 실제로, 북한의 사회화를 목적으로 추진되는 개발 프로젝트는 국제사회의 정의와 질서 간의 균형과 안정을 위한 제도적 수단으로 매우 적절하게 활용될 수 있다는 해석이 가능하다. 다원주의는 국제사회에 있어 정의보다는 질서를 강조하게 되고 국제개발 영역에서는 보편주의보다는 국가이익을 선호하는 반면, 연대주의는 국가주권의 독립성을 제한하고 공동의 문제 해결을 위한 규범과 제도를 강조하며 개발원조를 국익을 넘어서 보편

---

20) Richard Little, "The English School's Contribution to the Study of International Relations," *European Journal of International Relations* 6-3(2000).

21) 김태균, "개발원조의 인식론적 전환을 위한 국제사회론," 『한국정치학회보』(2016).

22) Rosemary Foot, "Introduction," in Rosemary Foot, John Lewis Gaddis and Andrew Hurrell, eds., *Order and Justice in International Relations* (Oxford: Oxford University Press, 2003).

주의적 시각으로 기획하게 된다.

물론 정도의 차이는 있지만 다원주의와 유사하게 국제사회의 연대주의에서도 권력관계가 개별 주체 간의 동등한 위치에서 설정되는 것보다는 연대주의 내부의 권력관계가 다소 위계적인 질서로 구성되고 사회화되는 현상을 자주 목도할 수 있다.[23] 다시 말해, 국제사회 내부에서 분화된 연대주의 안에서 발생하는 권력관계의 사회적 구성을 이해하는 것이 중요하며, 이는 곧 개발원조의 협력대상국을 어떤 방식으로 사회화할 것인가에 대한 문제의식으로 환치된다. 보편적 목표로서 국제개발을 글로벌 공공재로 인식하는 반면, 이를 위한 개도국의 문명화 내지 사회화가 연대주의 내부의 권력관계를 반발 없이 수용해야 한다는 내부 모순이 존재한다. 지구의 남반구에 위치한 개도국의 발전을 위하여 그리고 이를 위한 사회화의 목표를 달성하기 위하여 국제사회의 연대가 필요하다는 것을 전제로 이를 달성하기 위한 권력관계와 지나친 문명국의 비문명국에 대한 개입을 당연시할 수 있다는 불편한 사실이 내포되어 있다.[24]

따라서 국제사회론자들은 연대주의의 내부에서 분화되는 두 가지 파생지류를 강압적 연대주의(coercive solidarism)와 합의적 연대주의(consensual solidarism)으로 세분화하여 연대주의 안에서도 일방적으로 연대의 목표를 강요하는 경우와 연대의 형성이 스스로의 합의와 협력의 산물로 수렴되는 경우로 나누어진다.[25] 특히, 북한과 같이 사회화가 용이하지 않은 대상국가를 국제원조사회의 연대주의 메커니즘을 동원해서 사회화를 한다는 거시적인 동의가 형성되는 것이 중요하며, 이를 바탕으로 대상국가를 얼마나 강압적으로, 또는 합의적으로 사회화할 수 있는가에 대한 미시적인 단위의 방법

---

23) John Ikenberry and Charles Kupchan, "Socialization and Hegemonic Power," *International Organization* 44-3(1990).

24) Brett Bowden, *The Empire of Civilization* (2009); Paul J. DiMaggio and Walter W. Powell, "The Iron Cage Revisited: Institutional Isomorphism and Collective Rationality in Organizational Fields," *American Sociological Review* 48-2(1983).

25) Barry Buzan, *From International to World Society?* (2004).

론을 접목하는 것이 관건이다. 따라서 이러한 권력관계와 연대주의의 분절화 구조를 국제개발 영역에서, 특히 북한이라는 특수한 맥락에서 이론적으로 재해석하는 작업이 동시에 요구된다.

결론적으로 국제사회의 내부적 분화는 개발원조를 둘러싼 국제원조사회와 협력대상국으로 분류되는 북한 간에 형성되는 사회화 과정의 방식을 설명할 수 있는 다양한 해석틀을 제공한다. 국제사회의 국가연대주의가 점진적으로 확대되어 세계사회와의 경계선에서 만나게 되는 낮은 수준의 글로벌 자유주의가 형성될 때, 개발원조의 규범적 보편성이 주류 담론으로 일반화되어 불량국가의 하나로 알려진 북한의 경우 보편적 규범을 사회화의 가장 중요한 원칙으로 적용하는 결과가 나타날 가능성이 농후하다.[26] 이러한 상황에서는 북한에게 보편성에 기반한 국제사회의 일방적인 사회화는 북한의 의사와 상관없이 추진될 것이다.

반면에 국제사회의 국가다원주의가 주류화된다면 그리고 북한이 성공적으로 국제사회에 편입된다면, 인도주의가 국익에 의해 상쇄되며 국가 간 권력정치가 보편화되는 현실주의적 국제체제와 유사한 현상이 발생할 가능성이 높기 때문에 북한의 요구 내지 상황에 맞게 맞춤형으로 추진되는 국제개발원조 방식이 채택될 가능성이 있다고 예상할 수 있다. 따라서 국제사회에서 북한의 정치레짐 성격이 변화하지 않는 이상, 국제원조사회의 성격이 연대주의와 다원주의 사이에서 변화함에 따라 북한에 대한 개발협력의 양상이 변화할 가능성이 높고 이에 따른 북한의 사회화 방식도 다층적으로 분화될 것이다.

---

26) Andrew Hurrell, "One World? Many Worlds? The Place of Regions in the Study of International Society," *International Affairs* 83-1(2007).

III. 북한의 개발협력 방식의 다원성:
사회화 방식의 다층적 분화

정의와 질서에 기초한 연대주의와 다원주의의 분화, 그리고 연대주의 내부의 추가적인 분화로 구성되는 국제사회론의 다층적인 접근법은 북한을 둘러싼 다양한 개발협력의 가상 시나리오를 사회화 과정에서 여러 차원으로 (재)구성하는 데 도움을 준다. 국제개발은 인도적 지원이라는 속성이 강하기 때문에 다원주의보다는 국제사회의 연대주의와 쉽게 연계될 가능성이 높다는 전제하에, 북한의 사회화 과정에서 더욱 주의 깊게 주목해야 할 부분이 국제사회의 연대주의가 북한에게 적용될 때 합의적이었는가 아니면 강압적이었는가라는 문제이다. 만약 질서를 강조하는 다원주의가 북한개발원조에 적절한 분석틀이라면, 북한개발에 대한 논의는 대단히 협소해지고 현실주의에 입각하여 개발원조를 북한의 통제수단으로 인식하게 되며 공여주체의 전략적인 이해관계에 따라 개발프로젝트가 변용되는 한계를 가지게 된다.[27]

따라서 국제사회의 북한을 위한 개발프로젝트가 합의적 연대주의와 강압적 연대주의의 양 극단으로 이루어지는 스펙트럼 선상에서 어느 지점에 위치하는가를 찾아내는 것이 중요하다. 이는 달리 표현하여 연대주의 내부의 합의성과 강압성이 일정 수준에서 타협을 찾게 되고 타협점이 북한개발의 경우 어떻게 다변화되고 생성되는가를 분석하는 것이다.

이러한 횡적인 스펙트럼과 교차하는 또 하나의 종적인 축이 개발프로젝트 규모와 분석수준에 따른 변수라 한다면, 글로벌 수준의 거시적 프로젝트에서부터 북한 내부의 제도개선과 같은 미시적인 처방까지 이 종축에 포함될 수 있다. 전자의 경우는 다자개발은행을 통한 대규모 대북한 경제개발협력 프로젝트의 시나리오가 국제수준에서 기획되고 북한에 조건부로 지원되는 사례를 예상할 수 있으며, 후자의 경우는 북한 내부의 개발역량강화와

---

27) 김태균, "개발원조의 변용성과 원조조건의 정치경제학,"『경제와 사회』제99호(2013).

거버넌스 개선 등 국제사회가 제공하는 미시적인 수준의 대북지원을 고려할
수 있다. 또한 미시적 수준과 거시적 수준이 혼합되어 있는 경우는 국제사
회의 대북개입과 북한 내부의 대응으로 구체화되는 시장민주주의를 위한 굿
거버넌스와 같은 사례를 들 수 있다. 이렇듯, 국제수준에서 국내수준까지
종적으로 포진하는 분석수준과 연대주의 방식(합의적·강압적)의 횡축이 상
호 교차하면서 국제사회의 대북한 원조에 관한 다양한 시나리오를 예상할
수 있다.

체제이성을 보유한 국제사회가 문명표준의 강압적 사회화를 국제개발원
조라는 특수한 정책이전(policy transfer) 채널을 통해 북한에 요구하는 방식
이 다양하게 형성가능하며, 이러한 방법론적 다원성이 분석수준 중심의 종
축과 연대주의 방식의 횡축이 교차하는 모든 지점에서 제도화가 가능하다.
이처럼 국제사회론이 제공하는 다층적인 북한개발 시나리오에도 불구하고,
북한 내부의 개발역량강화가 북한이 스스로의 사회경제발전을 주도하고 빈
곤을 퇴치할 수 있는 근원적인 조건이 될 수 있다는 점에서 차후 북한이
국제사회와 개발협력을 추진할 때 강압적 연대주의와 합의적 연대주의 가운
데 선택할 수 있는 가장 기초적인 자산이 된다.[28]

1. 다자기구를 통한 경제개발협력: 국제수준의 강압적 연대주의

국제사회에서 대북 경제협력 차관 및 유·무상원조는 주로 세계은행
(World Bank)·국제통화기금(IMF)·아시아개발은행(ADB) 등 다자개발은행
(multilateral development bank)에 의해 주도될 시나리오가 가장 설득력 있
고 지금까지 다른 개도국에게도 유사한 방식으로 추진되어 왔기 때문에 북

---

28) 이종무·김태균·송정호, 『북한의 역량발전을 위한 국제협력 방안』(서울: 통일연구원,
2012); 장형수·김석진·임을출, 『북한 경제발전을 위한 국제협력체계 및 개발지원전
략 수립 방안』(서울: 통일연구원, 2012).

한개발을 위한 대규모의 경제개발원조도 다자개발은행을 통해 수행될 수 있는지 심도 있는 검토가 필요하다. 다자기구를 통한 경제개발협력이라는 사회화를 위한 시나리오는 몇 가지의 상황적 가정을 토대로 구성된다.

우선적으로 한국·미국·중국·일본·러시아 등 한반도를 둘러싼 주요 6개국이 북한 핵 문제 해결과 이에 상응하는 조치에 대한 기본적인 합의가 이루어져서 국제사회의 북한에 대한 제재조치가 상당히 완화된 상황을 가정한다. 이러한 초기 조건이 만족한 가운데 북한은 중국이나 한국의 제안과 조정으로 국제사회에 편입하는 사회화 과정을 수용하여야 한다. 이에 세계은행 등 다양한 다자개발은행에 가입이 허용될 수 있으나, 이 또한 가입 이후 바로 대규모의 개발자원이 북한에 제공되는 것이 아니라 다양한 개발지원이 가능할 수 있도록 내부적 조치와 검토과정이 필요하기 때문에 다자개발은행이 직접적으로 재원을 투입하기 전까지는 또 다른 개발원조를 동원할 수 있는 중간단계의 대책 마련이 필요하다.

따라서 다자개발은행의 경제개발협력 재원이 투입될 때를 전후로 다양한 북한의 역량강화프로그램이 조성되고 활발하게 적재적소에 시행되어야 한다. 개도국에게 대규모의 개발자금을 지원하는 이른바 브레튼우즈 기구들이 사업 집행 시 엄격한 신자유주의적 원조조건을 전제로 하기 때문에 핵포기·시스템 개혁 등 사전 절차가 선행되지 않으면 북한에 경제개발협력 프로젝트기 시행되기 어려운 것이 사실이다.

북핵 문제가 해결과정에 들어가면 동북아 다자안보체제의 결성과 북한개발협력을 위한 다자간 국제개발협력체제의 도입이 가시화될 수 있다. 이 단계에서는 북핵 문제가 해결된다는 확신을 제공하는 포괄적인 조치를 넘어서 핵무기와 핵물질의 폐기, 관련 시설의 폐기, 핵개발 인력 재배치 등의 구체적인 조치가 뒤따라야 되며, 이를 제도적으로 확증할 수 있는 정치적 안보확약이 명시적으로 구축되어야 한다.[29]

---

29) 장형수, "북한 개발지원을 위한 국제협력 방향: 재원조달 방안을 중심으로," 『통일정책연구』 제17권 1호(2008); 장형수·김석진·송정호, 『북한개발지원을 위한 국제협

이러한 정치적인 약속이 선행적으로 이행되면 2007년 북핵 6자회담에서 북한의 핵 불능화 조치에 대한 대가로 제공된 중유를 비롯한 에너지·경제 지원을 공여국 간에 조율하기 위하여 설립된 '경제·에너지협력실무그룹'을 능가하는 포괄적이고 장기적인 북한개발협력 지원을 위한 동북아시아 국제지역협의체가 출범할 수 있다. 새롭게 구축될 국제지역협의체는 지속적으로 북한의 핵포기와 그 추이과정과 연계되어 운영되어야 하며, 이를 효과적으로 운영하기 위해서는 6자회담이 아닌 세계은행·아시아개발은행 등의 다자개발은행, 그리고 국제통화기금과 같은 국제금융기구를 실무과정에 포함하여 북한의 경제개발협력을 위한 주변국가와 다자기구가 협력하는 포괄적 파트너십을 적극적으로 구축하여야 한다.

다자개발은행과 국제금융기구를 통한 경제개발협력은 기본적으로 북한이 성공적으로 회원국으로 가입을 하여야한다는 선결조건이 있다. 이를 위해서 세계은행이나 국제통화기금에서 요구하는 가입조건을 만족하여야 하고 세계은행과 국제통화기금의 가입조건은 서로 밀접하게 공동으로 관리하고 있기 때문에 신자유주의적 조건들을 북한이 적극적으로 받아들일 자세와 준비가 필요조건으로 요구된다. 특히, 북한은 불법자금세탁방지와 테러자금 조달에 관한 국제표준에 순응한다는 적극적인 자세를 보여야 하며, 기업지배구조의 투명성과 재정정책의 건전성 등에 관련한 국제기준과 표준화에 부응하는 적극성을 보여야 한다.[30]

이를 위해서 6자회담 회원국들(특히, 중국과 한국)이 어느 정도 북핵 문제가 해결되면 북한의 가입을 유도할 수 있다. 그러나 북한이 신규가입에 성공한다 하더라도 아직 국제개발협력 분야의 경험이 부족한 북한으로서는 가입하자마자 대규모의 경제지원을 받아내기에는 어려움이 있을 가능성이 높고, 이 과정에서는 북한을 국제금융기구와 다자개발은행의 원칙과 사업방식

력 방안』(서울: 통일연구원, 2009).

30) Bradley Babson, "Korean Unification and the Financial System," *International Journal of Korean Studies* 19-1(2015).

에 대한 사전 교육과 역량개발이 필수적인 요소로 부각될 것이다.

이러한 초기 단계의 환경이 조성되면, 다음 단계인 북한이 국제금융기구와 한국, 일본, 중국, 유럽 등 양자 간 공여기관과 긴밀히 협력하면서 국가지원전략을 수립하고 이를 바탕으로 세계은행 등 다자개발은행으로부터 본격적인 자금지원을 받는 단계로 진입할 수 있다.[31] 이 단계에서는 한국과 국제사회가 북한에 대한 상당한 규모의 인프라 구축을 지원하기 시작할 것이고, 북한 경제발전에 필요한 농업 및 에너지·수송부문의 개발과 기본적인 경제인프라시설을 지원하는 남북협력과 국제협력이 동시다발적으로 다층적인 수준에서 제공될 수 있을 것으로 예상된다. 그러나 이러한 일련의 경제개발협력 프로그램은 북한의 핵포기 선언과 맞물려 진행되어야 하며 주변국들의 지지를 얻어내고 북한의 중국 일변도 경제관계를 극복하고 국제사회로 사회화될 수 있는 경로를 소개하고 적극적으로 북한의 개방을 선도할 경우에 가능하다는 조건부 시나리오이다.

이러한 일련의 다자기구를 통한 대북한 경제개발지원은 북한이 스스로 변화하지 않으면 경제지원을 절대로 받아낼 수 없는 구조이기 때문에, 다자개발기구가 요구하는 선결조건들은 이미 제도적으로 구조화된 사회화 조건들로 작동하게 된다. 국제사회, 특히 북한 핵 문제로 연결된 주변국들은 북한이 경제지원을 다자개발기구로부터 받기 위한 조건들을 만족시킬 수 있도록 변화를 유도하는 사회화 과정을 추진하여야 한다. 따라서 본 시나리오는 이미 기존에 제도화된 국제기구의 연대주의에 입각하여 'one-size-fits-all' 정책을 모든 협력대상국에게 관철시키는 강압성을 띠기 때문에 국제사회가 추진하는 강압적 연대주의의 사회화라고 분류할 수 있다.

이는 개별 국가의 국익과 관계없이, 그리고 개별 대상국가의 주권적 요구가 반영되지 않는 이미 주어진 조건에 의해 구성되는 사회화이고, 국제사회론의 강압적 연대주의에 기반한 사회화가 적용될 가능성이 높다. 다자개

---

31) 장형수·김석진·임을출,『북한 경제발전을 위한 국제협력체계 및 개발지원전략 수립 방안』(2012).

발은행의 경제개발협력 프로젝트 경우 북한이 확장할 수 있는 운신의 폭은 대단히 제한적이며 정치하게 체계화된 기존의 규범과 조건을 만족시키지 않으면—다시 말해, 문명의 표준을 준수하지 않으면—국제사회에서 도태되며 글로벌 수준에서 기획된 프로젝트가 일방적으로 북한에 주입되기 때문에 주권국가로서의 입지를 굳히기가 어려운 환경에 처하게 된다.

그럼에도 불구하고 신흥원조공여국들, 특히 BRICS가 최근에 출범시킨 신개발은행(NDB: New Development Bank)과 아시아인프라투자은행(AIIB: Asian Infrastructure Investment Bank)으로 인한 국제원조사회의 지각변동이 일어나고 있다는 사실에 주목해야 한다.[32] 물론 AIIB의 경우 북한의 가입 신청을 거부한 상태이기는 하나, 북한의 입장에서는 기존의 세계은행이나 국제통화기금보다는 NDB와 AIIB에 대한 접근도가 더 용이하다고 판단할 것이나 일정 시기가 지나고 어느 정도 신흥다자은행들이 요구하는 조건들을 만족할 경우 대규모의 경제지원을 받을 가능성이 있다는 전제하에 브레튼우즈 중심의 다자개발기구들이 구사하는 강압적 연대주의의 사회화 구조가 흔들릴 가능성을 배제할 수 없다.

마지막으로 UN 중심의 국제사회는 공여국과 함께 유엔기구의 대북한 경제발전 지원에 관한 노력과 조응할 수 있도록 거시적인 프레임을 구축을 시도해 왔고 이러한 시도는 브레튼우즈 시스템에서 강요하는 강압적 연대주의에서 탈동조화(decoupling)하는 효과를 만들어내고 있다.[33] UNDP는 2006년 북한에 대한 국가 프로그램문서(Country Programme Document for DPRK, 2007-2009)를 기획하여 2007년부터 2009년까지 북한당국과 공동으로 포괄적인 대북 개발지원전략을 담은 협력방안을 협의하였다. 이는 '북한 정부와 유엔기구 간의 협력을 위한 전략계획'으로서 유엔기구들이 북한에서 어떻게 활동할 것인가에 대한 기본적인 틀을 제공하고 이에 대하여 북한당국의 협

---

32) Oliver Stuenkel, *Post-Western World: How Emerging Powers are Remaking Global Order* (Cambridge: Polity Press, 2016).

33) John Meyer and Brian Rowan, "Institutionalized Organizations: Formal Structure as Myth and Ceremony," *American Journal of Sociology* 83(1977).

조를 이끌어낸 바 있다.34) 이를 토대로 북한개발지원 계획이 한 단계 진일
보한 2011년부터 2015년까지의 'UN-북한 협력을 위한 전략계획'이 수립되
고 시행되었다.35)

따라서 현재까지 북한과 가장 긴밀하게 접촉하고 경제개발을 비롯한 다
양한 개발협력 프로그램을 수행한 주체가 유엔기구이라는 것을 알 수 있고,
향후 북한 경제개발협력 관련 강압적 연대주의의 탈동조화 주체로 가장 면
밀하게 검토되어야 할 대상이 UN의 전략계획이라 할 수 있다. UN전략계
획의 주목적은 북한 주민의 삶의 질 향상을 위한 북한 정부의 노력을 지원
하기 위한 것이며, 새천년개발목표(MDGs)를 달성하기 위한 일환으로 사회
개발(social development), 지식과 개발관리를 위한 파트너십(partnership for
knowledge and development management), 영양(nutrition), 기후변화와 환
경(climate change and environments) 등 4개 분야에서 북한 내에서 활동하
는 유엔기구들에게 다양한 지원 프로그램 운영에 관한 지침을 의제설정부터
모니터링 및 평가방법, 그리고 자료수집에 이르기까지 상당히 자세하게 제
공하고 있다. MDGs가 완료된 2015년까지 유효했던 반면, 2015년 9월부터
새롭게 시작된 지속가능발전목표(SDGs)를 달성하기 위하여 UN은 다시 2030
년까지의 대북한 지원전략을 수립할 것이고 UN의 대북한 활동까지 포괄하
는 거시적인 프레임이 준비되고 있다.

2. 시장민주주의를 위한 굿거버넌스: 국내-국제와 강압-합의의 혼합

개혁·개방의 성공에 대한 평가의 수준은 차이가 있으나, 북한은 지속적

---

34) UNDP, *United Nations Strategic Framework for Cooperation between the United
Nations and the Government of the Democratic People's Republic of Korea,
2007-2009* (New York: UNDP, 2006).

35) UN, *United Nations Strategic Framework for Cooperation between the United
Nations and the Government of the Democratic People's Republic of Korea,
2011-2015* (New York: UN, 2010).

으로 국내 수준의 개혁·개방을 추진해 왔다고 평가할 수 있다. 북한경제에서 개혁·개방은 결국 어느 수준까지는 시장화가 확산되는 것을 용인한다는 것을 의미한다. 실제로 의미 있는 변화가 개혁·개방 과정에서 나타날 수 있다면 이는 부분적이나마 기존 사회주의 경제체제에서 시장경제로의 이행을 시사한다. 김정은 시대가 도래하면서 뚜렷한 개혁·개방의 정책이 실현되고 있다고 볼 수는 없으나, '6.28 방침'으로 불리는 새로운 경제관리체계는 북한의 기존 경제시스템을 바꾸고 시장경제 요소를 제도화하려는 의도로 해석할 수 있다. 이 또한 북한경제에서 시장화가 실질적으로 확산되기 위해서는 다자개발기구와 같은 국제사회의 대규모의 개입과 협력이 뒷받침되어야하는 것이 필수요건 중의 하나이다. 북한의 독자적인 시장화는 경험 및 재원의 부족으로 또한 체제 붕괴의 우려로 인하여 내재적인 한계를 가질 수밖에 없기 때문이기도 하다.

계획과 시장이 공존하는 북한 경제시스템은 '위로부터의 시장 조율 및 통제'와 시장발전의 기초인 '아래로부터의 필요에 의한 시장 확산'이 동시에 발현하여, 공격과 반격의 큰 틀 내에서 다양한 조율·협력·갈등의 양상이 나타난다.[36] 북한에서는 2002년 7.1 경제관리개선조치와 그 이후 추가적인 경제개혁을 통해 어느 정도로 시장화가 진행되어 왔던 것으로 파악되고 있다.[37] 북한의 시장 활동은 합법적 사적 경제활동, 불법적 사적 경제활동, 계획경제 내 불법적 경제활동 등 세 가지 형태로 구별할 수 있다. 이는 곧 본래 불법영역이었던 시장화가 점차 확대되면서 정부가 묵인하는 반합법적 지위까지 도달하게 되고 더 나아가 다시 북한당국이 합법화로 인정하는 확산 일로에 있다고 평가할 수 있다. 7.1 경제관리개선조치에 따라 상품 및 가격 원리가 북한체제 내 도입되는 등 부분적인 개혁이 이루어졌는 데 반해,

---

36) 박영자, "융합연구 시각에서 본 북한 시장화의 행위자와 상호작용," 『KDI 북한경제리뷰』 제13권 7호(2011).
37) 이석·김창욱·양문수·이석기·김은영, 『북한 계획경제의 변화와 시장화』(서울: 통일연구원, 2009).

시장화의 속도는 아직까지 빠른 속도로 확산되지 않고 있다고 볼 수 있다.

그럼에도 불구하고 북한당국은 시장을 사회주의 상업유통의 한 영역으로 인정하면서 기존 시장의 합법화를 어느 정도 허용하고 있다. 이로써 다양한 형태의 시장이 등장하게 되었는데, 종합시장의 도입은 주민 및 기업의 시장 참여를 허용하였고 상거래의 증대는 시장화의 진전을 가늠할 수 있는 척도로 각광을 받았다. 또한 2003년 농민시장을 종합적인 소비품시장으로 확대개편하면서 이전의 농민시장을 농산물뿐만 아니라 각종 공업제품도 거래되는 종합적인 상설시장을 개편하였다.

그러나 아직까지 전형적인 자본주의형 시장경제가 도입된 것은 아니며, 이에 따라 시장경제를 모색하는 국제사회의 원조를 본격적으로 받기에는 무

○ 표 1 국제금융기구의 저개발국 및 체제 전환국 시장화 촉진 사례[38]

기간	사업기관	대상국가	사업내용
1995~1999	세계은행	러시아	러시아시장경제교육 프로젝트 • 러시아 관료, 기업인 대상의 시장경제교육 실시 • 경영관리, 금융, 공공재정 분야 교육 • 국립교육재단(National Training Foundation) 설립
1994	세계은행	중국	중국경제개혁법 프로젝트 • 종합법률지원 사업으로 경제개혁법 프로젝트 실시 • 입법요소, 훈련요소, 제도지원요소 등으로 구성 • 1995년 시작된 중국의 '사회주의 시장경제체제' 지원 목적
1998~2005	아시아개발은행	몽골	몽골기술지원 프로젝트 • 몽골 법조인 교육 프로그램 • 법조인교육센터(Lawyer Retraining Center) 설립 • 중견 판검사들을 대상으로 시장경제원리가 적용된 법률을 교육

---

38) 조명철 외, 『체제전환국의 시장경제교육 경험이 북한에 주는 시사점』(서울: 대외경제정책연구원, 2008); 민경배·류길재, "체제전환국 법제개혁을 위한 국제기구의 협력과 북한," 『통일문제연구』 제51호(2009).

리가 따른다. 다자개발은행은 〈표 1〉에서 알 수 있듯이 러시아·중국·몽골과 같은 체제 전환국의 경우에 시장화를 촉진할 수 있는 기술지원 및 개발협력 프로그램을 실시하여 왔다. 5.24 조치 이후 경색된 남북관계를 고려해 볼 때, 한국 정부가 주도하는 북한시장화 촉진 프로그램은 북한당국이 체제흔들기로 인식할 가능성이 높다는 판단하에 국제기구와 긴밀한 공조를 통해 대북지원을 시도하는 것이 바람직할 것이다. 북한이 아직 다자개발은행에 가입을 하지 않은 상황이지만, 세계은행이나 아시아개발은행의 경우 미가입 국가에게도 기술협력 분야에서는 지식공유 및 역량강화 프로그램을 제공하는 사례가 있기 때문에 다자개발은행을 활용하여 북한에게 시장경제에 대한 지식공유 사업을 추진하면 두 가지 긍정적인 효과를 기대할 수 있다.[39]

첫째, 국제경제의 시장경제시스템 노하우를 가장 효율적으로 북한에게 제공할 수 있는 주체가 다자개발은행이라는 측면에서 북한은 최상급의 지식을 수혜받을 수 있다는 장점이 있다. 둘째, 아직 다자개발은행에 미가입국이기 때문에 사전에 이 기구들과 협력관계를 유지할 수 있는 징검다리로서 시장경제 교육프로그램을 활용할 수 있다.

이처럼 시장민주주의를 조건으로 북한에게 제공되는 개발원조는 미국이 오랫동안 정책화하고 전략화하고 있는 '민주주의 원조(democracy aid)'와 맥을 같이 한다.[40] 민주주의 개선과 정착을 위한 원조는 미국 정부가 내세우는 원조정책과 철학의 근간을 이루고 있으며, 이러한 형태의 원조정책은 이른바 민주주의 평화론(democratic peace theory)과도 연결고리가 있다. 주요 내용으로는 정치시스템 개혁(투명선거·정당정치제도·투표권·법치 등), 시장경제 개혁(거시경제안정화·가격자유화·사유화·반독점정책·사회복지제도·외환시장 개혁·대외무역제도개선 등), 그리고 시민사회 정착(민주시민교육·자금지원 등)으로 구성된다.[41] 따라서 시장민주주의 도입을 앞세운 개발협력원조는 상

---

39) 김태균, "북한의 개발역량 발전을 위한 시론," 『국가전략』(2014).

40) Peter Burnell, *Democracy Assistance: International Cooperation for Democratization* (Portland: Frank Cass, 2000); Thomas Carothers, "Democracy Assistance: Political vs. Developmental," *Journal of Democracy* 20-1(2009).

품·노동·주택·기업 등의 시장화와 더불어 정치체제 자체를 서구민주주의의 기본 프레임으로 변형하는 것을 요구하고 있어 개도국으로부터 또 하나의 서구 제국주의적 개입이라는 비판을 받고 있기도 하다.

　이러한 시장민주주의를 위한 원조는 1980년대 후반부터 지금까지 세계은행을 비롯한 국제원조사회의 정책기본이 되고 있는 굿거버넌스 논리와도 쉽게 연결된다.[42] 굿거버넌스와 관련된 미사여구를 모두 삭제하면 결국 최종적으로 주장하는 논리는 좋은 정책(good policies)과 좋은 제도(good institutions)을 보유하고 있는 협력대상국은 대외 원조를 받을 경우 좋은 결과 및 원조효과성을 창출할 가능성이 높다는 '항진명제(tautology)'의 성격이 강하다.[43] 아직까지 굿거버넌스 주장에서 갖추어야 할 초기 단계도 도달하지 못한 개도국에게 이러한 시장민주주의에 관련된 조건을 부과하는 것이 논리적으로 정당하지 못하다는 반론이 제기되고 있는 가운데, 이에 대안으로 'Good Enough Governance'라는 새로운 주장이 나오고 있다.[44] 이러한 주장은 굿거버넌스를 원조조건으로 제시하기 위해서는 그 단계에 진입할 수 있을 때까지 시간을 두고 개도국에게 굿거버넌스를 위한 원조를 별도로 제공하고 이 단계에 진입할 경우 다시 굿거버넌스를 원조조건으로 부과하자는 대안이다. 즉, 개도국에게 경제발전과 정치발전을 동시에 한꺼번에 달성하도록 요구하는 것은 무리라는 간단한 메시지를 전달하고 있다.

　비록 북한이 시장민주주의를 어느 한 순간에 달성하거나 받아들이는 것은 만무한 일임이 자명하다. 시장민주주의를 북한체제에 정착시키고 개혁·개방의 경로로 북한을 진입시키기 위해서는 북한 스스로의 변화와 국제사회

---

41) Thomas Carothers, *Aiding Democracy Abroad: The Learning Curve* (Washington, DC: Carnegie Endowment for International Peace, 1999).

42) World Bank, *Assessing Aid: What Works, What Doesn't and Why* (New York: Oxford University Press, 1998).

43) Roger Riddell, *Does Foreign Aid Really Work?* (Oxford: Oxford University Press, 2007).

44) Merilee S. Grindle, "Good Enough Governance Revisited," *Development Policy Review* 25-5(2007).

가 요구하는 주요 조건들을 받아들이는 과정이 필요하다. 시장민주주의에 입각한 굿거버넌스는 국제사회에 합의된 강압적 연대주의적 속성을 갖고 있지만, 반대로 대상국가가 시장민주주의에 기반한 원조를 거부할 수 있고 어느 정도 수정된 방식으로 받아들일 수 있는 정치적 공간이 상대적으로 크기 때문에 다자개발기구가 요구하는 강압적 연대주의 속성이 약하다고 볼 수 있다. 결국 시장민주주의를 위한 굿거버넌스는 주권국가인 대상국가와의 합의가 어느 정도까지 도출될 수 있는가에 따라 연대주의적 사회화의 속성이 변경될 수 있다는 설명이 가능하며, 더 나아가 이러한 형태의 연대주의적 사회화는 강압적 연대주의 사회화와 합의적 연대주의 사회화의 중간 형태 내지 과도기적 현상으로 정리할 수 있다.

다시 말해 협력대상국인 북한이 기획에 참여하고 원하는 방향성을 스스로 요구할 수 있게 운신의 폭을 넓혀주게 되면 연대주의의 강압성이 합의적 연대주의로 전환될 가능성을 배제할 수 없다. 따라서 국제 수준에서 국제사회가 북한에 제공할 수 있는 개발협력의 패턴은 북한의 참여도를 얼마나 유도할 수 있느냐에 따라 연대주의의 사회화가 강압형에서 합의형으로 전환할 수 있는 것이다.

3. 개발을 위한 역량강화: 국내수준의 강압적-합의적 연대주의

북한의 개발역량강화는 앞서 기술한 경제개발협력과 시장민주주의를 적극적으로 도입하기 전·후 단계에서 모두 공히 전제조건으로 필요한 과정이라고 할 수 있다. 다자개발은행에게 대규모 원조를 받기 전에도 북한 스스로 개발역량을 강화해야 될 뿐만 아니라 원조를 받는 단계에서도 이를 효과적으로 운영할 수 있는 경험과 역량이 필수적이다. 시장민주주의를 위한 굿거버넌스 경우에도 시장민주화에 관한 경험 및 역량을 갖출 수 있는 과정이 필요하다. 다시 말해, 북한이 본격적으로 국제사회의 사회화 과정에 진입하기 위한―특히, 사회주의체제에서 시장민주주의로 체제를 전환하고 국제통화기금 및 세계은행의 회원국이 되기 위하여— 필수조건이자 이를 위한 효과적인 방법론으로 개발역량강화가 동원되어야 한다. 본격적으로 다자개발은행과 선진공여국의 개발재원이 제공되기 위해서 북한 내부의 개발역량강화 프로그램을 작동시켜야 한다. 경제발전을 위한 다자개발은행으로부터 자금조달을 받을 경우, 북한은 극심한 체제 전환기에 처해 있을 가능성이 높기 때문에 국제사회에서 요구하는 원조조건 및 구조조정에 적응하기 어려운 조건에 놓일 것이다. 이를 적극적으로 대처하기 위하여 자본주의 경제원칙과 실제 정책에 익숙할 수 있도록 북한 내부 관련 부처와 기관에 역량발전 프로그램을 제공하여야 한다.

개발학 분야에서는 역량발전(capacity development)을 크게 개인 차원과 제도 차원으로 나누어 볼 수 있다.[45] 개인 차원에서는 북한의 교육은 아직도 이데올로기에 매몰되어 있기 때문에 역량발전을 위한 교육체계가 작동하지 않고 있으며 정책전문가·관료·학자들은 시장경제 및 세계경제에 대한 전문성을 갖출 수 없는 상황에 놓여 있다. 제도적 차원에서도 마르크스-레닌주의와 주체사상에 입각하여 자본주의 비판담론이 공식담론의 지위를 굳건히 유지하고 있고, 북한의 헌법 및 법률은 시장경제의 핵심인 개인의 소유권을 부정하고 있는 상황이다. 이는 최종적으로 국가역량으로 수렴되는데, 국가역량은 정책의 입안 및 시행, 그리고 법을 투명하게 집행하는 능력을 의미하기 때문에 긍정적인 의미에서 강한 국가는 정부 개입이 제한되면서도 법과 정책의 수립 및 집행 능력이 뛰어난 국가라고 규정될 수 있다.[46] 이러한 역량강화의 총집결체인 국가역량을 개발협력에 맞추어 극대화하기 위해서는 북한이 현재 처한 상황에 맞게 역량강화 프로그램이 맞춤형으로 제공되는 것이 바람직하다.

이러한 배경하에 남북한 간의 직접적인 양자 간 협력관계뿐만 아니라

---

45) 이종무·김태균·송정호, 『수원국의 역량발전을 위한 개발협력전략과 사례연구』(서울: 통일연구원, 2011).

46) Francis Fukuyama, *State-Building: Governance and World Order in the 21ˢᵗ Century* (Ithaca: Cornell University Press, 2004).

제3의 국제기구, 관련국가 내지 비정부기구(NGOs)를 통한 다자협력채널을 중심으로 북한의 개발협력을 위한 남측의 전략적 접근을 도모함으로써, 대북지원의 정치화 위험을 최소화하고 대북 사업의 지속성을 유지하기 위한 방식으로 북한의 개발역량강화에 초점을 두는 것이 국제사회가 우선적으로 취할 수 있는 전략적 선택이다.47) 개발협력을 위한 역량발전이 개도국의 사회·경제개발을 위한 모든 개발 프로젝트에 범분야적(cross-cutting)으로 적용된다는 점에서 개발행위자의 개입에 대한 정치적 민감성을 완화시킬 수 있다. 특히, 북한을 위한 역량발전 사업을 제3자를 통한 다자간 지원방식으로 집행할 경우, 남측의 직접 개입을 간접화할 수 있고 개발 사업이 정치화되는 위험성을 낮출 수 있다. 이는 남북한 간의 공식적인 교류가 끊긴 이명박 정부에서도 다자채널을 이용한 북한의 역량개발 프로그램을 지속적으로 추진하였다는 점에서 확인될 수 있다.48)

다시 말해, 북한의 역량발전에 초점을 맞춰 대북협력 사업을 추진하는 계획은 북한이 자본주의 시장경제에 편입될 수 있는 토대와 제도적 기반을 지원하는 것이라 할 수 있다. 이는 주로 시장경제·무역·공공행정과 같은 자본주의체제의 구성요소에 대한 지식공유와 기술지원 형태로 제공되는 교육훈련과정으로, 북한이 중장기적으로 자본주의 세계체제에 연착륙할 수 있는 확률을 높이는 데 그 주목적이 있다.49) 따라서 북한이 개발의 주체로서

---

47) 김태균, "북한의 개발역량 발전을 위한 시론,"『국가전략』(2014).

48) 이명박 정부가 들어선 2008년 이후 계속해서 이어져 온 남북한 대치상황은 양측 모두 경제협력을 비롯하여 다양한 부문에서 협력관계를 유지할 수 없게 만들어 왔다. 2010년 5.24 조치로 남북한 간에는 위탁가공교역은 물론 1988년 이후 계속되어 왔던 남북 간 일반 무역마저 끊어졌다. 이에 북한은 동년 11월 연평도 포격도발로 격렬하게 대응하였으며, 2011년 여름에는 전격적으로 발효된 금강산국제관광특구법에 따라 금강산특구 내에 있는 남측 자산에 대한 법적 처리를 단행하였다. 그럼에도 불구하고 북한의 역량발전을 위한 프로그램을 제3의 기구를 통하여 한국 정부기관이 추진하였다는 것을 여러 채널을 통해 확인할 수 있다.

49) 박형중·임을출·김수암·강동완, 『북한개발지원의 이론과 포괄적 전략』(서울: 통일연구원, 2009); 이종무·김태균·송정호, 『북한의 역량발전을 위한 국제협력 방안』(2012).

제도적 역량강화를 스스로 추진할 수 있도록 국제사회와 함께 한국 정부가
선도하는 역량발전의 국제협력체제를 구축하고 이를 체계적으로 지원할 수
있는 전략적 방안을 시도하는 것이 대단히 중요하다.

북한의 개발협력을 위한 역량강화 프로그램을 확대하는 것은 결국 북한
이 국제사회가 제공하는 다양한 개발협력 해법에 접근할 수 있는 역량을 제
고하는 방법이기 때문에 북한의 조건에 적절하게 맞춤형으로 진행되는 것이
바람직하고 이는 곧 역량강화 프로그램에 관하여 북한과의 합의를 도출할
수 있는 가능성이 높다고 평가할 수 있다. 다시 말해, 합의적 연대주의의
사회화 내지 강압적 연대주의의 사회화 초기 단계에서 적극적으로 도입할
수 있는 전략적 접근법이라 평가할 수 있으며, 이는 앞서 설명된 두 가지
방식의 개발협력에 가장 기초적이면서도 보편적인 토대를 제공한다고 할 수
있다.

IV. 총체적인 사회화이론과 정책을 위한
추진체계 구축을 위하여

본 연구는 북한개발협력을 위한 사회과학적 이론틀이 부족하다는 문제
에 천착하여 국제사회론에서 제공하는 방법론적 다양성을 이 문제에 접목하
는 것을 기초적이나마 시도하였다. 정의와 질서 간의 상보성과 이를 기반으
로 확장되는 연대주의와 다원주의, 그리고 더욱 세분화되어 연대주의 내부
에 합의적·강압적 연대주의로 이어지는 국제사회론의 다층적인 이론분석틀
은 현실주의와 자유주의를 깔끔하게 설명하지 못하는 국제 문제에 보다 쉽
게 접근할 수 있는 방법을 제공한다. 이를 통하여 다자기구를 통한 경제개
발, 시장민주주의를 위한 굿거버넌스, 그리고 개발을 위한 역량발전이라는
세 가지 방식의 대북한 개발원조에 특징과 사회화 방식 간의 차이를 분석하

고 각각의 방식을 강압적 연대주의 사회화, 강압적 연대주의와 합의적 연대주의 사회화의 혼합방식, 그리고 합의적-강압적 연대주의의 기초적 토대로 유형화를 시도하였다(〈그림 1〉 참조).

첫째, 북한 국내의 개발역량강화는 기본적으로 국내수준의 개발협력 프로젝트이다. 그러나 시장민주주의와 경제개발협력의 가장 중요한 밑바탕이 되기 때문에 그리고 북한의 주체적인 입장이 반영되거나 국제사회의 일방적인 주입이 시행되든지 개발협력 프로젝트가 원활하게 이행되기 위해서는 필요조건으로 요구되는 사항이기 때문에, 국제사회의 연대주의적 개입에 적용되는 스펙트럼의 범위가 상당히 광범위하다. 즉, 강압적 연대주의 방식에서부터 합의적 연대주의까지 북한 개발역량강화가 반드시 필요하다는 설명이 가능하다.

둘째, 굿거버넌스를 위시한 시장민주주의를 국제사회가 대북한 사회화 프로젝트로 추진할 경우 이와 연관된 분석수준과 연대주의 유형 등 모든 변수가 혼합방식을 띠게 되고 연결되는 주체와 효과가 가장 광범위하다(〈그림 1〉 참조). 이는 시장민주주의 주입이 상황에 따라 가장 복잡다단한 이행주체

○ 그림 1   **북한개발과 사회화를 위한 이론적 구성도**

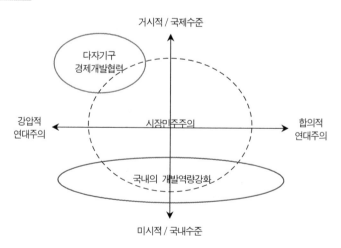

와 제도·절차, 그리고 합의의 과정이 거시와 미시가 혼합되어 나타난다는 해석이 가능한 반면, 다자개발기구의 경제개발협력과 같이 일방적인 비타협적 개입보다는 느슨한 형태의 타협점들이 존재하다는 측면에서 연대주의의 다양한 유형들이 포괄될 수 있다는 긍정적인 해석도 가능하다.

마지막으로, 다자개발은행의 경제개발협력이 북한의 선제적인 변화와 국제규범의 적극적 수용을 전제 조건으로 시행되는 국제 수준의 대규모 대북 원조이자 강압적 연대주의의 전형적인 모델로 제시할 수 있다. 수원주체로서 북한이 주장할 수 있는 독자적인 영역이 가장 축소되고 제한되어 있는 유형이라 볼 수 있기 때문에 부정적인 비판을 제기할 수 있는 반면, 세계은행 등 다자개발은행이 북한 경제개발을 짧은 시기에 기획하고 추진하기 위해서 대규모의 경제 원조를 받을 수 있는 가장 중요한 국제사회의 공여주체라는 점을 기억해야 한다.

각각의 사회화 방식은 단계별로 구조적으로 연계되어 있으며, 상호 별개의 과정을 고집하지 않는다. 북한 내부 상황에 대한 정확한 분석이 없이 개발협력을 위한 북한의 사회화 측면만 강조하는 것은 결국 북한개발협력의 경험적 효과와 이론적 함의를 지나치게 외부적 시각으로 일반화하는 오류를 범할 가능성이 높다. 역량발전 단계가 시장민주주의와 경제발전의 기초과정 역할을 수행한다 하더라도, 시장민주주의가 도입되지 않으면 국제통화기금 및 세계은행으로부터 대규모의 원조를 북한이 받을 수 없기 때문에 시장민주주의를 위한 굿거버넌스는 과도기적 단계에서 전환과정을 설명할 수 있는 것이다.

따라서 이러한 세 가지 수준의 사회화 과정이 단계적으로 거시적 프레임 안에서 체계적으로 연동되는 미시적인 기획을 이론화하는 작업이 필요하다. 이는 곧 다자개발은행과 UN으로 구성되는 국제원조사회, 개별공여국, 개발NGO, 그리고 북한으로 이루어지는 국제사회라는 공간에서 총체적인 사회화 과정이 동시에 때로는 순차적으로 이루어질 수 있는 이론적인 분석틀을 개발하는 것이 중요하다는 결론적인 차후 숙제로 귀결될 수 있다.[50]

V. 맺으며

북한을 국제사회로 유인하고 개발협력정책을 통해 북한의 사회화를 극대화하기 위해서는 북한의 사회화 과정을 아우를 수 있는 이론적 프레임 구축과, 실제 사업의 국제적 그리고 북한의 대내적 수준에서 협력체계를 이론과 연계하는 일련의 포괄적인 거시와 미시의 연계 노력이 필요하다. 북한의 사회화는 단순히 국제사회가 단결하여 북한에 제공하는 개발협력 내용을 통일한다고 해결될 문제가 아니고, 북한의 내부 변화를 유도하고 개발협력을 소화할 수 있는 국내 역량을 강화한다고 해결될 문제도 아니다. 국제사회의 원조 주체들이 어떠한 이유에서 북한개발에 적극적으로 참여해야 하는가에 대한 이론적 설득 논리를 제공하는 것이 성공적 연계체계 구축의 시발점이다. 국제사회, 특히 다자개발은행과 주요 선진공여국들의 적극적인 개입을 모색하지 않고서는 북한의 개발과 사회화 숙제는 사실 성공하기 어려운 과업임에 틀림없다. 따라서 명확하고 체계적인 대북한 지원에 관한 설득력 있는 논리와 이론을 개발하는 것이 중요하다.

이를 바탕으로 북한개발을 위한 북한 국내, 그리고 국제사회의 체계적인 연계가 시도되어야 한다. 북한이 다자개발은행에 가입하지 못한 현 상황에서는 우선적으로 북한 스스로 개방할 수 있고 국제사회의 원조를 보다 효과적으로 받아들일 수 있는 국내 수준의 역량이 강화되어야 한다. 이를 위하여 국제사회의 원조 패러다임의 변화, 국제경제에서 요구하는 다양한 지식 공유, 시장민주주의로 전환을 위한 역량강화가 필수적으로 요구된다. 한국은 5.24 조치 이후에도 꾸준히 국제사회와 함께 북한의 역량개발을 위한 프로그램을 추진해 온 바 있으며, 앞으로 역량강화 프로그램을 모든 연계정책에 기본으로 인식하고 보다 체계적으로 기획해 나가야 할 것이다.

---

50) Gunnar Myrdal, *The Political Element in the Development of Economic Theory* (Abingdon: Routledge, 2002).

더 나아가 역량강화 프로그램은 북한의 대규모 경제발전을 도모하기 위하여 다자개발은행의 자금을 동원하는 국제적 수준의 공조체제와 동시에 시장경제체제로의 전환을 도와주는 정책과 연계되어야 한다. 이를 위하여 북한개발지원그룹이라는 잠정적인 북한개발을 위한 국제컨소시엄을 전략적으로 구축할 수 있도록 국내의 정부·민간·기업·학계, 그리고 또한 국제기구와 긴밀한 협력이 요청된다. 국제적 대북한개발협력 컨소시엄을 조직하기 위해서 정부제도하에 범협력체계를 먼저 구축하고 관련 유엔기구 및 다자개발은행의 협조를 모색해야 할 것이다. 또한 국제컨소시엄을 운영할 수 있는 전문 인력 양성 및 단계적으로 북한에 개입할 수 있는 시나리오와 재원 마련이 필요하다. 이는 북한에 긴급 상황이 발생하여 중국이 선제적으로 개입하는 가능성을 최소화시킬 수 있으며 중국 또한 국제컨소시엄에 일원으로 합류할 수 있도록 다각도의 노력이 수반되어야 한다.

이러한 북한의 사회화를 위한 이론과 정책의 정합성을 제고하는 첫 단계로 지금까지 부족했던 북한개발의 이론화 노력을 보완하고자 영국학파의 국제사회론을 소개하고 실제 북한개발협력 프로젝트에 적용해 봄으로써 후속연구를 위한 몇 가지 단초들을 마련하였다. 북한의 개발협력이 가지고 있는 보편성과 특수성의 모순관계를 동시에 해결할 수 있는 방법론적 다원성을 보유하고 있는 국제사회론을 토대로 국제사회가 북한을 사회화하기 위한 이론적 재구성이 가능하며, 이에 맞춰 지금까지 북한에 제공되었던 그리고 앞으로 기획할 수 있는 개발협력 프로젝트들이 어떠한 이론적 기반을 가지고 현실 정책으로서 의미 있는 효과를 창출할 수 있는가에 대한 전망을 내릴 수 있다. 마지막으로 이론과 정책의 정합성 제고를 위하여 보다 정치한 연계고리를 찾고 이를 분석할 수 있는 데이터를 확보하여 이론의 다변화와 정책의 현실성을 강화할 수 있는 학술적 노력이 필요하다는 것을 강조한다.

■ 참고문헌 ■

고유환. "북한연구 방법론의 현황과 과제." 『통일과 평화』 제1권 제1호. 2009.

김일기. "체제변화론의 관점에서 본 북한의 개혁, 개방 연구." 『북한연구학회보』 제 10권 제1호. 2006.

김태균. "개발원조의 변용성과 원조조건의 정치경제학." 『경제와 사회』 제99호. 2013.

_____. "북한의 개발역량 발전을 위한 시론: 남북협력 파트너십으로서 지식공유· 역량발전의 유연성." 『국가전략』 제20권 제4호. 2014.

_____. "개발원조의 인식론적 전환을 위한 국제사회론: 국익과 인도주의의 이분법을 넘어서." 『한국정치학회보』 제50집 1호. 2016.

마상윤. "영국학파의 국제사회론." 『세계정치』 제10권. 2008.

민경배·류길재. "체제전환국 법제개혁을 위한 국제기구의 협력과 북한." 『통일문제 연구』 제51호. 2009.

박영자. "융합연구 시각에서 본 북한 시장화의 행위자와 상호작용." 『KDI 북한경제 리뷰』 제13권 제7호. 2011.

박형중·임을출·김수암·강동완. 『북한개발지원의 이론과 포괄적 전략』. 서울: 통일 연구원, 2009.

신욱희. "동아시아 국제이론의 모색." 『세계정치』 제10권. 2008.

이 석·김창욱·양문수·이석기·김은영. 『북한 계획경제의 변화와 시장화』. 서울: 통일연구원, 2009.

이종무·김태균·송정호. 『수원국의 역량발전을 위한 개발협력전략과 사례연구』. 서울: 통일연구원, 2011.

_____. 『북한의 역량발전을 위한 국제협력 방안』. 서울: 통일연구원, 2012.

이종석. 『새로 쓴 현대 북한의 이해』. 서울: 역사비평사, 2002.

장인성. "동아시아 문명과 국제사회: 구성원리와 존재방식." 『한국정치외교사논총』 제24집 2호. 2003.

장형수. "북한 개발지원을 위한 국제협력 방향: 재원조달 방안을 중심으로." 『통일정 책연구』 제17권 1호. 2008.

장형수·김석진·송정호. 『북한개발지원을 위한 국제협력 방안』. 서울: 통일연구원, 2009.

장형수·김석진·임을출. 『북한 경제발전을 위한 국제협력체계 및 개발지원전략 수립 방안』. 서울: 통일연구원, 2012.

정영철. "북한의 시장화 개혁: 시장사회주의의 북한식 실험." 『북한연구학회보』 제8 권 1호. 2004.

조명철 외. 『체제전환국의 시장경제교육 경험이 북한에 주는 시사점』. 서울: 대외경 제정책연구원, 2008.

조영주 편저, 북한연구학회 기획. 『북한 연구의 새로운 패러다임: 관점·방법론·연구 방법』. 파주: 한울아카데미, 2015.

Alderson, Kai, and Andrew Hurrell. "International Society and the Academic Study of International Relations." In Kai Alderson and Andrew Hurrell, eds. *Hedley Bull on International Society.* Basingstoke: Macmillan, 2000.

Babson, Bradley. "Realistic Expectations of the Future Role of the IFIs on the Peninsula." *Korea Economy 2008* 24. 2007.

_____. "Korean Unification and the Financial System." *International Journal of Korean Studies* 19-1. 2015.

Bowden, Brett. *The Empire of Civilization: The Evolution of an Imperial Idea.* Chicago: University of Chicago Press, 2009.

Bull, Hedley. *The Anarchical Society: A Study of Order in World Politics.* New York: Columbia University Press, 1977.

Burnell, Peter. *Democracy Assistance: International Cooperation for Democratization.* Portland: Frank Cass, 2000.

Buzan, Barry. *From International to World Society? English School Theory and the Social Structure of Globalisation.* Cambridge: Cambridge University Press, 2004.

_____. *An Introduction to the English School of International Relations: The Societal Approach.* Cambridge: Polity Press, 2014.

Carothers, Thomas. *Aiding Democracy Abroad: The Learning Curve.* Washington, DC: Carnegie Endowment for International Peace, 1999.

_____. "Democracy Assistance: Political vs. Developmental." *Journal of Democracy* 20-1. 2009.

Chong, Dennis, and James N. Druckman. "Framing Theory." *Annual Review of Political Science* 10. 2007.

DiMaggio, Paul, and W. W. Powell. "The Iron Cage Revisited: Collective Rationality and Institutional Isomorphism in Organizational Fields." *American Sociological Review* 48-2. 1983.

Dunne, Tim. *Inventing International Society: A History of the English School.* Basingstoke: Palgrave, 1998.

Fidler, David P. "The Return of the Standard of Civilization." *Chicago Journal of International Law* 2-1. 2001.

Foot, Rosemary. "Introduction." In Rosemary Foot, John Lewis Gaddis and Andrew Hurrell, eds. *Order and Justice in International Relations.* Oxford: Oxford University Press, 2003.

Fukuyama, Francis. *State-Building: Governance and World Order in the 21ˢᵗ Century.* Ithaca: Cornell University Press, 2004.

Gong, Gerrit W. *The Standard of 'Civilization' in International Society.* Oxford: Clarendon, 1984.

Grindle, Merilee S. "Good Enough Governance Revisited." *Development Policy Review* 25-5. 2007.

Hurrell, Andrew. "Order and Justice in International Relations: What is at Stake?" In Rosemary Foot, John Lewis Gaddis and Andrew Hurrell, eds. *Order and Justice in International Relations.* Oxford: Oxford University Press, 2003.

_____. "One World? Many Worlds? The Place of Regions in the Study of International Society." *International Affairs* 83-1. 2007.

Ikenberry, John, and Charles Kupchan. "Socialization and Hegemonic Power." *International Organization* 44-3. 1990.

Joseph, Jonathan. *The Social in the Global: Social Theory, Governmentality and Global Politics.* Cambridge: Cambridge University Press, 2012.

Kingsbury, Benedict. "Sovereignty and Inequality." In Andrew Hurrell and Ngaire Woods, eds. *Inequality, Globalization, and World Politics.* Oxford: Oxford University Press, 1999.

Linklater, Andrew, and Hidemi Suganami. *The English School of International Relations: A Contemporary Reassessment.* Cambridge: Cambridge University Press, 2006.

Little, Richard. "The English School's Contribution to the Study of International Relations." *European Journal of International Relations* 6-3. 2000.

Meyer, John, and Brian Rowan. "Institutionalized Organizations: Formal Structure as Myth and Ceremony." *American Journal of Sociology* 83(1977).

Mintz, Alex, and Steven B. Redd. "Framing Effects in International Relations." *Synthese* 135. 2003.

Myrdal, Gunnar. *The Political Element in the Development of Economic Theory.* Abingdon: Routledge, 2002.

Riddell, Roger. *Does Foreign Aid Really Work?* Oxford: Oxford University Press, 2007.

Stuenkel, Oliver. *Post-Western World: How Emerging Powers are Remaking Global Order.* Cambridge: Polity Press, 2016.

Suzuki, Shogo. "Japan's Socialization in Janus-faced European International Society." *European Journal of International Relations* 11-2. 2005.

UNDP. *Aid for Trade and Human Development: A Guide to Conducting Aid for Trade Needs Assessment Exercises.* New York: UNDP, 2008.

United Nations. *United Nations Strategic Framework for Cooperation between the United Nations and the Government of the Democratic People's Republic of Korea, 2011-2015.* http://kp.one.un.org/content/uploads/2012/01/DPRK-UNSF-2011-2015_print_version.pdf(검색일: 2017.1.24).

Watson, Adam. *The Evolution of International Society: A Comparative Historical Analysis.* London: Routledge, 1992.

World Bank. *Assessing Aid: What Works, What Doesn't and Why.* New York: Oxford University Press, 1998.

Zhang, Yongjin. "China's Entry into International Society: Beyond the Standard of 'Civilization'." *Review of International Studies* 17-1. 1991.

북한개발협력의 역사와 현황*

박지연 | 전북대학교

I. 서론

국제사회의 대북지원은 해방 이후부터 현재까지 70년간 지속되고 있다. 1945년부터 2015년까지 시기별로 다양한 공여국들이 다양한 방식으로 다양한 영역에 대한 대북지원을 추진해온 바, 지난 70년간을 살펴보고 정리하는 것은 향후 대북지원과 북한개발을 위한 국제사회와의 협력방안을 모색하는 것에 기초가 될 것이다.

지난 70년간 국제사회의 대북지원 및 북한개발협력을 분석함에 있어 다양한 데이터를 사용할 수 있다. 다만 1990년 이전 대북지원 실적에 대하여

---

* 본 글은 박지연, "국제사회의 대북지원 분석(1945~2014)," 『수은북한경제』 통권 44호 (2015)의 주요내용을 바탕으로 자료를 업데이트하여 재작성한 것임을 밝힙니다.

연속적인 데이터를 제공하고 있는 자료는 없다. 따라서 연구는 1990년 이전의 대북지원에 대해서는 기존연구에서 사용된 2차 자료를 활용한다. 한편, 1990년대부터는 OECD에서 축적한 데이터를 바탕으로 국제사회 대북지원의 추진 실적과 특징을 살펴본다. 사실 OECD DAC(개발원조위원회) 회원국의 대북지원은 해당 공여국의 보고체계(CRS)를 통해 비교적 신뢰할만한 데이터를 바탕으로 분석할 수 있지만, 중국과 러시아 등 비회원국의 대북지원은 공식적인 데이터를 찾아보기 어려워 분석의 한계가 있다. 뿐만 아니라 구사회주의 국가들의 대북지원은 비공식적인 경우가 다수이기에 그 또한 연구에 어려움을 준다. 때문에 저자는 구사회주의 국가들의 대북지원 추진실적과 특징을 제한적인 수준에서 살펴보고 있음을 밝힌다.

한편 한국의 대북지원 추진실적은 통일부가 발표하는 공식자료를 활용하여 분석한다. 구체적으로 I절 서론에서는 연구의 배경과 연구에 도입된 데이터의 특징 등을 서술하고 있다. II절에서는 1945년부터 1990년까지 즉, 냉전 시기 국제사회의 대북지원의 흐름을 분석한다. III절에서는 1990년부터 2015년까지의 OECD DAC 회원국의 북한개발협력을 살펴본다. 한편 IV절에서는 탈냉전 시기의 OECD DAC 비회원국들의 북한개발협력과 한국의 대북지원의 특징을 서술한다. 한국은 OECD DAC 회원국이지만, 대북지원을 OECD 보고에서 제외하고 있기 때문에 별도로 분석한다. V절에서는 본론의 내용을 요약, 정리한다.

II. 냉전 시기 국제사회의 대북지원

냉전 시기 국제사회의 대북지원 규모는 몇몇 연구들에 의해 소개되고는 있으나 연속적인 데이터를 찾아보기는 어렵다. 따라서 일부 연구들의 데이터를 통해 연속데이터를 유추하는 방식으로 동 시기 대북지원의 특징을 고

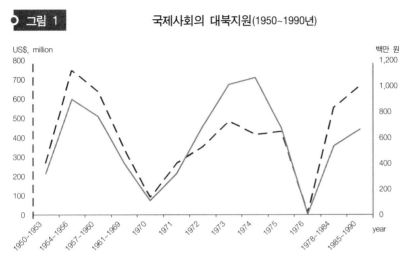

| 그림 1 | 국제사회의 대북지원(1950~1990년) |

주: 사회주권으로부터의 원조와 차관은 공식 환율로, 서방으로부터의 차관은 무역환율로 반영
자료: 국토통일원, 『북한경제통계집』(국토통일원, 1986), pp.809-810; 한국개발연구원, 『북한통계자료집』(한국개발연구원, 1996), p.161을 김석진, "북한경제의 성장과 위기," 서울대학교 박사학위논문(서울대학교, 2002), p.73에서 재인용

찰해보도록 한다. 먼저 김석진(2002)에 따르면 1950년부터 1990년까지 국제사회는 대북지원을 지속해왔으며, 총 규모는 약 52억 5,500만 달러로 이를 원화로 환산할 경우 약 74억 6,200만 원 규모이다.

　전체적인 흐름을 살펴보면 국제사회의 대북지원 규모는 증가와 감소를 반복하였으며, 그 폭이 매우 컸던 것으로 분석된다. 시기별 특징을 구체적으로 살펴보면, 첫째 1950년부터 1970년까지 대북지원은 크게 증가한 후 감소하였다. 당시 지원은 100% 사회주의 국가로부터의 지원이었으며 무상지원은 전체의 64%, 유상지원은 36%를 차지하고 있었다. 둘째, 1970년부터 1975년까지 기간 동안에도 대북지원은 다시 증가한 후 크게 감소하였다. 이 시기 국제사회의 대북지원은 100% 유상지원이었으며, 사회주의 국가뿐만 아니라 서방국가들도 적극적으로 대북지원에 참여하였다. 당시 서방국가들의 공여가 전체의 61%로 사회주의 국가의 공여를 초과하였다. 마지막으로 1976년부터 1990년까지 국제사회의 대북지원은 사회주의 국가들에 의

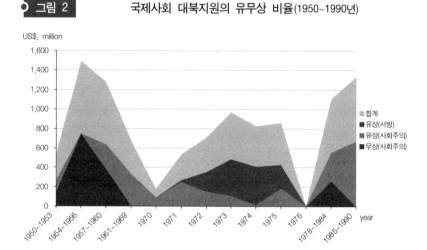

자료: 국토통일원, 『북한경제통계집』(국토통일원, 1986), pp.809-810; 한국개발연구원, 『북한통
계자료집』(한국개발연구원, 1996), p.161을 김석진, "북한경제의 성장과 위기," 서울대학교
박사학위논문(서울대학교, 2002), p.73에서 재인용

해서만 이루어졌으며, 전체 공여액 중 유상의 비율이 79%에 달했다.

　　다음으로 연하청(1986)은 김석진(2002)과 유사한 기간을 연구대상으로
분석하고 있기는 하지만 1945년부터 1949년까지의 데이터를 추가적으로
보유하고 있으며, 사회주의국가로 통칭되던 국가 군에 대한 국가별 대북지
원 데이터를 제공하고 있다. 연하청(1986)에 따르면 1945년부터 1976년까
지 국제사회의 대북지원 총액은 약 39억 5,404만 달러로 추산된다. 소련,
중국, 헝가리, 체코, 폴란드, 루마니아, 불가리아 그리고 기타 서방국이 주요
공여국이었으며, 이 중 소련이 13억 6,193만 달러, 중국이 8억 9,650만 달
러로 각각 전체의 약 34%, 약 23%를 차지하고 있다. 전체 규모는 1950년
대 중반까지는 증가하다 1970년까지 크게 감소하였으며 다시 1970년대에
그 규모는 사상 최대치를 기록한 것을 알 수 있다.[1] 공여국 각각의 대북지

---

1) 데이터 수집기간의 간격을 고려할 경우 1960년대와 비교해 1970년대 국제사회 대북지
　원의 증가폭은 더욱 큰 것으로 분석할 수 있다.

그림 3

국제사회의 대북지원(1945~1976년)

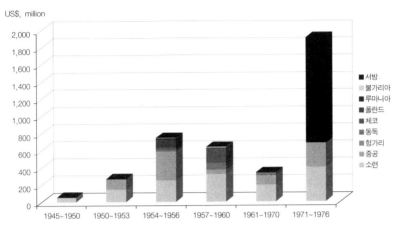

US$, million

주: 1950년은 6월 25일을 기준으로 기간을 구분
자료: 북한연구소, 『북한총람』(북한연구소, 1983); 극동문제연구소, 『북한무역론』(극동문제연구
소, 1979)를 연하청, 『북한의 경제정책과 운용』(한국개발연구원, 1986), p.70에서 재인용

원 패턴을 살펴보면, 1950년대 후반 대북지원 규모의 감소는 중국의 지원
급감 때문인 것으로 보이며 1971년부터 1976년까지의 대북지원 증가는 소
련, 중국 및 동유럽 사회주의 국가들로부터의 지원 감소에도 불구하고 서방
국가들로부터의 지원이 크게 증가했기 때문인 것으로 분석된다. 서방국가들
의 대북지원은 1970년대 국제사회 전체 지원의 약 64%를 차지하고 있었다.

1945년부터 1976년까지의 기간 동안 대북지원의 형식을 살펴보면, 전
체 지원 규모 중 약 39%가 유상으로 약 61%는 무상으로 공여된 것을 알
수 있다. 한국전쟁 이전의 대북지원은 100% 유상지원으로 소련에 의한 지
원이었다. 한국전쟁 기간 동안의 지원은 유무상이 혼재하고 있었으며, 전쟁
직후 국제사회의 지원은 100% 무상으로 이루어졌다. 1961년부터 1970년까
지 기간 동안의 대북지원은 서방국가로부터의 지원뿐 아니라 사회주의 국가
로부터의 지원 또한 100% 유상으로 공여되었다는 특징을 보인다. 1971년
부터 1976년까지의 대북지원의 약 85%가 유상지원인데, 이것은 모든 서방
국가들의 지원이 유상인데다가 소련이 대북지원의 100%를 유상으로 공여

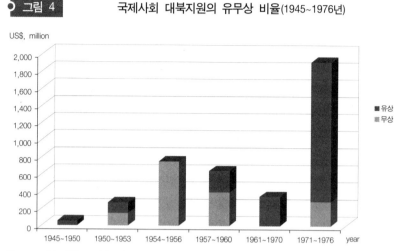

○ 그림 4   국제사회 대북지원의 유무상 비율(1945~1976년)

주: 1950년은 6월 25일을 기준으로 기간을 구분
자료: 북한연구소, 『북한총람』(북한연구소, 1983); 극동문제연구소, 『북한무역론』(극동문제연구소, 1979)를 연하청, 『북한의 경제정책과 운용』(한국개발연구원, 1986), p.70에서 재인용

했기 때문인 것으로 분석된다.

각종 1차 자료를 가공하여 냉전기 국제사회 대북지원 규모의 기초자료를 제공한 연하청(1986)과 김석진(2002)의 통계치를 종합해보면, 첫째 시기별로 대북지원 규모는 증감이 반복되는 흐름을 보여주고 있다. 그 원인을 살펴보면 1950년대 후반 대북지원 규모의 감소는 중국의 대북지원 규모의 변화 때문인 것으로 보인다. 휴전협정이 체결되자 김일성은 중국으로부터의 원조를 요청했으며, 이에 대하여 중국은 1954년부터 1956년까지의 기간 동안 전후 복구를 위해 무상으로 약 3억 3,600만 달러를 공여하였다(연하청 1986, 70). 중국은 북한에 주둔하고 있던 인민지원군을 통해 전후 복구건설에 적극적으로 참여하였을 뿐 아니라 1954년에는 연변 조선족 자치주의 일부 조선족을 통한 지원을 대규모로 실시하였다(이종석 2000, 201-206). 한편 중국은 1957년 말부터 1958년까지 중공군의 최종 철수를 완료하였다(이종석 2000, 153-180). 이로써 전쟁으로 연계되었던 중국의 북한에 대한 군사적 물질적인 지원이 공식적으로 종료되었으며, 이로 인해 1950년대 말부터 대

북지원 규모도 크게 감소하여 1957년부터 1960년까지의 기간 동안에는 약 5,250만 달러의 유상지원만 이루어졌던 것으로 분석된다(연하청 1986, 70). 해당 규모는 이전 기간의 15.6%에 불과하다. 한편 1970년대의 대북지원 규모의 급증은 서방국가들의 대북지원 참여 때문인 것으로 판단된다. 당시 사회주의국가들로부터의 지원이 크게 줄자 북한은 서방국으로부터의 차관을 도입하기 시작하였다. 특히 프랑스, 독일, 스웨덴 등의 국가들이 대북 유상지원에 적극 참여한 것으로 파악된다(양문수 2012, 22-29).

둘째, 연하청(1986)과 김석진(2002)을 통해 국제사회 대북지원에 관한 시기별 공여국의 변화를 살펴볼 수 있다. 1970년 이전까지 거의 모든 대북지원은 소련과 중국 등 사회주의 국가들에 의해 이루어졌으나 1970년부터는 서방 국가들의 대북지원이 본격화되었다. 단, 서방국가들의 대북지원은 1976년 이후 중단되었다. 북한은 1970년대 초반부터 서방 선진국들로부터 차관을 도입하여 경제개발을 위한 재원으로 활용하여 왔다. 그러나 북한 경제의 비효율성과 석유파동 등 국제여건의 악화로 인해 제1차 오일쇼크가 발생한 1974년부터 원리금 지급을 연체하기 시작하였고, 이후 서방국가들로부터의 추가 지원은 이루어지지 못하였다(장형수·김석진·송정호 2009, 40).

셋째, 공여 방식의 경우 한국전쟁 직후에는 무상의 비중이 매우 높았지만, 1950년대 후반부터는 유상의 비중이 크게 높아졌으며 1970년대부터는 유상지원이 대북지원의 대부분을 차지하고 있었다. 이것은 서방국으로부터의 유상지원이 본격화되었기 때문이기도 하지만, 기존의 사회주의 국가들의 공여 방식이 변화되었기 때문이기도 하였다. 특히 1970년대 소련의 차관은 공업, 교통, 기타 개발계획 추진을 위한 시설제공에 사용되었다. 대표적인 산업시설들로는 김책제철소, 청진화력발전소, 아오지베어링공장 등을 들 수 있으며, 여기에 도입된 유상지원은 총 1억 500만 루블이었다(조명철 2003, 61). 1980년대 소련의 대북지원은 채무상환을 지원하는 유상원조가 주를 이루었다. 당시 북한은 만성적인 물자부족 현상을 겪고 있었고 대외적으로는 서방으로부터의 외채 때문에 소련에 대한 채무이행을 늦추지 않으면 안 되는 상황이었다.[2] 소련은 북한에 대해 채무이행 의무를 준수하도록 자극하는 한편 1억 1,000만 루블에 달하는 새로운 유상원조를 추가적으로 공여하여 채무 상환을 지원하였다(조명철 2003, 62). 소련의 경우 1980년대 후반 북한을 비롯한 제3세계 사회주의 국가들과의 경제관계에 원조라는 개념이 사실상 없어지고 경제협력의 차원에서 경제관계를 다루기 시작하였기 때문에 북한과의 관계에서도 상업적 원칙이 적용되어 무상공여의 비중이 크게 감소한 것으로 분석된다(전홍찬 1993, 212).

III. 탈냉전 이후 OECD DAC 회원국의 북한개발협력

1. 대북지원 추진실적

국제사회의 대북지원은 1995년 북한의 원조 호소를 계기로 시작되었으며, 2015년까지 총 24억 2,455만 달러가 지원되었다.[3] 최대 지원은 2002년에 이루어졌으며 그 규모가 약 2억 8,720만 달러인 반면, 최소 지원은 1996년에 이루어졌고 그 규모는 약 555만 달러이다. 한편 국제사회의 대북지원의 규모는 증감을 반복해왔는데, 특히 1999년, 2002년, 2008년을 정점으로 증감이 반복되다가 최근 5년간 6,000만 달러 내외로 소규모 대북지원이 지속되고 있는 특징을 보이고 있다. 해당 규모는 1995년 이후 현재까지 대북지원의 평균을 크게 밑도는 수준이다.

---

2) 당시 채권국들은 수차례에 걸친 비공식회의를 통해 북한의 외채상환에 대한 공동대책을 논의하고, 북한에 대해 공동으로 압력을 가하기도 하였다. 극동문제연구소, 『북한무역론』(극동문제연구소, 1979), pp.515-527.

3) 본 연구에서 사용하는 OECD 공적개발원조 통계는 2017년 3월 현재 2015년까지의 현황만 집계되어 있기 때문에 해당 기간을 대상으로 OECD DAC 회원국의 대북지원을 분석한다.

그림 5   국제사회의 대북지원(1995~2015년)

(단위: 백만 달러)

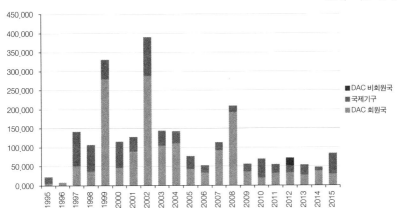

주 1: 약정액 기준
주 2: 2012년 대북지원 총액에는 DAC 비회원국인 쿠웨이트의 대북 유상원조 2,143만 달러를 포함
자료: OECD CRS, http://stats.oecd.org/(검색일: 2017.4.22)

1995년 이후 양자 간 지원은 전체 지원액의 65%를 차지하고 있으며, 국제기구를 통한 지원은 전체 지원액의 35%를 차지하고 있다. 양자 간 지원의 규모는 증감을 반복해왔으나 상대적으로 국제기구의 대북지원은 연간 5,000만 달러 전후의 수준으로 유지되어온 것으로 분석된다.

2012년 쿠웨이트의 지원을 제외하고 1995년 이후 모든 대북지원은 무상지원의 형태로 공여되었다. 쿠웨이트의 유상지원은 평양-평성 간 도로건설을 위한 2,143만 달러 규모의 융자지원이었다. 한편 국제사회 대북지원의 분야는 2000년대 중반부터 다양화된 것으로 분석된다. 2000년대 초반까지 국제사회의 대북지원은 인도적 지원과 물자지원이 전체 지원 중 대부분을 차지하였으나, 최근에는 인도적 지원뿐만 아니라 사회 인프라 지원, 경제 인프라 지원, 생산 분야 지원 등 다양한 분야에 대한 지원이 이루어지고 있다.

특히 인도적 지원의 경우는 2005년 이전까지는 매년 전체 지원 규모의 47~82%를 차지해왔으나 2005년 이후에는 16~70%로 그 비중이 크게 감소

● 그림 6   국제사회의 대북지원 분야(1995~2015년)

(단위: 백만 달러)

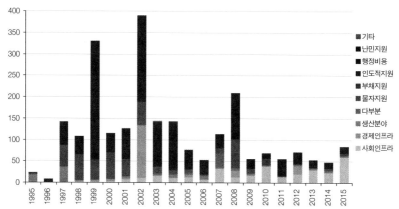

주 1: 약정액 기준
주 2: 100(사회 인프라), 200(경제 인프라), 300(생산 분야), 400(다부문), 500(상품 부문), 600
(부채 완화), 700(인도 지원), 910(행정 비용), 930(난민), 998(비분류)를 의미
자료: OECD CRS, http://stats.oecd.org/(검색일: 2017.4.22)

● 그림 7   대북지원 영역별 지원 비중의 변화(1995~2015년)

(단위: %)

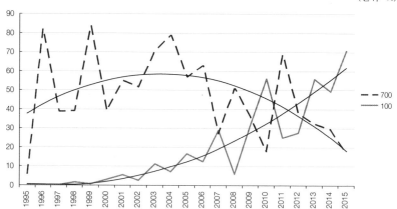

주 1: 약정액 기준
주 2: 100(사회인프라), 700(인도지원)을 의미
자료: OECD CRS, http://stats.oecd.org/(검색일: 2017.4.22)

하였으며, 전체적으로 감소추세를 보이고 있다. 반면 사회 인프라에 대한 지원 비중은 2000년대 중반까지 미미한 수준에 불과했으나, 2000년대 후반부터 크게 증가하여 201년에는 약 70%를 차지하였다.

국제사회의 대북지원을 공여자 기준으로 살펴보면,[4] 2015년까지 OECD DAC 28개 국가들 중 1995년 이후 한 해도 거르지 않고 대북지원을 실시해 온 국가는 노르웨이와 스위스이며, 한국, 일본, 아이슬란드, 슬로바키아, 슬로베니아 등 5개 국가는 한해도 대북지원을 실시하지 않았다.[5] 약정액을 기준으로 상위 5개 국가의 지원액은 전체 양자 간 약정액의 80% 이상을 차지하며, 미국이 전체 양자 약정액의 52.5%를 차지하여 1위를 그 뒤를 이어 스위스 9.8%, 독일 9.4%, 노르웨이 5.4%, 스웨덴 3.5%순이다. 미국의 약정액은 공여기구의 지원을 포함한 전체 대북지원액 중 약 34.6%에 달한다.

한편 OECD DAC CRS 통계[6]에 따르면, 공여기구로 등록되어 있는 32개 국제기구 중 대북지원에 1년 이상 참여한 기구는 12개 기구이며, 지원 규모를 기준으로 상위 4개 기관은 유럽연합, IFAD, Global Fund, UNFPA이다. 특히 유럽연합의 경우에는 1996년, 2012년, 2014년을 제외하고 매년 대북지원을 추진해왔으며, 국제기구 공여액의 약 68.9%가 유럽연합에 의한 지원이다. 유럽연합의 약정액은 공여국의 지원을 포함한 전체 대북지원액 중 약 22.8%를 차지하고 있으며 미국에 이어 두 번째로 큰 규모의 공여를 지속해왔다.

---

4) OECD CRS, http://stats.oecd.org/(검색일: 2017.4.22).
5) 한국 정부의 대북지원은 OECD에 보고되지 않기 때문이며, 본 연구에서 실제 한국의 대북지원은 한국 정부의 통계를 통해 분석하였다.
6) OECD CRS, http://stats.oecd.org/(검색일: 2017.4.22).

2. 최근 주요 공여국 대북지원의 특징

1) 미국

미국은 1999년 1억 7,618만 달러의 대북지원을 시작한 이후로 2015년까지 북한에 대한 지원을 지속해오고 있는 공여국이다. 2015년까지 지원 총액은 약 8억 4,073만 달러로 모두 무상으로 지원되었으며, 총 지원액을 기준으로 단일 공여국 및 공여기관을 모두 합하여 전체 1위를 차지하고 있다. 미국의 대북지원은 최소 25만 달러(2001년)에서 최대 1억 7,617만 달러(1999년)의 규모로 이루어졌으며 전체적 급격한 증감이 반복되는 특징을 보이고 있다. 미국 대북지원의 증감 폭이 큰 이유는 대북지원과 북핵 문제를 연결하고 있는 미국의 정책 때문이다. 즉 1999년, 2002년, 2008년 대북지원의 급증은 핵협상 과정에서의 대북 유화정책에 기반을 둔 것으로 분석된다(Manyin and Nikitin 2009; Manyin 2005).

2011년부터 2015년까지 최근 5년간 지원 총액은 약 1,064만 달러로 연

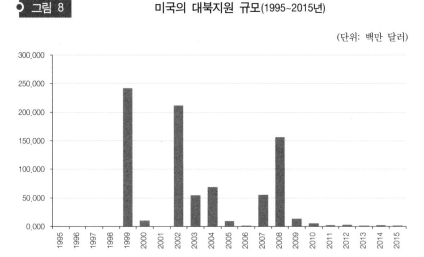

그림 8 미국의 대북지원 규모(1995~2015년)

(단위: 백만 달러)

주: 약정액 기준
자료: OECD CRS, http://stats.oecd.org/(검색일: 2017.4.22)

간 212만 달러 규모이다. 이전 10년(2001~2010년) 동안의 연간 대북지원 규모의 평균이 5,773만 달러였던 것을 감안하면 최근 미국의 대북 원조 규모는 크게 감소한 것을 알 수 있다. 최근 북미 간 핵협상에 진전이 보이지 않는 것이 이러한 대북지원 추세에 중요한 영향을 미치고 있는 것으로 보인다. 한편 미국의 대북지원 추세는 국제사회의 대북지원 추세와 거의 일치하는데, 이것은 미국의 대북지원이 국제사회의 대북지원에 차지하고 있는 비중이 크기 때문이다.

최근 미국 대북지원의 특징은 첫째 그 규모가 2009년 1,259만 달러였던 것이 2010년에는 496만 달러를 기록하는 등 크게 감소하였으며, 이후 200만 달러 수준을 유지하다가 2013년에는 121만 달러로 급격히 감소하였다는 것이다. 이것은 1999년 최대 규모와 비교해 1/500 수준이다. 최근 미국 대북지원의 두 번째 특징으로는 2008년 이후 지원 규모의 극단적인 감소와 비교해 지원 빈도의 감소는 완만하다는 것이다.[7] 이것은 회당 지원 규모의 감소를 의미하는데, 대북지원이 초기 대규모 일회성 지원으로부터 소규모 다회성 지원으로 지원의 성격이 변화한 것으로 분석된다. 이러한 변화는 지원 영역의 변화로도 해석될 수 있다. 따라서 최근 미국 대북지원의 세 번째 특징으로는 대북지원 영역의 변화를 들 수 있다. 2000년 전후까지 미국의 대북지원은 긴급구호에 대한 지원으로 일관된 특징을 지니고 있었으나, 최근 대북지원 영역을 살펴보면 긴급구호 이외에도 시민사회지원, 평화안보, 통신, 교육 등 다양한 영역으로 지원 영역이 확대된 것을 알 수 있다.[8] 특히 2013년 미국의 대북지원은 100% 시민사회 지원으로 탈북지식인연대 지원, 대북인권단체 지원 등으로 구성되어 있다. 이것은 대북지원 초기 3년간의 지원 영역이 100% 긴급구호성 지원이었던 것과 대조되는 특징을 보여준다.

---

7) OECD CRS, http://stats.oecd.org/(검색일: 2017.4.22).

8) OECD CRS, http://stats.oecd.org/(검색일: 2017.4.22).

2) 유럽연합

유럽연합은 1995년 18만 달러의 대북지원을 시작한 이후로 2015년까지 1996년과 2012년 그리고 2014년을 제외한 매년 북한에 대한 지원을 실시해왔다. 2015년까지 지원 총액은 약 4억 5,344만 달러로 모두 무상으로 지원되었으며, 총 지원액을 기준으로 단일 공여국 및 공여기관을 모두 합하여 전체 2위, 공여기관 기준 전체 1위를 차지하고 있다. 유럽연합의 대북지원은 최소 18만 달러(1995년)에서 최대 6,840만 달러(1999년)의 규모로 이루어졌다. 전체적으로 2000년을 전후하여 크게 감소한 상태로 최근 소규모로 지원이 지속되고 있는 특징을 보이고 있다. 이러한 유럽연합의 대북지원이 가지는 특징은 근본적으로 유럽연합이 대북 식량지원에 초점을 맞추어왔기 때문인 것으로 파악된다. 즉 북한의 식량난 완화로 인한 지원의 필요성이 줄어들었기 때문에 유럽연합의 대북지원 규모는 감소한 것이다. 예를 들어 2011년부터 2015년까지 최근 5년간 지원 총액은 약 2,634만 달러로 연간 527만 달러 규모이다. 가장 활발히 대북지원이 추진된 2000년 전후(1997~2002년)

○ 그림 9　　　유럽연합의 대북지원 규모(1995~2015년)

(단위: 백만 달러)

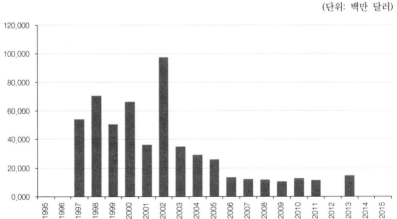

주: 약정액 기준
자료: OECD CRS, http://stats.oecd.org/(검색일: 2017.4.22)

의 연간 대북지원 규모의 평균이 4,492만 달러였던 것을 감안하면 약 11.7%
규모로 감소한 것을 할 수 있다.

최근 유럽연합 대북지원의 특징은 첫째 그 규모가 2010년에는 1,457만
달러, 2011년에는 1,390만 달러, 2013년에는 1,726만 달러를 기록하였으
나, 2012년, 2014년에는 대북지원이 실시되지 않았다. 즉 증감이 극단적으
로 반복되었다는 특징을 보였다. 최근 유럽연합 대북지원의 두 번째 특징으
로는 다른 공여국과 비교해 대북지원의 회당 규모에 큰 변화가 발견되지 않
는다는 점이다. 특히 미국, 독일, 스위스 모두 2000년대 후반부터 대북지원
에 있어 건별 지원 규모가 크게 감소한 특징을 보이고 있으나, 유럽연합의
지원은 지원 규모의 감소함에 따라 지원 빈도도 유사한 추세로 감소하고 있
다는 점이다.[9] 이것은 유럽연합이 기존에 추진해오던 대규모 식량지원을
지속하고 있기 때문인 것으로 분석된다. 실제로 2009년부터 2014년까지 대
북지원은 총 9회 이루어졌는데, 긴급구호성 식량지원 2회, 일반 식량지원
5회, 기초보건 지원을 위한 영양 지원 2회 등으로 보고되었다.

3) 스위스

스위스는 1995년 3,095만 달러의 대북 식량지원을 시작한 이후로 2015
년까지 북한에 대한 지원을 지속해오고 있는 공여국이다. 2015년까지 지원
총액은 약 1억 5,680만 달러로 모두 무상으로 지원되었으며, 총 지원액을
기준으로 단일 공여국 중에서는 미국에 이어 2위를 차지하고 있다. 스위스
의 대북지원은 최소 183만 달러(1996년)에서 최대 1,235만 달러(2013년)의
규모로 이루어졌으며 전체적으로 증가 추세를 보이고 있는 것으로 분석된
다. 특히 2011년부터 2015년까지 지원 총액은 약 4,480만 달러로 연간 896
만 달러 규모인데, 이전 5년(2006~2010년) 동안의 연간 대북지원 규모의 연
평균 규모가 783만 달러였던 것과 비교하면 증가 추세는 더욱 명확하다. 스
위스는 최근 5년간 총 지원액을 기준으로 단일 공여국 중에서는 1위를 차지

---

9) OECD CRS, http://stats.oecd.org/(검색일: 2017.4.22).

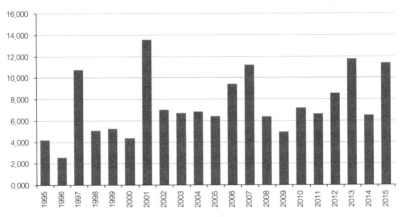

주: 약정액 기준
자료: OECD CRS, http://stats.oecd.org/(검색일: 2017.4.22)

하고 있다.

최근 스위스 대북지원의 특징은 첫째 그 규모가 2009년 446만 달러였던 것이 2013년에는 1,235만 달러를 기록하는 등 증가추세를 보이고 있다는 것이다. 특히 2013년 스위스의 대북지원 규모는 2001년을 제외하고 사상 최대 규모인 것으로 분석된다. 이러한 특징은 국제사회의 대북지원 추세와는 다르다. 국제사회의 대북지원은 최근 감소추세를 보이고 있으며, 특히 양자지원의 경우 2009년 급격히 감소한 후 일정 수준을 유지하고는 있으나 과거 지원과 비교해 크게 감소하였기 때문이다. 국제사회의 대북지원 감소에도 불구하고 스위스의 대북지원이 증가하고 있는 것은 스위스의 대외 원조가 가지는 비정치적 특성 때문이기도 하며, 최근 감소하고 있는 국제사회의 대북지원에 대한 스위스의 인도적 차원의 지원 증대에 기인하는 것으로 평가할 수 있다. 최근 스위스의 대북 원조의 두 번째 특징으로는 지원 규모의 절대적 증가에도 불구하고 건별 지원 규모가 감소한 것을 들 수 있다. 이것은 대북지원 빈도가 크게 증가한 것에 기인한다.

2009년부터 2011년까지 스위스는 연간 5~6회 대북지원을 실시하였으나, 2012년과 2013년에는 12~13회로 지원의 빈도가 증가하였다. 회당 지원 규모의 경우 2010년 135만 달러였던 것이 2012년에는 74만 달러로 크게 감소하였으며, 2013년에도 88만 달러에 수준이었다. 스위스의 대북지원의 건별 지원 규모가 감소한 것은 지원성격의 변화와 연관된다. 스위스의 최근 대북지원은 대규모 긴급구호성 지원이 감소하고, 소규모 개발지원이 증가한 특징을 보이고 있다. 일반적으로 긴급구호성 대규모 식량지원이나 긴급 보건의료 물자지원 등의 경우 그 규모가 상대적으로 크며, 교육지원, 시민단체 지원 등은 상대적으로 규모가 작은 것이 특징이다.[10]

한편 스위스의 대북 긴급구호성 지원은 WFP와 국제적십자사를 경유한 원조이며, 식량지원과 말라리아 퇴치를 위한 보건의료 물자지원인 것으로 분석된다. 스위스의 최근 대북지원 중 긴급구호성 지원을 제외한 기타 지원으로는 농업, 갈등관리, 사회복지서비스, 식수공급 및 위생 등과 관련한 지원이 있다. 특히 농업지원은 1998년 이후 2013년까지 지속적으로 이루어졌으며 SDC(the Swiss Agency for Development and Cooperation)가 직접 사업을 추진하여 북한의 환경개선과 식량안보 개선 등을 목적으로 한 중장기 프로젝트로 관리하고 있다.[11] 갈등관리 지원은 2013년 처음으로 공여된 항목이다. DFA(Department of Foreign Affairs)가 공여주체이며, 유럽과 북한 간의 대화 촉진을 위한 지원인 것으로 파악된다.

4) 독일

독일은 1995년 7만 8,157달러의 대북지원을 시작한 이후로 1995년을 제외하고 2015년까지 북한에 대한 지원을 지속해오고 있는 공여국이다. 2015년까지 지원 총액은 약 1억 5,058만 달러로 모두 무상으로 지원되었으며, 총

---

10) OECD CRS, http://stats.oecd.org/(검색일: 2017.4.22).

11) Swiss Agency for Development and Cooperation(SDC), http://kp.one.un.org/non-un-actors-in-dprk/swiss-agency-for-development-and-corporation-sdc/(검색일: 2016.3.9).

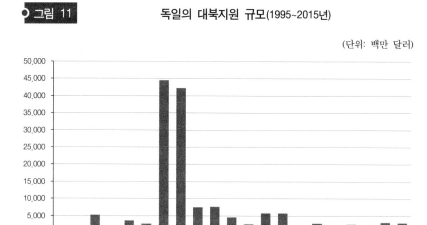

○ 그림 11　　　　　　독일의 대북지원 규모(1995~2015년)

(단위: 백만 달러)

주: 약정액 기준
자료: OECD CRS, http://stats.oecd.org/(검색일: 2017.4.22)

지원액을 기준으로 단일 공여국 중 3위, 공여국 및 공여기관을 모두 합하여 전체 4위를 차지하고 있다. 독일의 대북지원은 최소 7만 8,157달러(1995년) 에서 최대 3,046만 달러(2002년)의 규모로 이루어졌으며 2001년과 2002년 의 대규모 지원을 제외하고는 일정 규모의 지원이 지속되어 온 특징을 보이 고 있다. 이러한 독일 대북지원의 특징은 2001년과 2002년 국제사회의 대 북지원 급증의 추세와는 맞물리지만, 기타 기간 동안 국제사회 대북지원의 증감 폭이 비교적 컸던 것을 감안하면 독자적인 지원의 흐름을 유지해온 것 으로 평가된다. 특히 1990년대 후반과 2000년대 후반 국제사회 대북지원 규모가 급증했던 반면, 독일은 기존 지원 규모를 유지하고 있었던 것으로 분석된다. 반면 최근 국제사회의 대북지원이 급감한 것과 비교해 일정 수준 의 대북지원이 유지되고 있는 특징을 보인다.

　최근 독일 대북지원의 특징은 첫째 그 규모가 200만 달러 전후로 지속 적인 공여가 이루어졌다는 점이다. 2010년 305만 달러, 2011년 266만 달 러, 2012년 282만 달러, 2013년 242만 달러, 2014년 357만 달러로 연평균

290만 달러의 지원이 지속적으로 이루어졌다. 해당 규모는 이전 5년간 연평균 대북지원이 433만 달러인 것과 비교해 67% 수준으로 감소한 뒤 일정 수준을 유지하고 있는 것으로 평가할 수 있다. 최근 독일 대북지원의 두 번째 특징으로는 2005년 이전까지는 지원 규모의 증감 추세와 지원 빈도의 증감 추세가 유사하였으나 2005년에 지원 규모는 감소하고, 지원 빈도는 증가하는 특징을 보였으며, 이후에는 규모와 빈도의 변화 추세는 동일하게 나타났다. 즉 건별 대북지원 규모가 2005년을 기점으로 크게 감소한 후, 일정 수준을 유지하고 있는 것이다.[12] 이러한 특징은 독일의 대북지원 영역의 변화를 보여주는 것인데, 초기 대북지원은 긴급구호성 식량지원을 중심으로 이루어졌다. 물론 독일의 지원은 다른 공여국의 지원과 비교해 교육지원이 초기부터 추진되어왔다는 특징을 가지고 있었으나, 지원 규모를 기준으로 긴급구호 식량지원이 다수를 차지하고 있었다. 그러나 2005년을 기점으로 교육지원뿐 아니라 시민사회 지원 등 개발협력 분야가 대북지원의 다수를 차지하게 되었으며 상대적으로 긴급구호성 지원은 크게 감소한 것으로 나타나고 있다. 예를 들어 2013년 독일의 대북지원은 총 23회 이루어졌는데, 이 중 3회가 식량지원을 위한 공여였으며 약 50%에 달하는 11회가 교육지원에 해당되는 특징을 보이고 있다.

IV. 탈냉전 이후 OECD DAC 비회원국의 북한개발협력

본 절에서는 OECD DAC의 비회원국인 구사회주의 국가들의 대북지원과 OECD DAC 회원국임에도 불구하고, OECD 프레임과 무관하게 대북지원을 실시해오고 있는 한국 및 일본의 북한개발협력을 소개한다.

---

12) OECD CRS, http://stats.oecd.org/(검색일: 2016.11.22).

1. 구사회주의 국가

구사회주의 국가들은 탈냉전 이후 북한에 대한 지원을 급격히 축소하였다. 러시아의 경우 1980년대 말부터 대북지원의 대부분을 유상원조 형태로 전환하였으며, 그 대부분이 자국으로부터 도입해간 차관을 회수하기 위한 지원이었다. 이후 소련은 러시아로의 체제 전환 이후 경제적으로 어려운 상황이었기 때문에 어떠한 형식으로든 대북지원을 지속하기는 어려웠을 것으로 판단된다. 다만 최근 러시아 정부는 접경지역을 중심으로 북한과의 경제협력에 적극적인 태도를 보이고 있으며, 더불어 소규모의 지원을 비정기적으로 추진하고 있는 것으로 보인다. 2009년 러시아 재난청은 나진 역에서 북한주재 러시아 대사가 참석한 가운데 밀가루 1만 톤에 대한 전달식을 가졌다. 2012년에는 WFP를 통해 식량 4만 톤을 기부하기도 하였으며, 2014년에는 식량 5만 톤에 대한 지원을 발표하였다.[13]

한편 중국의 경우 탈냉전 이후 대북지원을 중단해왔다가 1990년대 중반부터는 비공식적이나마 소규모의 대북지원을 시작하였다. 중국의 대북지원의 경우, 공개적인 데이터가 존재하지 않기 때문에 고위급 회담 결과 등을 통해 발표된 사안을 고려하여 그 규모를 추정해볼 수 있을 것이다. 먼저 이혜옥(2015)에 따르면 1990년대 후반 중국은 식량 약 71만 톤에서 88만 톤 사이에 기타 비료와 원유 등이 지원된 것으로 보인다.[14] 중국은 북한에 대해 1995년 3,000만 위안의 긴급구호 물자를 지원하였으며, 1996년에는 식량 12만 톤, 1997년에는 22만 톤과 2천만 위안, 1998년에는 식량 10만 톤, 화학비료 2만 톤, 원유 8만 톤을 공여한 것으로 분석된다(최수영 2007, 69-71). 2000년대 중국의 대북지원은 북중 실무접촉에서 빈번히 논의되어왔다.

---

13) 통일뉴스, http://www.tongilnews.com/news/articleView.html?idxno=96229(검색일: 2016.3.12); http://www.voakorea.com/content/a-35-2008-06-19-voa9-91332449/1316135.html(검색일: 2016.3.12) 등 참조.

14) 이혜옥(2015)에서는 WFP Interfais 및 조선중앙년감 등을 통해 중국의 대북 식량원조 규모를 추정하였다.

● 표 1	북중 실무접촉에서 논의된 대북지원(2003~2006년)	
시기	방문 인사	주요 의제
2003.8	우방궈 전인대의장	무상경제원조
2004.4	김정일 국방위원장	중유 무상원조
2004.9	리창춘 당 정치국상무위원	경제지원 논의
2004.10	김영남 최고인민회의 상임위원장	경제 원조, 6자회담 논의
2005.2	왕자루이 당 대외연락부장	북중친선협조관계 강화발전 논의
2005.3	박봉주 내각총리	북중투자협정체결
2005.10	후진타오 국가주석	북중우호협력관계 강화, 경제 원조

자료: 전병곤, "중국의 북핵 문제 인식과 중북관계의 변화,"『중국학 연구』No.35(2006), pp.271-
272에서 발췌하여 저자정리

특히 2003년부터 2007년까지 중국이 6자회담에서 주도적인 역할을 수행하
면서 대규모 식량지원을 추진한 것으로 판단된다. 2003년 우방궈 전인대의
장의 북한 방문에 있어 무상경제원조를 약속하였으며, 2004년에는 김정일
국방위원장의 중국 방문에 맞추어 중유 무상원조를 약속하기도 하였다.
2005년에도 후진타오 국가주석의 북한 방문에 맞추어 경제 원조를 약속하
였다. 중국이 6자회담을 주도하던 2000년대 초중반 국제사회가 추정하고 있
는 대북 식량지원의 규모는 2002년부터 2007년까지 각각 33만 톤, 21만
톤, 13만 톤, 45만 톤, 21만 톤, 26만 톤으로 증감에 큰 변화 없이 상당 기
간 동안 중국의 대북지원이 지속되었음을 알 수 있다.[15] 최근 중국이 국제
사회의 대북제재로 인해 공식적인 대규모 대북지원을 추진하기는 어려운 상
황이다. WFP에 의해 공개된 중국의 대북지원 규모는 2009년부터 2012년
까지 약 36만 톤에 불과하였다.[16]

---

15) WFP Interfais, http://www.wfp.org/fais/(검색일: 2016.3.10).

16) WFP Interfais, http://www.wfp.org/fais/(검색일: 2016.3.10).

2. 한국

한국 정부는 대북지원을 다른 국가에게 제공하는 원조와 구분하고 있다. 대한민국 헌법 제2조에 따르면 대한민국의 영토를 한반도와 그 부속도서로 규정하고 있으며, 대한민국이 한반도의 유일한 정부이고 북한을 독립된 주권국가로 인정하는 것은 헌법에 위배되기 때문이다. 즉 남북관계를 일반적인 국제관계와 구별되는 특수 관계로 규정되고 있기 때문에 한국은 대북지원 실적을 국제사회에 보고하지 않고 있으며, 따라서 OECD 회원국과 회원기구의 보고를 바탕으로 파악되는 국제사회의 대북지원 통계에서 한국의 지원은 제외되어 있다.[17) 본 절에서는 국제사회의 대북지원과 구분하여 한국 정부가 공식적으로 밝히고 있는 대북지원 통계를 바탕으로 한국의 지원 실적과 특징을 살펴본다.

1995년 북한의 공식적인 원조 호소 이후 본격화된 한국의 대북지원은 2015년 현재까지 약 20여 년 동안 지속되어왔다. 한국의 대북지원은 2001년 일시적인 감소를 제외하고, 2007년까지 꾸준히 증가하다가 이후 급감하였다. 특히 2000년대 초중반 국제사회의 대북지원이 크게 감소하였음에도 불구하고 동 시기 한국 정부의 대북지원 규모는 일정 수준을 유지하고 있었다. 한편 국제사회의 대북지원은 2008년 이후 크게 감소하였으며, 한국의 대북지원은 2007년 이후 크게 감소한 후 최근 소규모로 유지되고 있다. 이러한 대북지원의 흐름은 남북관계 변화에 기인한다. 1990년대 중반 이후부터 2000년대 중반까지의 대북지원 규모의 증가 추세는 당시 한국 정부의 대북 포용정책에 영향을 받은 것으로 보인다.

한국 정부의 대북지원은 정부의 직접 지원과 민간단체 경유 및 국제기구 경유 등으로 구분된다. 정부 차원의 대북지원 규모를 살펴보면, 1995년

---

17) 전술하였듯이 OECD 통계에 따르면 한국은 일본, 아이슬란드, 슬로바키아, 슬로베니아와 더불어 1995년부터 2013년까지 한 차례도 대북지원을 실시하지 않은 국가들 중 하나이다.

○ 그림 12 한국 정부의 대북지원과 국제사회의 대북지원 비교(1995~2015년)

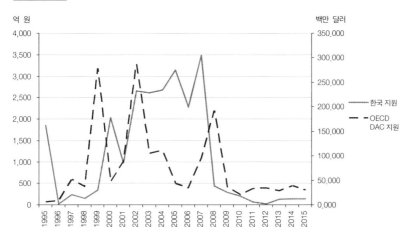

주: 한국 정부의 대북지원은 집행액 기준이며, OECD 지원은 약정액 기준임
자료: OECD CRS, http://stats.oecd.org/(검색일: 2017.3.3); 통일부 통계자료 http://www.uni
korea.go.kr/content.do?cmsid=1516(검색일: 2017.3.10)

부터 2016년까지 한 해도 거르지 않고 공여가 지속되었으며, 총 규모는 식
량차관 8,728억 원을 포함하여 약 1조 1,249억 원이다. 정부의 직접 공여의
규모는 2000년대 중반까지 증가하다가 이후 급격히 감소해온 것으로 분석
된다. 특히 전체 지원 규모의 감소폭에 비해서 정부 직접 공여 규모의 감소
폭은 더욱 크게 나타나고 있는데, 이것은 대북지원의 정부 직접 공여 비율
이 크게 감소한 것을 의미한다. 한편 민간 경유의 대북지원의 경우에도 1995
년 이후 매년 공여가 이루어졌으며, 총 지원 규모는 약 1,177억 원이다.[18]
민간단체를 경유한 대북지원 절대규모는 정부의 직접 지원과 마찬가지로
2000년대 중반까지 증가하다가 감소하고 있으나, 그 감소폭은 정부의 직접
지원보다 완만한 것으로 분석된다. 한편 한국 정부의 대북지원 중 국제기구
를 경유한 지원의 규모는 1995년부터 2016년까지 총 2,744억 원이다.

---

18) 통일부 통계자료, http://www.unikorea.go.kr/content.do?cmsid=1516(검색일: 2017.
3.10).

그림 13   한국 정부의 대북지원 채널(1995~2016년)

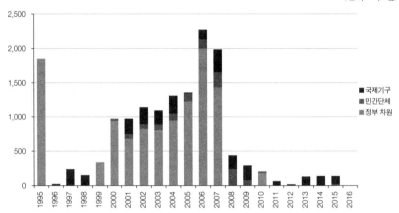

(단위: 억 원)

주: 정부 차원의 지원은 집행액 기준(수송비 및 부대경비 포함)
자료: 통일부 통계자료, http://www.unikorea.go.kr/content.do?cmsid=1516(검색일: 2017.7.10)

한국의 대북지원 중 민간의 지원은 모두 무상으로 이루어졌으나, 정부의
지원은 무상지원과 유상지원이 동시에 이루어졌다. 정부 차원의 지원만을
대상으로 유상과 무상 비율을 살펴보면 2000년, 2002~2005년까지, 2007년
등 3개의 기간 동안에만 유상지원이 이루어졌다. 해당 기간의 전체 공여 규
모 중 유상의 비율은 43% 이상 58% 미만으로 비교적 높은 수준인 것으로
분석된다.19)

한국 정부는 대북지원을 정부 차원의 지원, 국제기구 경유의 지원 및 민
간단체 경유의 지원 등으로 분리하여 추진해오고 있다. 1995년 대북지원은
정부 차원의 지원이 대부분을 차지하고 있었으나, 1996년부터 1998년까지
약 3년간 대북지원은 국제기구를 경유한 지원이 100%를 차지하고 있었다.
이후 2007년까지 다양한 경유채널을 통한 지원이 추진되었으나, 2008년부

---

19) 통일부 통계자료, http://www.unikorea.go.kr/content.do?cmsid=1516(검색일: 2017.
  3.10).

터 2015년까지 2010년을 제외하고는 정부가 직접 공여한 대북지원 사례를 찾아볼 수 없다.

한편 1995년부터 본격화된 한국 정부의 최근 대북지원의 특징은 첫째, 지원 규모가 크게 감소한 상태로 유지되고 있는 것을 알 수 있다. 최근 5년간 대북지원의 연평균 규모는 지난 20년간 평균의 1/10에도 못 미치는 규모이다. 둘째, 최근 정부의 직접 지원은 전체의 25% 정도에 불구하며 대부분의 지원은 국제기구를 통해 이루어졌다. 더구나 지원 채널이 특정 기관으로 한정되어 있으며 이에 따라 지원 영역도 매우 제한적일 수밖에 없는 특징을 보이고 있다. 구체적으로 최근 한국 정부가 경유한 국제기구는 UNICEF, WFP, WHO, IVI 등 4개에 불과하며, 해당 국제기구의 지원은 영유아 보건 지원(UNICEF, WHO, IVI)과 영양식 지원(WFP)로 제한적이었다.

3. 일본

일반적으로 일본의 대외 원조는 OECD 통계를 통해 추진실적이 국제사회에 공개되고 있지만, 대북지원에 관해서는 해당 통계를 통해 관련 정보를 찾아보기 어렵다.[20] 따라서 본 절에서는 일본의 대북지원에 관한 기존연구를 통해 간략하게나마 그 현황을 살펴보고자 한다. 1995년 5월 북한은 리성록 국제무역촉진위원장을 통해 일본에게 공식적으로 식량지원을 요청하였으며 이후 8월과 10월에도 일본에게 식량 원조를 요청하였다. 이러한 북한의 요청에 대하여 일본은 1995년 한해 약 50만 톤의 식량지원과 38만 달러 상당의 물자지원 등을 실시하였다(김영춘 200, 31-32). 1996년에는 약 15,000톤의 식량지원과 75만 달러 규모의 기타 지원을, 1997년에는 67,000톤의

---

20) 전술하였듯이 OECD 통계에 따르면 일본은 한국, 아이슬란드, 슬로바키아, 슬로베니아와 더불어 1995년부터 2013년까지 한 차례도 대북지원을 실시하지 않은 국가들 중 하나이다.

식량지원을 추진하였다. 한편 1998년과 1999년에는 대북지원이 전혀 이루
어지지 않았으나, 2000년 다시 약 1억 2,400만 달러에 달하는 식량지원이
이루어졌다. 이후 2004년에 소규모 대북지원만이 존재할 뿐 현재까지 일본
의 대북지원은 재개되지 못한 것으로 분석된다.

일본의 대북지원은 국제사회의 대북지원과 전혀 다른 특징을 보이고 있
다. 예를 들어 1998년과 1999년 국제사회의 대북지원이 급증했으나 일본은
대북지원을 실시하지 않았다. 반면, 2000년 일본은 대북지원을 다시 시작하
였지만, 국제사회의 대북지원 규모는 급감하기도 하였다. 2000년대 후반부
터 국제사회의 대북지원이 급감하기는 하였지만 2013년 현재까지 다양한
영역에 대한 지원이 지속되고 있다. 그러나 일본의 대북지원은 2004년 이후
전무한 것으로 분석된다는 점에서 국제사회의 대북지원 추세와는 다른 특징
을 보이고 있는 것을 알 수 있다. 이러한 특징은 일본의 대북지원이 철저하

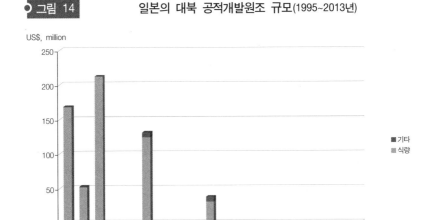

○ 그림 14　　　　**일본의 대북 공적개발원조 규모**(1995~2013년)

주 1: 약정액 기준
주 2: 일본의 식량지원은 각 연도별 FAO 발표 쌀 가격을 반영하여 계산함, http://www.fao.org
　　 (검색일: 2015.3.10).
자료: WFP Interfasi, OCHA Finance Tracking Service를 이혜옥, "대북 식량원조 레짐의 형성과
　　 변화에 관한 연구," 북한대학원대학교 박사학위논문(2015), p.146에서 재인용하여 저자 작성

게 북일관계 정상화 및 납치자 문제 해결 등 정치적 안건과 연결되어 있기 때문이다. 예를 들어 2000년에는 3회에 걸친 수교회담을 계기로, 2004년에는 고이즈미 총리의 방북을 계기로 대북지원이 이루어졌다(Söderberg 2006, 433-454; 권율·정지선·박수경 2008, 173-175).

V. 결론

앞서 살펴보았듯이 국제사회의 대북지원은 1945년 이후 현재까지 지속되고 있다. 이를 시기별로 구분한다면 냉전 시기와 탈냉전 시기로 나눌 수 있으며 각 시기별 대북지원은 다양한 정치·경제적 배경을 가지고 있다. 먼저 냉전 시기 국제사회의 대북지원은 전후복구의 목적으로 시작되었으며, 이후 사회주의 국가들로부터의 호혜성 지원이 주를 이루었다. 한편 1970년대 들어서는 사회주의 국가들의 지원이 감소하고, 오히려 서방국가들로부터의 지원이 이루어지기 시작하였다.

1990년 이후에는 구사회주의 국가들로부터의 지원이 현실적으로 어려워졌다. 더욱이 심각한 경제난을 겪으면서 북한은 서방국가들에게 공식적인 경제 원조를 요청하지 않을 수 없게 되었다. 이러한 북한의 원조 호소에 대하여 국제사회는 2015년까지 총 24억 2,455만 달러를 지원하였다. 국제사회의 대북지원 규모는 증감을 반복해왔는데, 특히 1999년, 2002년, 2008년을 정점으로 증감이 반복되다가 최근 6,000만 달러 전후로 소규모 대북지원이 지속되고 있는 특징을 보이고 있으며, 지원영역도 다양해지고 있다. 현재까지 최대 공여국은 미국인데 지원 총액은 약 8억 4,073만 달러로 모두 무상으로 지원되었으며, 지원의 증감 폭이 매우 큰 특징을 지닌다. 이는 대북지원과 북핵 문제를 연결하고 있는 미국의 정책 때문이다. 일본의 대북지원 또한 명확한 정치와의 연관성을 보여 왔다.

반면, 독일과 스위스의 대북지원은 정책과의 연계성이 낮은 것으로 파악된다. 왜냐하면 독일의 경우 소규모 지원이 꾸준히 유지되어왔기 때문이며, 스위스의 경우에는 국제사회의 대북지원이 최근 크게 감소하였던 것과 달리 증가추세를 보이고 있기 때문이다. 한편 유럽연합은 1995년 18만 달러의 대북지원을 시작한 이후로 2015년까지 거의 매년 북한에 대한 지원을 실시해왔는데, 유럽연합의 지원은 대규모 식량지원이 대부분을 차지한다. 한편 탈냉전 이후 구사회주의 국가들의 지원은 급격히 감소하다 최근 일정 수준 회복한 것으로 보인다. 소련은 러시아로의 체제 전환 이후 경제적으로 어려운 상황이었기 때문에 어떠한 형식으로든 대북지원을 지속하기는 어려웠을 것으로 판단된다. 한편 중국의 경우 탈냉전 이후 대북지원을 중단해왔다가 1990년대 중반부터는 비공식적이지만 대북지원을 재개하여 최근까지도 추진 중인 것으로 알려져 있다. 1995년 북한의 공식적인 원조 호소 이후 본격화된 한국의 대북지원은 2014년 기준 20년째 지속되고 있다. 한국의 대북지원은 2001년 일시적인 감소를 제외하고, 2007년까지 꾸준히 증가하다가 이후 급감하였다.

본 글은 국제사회 대북지원의 현황을 분석하는 것에 초점을 맞추고 있기 때문에 공여자들의 지원동기 및 대북지원의 효과 등에 대한 깊이 있는 분석을 담고 있지 못하다는 한계를 가진다. 그러나 국제사회의 대북지원이 70년이란 오랜 기간 지속되어왔음에도 불구하고 이에 대한 통시적인 자료정리가 충분히 이루어지지 못한 바, 자료를 종합적으로 정리한 연구로서 의의를 지닌다고 할 수 있다. 본 연구는 국제사회의 대북 원조에 대한 발전적인 논의를 추진하기 위한 기초자료로서 향후 정책적·학술적 논의를 구체화하는 것에 유용한 자료가 될 것이다.

■ 참고문헌 ■

국토통일원. 『북한경제통계집』. 국토통일원, 1986.
권 율·정지선·박수경. 『양자 간 개발기구의 체계와 활동』. 통일연구원, 2008.
극동문제연구소. 『북한무역론』. 극동문제연구소, 1979.
김석진. "북한경제의 성장과 위기." 서울대학교 박사학위논문. 서울대학교, 2002.
김영춘. 『일본의 외교정책결정요인』. 통일연구원, 2000.
북한연구소. 『북한총람』. 북한연구소, 1983.
양문수. "북한의 대외채무 문제: 추세와 특징." 『북한경제리뷰』 2012년 3월호. 2012.
연하청. 『북한의 경제정책과 운용』. 한국개발연구원, 1986.
이종석. "냉전기 북한-중국관계: 밀월과 갈등의 전주곡." 『전략연구』 제6권 3호.
     1999.
_____. 『북한-중국관계 1945~2000』. 중심, 2000.
이혜옥. "대북 식량원조 레짐의 형성과 변화에 관한 연구." 북한대학원대학교 박사학
     위논문. 북한대학원대학교. 2015.
장형수·김석진·송정호. 『북한개발지원을 위한 국제협력 방안』. 통일연구원, 2009.
전병곤. "중국의 북핵 문제 인식과 중북관계의 변화." 『중국학 연구』 No.35. 2006.
전홍찬. "소련의 대북한 경제군사원조정책에 관한 연구." 『중소연구』 제17권 4호.
     1993.
조명철. 『북한과 러시아 사이의 경제협력 현황과 남북경협에 주는 시사점』. 대외경
     제정책연구원, 2003.
최수영. 『북중 경제관계 확대와 대응방안』. 통일연구원, 2007.
통일백서 각 연도. 2011~2014.
통일부. 『박근혜 정부 2년. 통일업무 이렇게 추진했습니다』. 통일부, 2015.
한국개발연구원. 『북한통계자료집』. 한국개발연구원, 1996.

Manyin, Mark. *Foreign Assistance to North Korea*. Congressional Research
     Service, 2005.

Manyin, Mark, Mary Nikitin. *Foreign Assistance to North Korea*. Congressional Research Service, 2009.

Söderberg, Marie. "The Other Binary: Why Japan-North Korea Relations Matter." *Pacific Affairs*, Vol.79, No.3. 2006.

FAO. http://www.fao.org

http://kp.one.un.org/non-un-actors-in-dprk/swiss-agency-for-development-and-corporation-sdc/

OECD CRS. http://stats.oecd.org/

Swiss Agency for Development and Cooperation(SDC).

WFP Interfais. http://www.wfp.org/fais/

미국의 소리(VOICE OF AMERICA).

통일뉴스.

통일부 통계자료.

제 2 부

북한개발협력의
주요 행위자

한국 정부의 대북지원 현황과 평가*

문경연 | 전북대학교

I. 들어가며

1994년 북한의 심각한 경제난이 대외에 알려지면서 국제사회의 대북긴급지원이 시작되었다. 초기 대북지원은 북한과 원조 공여국 당사자들 간 직접 지원 방식보다는 국제기구를 통한 소규모 지원이 대부분이었다. 이후 점차적으로 대북지원의 분야와 규모가 크게 늘어났으며, 특히 2000년 남북정상회담 이후 정부 차원의 대북지원 규모가 급격히 증가하였다. 하지만 금강산 관광객 피격 사건 이후 정부 차원의 대북지원이 급감한 가운데 소수 민간단체가 대북지원의 명맥을 간신히 유지하고 있는 실정이다. 이 장에서는

---

* 본 글은 민화협 엮음(2015)의 『남북교류협력의 재조명』에서 저자가 집필한 "인도지원 분야의 남북교류협력과 개선방향"을 수정 편집한 것임.

1995년 시작된 정부 차원의 대북지원 규모와 특징을 각 정부별로 정리분석하고자 한다.

II. 한국 정부의 대북지원 개괄

1. 김영삼 정부(1995~1997년)

북한의 경제난이 국세사회에 알려진 것은 1994년으로 거슬러 올라간다. 당시 일본을 방문한 북한 대표단이 일본에 수해지원을 요청하였고, 이것이 국제사회에 알려진 것이다. 하지만 당시 남한의 민간단체들도 북한의 경제난이 심각하다는 것은 파악하고 있었고, 직접 지원이 아닌 자국의 국제 네트워크를 통해 간헐적이며 소규모적인 대북지원을 전개하기 시작하였다.

이후 남한 정부 차원의 대규모 대북지원이 시작되게 된 직접적인 계기는 1995년 북한이 국제사회에 자국의 경제난과 식량지원을 요청하면서이다. 사실 1994년 당시 북한이 일본에 식량지원을 요청하였으나, 제네바 핵합의 이후 미국을 비롯하여 남한 역시 경제난으로 인한 북한의 붕괴 가능성을 염두에 두었고, 이에 따라 북한과의 제네바 합의 이행에 소극적이었을 뿐만 아니라 북한에 대한 경제적 지원 역시 소극적이었다. 특히 1994년 북한의 지원 요청에 따라 일본은 대규모 식량지원을 검토하였으나, 김영삼 정부는 민족 중심주의를 내세워 일본 정부 차원의 대규모 식량지원은 남한 정부 이후에 실시해달라고 요청하였고, 결과적으로 1994년 일본의 식량지원이 이루어지지 못했다. 이러한 가운데 1995년 북한이 국제사회에서 공식적으로 식량지원을 요청해옴에 따라 김영삼 정부는 제네바 핵 합의 과정에서 소홀해진 남한의 위상 회복과 민족 중심주의적 관점에서 15만 톤에 이르는 대규모 쌀 지원을 실시하게 되었다.

표 1 　　　　　　　　　 대북지원 현황(1995~2015년)

		김영삼 정부			김대중 정부					노무현 정부	
		'95	'96	'97	'98	'99	'00	'01	'02	'03	'04
정부 차원	무상지원										
	정부	1,854	–	–	–	339	944	684	832	811	949
	민간단체	–	–	–	–	–	34	62	65	81	102
	국제기구	–	24	240	154	-	-	229	243	205	262
	계	1,854	24	240	154	339	978	975	1,140	1,097	1,313
	식량차관	–	–	–	–	–	1,057	–	1,510	1,510	1,359
	계	1,854	24	240	154	339	2,035	975	2,607	2,607	2,672
민간 차원		2	12	182	275	223	387	782	766	766	1,558
총액		1,856	36	422	429	562	2,422	1,757	3,373	3,373	4,230

		노무현 정부			이명박 정부					박근혜 정부		
		'05	'06	'07	'08	'09	'10	'11	'12	'13	'14	'15 (10월)
정부 차원	무상지원											
	정부	1,221	2,000	1,432	–	–	183	–	–	–	–	
	민간단체	120	134	216	241	77	21	–	–	–	–	13
	국제기구	19	139	335	197	217	-	65	23	135	141	108
	계	1,360	2,273	1,983	438	294	204	65	23	135	141	121
	식량차관	1,787	–	1,505	–	–	–	–	–	–	–	–
	계	3,147	2,273	3,488	438	294	204	65	23	135	141	121
민간 차원		779	709	909	725	377	200	131	118	51	54	78
총액		3,926	2,982	4,397	1,163	671	404	196	141	186	195	199

　　하지만 이 과정에서 식량지원 선원의 억류 등과 같은 후폭풍으로 인해 김영삼 정부의 민족주의적 대북관이 "핵을 가진자와 악수할 수 없다"는 강경노선으로 선회하게 되고, 이후 김영삼 정부의 대북지원은 소극적 모드로 전환하게 된다. 반면에 동 시기에 국제사회의 대북지원은 가파르게 증가하였다. 이는 북한의 경제난이 북한이 주장한 일련의 자연재해에서 기인한 것도 있으나 1990년 냉전의 해체와 함께 중국, 소련연방 등 전통적 우방국과의 경제관계에 있어서 변화가 발생하면서 야기된 구조적인 문제로 그 상황

연도	지원규모	세부 내역
1995	약 1,850억 원	- 정부 직접 지원: 국내산 쌀 15만 톤
1996	약 24억 원	- WFP: 혼합곡물 3,409톤 - UNICEF: 분유 203톤 - WMO: 기상자재 0.4억 원 규모

1997	약 240억 원	- WFP: 혼합곡물 9,852톤, 옥수수 5만 톤, 분유 300톤,
		  CSB 8,389톤
		- UNICEF: ORS공장비용 3억 원 규모, 분유 781톤
		- UN 기구: WHO 70만 달러, UNDP 120만 달러,
		  FAO 30만 달러 등

● 표 2 　　　　　정부의 직접 및 국제기구 경유 대북지원

출처: 대북협력민간단체협의회·대북지원민관정책협의회, 『대북지원 10년 백서』(2005)

이 심각하다는 데 대한 평가에 바탕을 둔 것이다. 결과적으로 김영삼 정부 말기인 1997년까지 국제사회의 대북지원은 급격한 증가를 이루었으나 이에 반해 김영삼 정부 차원의 대북 직접 지원은 1995년 대북지원의 후폭풍으로 이루어지지 못하였다. 대신 국제사회가 남한 정부의 소극적 대북지원 정책에 대하여 압박을 취하고, 여러 언론 매체들을 통해 북한 식량난의 심각성이 국내에 알려지면서 김영삼 정부는 국제기구를 통한 대북지원을 확대하였다. 당시 국제기구를 통한 대북지원 품목은 혼합곡물, 분유, 옥수수가 주를 이루었다. 이와 별도로 남북적십자 간 직접 지원 창구가 개설되지 않은 상태에서 대한적십자는 국제적십자연맹을 경유하여 1995년부터 1997년까지 약 39.7억 원 규모의 밀가루 3,664톤, 분유 94톤, 담요 1만 개, 식용유 18.6만 리터, 라면 10만 개, 양말 35,000켤레, 감자 1,900톤, 무종자 4.8톤, 배추종자 6.4톤, 옥수수 4,980톤을 지원하였다. 이 지원에서는 민간단체가 모금하여 대한적십자사에 기탁한 14억(1995년 2억, 1996년 12억)을 포함한다.

김영삼 정부 시기 민간단체의 대북지원이 체계화되기 시작한 것은 1996년에 이르러서였다. 앞서 언급한 바와 같이 월드비전과 국제 네트워크를 가진 단체들이 자신의 해외 네트워크를 통해 대북지원에 참여하였으나, 이 규

모와 빈도는 미미한 것이었다. 아울러 이들 민간단체들은 북한 경제난에 대해 인지하고 있었으나 그 심각성에 대해서는 제대로 인지하지 못했고, 그 원인 또한 자연재해로 인한 단기적 식량수급의 문제로 인식하였다. 하지만 1995년 북한이 국제무대에 식량지원을 요청하면서 민간단체들의 대북지원운동이 시작되었다. 식량난의 심각성을 이해하기 위해 조중국경변에서의 식량난 실태에 대한 조사 및 연구가 시작되었고, 그 과정에서 북한의 식량난이 우려했던 것보다 훨씬 심각한 상황임이 국내에 알려지게 된다. 그 결과 1996년부터 체계적인 대북지원운동이 전개되기 시작하였으며, 1998년 민간단체의 대북지원 규모는 1996년 12억에 불과하였던 것이 1997년 182억으로 15배에 이르는 증가를 기록하였다. 이는 당시 기부금품 모집에 관한 국내 규제(개별기업체·언론사 참여, 불특정 다수 대상 모금 제한 등) 및 대북 직접 쌀 지원 및 민간단체의 대북 직접 지원이 허용되지 않았던 상황을 감안할 때 당시 민간단체의 대북지원운동이 얼마나 효과적이었으며, 전국적인 규모로 전개되었는지 가늠할 수 있는 중요한 지표가 된다.

결과적으로 1996년부터 체계화된 대북지원운동 및 모금운동을 바탕으로 정부가 민간단체의 대북 직접 지원을 허용하지 않은 가운데 대한적십자사 창구를 통해 1997년 6월부터 연말까지 ─ 대한적십자사와 북한적십자 간 직접 지원 합의가 1997년 5월 이루어짐에 따라 1997년 6월 1차 지원을 시작으로 10월까지 총 9회에 걸쳐 대규모 민간단체의 대한적십자사를 통한 대북지원이 실시되었는데, 민간단체 대북지원 규모의 비약적 증가는 기존 국제적십자사를 통한 지원에서 대한적십자사와 북한적십자 간 직접 지원으로 지원 절차가 간소화된 데 따른 것으로 분석된다 ─ 182억 원 상당의 옥수수(58,611톤), 밀가루(7,501톤), 라면(15만 상자), 비료(2,000톤), 분유(30톤), 탈지분유(70톤), 감자(1,300톤), 이유식(96.74톤), 어린이영양제 3만 병, 식용유(27만 리터), 수수(14,576톤) 등을 지원하였다.

2. 김대중 정부(1998~2002년)

대북지원에 대해 긍정적 입장을 지녔던 김대중 정부가 출범하였으나, 1998년과 1999년의 정부 차원의 대북지원은 미미하였다. 이는 첫째, IMF 경제위기에서 직접적인 원인이 있으며, 둘째, 첫 야당 대통령인 김대중의 집권이후 대북정책에 대한 숨고르기에서 기인한 것으로 해석된다. 기록에 따르면 1998년 국제기구를 통한 154억 상당의 대북지원이 있었으나 이는 통상 국제기구를 통한 지원의 경우 전년도에 결정되고 차년도에 집행되는 특성상 1998년의 지원으로 잡힌 것이며, 이를 제외한 정부 차원의 직접 및 국제기구를 통한 지원은 전무하였다. 아울러 이러한 추세는 1999년까지 지속되는데, 김대중 정부의 첫 대북지원은 1999년 비료지원(339억 원)으로 시작되었으며 — 이후 김대중 정부는 2000년 30만 톤(944억 원), 2001년 20만 톤(638억 원), 2002년 30만 톤(832억 원) 규모의 대북 비료 지원을 지속하였으며, 이는 북한의 식량생산량 증산에 긍정적인 기여를 한 것으로 평가된다 — 이는 당시 북한의 식량난이 가장 극심했던 시기가 1998년과 1999년이었으나, 정작 대북지원에 긍정적인 입장을 지녔던 김대중 정부가 동 시기에

● 표 3   정부 차원 식량차관 현황

구분	'95	'00	'02	'03	'04	'05	'06	'07	'10	계
지원 실적 (만 톤/ 억 원)	국내쌀 15	외국산 쌀 30 중국산 옥수수 20	국내쌀 40	국내쌀 40	국내쌀 10 외국산 쌀 30	국내쌀 40 외국산 쌀 10	국내쌀 10	국내쌀 15 외국산 쌀 25	국내쌀 0.5	쌀 (국내외) 265.5 中 옥수수 20
		(1,854) (1,057)	(1,510)	(1,510)	(1,359)	(1,787)	(394)	(1,505)	(40)	(11,016)
형태	무상	차관 방식	차관 방식	차관 방식	차관 방식	차관 방식	무상	차관 방식	무상	무상

출처: 통일부 웹사이트, "http://www.unikorea.go.kr/content.do?cmsid=3099"(검색일: 2015. 12.06)

긴급구호성 대북지원에 소극적인 입장을 취한 데 대해서는 향후 객관적인 평가가 뒤따를 것으로 보인다.

이후 2000년 남북정상회담과 함께 정부 차원의 대북 직접 지원의 물꼬가 트이면서 노무현 정부까지 지속된 대규모 식량차관이 시작되었다. 비록 2001년 부시 행정부의 출범으로 한반도를 둘러싼 국제환경의 냉각과 2006년 북한의 핵실험으로 인해 두 차례 대규모 식량차관 지원이 중단되기는 하였으나, 정부 차원의 대규모 식량지원이 정례적으로 지속되었다는 점에서 의의를 가진다. 하지만 이러한 정부 차원의 대규모 지원에 대해서 두 가지 비판이 제기되기 시작하였는데, 첫째 남북 당국 간 직접 지원 방식이 선호되면서 그간 민간단체의 역할 및 민간단체를 통한 정부 지원이 소홀해졌다는 점과, 둘째, 대북지원 이슈가 남북 당국 간 현안 문제 해결을 위한 수단으로 인식 및 활용되면서 민간단체와 국제기구의 대북사업 협상에 있어 모니터링과 관련된 인도주의원칙의 고수가 어렵게 된 데 대한 문제제기이다. 김대중 정부는 이러한 비판을 상쇄하고, 또한 민간단체와 국제사회의 요청에 따라 민간의 대북지원 사업에 대한 남북협력기금 지원(1999년 10월)과 국제기구를 통한 대북지원을 2001년부터 재개하였다.

민간단체의 대북지원과 관련하여 김대중 정부 첫해인 1998년 대북지원 운동에 대한 참여 단체수는 지속적인 증가 추세에 있었으나, 대북지원 모금

◯ 표 4   **정부 차원의 비료 지원**

구분	'99	'00	'01	'02	'03	'04	'05	'06	'07	계
규모 (만 톤/ 억 원)	15.5 * 민간 4만 톤 포함	30	20	30	30	30	35	35	30	255.5
	(462)	(944)	(638)	(832)	(811)	(940)	(1,207)	(1,200)	(961)	(7,995)

출처: 통일부 웹사이트, "http://www.unikorea.go.kr/content.do?cmsid=3099"(검색일: 2015. 12.06).

규모에 있어서는 감소가 있었다. 이는 1997년 IMF의 충격에서 기인한 것으로 풀이된다. 대북지원 현황에 따르면 1998년에 민간 차원의 대북지원은 275억 원으로 1997년 182억 대비 증가한 것으로 보이나, 실제 정주영 회장 개인의 지원 규모가 약 139억 원(1998년 기준/1997년에는 2억 수준)을 차지하기 때문에 실제로 1998년 민간단체의 대북지원 규모는 수적 측면에 있어서 비약적 증가가 있었으나 지원 규모에 있어서는 감소가 있었다고 할 수 있다. 하지만 범국민운동으로 전개된 대북지원 캠페인의 결과 1999년 민간단체의 대북지원 규모는 약 223억 수준으로 증가하였는데, 여기에는 정주영 회장 개인의 지원이 포함되지 않은 민간단체들의 대국민 모금운동의 결과였다는 점에서 IMF의 경제위기 상황에서도 대북지원에 대한 국민적 참여가 지속적으로 확대되었다고 평가할 수 있다.

이후 김대중 정부 들어 그동안 민간단체가 지속적으로 요구해온 대북지원 및 기금모집 관련 규제가 해제되면서 2000년에 이르러 대북지원 규모가 비약적으로 증가하게 된다. 즉 1998년 3월, 민간 차원 대북지원 활성화 조치와 4월의 ARS 방식을 이용한 대북지원 모금 허용 조치, 1999년 2월, 민간 차원 대북지원 창구다원화 조치와 10월의 민간의 대북 인도적 지원사업에 대한 남북협력기금 지원은 민간단체의 대북지원 모금 운동에 있어 긍정적인 영향을 미친 것으로 풀이된다. 아울러 2000년 남북정상회담 이후 분담이래 첫 도래한 남북 간 긴장완화와 남북교류협력의 활성화는 2001년과 2002년 민간단체의 대북지원 규모가 700억대 수준을 돌파하는 환경을 조성한 것으로 풀이된다.

끝으로 김대중 정부에도 민간단체의 지원 품목에 있어서 긴급구호성 식량 및 의약품 지원이 주를 이루었다. 비록 1997년 처음으로 비료 2,000톤이 지원된 후, 1998년까지 간헐적으로 비료가 지원된 바 있으나, 당시 대북지원의 주된 품목은 긴급구호성 식량과 의약품 지원에 집중되었다. 이러한 가운데 1998년 5월 3~2회차 지원(당시까지 대한적십자사 창구를 통한 지원)에 비닐 품목이 포함되면서 개발지원 성격의 품목이 추가되기 시작하였다. 이후 1998년 3~5회차 지원에 비닐 50톤, 1999년 3~14회차 지원에 PVC 바닥재 지원과 1999년의 창구다원화 조치 이후 직접 지원 품목에 농기구가 포함되면서 개발협력을 위한 지원 품목이 확대되기 시작하였다.

3. 노무현 정부(2003~2007년)

김대중 정부의 대북정책을 계승한 노무현 정부의 대북지원은 기존 정부 차원의 대북 직접 지원(쌀, 비료)의 지속과, 남북협력기금을 통한 민간단체 대북지원 사업의 활성화 및 민관협의체의 운영을 통한 정부와 민간의 협력 관계 공고화라는 점에서 긍정적 의미를 가진다.

먼저, 노무현 정부는 대북정책과 관련하여 기존의 김대중 정부의 대북정책을 고수하는 가운데, 국정 어젠다로 '참여정부'를 내걸고 대북정책보다는 국내정치적 요소로서 권위주의 및 기득권층의 세력 내려놓기에 집중하는 모습을 보여주었다. 결과적으로 정부 직접 지원 형태의 대규모 쌀과 비료 지원을 계속하였다. 하지만 2006년 북한이 핵실험을 강행하면서 통상적으로 이루어지던 40~50만 톤 규모의 쌀 지원은 10만 톤에 머물렀다. 또한 국제기구를 통한 지원에 있어 과거 WFP를 통한 긴급구호 지원에 대한 집중에

○ 표 5　　　　　　　　　국제기구를 통한 지원 추이

(단위: 만 달러)

연도	'96	'97	'98~'00	'01	'02	'03	'04	'05	'06	'07	'08	'09	'10	'11	'12	'13	'14	계
WFP	200	2,053	1,100	1,725	1,739	1,619	2,334	–	–	2,000	–	–	–	–	–	–	700	13,470
UNICEF	100	394	–	–	–	50	100	100	230	315	408	398	–	565	–	604	–	3,264
WHO	–	70	–	46	59	66	87	81	1,167	1,181	1,147	1,409	–	–	–	605	630	6,548
기타	5	150	–	–	–	–	–	50	19	30	–	–	–	210	–	–	464
합계	305	2,667	1,100	1,771	1,798	1,735	2,521	181	1,397	3,546	1,574	1,837	–	565	210	1,209	1,330	23,746

출처: 통일부 웹사이트, "http://www.unikorea.go.kr/content.do?cmsid=3099"(검색일: 2015. 12.06)

서 UNICEF 어린이 지원사업과 WHO의 보건의료 분야로 사업의 중심이 이동하였다. 이는 북한이 2005년 개발협력 방식으로 지원을 전환해 줄 것을 요청한 데 따른 변화로 풀이된다. 즉 1999년 북한 식량난이 최저점을 찍은 이후 북한경제의 회복세와 식량생산이 증가하는 가운데 북한은 2005년 국제사회로 하여금 개발지원으로의 전환을 요청하였다. 이러한 맥락에서 긴급구호의 성격이 강한 WFP에 대한 지원에서 UNICEF와 WHO의 취약계층과 보건의료라는 지원정책을 전환한 것으로 풀이할 수 있다.

민간단체를 통한 대북지원에 있어서도 2004년 용천역 폭발사건 이후 민관협력의 제도화, 2005년 3월, 대북지원사업자 지정요건 완화와 7월 민관정책협의에 따른 대북합동사업 지원, 2006년 3월, 기부금품 모집 및 사용에 관한 법률 개정 등을 통해 민간단체의 대북지원 사업에 있어서 민관협의의 강화 및 제도화 등과 같은 활동 환경에 있어 긍정적 변화는 민간단체의 대북지원 규모에 있어 지속적인 증가로 이어졌다. 김대중 정부의 민간단체 대북지원 활성화 조치에 힘입어 민간단체의 대북지원 규모가 지속적으로 증가한 가운데, 2004년 용천역 폭발사고로 민간단체의 대북지원 모금액은 처음으로 1,000억 원을 돌파하였다. 이후 700억 원 수준을 유지하였다. 아울러

◯ 표 6　　　　　　　　　　민간단체의 대북지원 추이

구분		'95~'01	'02	'03	'04	'05	'06	'07	'08	'09	'10	'11	'12	'13	'14	계
한 적 (억 원)		1,027	90	70	441	46	44	40	4	0	16	0	0	0	2	1,780
민간 단체	단체	41	25	29	33	44	58	66	64	59	42	35	16	15	17	–
	금액 (억 원)	836	486	696	1,117	733	665	869	721	377	184	131	118	51	52	7,035
합계 (억 원)		1,863	576	766	1,558	779	709	909	725	377	200	131	118	51	54	8,815

출처: 통일부 웹사이트, "http://www.unikorea.go.kr/content.do?cmsid=3099"(검색일: 2015. 12.06)

북한이 2005년 그간의 긴급구호 방식의 지원에서 개발지원 방식으로 전환을 요청하였으나, 대북지원민간단체들은 이미 2000년부터 개발협력 사업의 비중을 확대하여 왔다. 단순한 개발협력을 위한 단순 물품지원을 넘어서 농기자재 지원 및 생산(우리민족서로돕기운동), 병원 현대화 사업(어린이의약품지원본부), 상하수도 현대화 사업(기아대책), 남북농업협력심포지엄(월드비전) 등 긴급구호를 넘어서 북한의 지속가능한 개발을 위한 사업들을 시도 및 확산시키기 시작하였다.

2006년 북한의 핵실험으로 남한 내 퍼주기 논리가 확산되기 시작하였다. 북한의 경제난 상황에 대해 민족애와 동포애적 관점에서 지원된 남한의 대북지원이 핵무기로 되돌아왔다는 보수진영의 논리가 보수진영을 넘어 중도진영에도 흡수되기 시작한 것이다. 이러한 논리의 확산은 비단 북한의 핵실험 때문에 불거진 사안은 아니었다. 1995년 대북지원이 시작된 이래로 북한의 무력도발이 발생하면 여지없이 남한의 순수한 인도적지원에도 불구하고 무력도발을 지속하는 북한에 대한 비판이 이어졌고 이러한 비판은 대북지원에 대한 분배투명성 확보에 대한 보수와 진보진영 간의 논쟁으로 이어졌었다.

하지만 과거 북한이 김대중, 노무현 정부 시절 간헐적으로 지속해온 무력도발과 2006년 핵실험은 다른 차원의 것이었고, 남한 내 대북지원에 대한 피로감과 분배 모니터링의 미확보에 기인한 회의적 목소리가 확산되기 시작하였다. 이에 대북지원에 적극적인 입장을 지닌 대북지원단체와 북민협은 2001년 이 논의의 필요성에 대한 인식에도 불구하고 반세기 만에 시작된 남북한 간 협력 사업의 수행에 밀려 제쳐두었던 대북지원에 있어서 분배투명성 확보를 주요 원칙으로 하는 대북지원에 대한 규범을 제정하기에 이르렀고, 2007년 6월 논의를 시작하여, 이명박 정부인 2008년 6월 '대북지원에서의 인도주의원칙에 대한 합의 성명서'라는 이름의 행동규범을 채택하기에 이르렀다. 하지만 이명박 정부의 출범과 함께 남북관계의 경색으로 대북지원 및 남북교류협력 사업이 대부분 중단되면서 이 원칙은 또다시 사장되고 말았다.

끝으로 노무현 정부는, 김대중 정부 이후 마련된 남북 간 화해협력관계의 안정적이며 지속적 발전을 위한 법적 장치로써 '남북관계 발전에 관한 법률'을 정권 말기인 2006년 6월에 시행하였다. 이 법안은 남북 경제공동체의 구현과 인도적 문제의 해결, 북한에 대한 지원 등을 규정하고 있으며, 안정적이며 지속적인 대북정책을 위한 '남북관계발전에관한기본계획'을 5년마다 수립하도록 규정하고 있다. 이에 따라 노무현 정부는 2007년 11월, 2008~2012년까지 5년에 대한 '1차 남북관계 발전 기본계획'을 수립하였고, 인도적 대북지원 지속 추진에 대한 내용을 포함하였다. 하지만 이 '남북관계 발전 기본계획'의 법적 근거가 되는 '남북관계 발전에 관한 법률'이 야당과의 충분한 협의와 합의에 기반하지 못했던 점에서 이명박 정부의 출범과 함께 이 법률 및 기본계획은 아무런 법적, 정책적 효력을 발휘하지 못하게 되었다.

4. 이명박 정부(2008~2012년)

10년 만에 보수정부가 수립되면서, 남북관계에 있어 변화가 몰아쳤다. 2000년 이후 8년간에 걸쳐 공고해진 남북교류협력관계를 이전의 대립시기로 되돌이키기 어려울 것이라는 분석과 그동안 대북정책에 대해 손질하고 싶었던 진영의 정권 재창출은 어떻게든 대북정책에 있어 변화가 불가피할 것이라는 전망이 팽팽히 맞섰다. 이러던 가운데 이명박 정부의 집권 첫해인 2008년 금강산 관광객 피격 사건이 발생하면서 변화가 시작되었다.

이명박 정부의 집권 첫해인 2008년 정부 차원의 대북지원이 전무했던 것은 노무현 정부가 김대중 정부의 대북정책을 그대로 계승했던 것과 달리, 이명박 정부는 기본적으로 대북정책에 대해 이전 정부와 다른 입장을 피력해 왔다는 점에서 집권 첫해인 2008년 정부 차원의 대북 직접 지원이 전무한 것을 어느 정도 이해할 수 있을 것이다. 또한 같은 해인 2008년 국제기구와 민단단체의 대북지원이 높은 수준을 유지하는 것도 대부분 2007년 합의된 사업들이 단순히 집행된 데 따른 것이다.

하지만 2008년 금강산 관광객 피격 사건은 이명박 정부로 하여금 기존에 보수정부가 주장하여 왔던 원칙에 근거한 대북정책의 필요성을 공고히 하는 데 기여한 것으로 평가된다. 즉, 핵개발이 지속되는 한 대화와 교류협력은 원칙적으로 불가하며, 대북지원에 있어서 분배 모니터링이 확보되지 않은 상태에서의 대북지원은 어렵다는 원칙론이 보수와 중도 진영 그리고 시민사회에 확산되기 시작하였다.

하지만 다시 북한의 2010년 3월 천안함 사태와 그리고 11월 연평도 포격 사건은 1995년 이후 남한 정부와, 대북지원 민간단체 및 시민사회가 대북지원 및 교류협력 사업을 통해 쌓아온 북한에 대한 신뢰와 믿음을 저버리기에 충분한 도발이었고, 결과적으로 정부의 직접 지원, 국제기구를 통한 지원, 그리고 민간단체의 대북지원은 급격히 감소할 수밖에 없었다. 그럼에도 불구하고 민간단체의 대북지원이 명맥을 유지할 수 있었던 것은 김대중 정부가 대규모 식량 및 비료지원을 전담하는 가운데 민간단체들이 북한과의 사업을 개발협력 사업으로 전환하면서 일회성 지원보다는 장기적 사업계획에 따른 지속사업의 비중을 늘려온 데 따른 것으로 해석 가능하다.

5. 박근혜 정부(2013~2015년 현재)

이명박 정부의 대북 강경책과 5.24 조치가 오히려 남북관계의 안정적 관리에 부정적인 영향을 초래하였다는 평가 아래, 박근혜 정부는 다소 유연한 대북정책을 펼칠 것이라는 기대가 우세하였다. 실제로 박근혜 정부는 국제기구를 통한 대북지원을 대폭 확대함으로써 북한에 대한 접근방식이 이전 정부와 다를 것이라는 전망도 가능하였다. 실제로 집권 첫해인 2013년 박근혜 정부는 UNICEF와 WHO를 통해 북한 영유아지원 사업으로 약 133억 원을 지원하였다.

하지만 박근혜 정부가 2014년 3월 드레스덴 선언을 통해 '모자패키지' 포함 인도적 지원 의사를 밝혔으나, 북한과의 신뢰회복 과정 없이 표명된 박근혜 정부의 드레스덴 선언에 대하여 북한은 반발하였고, 국제 NGO를 통해 추진하고자 하였던 '모자패키지' 사업도 이들 국제 NGO의 미온적 호응으로 이행되지 못하였다. 이처럼 5.24 조치와 남북한관계의 변화가 부재한 상황에서 박근혜 정부는 WFP와 WHO 등 국제기구를 통해 141억 원 규모의 모자보건 사업과 취약계층 사업을 실시하는 데 그쳤다.

　민간단체의 지원과 관련하여, 북한은 박근혜 정부가 이전 정부와 달리 완화된 정책을 취할 것이라는 판단하에 이명박 정부 말기 때 중단한 민간과의 협력 사업을 재개하겠다는 입장을 밝혀왔다. 하지만 박근혜 정부는 5.24 조치의 연장선에서 민간단체의 대북지원 금지 및 북한 방문 제한을 지속하였고, 드레스덴 선언에서 밝혔던 인도적 지원 및 대북정책에 대한 메시지가 북한과의 협의에 기반한 것이 아니라 일방적 정책이라고 해석한 북한은 또다시 2014년 4월 말부터 민간단체의 협력 사업 중단을 선언하였다. 결과적으로 민간단체의 대북지원은 2013년 51억(영유아, 임산부 등 취약계층 지원), 2014년 54억(취약계층 지원 및 관련 의료장비, 농자재, 낙농자재 지원), 2015년 10월 78억 수준으로 대북지원이 시작된 이래로 가장 저조한 수준에 머물고 있으며 이는 이명박 정부 때보다 낮은 수준을 기록하고 있다. 2015년 정부의 승인하에 지원된 민간단체의 지원 분야로는 묘목 및 종자, 시범 영농단지 건설을 위한 온실 건설자재와 영농자재, 비료 등이다.

III. 대북지원의 교훈과 향후 협력 방향

　북한에 대한 인도지원의 규모에 있어 양적 변화를 설명하는 데 있어 주요 변수는 북한의 인도적 상황 변화가 되어야 할 것이다. 그럼에도 불구하고 남한의 대북지원은 남북현안 이슈를 풀어내기 위한 하나의 협상 카드로 사용되어온 것이 현실이다. 결과적으로 남북관계의 부침에 따라 대북지원 규모는 변화하는 양상을 보여줄 수밖에 없었다. 또한 이 과정에서 필연적으로 분배 투명성 이슈가 불거질 수밖에 없었고, 이 분야에 소홀했던 김대중, 노무현 정부의 대북지원 정책은 부정적 평가만을 남겼다. 하지만 대북지원에 소극적이었던 정부 역시 부정적 평가에서 자유롭지 못할 것으로 보인다. 1차적인 책임은 북한에 있겠지만, 북한 내부에 인도적 위기 상황이 존재함에도 불구하고, 북한 정권에 대한 원칙론 혹은 강경론을 내세우며 궁극적으로 북한 주민의 고통을 간과한 남한 정부에 대한 역사적 평가가 이들 정부의 몫이라고 할 수 있겠다.

2015년 한 해, 북한 내 인도주의 상황에 대한 평가에 있어 혼선이 빚어지고 있다. 지난 민화협 2차 정책간담회에서 확인된 바와 같이 북한 전문가 사이에서도 북한의 인도주의 상황에 대한 평가가 엇갈린 것이 그것이다. 북한의 경제난이 심각하지 않고 그렇기 때문에 결과적으로 북한에 대한 인도적 지원이 필요하지 않다고 주장하는 부류는 북한의 호전된 경제지표를 그 근거로 제시하고 있다. 반면에 국제기구는 최근 북한의 경제지표 호전에도 불구하고 북한 주민들의 식량난 상황은 우리 정부가 인식하고 있는 상황과

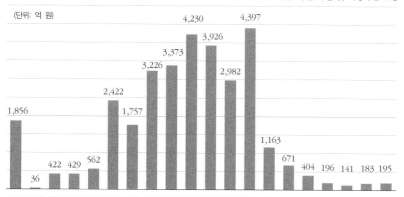

그림 1　　　　한국 정부의 대북지원: 1995~2014년

* 민간 차원 자원 및 식량차관 포함

출처: 통일부 웹사이트, "http://www.unikorea.go.kr/content.do?cmsid=3099"(검색일: 2015. 12.06)

달리 부정적이라는 평가가 지배적이며 이 때문에 대북지원이 필요하다고 호소하고 있다.

이러한 가운데 이명박 정부의 '원칙에 기반한 대북정책'의 연장선상에 있는 박근혜 정부의 대북정책은 북한의 변화 우선과 정부 주도적 대북정책 하에 대북지원에 소극적 입장을 취하고 있는 것으로 보인다. 변화를 수반하지 않는 북한의 자세가 대북지원의 재개를 가로막고 있는 상황에서 모색할 수 있는 정책 대안은 무엇일까? 필자는 다음의 정책 방향을 제시하고자 한다.

첫째, 북한 내 인도주의 상황 발생 및 현황을 모니터링 평가할 수 있는 전문 조직의 설치가 필요할 것으로 보인다. 대북지원의 필요성에 대한 소모적 논쟁과 이로 인한 남한 내 분열은 한국사회의 발전에도 결코 득이 될 수 없다. 북한 내 인도주의적 상황이 진행되고 있다면 동포애적 관점과 미래 통일기반 조성의 관점에서 남한 정부와 시민사회의 역할이 필요할 것이다. 반면에 북한이 더 이상 인도적 지원을 필요로 하지 않는 단계라면 북한의 변화를 이끌어 낼 수 있는 경제적 지원과 같은 정책옵션을 고려해야 할 것이다. 문제는 이러한 정책 처방을 위해서 북한의 경제 및 인도주의 상황에 대한 객관적이고 엄밀한 평가가 가능해야 하나 현재로서는 이러한 기능이 미비한 실정이다.

둘째, 대북지원 정책에 있어 Two-Track 접근법의 필요성이다. 민간단체의 대북지원 허용을 통해 민간 차원의 대북 채널을 확보함으로써 남북 당국 간 관계 개선의 실마리 및 환경 조성과 북한 내 인도주의 상황에 대한 시의 적절한 대처를 통해 민족공동체 통일기반 조성의 기반을 조성할 수 있다. 이 때문에 정부 차원의 대규모 직접 지원은 원칙에 기반하여 추진하되, 민간단체의 자체적 혹은 민간단체를 통한 대북지원까지 차단하는 것은 남한 정부 스스로 북한에 대한 레버리지를 없애는 것과 다름없다.

셋째, 대북인도지원법의 제정이다. 인도적 차원의 대북지원에 관한 한 남북관계의 현안 이슈와 별개로 진행될 필요가 있다. 과거 김대중 정부는 2000년 남북정상회담을 계기로 대규모 식량지원을 시작하였고, 이후 남북교류협력의 물꼬를 텄다는 점에서 긍정적 평가를 받을 수 있다. 하지만 남한 정부와 시민사회가 대규모 지원을 시작한 2000년 이후는 이미 북한이 내부적으로 극심한 식량난을 벗어나 회복기에 접어들고 있는 시점이었고(그럼에도 불구하고 인도적 상황은 여전히 전개되었다고 할 수 있겠으나), 정작 북한 내부에 극심한 식량난으로 인한 인도적 참사가 극에 달한 1994년부터 1999년까지 남한 정부와 시민사회의 대북지원은 미미하였다.

아울러 최근 나선지역의 풍수해로 그 상황의 심각성에도 불구하고 남한 정부와 시민단체의 대북지원은 남북한 간 정치적 현안 이슈에 발목 잡혀 어떤 역할도 못하고 있는 실정이다. 하물며 국제사회에서 한 국가가 자연재해로 인한 인도적 참사에 처할 경우 한국 정부는 몇백억의 인도지원 물자를 보내고 있지만 정작 북한에는 그것이 인도적 참사라 할지라도 어떤 역할도 하지 못하는 것은 이해하기 힘든 현실이다. 결론적으로 인도적 상황에 대한 지원만큼은 남북 현안 이슈를 떠나 지원할 수 있는 제도적 장치를 마련하는 것이 필요하다.

끝으로, 대북지원 통계체계의 개선이다. 통일부는 남북교류협력지원협회(이하 '남북협회')로 하여금 '통합지원관리단(가칭)'을 설치하여 운영에 들어갔다. 이를 통해 대북지원에 대한 효율적인 모니터링 및 통합관리 업무를 실시할 것으로 기대된다. 실제로 남북협회는 ODA 통계 시스템인 CRS를 대북지원통계에 접목함으로써 대북지원 통계 시스템을 보다 정교하게 개선하는 방안을 모색하고 있는 것으로 알려졌다. 이러한 정부의 노력은 향후 대북지원의 방식이 과거 일회성 긴급구호 방식에서 개발지원으로 전환 및 확대될 수밖에 없을 것이라는 점에서 의미있는 조치라고 할 수 있겠다.

IV. 결어

1995년 시작된 20년간의 대북지원은 지원과정에서의 분배현장 모니터링의 소홀과 인도적 지원에도 불구하고 북한의 도발이 지속되었다는 점에서 비판의 목소리가 존재한다. 그럼에도 불구하고 향후 역사적 관점에서 북한 주민들이 식량난으로 인해 인도주의 사태에 직면했을 때 남측 정부 및 시민단체가 인도적 지원을 실시하였다는 점에서 남북 간 민족공동체 조성의 기반을 다졌다는 긍정적인 평가가 가능하다.

실제로 한국은 대북지원에 있어 최대 공여국으로서 북한에 대한 대규모 쌀 및 비료지원과 인도·개발지원은 북한의 인도주의 상황 완화에 기여하였다. WHO와 UNICEF가 북한당국과 정례적으로 실시한 영양실태 조사 결과는 북한 내 인도주의 상황에 있어 긍정적인 개선이 이루어진 것으로 평가하며, 특히 '12년 영양지표는 북한의 영양실태가 세계 평균 수치보다 양호하며, 국가적으로는 몰디브와 비슷한 수준인 것으로 나타나고 있다.

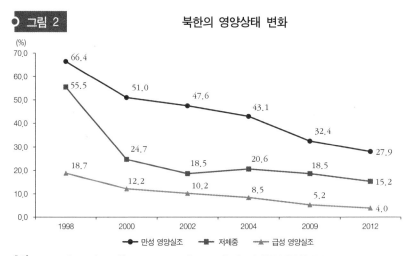

그림 2 북한의 영양상태 변화

출처: UN website, http://kp.one.un.org/content/uploads/2013/03/DPRK

결론을 대신하여, 대북지원 20주년의 성공과 실패 경험은 한국 정부와 시민사회로 하여금 대북지원에 관한 바람직한 접근법과 정책적 우선순위, 그리고 추진체계 및 제도적 교훈을 도출하는 데 있어 충분한 시간과 경험이 었다. 이제는 이러한 교훈을 대북지원 정책에 반영함으로써 발전된 대북지원 정책의 추진을 기대할 때이다.

▣ 참고문헌 ▣

권영세. "북한 식량난 현황과 효율적 지원 대책." 권영세의원실, 2008.

_____. "북한식량난과 효율적 지원대책: 북한인탈주민의 증언을 바탕으로." 권영세
　　　의원실, 2009.

권영세 의원 보도자료. "대북식량지원, 평양에 가장 많이 줬다." 2008년 9월 24일.

김두섭·최민자·전광회·이삼식·김형석. 『북한인구와 인구센서스』. 통계청, 2011.

김보협. "대선후보 초청 대북지원 토론회 지상중계." 우리민족서로돕기·시사저널 공
　　　동주최. 『한겨레』, 1997년 11월 19일.

대북협력민간단체협의회·대북지원민관정책협의회. 『대북지원 10년 백서』. 서울: 늘
　　　품, 2005.

북민협 정책위-자문위원 연석회의 논의자료. "대북지원 사회적 합의 모색, 경과와
　　　향후 계획", "2012년 제13차 정책위원회" 회의 자료. 『대북협력민간단체협의
　　　회』, 2012년 10월 11일.

북한중앙통계국. 『2008 북한 인구조사 보고서』. 북한: 북한중앙통계국, 2009.

이금순. 『대북지원민간단체의 남북교류협력 연구』. 서울: 통일연구원, 2004.

이종무. "스마트(SMART) 대북지원 정책으로의 전환과 추진전략." 『대북지원 정책발
　　　전을 위한 토론회』 발표 자료. 우리민족서로돕기운동 평화나눔센터, 2012년
　　　9월 18일(프레스센터 19층 기자회견장).

이종무 외. 『국제 NGO의 원조 정책과 활동』. 서울: 통일연구원, 2008.

이종수. 『행정학 사전』. 서울: 대영문화사, 2009.

통일부. "남북합의서 해설자료: 남북경제협력추진위원회 제5차 회의 결과 해설자료."
　　　통일부 남북회담본부, 2003.

_____. 『2008 남북협력기금 백서』. 서울: 통일부, 2008.

유엔의 대북지원 현황과 평가

정구연 | 강원대학교

I. 서론

유엔은 국제사회의 장기적인 개발과 빈곤감소, 인도적 위기 상황에 대한 대응을 위해 다자적 지원을 시행한다. 긴급구호(emergency relief)의 경우 재난 혹은 폭력 상황 등 위기 상황 발생 시 피해자들에 대한 즉각적인 생존 보장을 위한 활동으로서 식량, 의료 및 주거 제공 등의 활동을 의미한다. 개발협력의 경우 좀 더 중장기적 차원에서 이뤄지는 선진국에서 개발도상국 수원국으로의 자원과 기술 이전뿐만이 아니라 개발도상국 간에도 일어나는 교류를 포함한다. 결과적으로 많은 경우, 긴급구호 단계에서부터 개발지원 으로 전환하는 과정을 고려해 포괄적인 국가개발과 빈곤감소를 실행하기 위 한 구체적인 전략을 마련하게 된다.[1)]

북한의 경우, 냉전 종식 직후 소위 '고난의 행군' 시기에서부터 유엔으로부터의 대규모 지원을 받아왔다. 고난의 행군 시기란 1990년대 초기 냉전종식, 1994년 김일성 사망, 군수산업중심 산업구조로 인한 불균형 경제발전 및 농업생산성 약화, 그리고 1995년 대규모 수해로 인해 아사자가 속출하며 북한의 사회주의체제 자체가 약화되던 시기를 말한다.[2] 특히 많은 피해와 사상자가 발생했던 1995년 7월의 수해가 촉매제가 되어 1995년 북한은 유엔에 긴급구호를 요청했으며, 유엔은 즉시 북한의 요청에 대응하며 현장 소요조사 실시와 함께 구호물품을 전달했다. 또한 이러한 긴급구호 차원의 지원은 이후 개발협력으로도 이어지게 되었으나, 당시 북한은 개발전략 구축에 대한 국제협력을 위한 노력은 상대적으로 기울이지 않았다. 이는 북한이 경제개발과 발전을 위한 근본적인 체제 변화를 거부하는 데 따르는 것이며, 결과적으로 개발협력의 효과뿐만이 아니라 이를 시행할 수 있는 기반 마련이 어려운 상황이라고 볼 수 있다.

이에 국제사회에서는 대북지원에 관한 지난한 논쟁이 시작되었다. 지원을 지지하는 측에서는 북한에 대한 국제사회의 지원이 인도적 관점에서 필요할 뿐만 아니라, 외부세계와 단절된 북한 주민들이 국제사회와 소통할 수 있고 외부세계의 동향을 인지할 수 있는 기회라고 주장하는 반면, 지원을 반대하는 그룹의 경우 지원의 효과자체가 매우 미미하며 북한 정권의 생존을 유지시키는 수단이라고 비판했다.[3] 더욱이 북한은 국제기구의 정보수집 활동이 체제 유지에 위협이 될 가능성에 대비해 국제사회의 지원활동을 제한하기도 하였다.[4] 요컨대 이러한 비판은 근본적으로 지원 공여국과 수원

---

1) 임을출·최창용, "북한개발지원의 방향과 전략,"『통일정책연구』제14권 2호(2005): 44-79, p.76.

2) 김갑식, "1990년대 '고난의 행군'과 선군정치: 북한의 인식과 대응,"『현대북한연구』제8권 1호(2005), pp.12-13.

3) Hazel Smith, *Hungry for Peace: International Security, Humanitarian Assistance and Social Change in North Korea* (Washington, DC: United States Institute of Peace Press, 2005); Stephan Haggard and Marcus Noland, *Famine in North Korea: Market, Aid and Reform* (New York: Columbia University Press, 2007).

4) Gorden L. Flake and Scott Snyder, *Paved with Good Intentions: The NGO*

국인 북한 간에 존재하는 대북지원의 목적과 용도에 대한 양자 간 불일치에 근거한다고 볼 수 있을 것이다.

대북지원에 관한 한국 내부의 논쟁은, 남북한이 놓여 있는 특수한 맥락으로 인해 대북지원을 국제개발협력 차원의 지원으로 수행하는 것에 대한 정치적 비용과 관련되어 있다. 일반적으로 북핵 문제 해결이나 통일 문제를 다루는 데 있어서 북한이 강조하는 '민족공조'의 접근법과 이와는 이념적으로 정반대에 위치한다고 인식되어온 '국제협력'의 접근법은 빈번히 충돌해왔다. 이는 북한에 대한 정책적 접근에 있어 '국제'라는 용어가 사용되면 상대적으로 '민족'을 경시하는 듯이 오인되어온 것과 관련이 있다.[5] 원칙적으로 민족공조란 남북한이 하나의 민족으로서 상호협력적 관계를 구축하자는 것으로 한반도 긴장완화와 통일기반 구축의 요소로 인식되어왔다.[6] 이러한 민족공조의 담론은 특히 한반도에서의 군사적 대립 가운데 남북관계를 개선하기 위해서는 한국이 국제사회와의 공조하에 북한을 압박하기보다는 북한과의 직접적인 대화 및 교류협력이 필요하다는 것이며, 궁극적으로 북한의 태도변화를 견인하기 위한 전략이라고 볼 수 있다.

그러나 문제는 북한이 주장하는 민족공조의 논리란 이와는 차이가 있다는 점이다. 북한의 민족공조 논리란 "민족자주와 외세의존은 양립될 수 없다"는 주장에 근거할 뿐 아니라, "통일은 같은 민족끼리 힘을 합쳐 자주적으로 해결해야 할 문제이며 통일 문제에 있어 외세와 공조하는 것은 낡은 대결 시대의 유물"이라고 북한은 공공연히 언급해왔다.[7] 그러므로 북한의 민족공조의 논리란 궁극적으로 남남갈등을 유발하고, 반미운동을 조장하며 궁

Experience in North Korea (Westport, Connecticut: Praeger, 2003); Jonathan Pollack and Chung Min Lee, _Preparing for Korean Unification: Scenarios and Implications_ (California, Rand Corporation, 1999).

5) 장형수·김석진·송정호, 『북한개발지원을 위한 국제협력방안』(서울: 통일연구원, 2012), p.3.

6) 박승식, "민족공조의 실체," 『통일정책연구』 제14권 2호(2005): 215-236, p.215.

7) 『조선중앙방송』, 2001년 1월 19일.

극적으로 주한미군 철수라는 북한의 국가적 차원의 전략적 이익을 달성하기 위한 전술로 사용되고 있다는 점이다. 그럼에도 불구하고 국내에서는 남북관계에 있어서의 민족공조의 접근법과 국제협력의 접근법은 배타적인 관계로 인식되어왔으며, 이는 궁극적으로 북한에 대한 국제협력의 접근법이 존재할 수 있는 공간이 축소되는 결과로 이어졌다.

그러나 이와 같은 남북관계의 특수성을 고려한다면, 북한에 대한 국제사회의 개발협력을 좀 더 강화해야 할 이유를 찾을 수 있다. 1992년 2월 19일 발효된 남북기본합의서(남북 사이의 화해와 불가침 및 교류·협력에 관한 합의서)에서 남북한이 합의한 남북관계의 개념이란 나라와 나라 사이의 관계가 아닌 통일을 지향하는 과정에서 잠정적으로 형성되는 특수 관계이다.[8] 본 합의서는 상호체제 인정 및 존중, 내부 문제 불간섭, 비방 및 중상 금지, 파괴 및 전복 행위 금지, 현 정전체제 존중 및 평화체제로의 전환 도모, 무력행사 금지 등 남북한의 의무와 상호간 법적 관계를 명시하고 있으며, 이는 장기적으로 한반도 통일을 위한 기초가 될 수 있다는 점에 있어서 그 의미를 가질 수 있을 것이다.

그러나 이러한 법적 관계에 대한 명시가 실제 행동으로 일관적으로 이행되고 있지는 않다. 여전히 북한 내에는 체제대결의 관념이 유지되고 있으며, 북한 정권 생존과 북한의 적화통일이라는 국가이익은 북한 헌법에 명시되어 있고, 이에 따라 핵개발과 대남 도발은 지속되고 있는 것이다. 이러한 북한의 전략적 이익이 유지되는 한 민족공조의 접근법을 통한 대북 양자적 개발협력은 구조적으로 그 효과가 낮을 수밖에 없다. 그러나 북한은 사회주의 계획경제체제에서 시장경제체제로 전환하지 않은 소수 국가들 가운데 하나이며, 결과적으로 정치·경제적 체제 전환의 도전에 직면해 있다. 또한, 지난 1990년대 고난의 행군 이후로도 지속되고 있는 경제난과 저개발빈곤국으로서의 지위는 북한에 대한 국제사회의 개발협력 필요성을 더욱 강조하고 있다.

---

8) 이와 같은 남북관계의 개념은 남북관계기본발전법에도 명시되어 있다.

더욱이 앞서 언급한 남북관계의 특수성과 남북 간 갈등관계의 지속은 궁극적으로 북한으로 하여금 남한으로부터의 직접적인 개발지원을 거부할 가능성을 높이고 있다. 예컨대 지난 1994년 북미 제네바 합의 이후 대북 경수로 건설 지원을 위해 탄생한 한반도에너지개발기구(KEDO) 운영 당시 북한은 미국과는 핵 문제와 관련한 주요 안보대화를 진행하면서도 한국에 대해서는 경수로 건설 자금 지원만을 요청한 것과 마찬가지로, 북한체제 유지와 관련한 주요 결정을 한국과 공유하지 않으려 한다. 이는 최근 북한이 지속적으로 제기하고 있는 미북 평화협정 주장도 그 궤를 같이 하고 있으며, 이에 따라 과연 북한이 한국을 진정 남북기본합의서에 명기한 바와 같이 통일을 지향하는 동반자로 인정하는지는 매우 회의적이라고 볼 수 있다.

더욱이 북한에 대한 직접적인 개발협력 제안은 지금의 대북제재 국면에서 국제법상으로 적절하지 않으며 북한 역시 체제붕괴 차원의 시도로 인식할 가능성이 크다. 그러므로 북한에 대한 개발협력은 국제협력을 기반으로 접근하는 것이 효율적일 것이다. 또한 남북관계의 진전 혹은 북한비핵화과정에 따라 유엔 및 관련 국제기구, 세계은행 및 국내외 비정부기구들의 대북 개발지원 사업이 한국의 의지와 연동되어 더욱 활발히 진행될 것이다. 이때 한국 정부가 북한에 대한 개발협력에 있어 주도적인 역할을 하고 또한 그 재원조달에 있어서의 규모를 늘리는 방안을 모색함으로써, 장기적으로 통일기반 구축 차원에서의 초석을 다질 수 있을 것이다. 그러한 맥락에서 본 장은 유엔의 긴급구호 및 개발협력의 메커니즘을 알아보고, 동시에 냉전 종식 이후 북한에 대한 유엔 차원의 지원 현황을 파악하여 향후 유엔의 대북개발지원과정에 한국이 참여할 수 있는 지원체제, 추진방향과 프로그램 형식 등에 대해 분석해보고자 한다.

II. 유엔의 대북 구호 현황

북한에 대한 국제기구의 긴급구호는 1991년으로 거슬러 올라간다. 1991년 초 세계식량계획(WFP: World Food Programme)은 북한당국의 요청에 따라 대북 식량지원에 대한 소요조사(needs assessment)를 실시한 바 있다. 이는 당시 남북한이 유엔에 동시에 가입한 상황 속에서 북한이 국제사회로부터 상대적으로 고립되고 동시에 식량난을 겪을 수 있다는 가능성 속에서 이뤄진 것으로 분석되고 있다.[9] 그러나 실제로 당시 시행된 소요조사는 국제사회의 지원으로 이어지지 않았는데, 이는 당시 북한당국이 조사팀에게 적절한 정보를 제공하지도 않았으며 현장 접근성도 제한했기 때문으로 알려지고 있다.[10]

이후 북한이 유엔 대북지원을 최초로 요청한 것은 1995년 7월 말 발생한 수해로 인한 것이었다. 물론 그 이전 냉전기 동안 북한은 주변 공산주의 진영 국가들로부터 지원을 받아왔으나,[11] 1995년의 수해는 잘 알려진 '고난의 행군'을 정점으로 이끌어 북한 내 인도적 위기로 확장되었다. 북한은 이에 따라 뉴욕주재 북한 유엔대표부를 통해 유엔 인도지원국(당시 UNDHA: UN Department of Humanitarian Affairs, 지금의 인도지원조정국, OCHA: Office for the Coordination of Humanitarian Affairs)에 대북지원을 요청하였으며, 7월 26일부터 8월 18일이라는 약 20여 일의 기간 동안 북한 주민 520여만 명이 수해피해를 입었고 그 피해 규모가 150억 달러에 이를 것이라는 보고서를 제출하며 유엔에 긴급지원을 공식적으로 요청하였다.[12]

---

9) 이금순, "대북 인도적 지원의 실효성 연구: 평가지표와 과제," 『통일정책연구』 제14권 2호(2005): 17-47, p.21.

10) Andrew Natsios, *The Great North Korean Famine* (Washington, DC: US Institute of Peace Press, 2001), p.166.

11) Scott Snyder and Kyung-Ae Park, *North Korea in Transition: Politics, Economy and Society* (Lanham, Maryland: Rowman and Littlefield Publisher, 2013).

북한의 요청에 유엔 인도지원국은 신속히 응답하며, 유엔기구 간 업무분담을 진행했다. 예컨대 인도지원국의 경우 구호지원업무를 담당하였고 유엔개발그룹(UN Development Group)은 북한에 대한 개발지원을 주관하게 되었다. 이에 인도지원국, 세계식량계획(World Food Programme), 세계보건기구(World Health Organization), 유엔개발계획(UN Development Programme), 유엔인구기금(UN Population Fund), 유엔아동기금(UN Children's Fund) 등은 북한에 상주사무소를 설치했다.[13] 또한 인도지원국은 북한 식량난 및 배급 상황에 대한 현지조사 결과를 바탕으로 같은 해 9월 12일 유엔기구 간 합동구호요청(UN Consolidated Interagency Appeal for DPRK)을 발표하고 국제사회의 대북지원을 시작하게 되었다.

이러한 대북지원은 1995년 2004년까지 시행되었다. 〈표 2〉는 대북 합동구호요청에 따른 대북 구호지원 실적을 보여준다. 그러나 실질적인 대북 구호 지원은 1996년도부터에서야 가능하게 되었는데, 이는 많은 지원기구들이 북한 내 수해 피해 상황을 정확히 파악하는 데 어려움이 있었기 때문이며, 북한당국 역시 북한 수해 피해상황의 원인을 단순히 집중호우라고만 강조해왔기에 더욱 그러했다.

그러나 북한의 1995년 수해가 고난의 행군으로 이어진 원인은 이것이 단순히 심각한 자연재해여서라기보다는 북한체제의 취약한 인프라구조에 있었고, 냉전종식을 전후로 구소련과 중국으로부터의 원조가 점차 줄어들어 구호역량이 극히 낮았기 때문이다.[14] 〈표 1〉에서 나타난 바와 같이 1995년에 발생한 홍수의 피해 규모는 약 1,500억 달러로 세계 50대 자연재해로 기록되었으며, 그 뒤를 이은 2007년의 홍수 역시 30억 달러 규모의 피해를

12) 최춘흠·김영윤·최수영, 『UN기구의 지원체계와 대북활동』(서울: 통일연구원, 2008), pp.26-27.

13) 이종운, "북한에 대한 국제기구의 경제지원 현황과 향후과제," 『KIEP 세계경제』 제6권 제6호(서울: 대외경제정책연구원, 2003).

14) Nicholas Eberstadt, "Western Aid: The Missing Link for North Korea's Economic Revival?" in Snyder and Park(2013), pp.119-153.

○ 표 1   북한의 자연재해와 피해 규모, 1980~2010

(단위: US$ 1,000)

순위	재해유형	날짜	피해 규모
1	홍수	1995. 8. 1.	15,000,000
2	태풍	2000. 8. 31.	6,000,000
3	홍수	1996. 7. 26.	2,200,000
4	홍수	2007. 8. 7.	300,000
5	태풍	1993. 8. 8.	110,000
6	홍수	2004. 7. 24.	20,000
7	홍수	2001. 10. 9.	9,400
8	홍수	1999. 7. 30.	2,000
9	태풍	2002. 8. 31.	500
10	태풍	1997. 8. 18.	10

출처: EM-DAT

○ 표 2   합동구호요청에 따른 대북 구호지원 실적, 1995~2005[15]

(단위: US$ 10,000)

지원 회차	목표	실적	실적률(%)	국가별 지원액
1차 '95.9~'96.6	2,032	927	45.6	미국 222.5, 일본 50, EU 38 등
2차 '96.7~'97.3	4,364	3,439	78.8	EU 860, 미국 717, 일본 600, 한국 335 등
3차 '97.4~'97.12	18,439	15,838	85.9	미국 4,537, EU 2,752, 일본 2,700, 한국 2,533 등
4차 '98.1~'98.12	38,324	21,587	56.3	미국 17,185, 한국 1,087, EU 953, 덴마크 357, 캐나다 354, 노르웨이 304, 스웨덴 279, 호주 130 등
5차 '99.1~'99.12	29,208	18,989	65.0	미국 16,070, EU 798, 스웨덴 383, 캐나다 340, 노르웨이 232, 호주 228, 덴마크 195, 핀란드 72 등

---

15) 2005년부터 북한의 주장에 의해 유엔 합동구호요청에 의한 대북통합지원은 폐지되고 개발지원으로 전환되었음.

6차 '00.1~'00.12	31,376	15,310	48.8	일본 9,566, 미국 2,923, 호주 666, EU 478, 스웨덴 280, 노르웨이 229, 캐나다 171, 덴마크 151, 핀란드 113 등
7차 '01.1~'01.12	38,398	24,797	63.5	일본 10,489, 미국 10,270, 한국 1,579, 이탈리아 708, 독일 291, 호주 289, 스웨덴 244, 스위스 222, 노르웨이 189, 캐나다 170, 덴마크 151 등
8차 '02.1~'02.12	24,684	22,001	89.1	미국 6,349, 한국 1,524, EU 947, 호주 339, 캐나다 245, 스웨덴 228, 영국 171, 노르웨이 144, 독일 135, 덴마크 101, 핀란드 70 등
9차 '03.1~'03.12	22,937	13,310	58.0	미국 3,152, 한국 1,683, EU 1,602, 러시아 1,000, 이탈리아 652, 캐나다 437, 스웨덴 407, 독일 323, 노르웨이 284, 네덜란드 220, 호주 176, 덴마크 154, 핀란드 125 등
10차 '04.1~'04.12	20,880	15,158	72.6	일본 4,660, 한국 2,509, 미국 1,906, EU 1,557, 스웨덴 910, 호주 797, 캐나다 477, 독일 426, 이탈리아 403, 노르웨이 377, 아일랜드 304, 영국 182, 핀란드 119, 덴마크 116, 뉴질랜드 106 등
11차 '05.1~'05.12	-	4,459	-	EU 1,322, 독일 777, 스웨덴 549, 이집트 388, 노르웨이 324, 핀란드 291, 네덜란드 132, 캐나다 132 등
총합	230,642	160,275	65.6	

출처: UN OCHA, Financial Tracking Database

낳았다. 그러나 한국과 북한은 홍수 발발빈도는 유사한 수준이지만 그 인명 피해 면에서 2.3배 정도의 차이가 난다는 연구결과[16]를 고려해 볼 때, 이는 단순히 자연재해로 인한 인도적 위기 상황이라기보다는 북한 내부의 재난구호역량 혹은 복원력에 있어서의 차이가 존재한다고 볼 수 있을 것이다.

한편 국제사회 구호활동에 대한 북한의 비협조적 행동은 유엔 차원의 대북 긴급구호에 대한 논란을 가중시켰다. 특히 북한의 경우 1998년 이전까지 국제사회의 대북지원에 대해 북한의 체제 전복을 목적으로 한 "독이 든 설탕"으로 표현해왔을 만큼 이에 대해 매우 부정적이었다.[17] 그러한 맥락에

---

16) 박소연·이영곤·김세원, "북한의 홍수피해 현황 및 대응방안," 기상기술전략개발연구, 국립기상연구소(2010).

서 북한은 항상 국제사회의 대북지원물품의 배급을 줄이고 통제하고자 했으며, 이는 국제사회 인도적 지원의 원칙과 정면으로 충돌하는 결과로 이어졌다. 북한 내부에서 대북지원현황에 대한 국제사회의 모니터링은 금지되었으며, 특히 1995년 수해로 파괴된 북한의 동북지역에 대해서는 대북지원 모니터링을 위한 통행조차 금지되었다.[18] 또한 북한에 대한 식량원조의 수준을 넘어서는 국제협력의 노력을 거부했다. 이는 장기적으로 북한의 식량안보를 제고시키기 위한 국제사회의 대북 역량강화 노력은 궁극적으로 북한의 정치체제 전환이 불가피한 상황으로 이어질 것을 우려했기 때문이다.

유엔 기구의 대북지원은 전술한 바와 같은 논란 속에 재평가되기에 이른다. 특히 모니터링을 거부하는 북한의 태도로 인해 대북지원은 공정성과 투명성의 측면에서 비판받기에 충분했다. 또한 〈그림 1〉에서 볼 수 있듯이

○ 그림 1　　　　北한의 원조 수원기구와 원조 공여자 간 관계

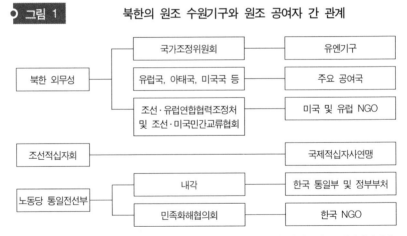

출처: 이종무·임강택·김석진,『북한의 경제사회 개발전략: 쟁점과 제언』(서울: 이화여자대학교 통일학연구원, 2011)

---

17) Benjamin Katzeff Silberstein, "Development Cooperation with North Korea: Expanding the Debate Beyond the Political Horizon," *Issues and Insights*, Pacific Forum CSIS Vol.16, No.1(2016).

18) Haggard and Noland(2007), pp.94-95.

북한당국 내 대외 원조 수원기구가 여러 기구로 파편화되어 있어, 수원기구 간 협력도 어려운 상황이다.

반면, 시간이 흐를수록 북한 내 작물수확량이 증가함에 따라, 궁극적으로 국제사회의 대북구호지원은 북한의 체제연장에 기여하고 있다는 반성까지 나타나게 되었다. 더욱이 2004년 8월 북한은 2005부터 유엔의 대북 인도적 통합 지원을 거부한다는 의사를 밝혔고, 이에 따라 북한 내 인도지원 조정국 사무소는 폐쇄되기에 이른다.[19) 이러한 폐쇄조치는 당시 북한 내 작물수확량의 증가로 인해 구호의 필요가 낮아진 반면, 국제사회 구호단체들의 모니터링 요구 증가에 따른 것으로 분석되고 있다. 동시에 북한은 국제사회의 북한에 대한 체제정당성 지지의 명목으로 국제사회의 대북 인도적 지원보다는 개발지원으로 전환할 것을 요구했다고 전해진다.

한편 〈표 1〉에서 볼 수 있듯, 폐쇄조치 이후 2007년 8월 북한에 또다시 홍수가 발생하여, 북한은 세계식량기구(WFP)에 대북지원을 요청하였으며, 유엔 역시 인도지원조정국(OCHA)과 세계식량기구를 비롯한 유엔 기구들에게 북한 내부의 수해 피해 규모와 유엔 차원의 긴급구호를 위한 조사를 요청하였다. 이에 2007년 8월 7일 유엔은 1,400만 달러 규모의 긴급구호요청(flash appeal)을 발표하였고, 북한 역시 지난 1995년의 경우와는 달리 수해상황을 국제사회에 공개하고 현장조사를 허용함으로써 긴급구호를 받았다.[20)

한편 전술한 바와 같이, 최근 북한은 인도적 지원보다는 개발협력을 더욱 선호하고 있는 것으로 관찰되고 있으며, 특히 역량강화, 교육 및 훈련 등 과거에는 거부했던 영역의 개발협력을 선호하는 듯하다.[21) 많은 북한 대표단들이 경제발전 전략과 개혁사례를 배우기 위해 해외 교육기관이나 연구기관을 찾고 있으며, 또한 유럽연합의 경우 이러한 북한 대표단들의 연수과

---

19) 권태진, 『국제사회의 대북 지원 동향과 우리의 대응전략』(농촌경제연구원, 2004).

20) 임을출, "국제기구의 북한지원: 현황, 평가, 및 시사점," 『KDI 북한경제리뷰』 제10권 제4호(2008).

21) 이종무·박형중, 『대북지원 체계화를 위한 북한평가 모델과 공동지원 프로그램 개발에 관한 연구』(서울: 통일부, 2004).

정에 재정지원을 하기도 한다.[22] 그러나 여전히 체제 개혁과 시장경제체제로의 전환에 대해서는 북한이 거부하고 있는 것으로 나타나고 있다.

III. 유엔의 대북 개발지원 변화 추이 및 지원 현황

1. 유엔의 북한 개발지원 계획수립 발전과정

유엔개발계획(UNDP)은 1980년 최초로 평양사무소를 설립한 이후 유엔시스템 전체를 대표하며 1980년대 다양한 영역의 개발계획을 실행해왔다. 유엔개발계획 평양상주대표부는 유엔 상주조정관, 유엔 인도주의조정관의 역할뿐만 아니라 유엔인구기금, 유엔식량계획 등의 상주대표부의 역할까지 겸하였다.[23] 1995년 수해로 인한 유엔의 대북 긴급구호를 계기로 유엔개발계획의 대북사업은 인도주의적 목적뿐만이 아니라 개발협력의 성격도 동시에 포함하게 되었다. 이는 전술한 바와 같이 국제사회 지원에 대한 북한의 선호는 단순히 인도적 지원에 머무르지 않고 개발협력으로 전환하는 데 있었기 때문이다. 그러나 이것이 북한의 전반적인 체제 전환을 의미하는 것은 아니다. 북한은 전술한 바와 같이 북한체제 생존에 위협이 되는 수준의 획기적인 개발협력의 수용하지는 않았기 때문이다. 다만 북한과의 유엔의 개발지원 계획 조정과정 중에서의 협력의 수위가 점차 높아지고 있다고 분석되고는 있다.[24]

한편 북한에 대한 유엔기구의 개발계획은 이미 1990년대 중반 고난의

---

22) Smith(2005), p.215.

23) 최춘흠 · 김영윤 · 최수영(2008), p.80.

24) 장형석 · 김석진 · 임을출(2012), p.50.

행군 시기에도 수립된 바 있다. 우선 유엔개발계획의 경우 1997~1999년의 3개년간의 북한에 대한 첫 번째 국가협력프레임워크(country cooperation framework)를 작성했다.25) 이는 국제기구가 작성한 협력프레임워크 가운데 최초의 것으로서, 1997년 7월 유엔개발계획 이사회(executive board)로부터의 승인을 받았다. 당시의 국가협력프레임워크는 농업재건과 식량안보, 경제협력과 대외무역, 환경 및 자연자원관리의 세 가지 영역에 집중되어 있었다. 특히 이 가운데에서 식량안보가 최우선 순위에 놓여 있었는데, 이는 당시 고난의 행군과 1995년 대규모 수해로 인한 것이었다. 이 국가협력프레임워크에 따라 11.6백만 달러가 유엔개발계획 핵심예산(core budget)으로부터 지급되었으며, 〈표 3〉과 같이 분야별 다수의 프로젝트가 진행되었다.

그러나 이 첫 번째 국가협력프레임워크에 대한 평가는 매우 저조하다. 북한 행정조직 내부에 협력 사업 이행을 위한 해외전문가들이 자리 잡을 수 없었고 북한당국 내부로부터의 인원이 차출됨으로써 그들이 이행해야 할 역할이나 책무가 겹쳐져 사업이행의 효율성이나 모니터링의 수준이 상당히 약화될 수밖에 없었기 때문이다.26)

한편 1997년 코피 아난(Kofi Annan) 총장은 취임과 동시에 유엔 내부의

● 표 3　유엔개발계획의 대북 국가협력프레임워크의 분야별 프로젝트

분야	프로젝트(1997~2000)
농업재건 및 식량안보	16
경제협력 및 대외무역	6
환경 및 자연자원 관리	10

출처: UNDP, UNDP Country Review Report for the Democratic People's Republic of Korea (DP/CRR/DRK/1)(Jul 13, 2001)

---

25) UNDP, UNDP Country Review Report for the Democratic People's Republic of Korea(DP/CRR/DRK/1)(Jul 13, 2001).
26) UNDP, UNDP Country Review Report for the Democratic People's Republic of Korea(DP/CRR/DRK/1)(Jul 13, 2001).

개혁을 예고했고, 특히 유엔개발그룹(UN Development Group)을 조직함으로써 유엔기구들, 특히 유엔개발계획, 유엔인구기금, 유엔아동기금, 세계식량계획 간의 개발협력을 위한 조정을 위해 노력했다. 수원국 차원에서는 유엔 국가팀(UN Country Team)이 조직되었고 수원국 내 조정자(resident coordinator)에 의해 이끌어지게 되었다. 이 과정 속에서 공동국가평가(CCA: Common Country Assessment)와 유엔개발지원프레임워크(UNDAF: UN Development Assistance Framework)를 통해 유엔기구 간 협력의 조화를 이루도록 했다. 공동국가평가란 수원국이 갖고 있는 주요 개발현황분석과 평가로 구성되며, 유엔개발지원프레임워크란 공동국가평가에 대한 대응으로서 유엔 내 기구들이 어떠한 방향으로 개발협력을 조화롭게 시행해야 하는가에 대한 것이다.[27] 북한에 대한 공동국가평가는 2002년 처음 실시되었고, 이를 바탕으로 제1차 유엔개발지원프레임워크가 2003년 완성되었다.

한편 유엔개발계획은 2006년 10월 대북 국가프로그램(Country Programme Document for the DPRK: 2007~2009)을 작성하여 2007년부터 2009년까지 3년간 추진할 우선과제를 선정하였다. 이는 그 이전 시기인 2005년 8월, 유엔아동기금, 유엔인구기금과 유엔개발계획은 북한에 대한 국가프로그램(country programme) 주기를 조화(harmonize)시키며 2007년부터 공동 3개년 계획을 추진키로 합의한 데 따른 것이다.[28] 또한 이는 세계식량기구가 당시 긴급구호에서 개발지향적 프로그램으로 전환하는 시점과 일치하며, 또한 세계식량농업기구(FAO) 역시 긴급구호에서 재건(rehabilitation)의 단계로 전환하는 시점과도 일치하게 되었다. 결과적으로 북한 내 유엔기구들은 북한에 대한 개발협력 사업 이행에 있어서 조화와 조정(coordination)의 기회를 얻게 된 것이며, 이에 따라 유엔과 북한당국은 2007~2009년의 3개년 동안 북한의 개발계획을 수립하는 데 합의하게 된다.

---

27) UN OCHA, DPR Korea OCHA Situation Bulletin May 2002(May 31, 2002).

28) United Nations, Strategic Framework for Cooperation Between the United Nations and the Government of the Democratic People's Republic of Korea, 2007-2009(September 2006), p.7.

이에 따라 〈유엔과 북한의 협력을 위한 전략프레임워크(Strategic Frame-work for Cooperation between the United Nations and the Government of the Democratic People's Republic of Korea)〉 수립을 위해 유엔과 북한당국은 2006년 1월부터 공동워크숍을 개최하였다. 유엔 측에서는 세계식량농업기구, 유엔개발계획, 유엔인구기금, 유엔아동기금, 세계보건기구, 세계식량계획과 유엔교육과학문화기구(UNESCO)가 참여하였고, 북한 측에서는 외교, 교육, 도시관리, 대외무역, 농업, 어업, 토지 및 환경보호, 삼림, 전력 및 석탄산업 등의 관련 부처와 국가운영위원회, 그리고 통계국 등이 참여하였다. 당시 전략프레임워크 수립 목적은 '고난의 행군' 시기 동안의 악화된 북한 주민들의 생활수준을 그 이전 시기의 수준으로 되돌려 놓는 것이며 동시에 새천년개발목표(Millennium Development Goals)를 달성하는 데 있었다. 이후 전략프레임워크는 2007~2009, 2011~2015년의 두 번의 사업기간을 목표로 작성되었고, 가장 최근에 제시된 북한 개발지원계획은 〈유엔과 북한의 협력을 위한 전략프레임워크 2017-2021(Strategic Framework for Cooperation Between the United Nations and the Democratic People's Republic of Korea 2017-2021)〉이다.

2. 유엔과 북한의 개발협력전략 우선순위의 진화

앞서 언급한 바와 같이, 북한 내에서 활동하는 유엔기구의 목적은 북한 주민의 복지를 향상시키기 위한 북한당국의 노력을 지지하고 제고시키는 데에 있다.[29] 이러한 측면에서 볼 때, 〈유엔과 북한의 협력을 위한 전략프레임워크〉는 그 자체로서 유엔의 대북 개발협력전략이라기보다는 유엔기구들이 북한에서 활동할 때 고려해야 할 포괄적인 프레임워크라고 생각하는 것

---

29) UN, Strategic Framework for Cooperation Between the United Nations and the Democratic People's Republic of Korea 2017-2021(2016).

이 더 적합할 것이다. 구체적인 협력 분야별 활동전략은 각각의 기구들, 예컨대 세계식량농업기구, 유엔개발계획, 유엔인구기금, 유엔아동기금, 세계식량계획, 그리고 세계보건기구와 같은 구체적인 협력목적을 지닌 기구들이 수립하게 된다. 또한 〈유엔과 북한의 협력을 위한 전략프레임워크〉는 북한과 북한당국과 유엔이 어떠한 영역에 대해 협력할 것인가에 대해 공식적으로 합의한 문건이라는 의미가 있으며, 그러한 의미에서 유엔의 역할은 단순히 북한에 대한 원조를 일방적으로 제공하는 것이 아니라 개발협력에 관한 국제사회의 원칙과 가치 등을 북한과 공유하는 데 있을 것이다.

〈표 4〉는 〈유엔과 북한의 협력을 위한 전략프레임워크〉가 시간에 지남에 따라 어떠한 우선순위와 목표를 설정해왔는지, 그 변화추이를 보여준다. 그리고 그 변화의 추이란 결국은 북한의 개발수준이 시대별로 어떠한 상황에 처해 있는지를 반증해주는 지표로 볼 수 있을 것이다.

● 표 4 〈유엔과 북한의 협력을 위한 전략프레임워크〉의 우선순위 변화

프레임워크 추진 기간	우선순위	전략적 결과(strategic outcome)
2007~ 2009	• 경제관리능력 증진(enhanced economic management)	• 경제성장, 대외무역 및 투자 증진, 사회적 경제적 발전을 위한 자원 투자
	• 경제발전을 위한 지속가능한 에너지 자원(sustainable energy)	• 지속가능한 에너지자원 확대
	• 지속가능한 발전을 위한 환경 관리(environmental management)	• 환경자원의 지속가능한 이용을 위한 관리 확대
	• 삶의 질 향상을 위한 지속가능한 식량안보(food security)	• 가정과 국가수준에서의 식량보유량 확대
	• 북한 주민 생활향상을 위한 기본 사회서비스(basic social service)	• 공중보건, 어린이 및 모성보호 및 영양, 교육, 물 및 위생 향상
2011~ 2015	• 사회개발(social development)	• 1·2차 보건기관에서의 성인 및 어린이들에 대한 진료 확대 • 유치원, 초등학교 및 중등교육기관에 있어서의 교육환경개선 • 설사 및 호흡기 감염 질병과 관련 사망률 감소를 위한 식수, 보건 및 위생 환경개선

	• 지식 및 개발관리를 위한 파트너십(partnership for knowledge and development management)	• 국가기관 내 대외 원조 전략개발 및 관리를 위한 인적자원 역량강화 • 지속가능한 개발관리를 위한 국가 및 인적 역량강화
	• 영양(nutrition)	• 특정 취약집단의 영양상태 향상 • 가정 내 지속가능한 식량안보
	• 기후변화 및 환경(climate change and environment)	• 환경보호 및 쓰레기, 오염물질 관리를 위한 국가적 역량강화 • 재난관리 및 기후변화 적응 및 경감을 위한 전략 개발을 위한 국가적 역량강화 • 자연자원 관리를 위한 지방 및 커뮤니티 단위의 역량강화
2017~ 2021	• 식량 및 영양안보(food and nutrition security)	• 농업, 원예, 어업 및 축산업에 있어서 지속가능한 식량 생산 및 생산성 강화 • 취약집단의 식량 접근성 강화 • 영유아 및 여성의 영양상태 제고
	• 사회개발 서비스(social development service)	• 지속적이고 동등한 보건혜택 부여 • 감염성 및 비감염성 질병 치료를 위한 보건 서비스 강화 • 보건위기대응능력 강화 • 식수, 보건 및 위생 관련 가정단위별 동등한 혜택부여 • 초중등, 대학 및 직업교육 및 훈련수준 향상
	• 복원력과 지속가능성(resilience and sustainability)	• 여성을 포함한 커뮤니티 취약집단의 기후 변화 및 재난 대응능력 제고 • 취약집단을 포함한 커뮤니티의 현대적 에너지 자원 접근성 강화 • 환경관리, 에너지, 기후변화와 재난위협관리를 위한 통합적이고 균등한 접근법 적용
	• 데이터 및 개발관리	• 프로그램 개발 및 정책결정을 위해 좀 더 세분화된 인도적 지원 및 개발데이터에 대한 접근성 강화 • 국제기술규범과 기준을 적용하기 위한 북한의 역량강화 • 국제조약과 협약 등에 대한 북한의 준수 강화 및 증거 기반(evidence-based) 보고 체계 강화

출처: United Nations, Strategic Framework for Cooperation Between the United Nations and the Government of the Democratic People's Republic of Korea, 2007-2009, 2011-2015, 2017-2021

우선 첫 번째 〈유엔과 북한의 협력을 위한 전략프레임워크 2007-2009〉의 경우, 북한의 상황을 분석하며 포괄적인 개발협력의 필요성을 강조한다. 우선 북한은 냉전기 오랜 시간 구공산주의 계획경제체제 국가들과의 제한적인 경제 협력만을 지속해왔기 때문에, 국제사회 속의 빠른 기술발전과 노하우, 그리고 경제협력에 대한 접근성이 제한되어 있다. 이는 궁극적으로 경제성장을 위해 필요한 해외투자가 제한적일 수밖에 없음을 의미하며, 이는 식량안보, 에너지 안보, 사회서비스체제에 이르기까지 연쇄적으로 부정적인 영향을 미칠 수밖에 없게 되는 것이다. 더욱이 북한이 오랜 시간 직면해온 국제사회로부터의 경제제재는 이러한 부정적 영향력을 가중시키고 있다. 요컨대 북한의 제한적 대외관계는 경제성장을 위해 필요한 대규모 투자나 대외 원조 수혜를 어렵게 하고 있고, 이는 결과적으로 북한이 의존할 수 있는 개발협력의 파트너는 유엔기구들이 유일하다고 볼 수 있다.

이에 따라 〈유엔과 북한의 협력을 위한 전략프레임워크 2007-2009〉의 경우 궁극적으로 새천년개발목표(millennium development goals)의 맥락에서 달성할 수 있는 다섯 개의 우선순위를 식별하였다. 이는 경제성장, 에너지 자원, 환경 및 자원, 식량, 사회서비스 수준 제고를 포함하는데, 앞서 언급한 바와 같이 북한체제가 당면한 구조적인 국가발전 제약요소들에 대한 포괄적인 접근이 필요했기 때문으로 분석된다. 예컨대 첫 번째 우선순위인 경제성장의 경우, 근본적인 경제개발 계획 수립과 정책결정자들의 역량강화, 제재경제하에서의 대외무역 다변화와 무역환경개선을 위한 노력, 그리고 중소규모 사업장 관리 등이 세부적인 목표로 포함되어 있다는 점을 고려해볼 때, 북한이 처한 상황을 극복하기 위해 가장 중요한 요인으로 대외경제환경개선을 통한 북한 경제발전이 필요하다는 점을 유엔과 북한 양측 모두가 공유한 것으로 보인다. 또한 에너지 자원 관리의 경우, 농촌지역의 제한적인 에너지수급 현황은 작황에 영향을 미칠 뿐만 아니라 대체에너지로서 북한 주민들의 목재채취로 이어져 삼림황폐화와 생태계파괴가 가속화되고 있다. 삼림황폐화는 이후 자연재해에 매우 취약한 환경을 만들게 되어 홍수, 태풍 등의 파괴력이 가중되고 있다. 궁극적으로 이는 북한의 경제성장에 직접적인 제약요소일 뿐만 아니라 2차적으로 북한 주민의 식량안보, 그리고 환경안보에 이르기까지 연쇄적인 효과를 일으키고 있기 때문이다.

그러나 북한이 직면한 경제제재는 북한 내 유엔기구의 활동에 구조적 제약요소로 지적되어왔고,[30] 이와 같은 환경 속에서 북한과 유엔과의 개발 협력성과도 제한적일 수밖에 없었다. 이에 〈유엔과 북한의 협력을 위한 전략프레임워크 2011-2015〉는 이와 같은 제약요소를 고려해 상대적으로 축소된 프레임워크로 수립되었다. 즉 〈유엔과 북한의 협력을 위한 전략프레임워크 2011-2015〉는 네 가지 분야의 우선순위를 채택하였는데, 2007~2009년의 전략프레임워크와는 달리 국가적 단위의 개발보다는 인간중심적(people-centered approach) 접근법을 채택하며 좀 더 세부적인 우선순위를 제시한다. 2007~2009년 전략프레임워크의 제1우선순위였던 경제정책 관리능력 제고, 즉 대외무역을 비롯한 대외경제관계 확장이라는 우선순위는 제외된 반면, 사회개발, 지식 및 개발관리를 위한 파트너십, 영양, 기후변화 및 환경이라는 네 가지 우선순위가 선정되었다.

이러한 우선순위의 변화는 물론 2007년 미국의 부시(G. W. Bush) 행정부 당시 발생한 유엔의 대북 원조 스캔들로 인한 것이기도 하다. 당시 유엔개발계획의 대북 개발협력 사업은 유엔개발계획의 북한 내 자금사용 문제, 현지 직원 고용에 있어서의 문제, 북한당국의 유엔지원물자 유용 문제로 인해 크게 위축되었다.[31] 이에 유엔개발계획은 유엔개발계획 북한사무소 핵심간부 역할 배제, 유엔개발계획이 북한에 지급하는 화폐를 북한 돈으로 지급, 유엔활동의 외부감사 수용 등을 요청했는데, 이러한 과정에서 북한과의 마찰도 존재했다. 물론 유엔은 스스로가 가진 상대적 우위와 시너지 효과를 고려하며 북한당국이 북한 주민생활 수준 제고를 위해 기울이는 노력을 지

---

30) United Nations, Strategic Framework for Cooperation Between the United Nations and the Democratic People's Republic of Korea 2011-2015, p.3.

31) Nile Gardiner, Steven Groves and Brett Schaefer, "The UNDP North Korea Scandal: How Congress and the Bush Administration Should Respond," Heritage Foundation Report(January 22, 2007).

원하는 데 목적을 둔다고 밝혔다.

특히 이러한 발전과정은 새천년개발목표에 근접하도록 하며, 네 가지 우선순위는 상호의존관계에 있다는 총체적 접근법을 취하고 있다. 그러나 유엔은 북한과의 개발협력에 있어 두 가지 측면의 제약요소에 직면하고 있어 적극적인 협력이 어려웠다. 첫 번째는 북한 자체가 직면한 대외경제제재로 인해 국제사회 공여국으로부터의 대규모 재원 수혜가 어려웠으며, 이에 따라 신속한 경제정책 관리가 어려운 측면이 존재한다. 즉 대외무역, 투자 자체가 어려움에 따라 개발재원을 모으는 데 어려움을 겪고 있어, 유엔과의 협력 역시 한계를 갖고 있는 것이다. 둘째, 북한체제 자체의 폐쇄성으로 인해 국제사회의 개발협력이 미칠 수 있는 지역과 영역이 제한적이다. 이러한 측면에서 〈유엔과 북한의 협력을 위한 전략프레임워크 2011-2015〉는 유엔 프로그램은 국제사회가 협력결과에 대해 물리적으로 접근할 수 있는 영역에 대해서만 협력 사업을 진행하겠다는 원칙을 밝힌 바 있다.[32] 이는 근본적으로 유엔과 북한과의 개발협력 사업이 노정한 한계로서, 근본적인 체제 전환을 거부하는 북한이 개발효과를 낼 수 없는 구조적인 원인이라고 볼 수 있다. 이에 따라 유엔과 북한의 개발협력 사업은 정치적으로 민감하지 않은 영역으로 집중될 수밖에 없으며, 이는 다시 말해 유엔의 대북 관여로 인해 북한 내부의 전면적 변화는 어려운 상황이라고 볼 수 있는 것이다.

가장 최근의 〈유엔과 북한의 협력을 위한 전략프레임워크 2017-2021〉 역시 이와 같이 유엔이 처한 구조적 제약 속에 작성된 것으로 보인다. 특히 대외 경제제재로 인한 구조적 제약에 관해 〈유엔과 북한의 협력을 위한 전략프레임워크 2017-2021〉은 직접적으로 유엔의 대북제재에 관해 논하며 유엔 차원에서 할 수 있는 경제개발 및 인도적 지원을 지속할 것임을 밝히고 있다. 예컨대 본 프레임워크는 유엔 안보리 결의안 1718호(2006), 1874호(2009), 2089호(2013), 2094호(2013)를 열거하며 이러한 대북제재결의안

---

32) United Nations, Strategic Framework for Cooperation Between the United Nations and the Democratic People's Republic of Korea 2011-2015, p.12.

은 북한 주민의 인도에 반하는 결과를 가져오지 말아야 한다고 명시하고 있
다. 또한 이러한 유엔 차원의 제약 속에서도 최대한 유엔의 개발 민 인도지
원 기구가 할 수 있는 여러 협력활동을 지속할 것임을 밝혔다. 한편 기존의
〈유엔과 북한의 협력을 위한 전략프레임워크 2007-2009, 2011-2015〉와의
차이점은 전략프레임워크가 달성해야 할 목표로 새천년개발목표가 지속가
능한 개발목표(sustainable development goals)로 바뀌었다는 점, 그리고 인
권기반 접근법(human rights-based approach)이 채택될 것이라는 점, 젠더평
등과 환경 지속가능성, 제도적 지속가능성, 복원력(resilience) 등이 강조되
었다는 점이다. 특히 인권기반 접근법이 채택되었다는 점이 주목할 만하다.
이는 전략프레임워크란 기본적으로 유엔과 북한당국 간의 합의에 의해 수립
된다는 점에서 그러하다. 물론 유엔과 북한의 협력을 위한 전략프레임워크
2017-2021〉가 상정하는 인권기반 접근법이 북한이 당면한 인권유린 문제
에 직접적으로 접근하는 것은 아니다. 그러나 개발협력에 있어서 가장 중요
한 수혜자 선별과정에 있어 가장 취약한 계층에 집중하고 수혜의 불평등을
일소하겠다는 점, 그리고 북한당국이 여러 국제인권협약을 존중하게끔 지원
하겠다는 점을 언급함으로써, 인간중심적(people-centered), 그리고 인간개
발(human development)을 지원하기 위한 사업을 이행하겠다고 밝힌다는
점에서 고무적이라고 평가할 수 있다.[33]

그러나 여전히 우선순위는 네 가지로 제한되어 있는데, 식량 및 영양안
보, 사회개발 서비스 제고, 복원력과 지속가능성, 데이터 및 개발관리가 그
것이다. 이는 앞서 언급한 〈유엔과 북한의 협력을 위한 전략프레임워크 2007-
2009, 2011-2015〉가 보여준 협력영역의 축소 맥락 속에서 이해할 수 있을
것이며, 또한 대북제재 국면을 고려해 정치적으로 민감하지 않은 영역에 대
한 협력영역에 집중할 것임을 보여주고 있는 것으로 분석할 수 있겠다.

다른 한편으로 고려해봐야 할 점은 지난 2007년부터 2021년까지 계속되

---

33) United Nations, Strategic Framework for Cooperation Between the United
Nations and the Democratic People's Republic of Korea 2017-2021(2016), p.14.

어온 전략프레임워크 수립과정에서 식량안보 및 주민 영양, 그리고 사회개 발서비스 제고의 우선순위는 지속적으로 존재해왔다는 점이다. 이는 지난 1990년대 고난의 행군 시기부터 시작된 북한체제의 취약성이 여전히 잔존한 다는 것을 반증하며, 그 이후 간간히 발생한 자연재해로 인해 복원력이 제고 되지 못하고 있다는 점을 보여준다. 연쇄적으로 북한 주민의 식량안보와 보 건안보, 그리고 기타 사회개발서비스는 구조적으로 향상되기 어려운 위치에 놓여 있는 것이다. 그러나 복원력 제고는 단순히 물리적인 지원만으로 가능 한 것은 아니며, 수원국의 체제 개혁이 수반되지 않으면 근본적인 제고가 어렵다는 점을 고려해볼 때 북한에 대한 인도적 지원과 개발협력에 대한 분 리 접근은 당분간 불가피할 것으로 예측된다. 이는 다시 말해 북한에 대한 국제사회의 개발협력은 현재의 대북제재 국면에서 거의 유일한 지원 행위자 인 반면 그 효과는 상당히 제한적일 수밖에 없다는 것을 의미하며, 그 부정 적인 여파는 북한 주민이 고스란히 감내해야 할 결과로 남아 있을 것이다.

IV. 결론

유엔 차원의 북한에 대한 인도적 지원과 개발협력은 지금까지 20년 넘 게 지속되어왔다. 물론 유엔 차원의 대북 구호활동과 개발협력이 부정적인 결과만을 가져온 것은 아니다. 앞서 언급한 바와 같이 1990년대 중반 고난 의 행군 시기를 정점으로 발생한 북한 내 인도적 위기상황을 완화시키는 데 유엔의 긴급구호가 큰 역할을 했으며, 기존의 전통적 공여국들이나 해당 공 여국의 비정부기구들이 대북제재라는 환경 속에서 수행하기 어려웠던 대북 지원이 유엔이라는 국제기구를 통해 가능할 수 있었다는 점을 긍정적으로 평가할 수 있을 것이다. 이로 인해 북한 주민의 기아와 질병 치료 그리고 사회개발서비스 개선 등의 필요성을 국제사회에 알리고 또한 부분적으로나마 문제해결에 기여할 수 있었기 때문이다.

또한 지난 2007년부터 세 차례에 걸쳐 작성된 〈유엔과 북한의 협력을 위한 전략프레임워크 2007-2009, 2011-2015, 2017-2021〉은 유엔과 북한이 개발협력을 위해 대화를 시작하였고, 일방적인 개발조건 제시가 아닌 양측이 협의한 개발협력안을 수립했다는 점에서 그 의미를 찾을 수 있을 것이다. 양측이 상호 협의한 개발협력 프레임워크이기 때문에 명목상으로나마 북한 측의 협력을 확보할 수 있을 뿐 아니라 북한을 국제사회의 규범과 기준에 노출시킬 수 있는 기회가 되었기 때문이다. 또한 유엔기구들의 다양한 대북 개발사업을 조화시키고 협력 사이클을 조정함으로써 개발의 효과를 높이기 위해 노력했다는 점 역시 긍정적으로 평가할 수 있을 것이다.

그러나 북한에 대한 유엔의 인도적 지원과 개발협력은 여러 차례 언급한 바와 같이 근본적인 제약 속에 이행될 수밖에 없다. 북한의 국제사회 규범 위반과 핵실험, 미사일 도발 등으로 인해 중첩되어가는 대북제재 속에서 국제사회의 대북지원은 근본적인 한계에 부딪힐 수밖에 없다. 또한 북한 내 활동에 대한 제한적인 모니터링 허용은 유엔의 대북 개발지원 사업의 효과 측정을 불가능하게 만든다는 점, 그리고 근본적인 체제 개혁의 의지가 수반되지 않기 때문에 효과가 나타나기 어렵다는 점 역시 북한에 대한 유엔의 개발협력의 한계로 지적될 수 있을 것이다.

이러한 점을 고려해볼 때 북한에 대한 유엔의 대북지원은 북한당국이 주민의 인간안보를 적극적으로 고려하는 전향적인 태도변화가 일어나지 않는 한 근본적인 효과를 이끌어내기 어렵다고 볼 수 있다. 또한 지금의 유엔의 대북 개발지원은 북한체제의 정당성을 지지하고 북한의 최대 당면 목표인 체제 유지에 기여한다는 비판으로부터도 자유롭지 못할 가능성이 높다. 그럼에도 불구하고 한국의 입장에서 북한에 대한 국제사회의 다자적 지원은 여전히 인도적 차원에서 필요할 것이며 장기적으로 북한 주민과 당국과의 신뢰구축 차원에서, 그리고 통일기반 구축 차원에서 필요한 요소일 것이다. 이러한 점을 고려해볼 때 단기적인 효과에 연연하지 않고 대북 다자적 개발협력체제 구축을 모색할 필요가 있을 것이다.

▣ 참고문헌 ▣

권태진. 『국제사회의 대북 지원 동향과 우리의 대응전략』. 농촌경제연구원, 2004.

김갑식. "1990년대 '고난의 행군'과 선군정치: 북한의 인식과 대응." 『현대북한연구』 제8권 1호: 9-38. 2005.

박소연·이영곤·김세원. "북한의 홍수피해 현황 및 대응방안." 기상기술전략개발연구, 국립기상연구소. 2010.

박승식. "민족공조의 실체." 『통일정책연구』 제14권 2호: 215-236. 2005.

이금순. "대북 인도적 지원의 실효성 연구: 평가지표와 과제." 『통일정책연구』 제14권 2호: 17-47. 2005.

이종무·박형중. 『대북지원 체계화를 위한 북한평가 모델과 공동지원 프로그램 개발에 관한 연구』. 서울: 통일부, 2004.

이종무·임강택·김석진. 『북한의 경제사회 개발전략: 쟁점과 제언』. 서울: 이화여자대학교 통일학연구원, 2011.

이종운. "북한에 대한 국제기구의 경제지원 현황과 향후과제." 『KIEP 세계경제』 제6권 제6호. 서울: 대외경제정책연구원, 2003.

임을출·최창용. "북한개발지원의 방향과 전략." 『통일정책연구』 제14권 2호: 44-79. 2005.

장형수·김석진·송정호. 『북한개발지원을 위한 국제협력방안』. 서울: 통일연구원, 2012.

최춘흠·김영윤·최수영. 『UN기구의 지원체계와 대북활동』. 서울: 통일연구원, 2008.

Eberstadt, Nicholas. "Western Aid: The Missing Link for North Korea's Economic Revival?" In Scott Snyder and Kyung-Ae Park. *North Korea in Transition: Politics, Economy and Society.* Lanham, Maryland: Rowman and Littlefield Publisher, 2013.

Flake, Gorden L., and Scott Snyder. *Paved with Good Intentions: The NGO Experience in North Korea.* Westport, Connecticut: Praeger, 2003.

Gardiner, Nile, Steven Groves, and Brett Schaefer. "The UNDP North Korea Scandal: How Congress and the Bush Administration Should Respond." Heritage Foundation Report. January 22, 2007.

Haggard, Stephan, and Marcus Noland. *Famine in North Korea: Market, Aid and Reform.* New York: Columbia University Press, 2007.

Natsios, Andrew. *The Great North Korean Famine.* Washington, DC: US Institute of Peace Press, 2001.

Pollack, Jonathan, and Chung Min Lee. *Preparing for Korean Unification: Scenarios and Implications.* California, Rand Corporation, 1999.

Silberstein, Benjamin Katzeff. "Development Cooperation with North Korea: Expanding the Debate Beyond the Political Horizon." *Issues and Insights*, Pacific Forum CSIS, Vol.16, No.1. 2016.

Smith, Hazel. *Hungry for Peace: International Security, Humanitarian Assistance and Social Change in North Korea.* Washington, DC: United States Institute of Peace Press, 2005.

Snyder, Scott, and Kyung-Ae Park. *North Korea in Transition: Politics, Economy and Society.* Lanham, Maryland: Rowman and Littlefield Publisher, 2013.

UNDP. UNDP Country Review Report for the Democratic People's Republic of Korea(DP/CRR/DRK/1). Jul 13, 2001.

United Nations. Strategic Framework for Cooperation Between the United Nations and the Government of the Democratic People's Republic of Korea, 2007-2009. September 2006.

_____. Strategic Framework for Cooperation Between the United Nations and the Democratic People's Republic of Korea 2011-2015.

_____. Strategic Framework for Cooperation Between the United Nations and the Democratic People's Republic of Korea 2017-2021. 2016.

UN OCHA. DPR Korea OCHA Situation Bulletin May 2002. May 31, 2002.

국내외 NGO의 북한개발지원 논쟁과
동향 연구*

손혁상 | 경희대학교 공공대학원

I. 들어가며

2017년 초 현재 북한에 대한 실질적인 개발지원은 매우 제한된 상태이다. 북한의 미사일 발사와 핵실험에 대응하여 한국 정부가 개성공단을 폐쇄했고, 국제사회의 대북 송금금지와 무역제재 같은 UN의 대북제재결의가 진행되고 있는 상황이다. 국제적 차원의 대북 인도적 지원은 1995년 북한이 '고난의 행군' 이후 심각한 식량위기를 겪으면서 국제사회에 공식적으로 지원요청을 함으로써 본격적으로 시작되었다. 이를 계기로 비정부기구(NGO: Non Governmental Organization)를 비롯한 민간단체들이 대북지원 활동에 착수

---

* 이 글은 2015년 대한민국 교육부와 한국연구재단의 지원을 받아 수행한 연구임(NRF-2015S1A3A2046224).

하면서 대북지원에 있어서 NGO의 역할과 성과에 대한 논쟁도 동시에 진행되었다. 기근으로 고통받고 있는 북한 주민에 대해 식량을 제공하고 취약국인 북한에 대해 인도적 지원을 실행하는 것을 국제사회의 당연한 책무로 보는 시각과, 이러한 지원이 북한체제의 유지에 기여한다는 우려가 있다는 입장 간의 충돌이 1995년부터 현재까지 지속되고 있다.

최근 북한 내의 식량난은 위기수준에서 벗어나긴 했으나 여전히 대다수의 주민들은 만성적인 영양부족 상태에 놓여 있고 균형적인 발전이 요구되는 상황이다(https://www.devex.com/news/in-north-korea-people-are-still-malnourished-but-better-fed-85765, 검색일: 2017/03/27). 이러한 배경에서 이 글은 1995년부터 지속되어 온 NGO의 북한개발지원을 둘러싼 논쟁을 살펴본 후, 1995년 이후 국내외 NGO의 북한지원활동을 시기별로 분류하여 각 시기의 NGO 지원의 특징을 고찰하고, 동시에 국내와 국제 NGO 간의 활동목적, 분야, 방식 등에 있어서 유사점과 차이점을 분석하는 것을 목적으로 하고 있다.

취약국으로 분류되는 북한(OECD 2016; FFP 2014-2016; Park, J. 2016; Rice et al. 2008)에 대하여 NGO들은 서비스 제공(Service Delivery), 경제사회분야 개발프로젝트 수행, 옹호활동(Advocacy), 그리고 모니터링(Monitoring)이라는 네 가지의 기본적 역할을 수행한다. NGO들의 지원은 기본적으로 인도적 차원의 목적을 근간에 두고 있으며, 식량위기 당시 식량지원과 기초보건 필수품을 제공하는 등의 서비스를 제공하는 동시에, 북한의 일당지배체제라는 정치적 구조하에 북한 주민들의 인권 보호를 위한 정치 개혁, 반부패, 남북한 화해 등을 위한 옹호활동, 그리고 지원된 물품 배분의 투명성 확보를 위한 모니터링 기능을 수행해왔다.

여기서 NGO의 이러한 활동은 정부와 국제기구의 지원과 관계 차원에서 다양한 성격을 드러낸다. NGO가 공여국 정부기관이나 국제기구의 지원사업을 대행하는 집행기관(sub-contractor)의 기능을 수행하기도 하고, 자체 기금과 사업모델을 가지고 독자적인 사업을 함으로써 정부나 국제기구 지원에 대한 보완(complement)과 더 나아가 대안(alternatives)의 역할을 동시에 수행하기도 한다. 이 글은 북한에 대한 NGO 지원활동에 있어서 1995년 이후 시기별로 대행, 보완, 대안의 역할이 어떠한 양상으로 나타나는지에 초점을 둔다.

이 글은 문헌연구를 중심으로 비교분석에 초점을 두었다. 2008년 7월 금강산 여행객 피살사건 이후 2010년 천안함 사건에 이르면서 북한개발지원이 거의 중단상태에 이르렀고 이러한 상황에서 최근 10년간 북한개발지원에 대한 학술연구가 활발하게 진행되지 못하였다. 따라서 최근 자료는 주로 국제기구와 북한지원 NGO의 보고서나 웹사이트에 의존하였다. 현재 북한의 핵과 미사일 도발로 인해 NGO의 북한개발지원이 언제 활성화될 것인지 예단하기 어렵지만, 이러한 위기상황이 마무리되면 가장 먼저 NGO의 북한협력이 재개될 것으로 보이며, 또한 이러한 안보위기 상황에서 민간 차원에서의 인도주의 지원이 긴장완화를 가져오는 역할을 할 수 있다는 전제에서 본 연구를 수행하였다.

다음 절에서는 NGO의 북한개발지원을 둘러싼 논쟁을 검토한다. III절에서는 NGO가 정부나 국제기구의 북한지원정책에 대해 가지는 '대행', '보완', '대안'의 세 가지 역할을 고려하면서 1995년부터 2016년 말까지 국내외 NGO의 대북개발지원의 역사를 시기별로 구분하여 살펴볼 것이다. IV절에서는 국제 NGO와 국내 NGO의 북한개발지원 분야와 규모 현황을 분석하고, 마지막 절에서는 국내외 NGO 간의 대북지원 유사점과 차이점을 비교하면서 향후 북한개발지원을 위한 NGO의 활동 방향과 도전과제를 논의한다.

II. NGO의 북한개발지원을 둘러싼 논쟁

인도적 지원 단체들을 둘러싼 논란의 관건은 과연 지원물품들이 군사적 용도 등으로 전용되지 않고 주민들에게 투명하게 전달되는가에 대한 불확실성이다. 1995년 이후 우리나라 NGO의 초기 지원 시기에 대북지원물자에 대한 결과나 수혜자 정보 확인 절차가 생략되었다는 문제가 제기되었다(김형석 외 2003, 21). 이후 시행착오를 거쳐 모니터링을 시도하고 있으나 북한 당국의 폐쇄적인 특수성으로 인해 제대로 된 실태 자료를 확보하기 어려웠다. 그러나 7일 전 모니터링 사전 통지가 48시간으로 단축되는 상황이고 유엔세계식량계획(WFP: World Food Programme)은 24시간 전 사전 통지 후 모니터링을 실시하기도 했다. UN 등 국제기구는 북한 내에서 사전 통지 없이 현장을 방문할 수 있는 접근성의 자유를 궁극적인 목표로 하고 있으며, 이는 북한의 필요에 따라 개선될 수 있다.

'북한 퍼주기'라는 목소리도 있지만, 인도적 지원이 장관급 회의 같은 남북한 당국자 접촉으로 연결되고 이산가족상봉과 같은 인도적 사안에 대해 남북의 합의를 이끌어 내는 데 기여한다는 점도 무시할 수 없다. 또한 북한에 대한 원조는 북한사회의 변화를 가져오기 위한 첫 번째 단계로 볼 수 있다. 최근 탈북자들의 증언에 따르면 북한 주민들은 국제사회의 원조에 대해 북한당국이 숨기려 해도 공여기관의 존재를 인식하고 이에 대해 호의적인 생각을 가지고 있음을 확인할 수 있다(김지영 2016, 97-98).

인도적 지원활동에서 NGO 역할에 대한 또 다른 차원의 논쟁은 NGO가 공여국 정부활동을 보조하는 것인지 아니면 독립적인 행위자로서의 역할을 수행하는지 여부이다. 전통적으로 NGO의 개발지원에 있어서는 오지 등지에서 개발지원과 관련된 정부의 역할을 대신하는 보조적 기능이 강조되었지만, 2000년대 후반부터는 '독립적인 개발 주체(Independent development agent)'로서 국제사회에서 인정받고 있다. 2008년 OECD 개발원조위원회(DAC: Development Assistance Committee)의 주최로 아크라에서 개최된 제3차 〈원조효과성 제고를 위한 고위급포럼〉은 NGO를 의회, 기업 등과 더불어 하나의 독립적인 개발 주체로 인정하였다. 하지만 남북한의 대립이라는 특수한 정치적 상황 속에서 NGO를 정부정책을 보조하는 기관으로 볼 것인지, 아니면 독립적인 인도적 지원을 수행하는 주체로 볼 것인지는 지속적인 논쟁거리이다.

NGO는 식량지원과 같은 정부의 대북지원정책의 집행기관으로서 다양한 측면에서 정부정책을 보조하는 역할을 수행해 왔다. 정부로부터 자금 지원을 받기 때문에 정부의존도가 높은 경향도 있지만, 전략과 프로그램 실행과 관련해서는 상당한 독립성을 가지고 활동하는 측면이 있다(Reed 2009, 199). 특히 지역적인 수준에서 직접적인 방식으로 주민들의 수요를 충족시키는 경우나, 기술적 서비스를 전달하는 경우 NGO의 역할은 더욱 두드러진다(Snyder 2004, 368). NGO 대북활동의 특징 중 하나는 그들이 역할을 수행하는 데 있어 정부의 집행방식과 다른 지원활동을 할 수 있다는 점이다. 즉 NGO들은 정부의 영향력이나 직접적 제재 밖에서 활동하기 때문에 수혜자들이 실질적으로 우려하는 이슈에 대해 효과적인 옹호활동을 전개할 수 있으며, 특정 개발 이슈에 대한 관심을 공유하는 이슈기반 공동체(Issue-based virtual community)를 강화하고 촉진할 수 있다(Snyder 2004, 368). 앞서 언급한 NGO의 두 가지 특징(지역적 수준의 직접적 교류 가능성/정부정책으로부터의 자율성)은 북한 내 발생하고 있는 인도적 참상의 완화에도 긍정적인 기능을 할 것으로 예상할 수 있다. 이는 NGO의 대북지원 활동에 제한이 가해졌던 시기에도 긍정적 변화를 이끌어 왔던 경험이 있기 때문이다. 대표적인 예로, 유니세프(UNICEF), 세계보건기구(WHO), 게이츠재단, 세계백신면역연합(GAVI Alliance)이 북한 주민을 대상으로 실시한 백신 및 면역체계 강화 사업을 들 수 있다. 해당 사업은 2012년 말에 DPT, B형 감염 등 분야 접종률 95.7%를 달성한 사례가 있기 때문이다(문경연 2014, 72).

남북한관계의 특수성은 '보조'와 '독립'의 역할 논쟁과는 다른 차원에서 NGO의 역할이 대두되는 조건을 제공한다. 한국전쟁과 이념적 갈등을 겪고 있는 남북한의 정치적 상황으로 인해, 남북한 모두 인도적 차원의 대북지원 문제를 정치적으로 접근하는 경향이 있어 왔다(최병모 2006, 11). 그러나 남북한 사이에 위기가 조성되는 경우에도 NGO의 지속적인 지원은 대립을 저지하는 안전망 역할을 할 수 있을 뿐 아니라(문경연 2014, 71) 양 정부 간 신뢰를 형성하는 역할(최병모 2006, 16) 또한 수행할 수 있다. 즉 NGO는 남북한 간의 대립 상황에서도 대북지원을 통해 대립이 심화되는 것을 방지하고

화해와 협력에 기여할 수 있다는 점에서 정부의 공식정책을 '보완'하는 다른 제3의 역할이 가능하다는 것이다. 또한 막대한 비용이 투입될 것으로 예상되는 남북한 통일과정에서도 NGO는 통일비용을 마련하는 데 기여할 수 있는 하나의 채널이 되어준다(문경연 2014, 73; 장형수 외 2009, 49). 대북지원에 있어서 NGO의 역할이 확대되면서 개발재원도 그 흐름과 함께 증가할 것인 바,[1] 통일로 가는 과정에 NGO가 일종의 비용 조달 채널로 기능할 수 있는 가능성도 존재한다. 다음 절에서는 1995년 이후 현재까지 NGO의 북한지원 활동을 시기별로 구분하여 분석한다.

III. NGO의 대북지원 역사[2]

1. 북한개발지원 태동기: 1995년 9월~1998년 2월

1) 국내 NGO

대북지원의 역사는 '고난의 행군' 이후 1995년 북한의 극심한 식량난에서부터 시작된다. 북한의 공식적인 식량지원 요청은 가장 먼저 국제사회를 향하였다. 이에 대한 응답으로 국제기구와 국제 NGO들의 지원활동이 활발해지기 시작하면서 북한의 사정이 국내에도 알려지기 시작하였다. 이에 따라 한국 국민들의 동포애와 지원의 필요성에 대한 인식이 높아지면서 국내 민간단체의 본격적인 대북지원 활동이 1995년 9월부터 시작되었다. 물론

---

1) 순수 민간개발지원(Private Development Assistance)의 규모는 2005년 약 269억 달러 규모(OECD 2013, 5; 문경연 2014, 74에서 재인용)에서 2011년 약 453억 달러로 증가하였음(문경연 2014, 74).

2) 국내외 정세와 국내 NGO들의 대북지원 추진에 대한 내용은 북민협의 『대북지원 20년 백서』, pp.39-69와 관련 자료를 중심으로 작성함.

이 시기 이전에 북한에 대한 지원활동이 전혀 없었던 것은 아니다. 2000년 '6.15 남북공동선언' 이전에 이미 1990년 한국기독교총연맹과 한국일보가 공동으로 '사랑의 쌀'사업을 통해 식량을 전달했고, 다음 해 북미기독의료선교회와 북한해외동포원호위원회가 '사랑의 의료품 나누기 운동'을 통해 의료물품을 전달하였다. 또한 1994년 기아대책기구는 평양 제3병원에 의료기기를 지원하였고, 같은 해 월드비전은 황해도 불타산 목장에 황소 60마리와 평양 제3병원에 침상 500개를 지원하였으며, 정부 차원으로는 쌀 15만 톤을 지원하기도 하였다(대북지원민간단체협의회 2015).

당시 국내외 상황은 한국과 미국 사이의 이견, 한국과 북한 사이의 갈등, 북한과 미국 사이의 대화의 시기로 표현할 수 있다. 한국과 미국은 대북정책과 대북지원방식과 관련하여 견해 차이를 보였는데, 이유는 미국이 북한에 대한 인도적 지원에 적극적인 자세를 보인 반면 한국은 김일성 사망으로 인한 조문파동, 북핵 문제, 그리고 1996년에 발생한 판문점 무장병력 진입사건과 강릉 잠수함 침투사건으로 인한 국내의 부정적 인식 확산으로 대북지원에 대한 제한과 규제 조치를 강화시켰기 때문이다. 1997년 4자회담을 통해 미국은 북미관계와 한미관계 양쪽 모두에서 조정자 역할을 하고자 하였으나 입장차이로 인해 회담의 결과는 불투명하기만 하였다. 이런 상황은 국내 민간단체들의 대북지원에 대한 규제와 제한을 더 강화시키는 계기가 되었으며, 1997년 12월의 IMF 외환위기도 민간단체의 대북지원 활동을 더욱 위축시키는 계기가 되었다.

이런 국내외적 상황에서 국내 민간단체들의 대북지원 활동은 종교계의 모금활동을 중심으로 본격화되었다. 이를 바탕으로 하여 국내 NGO 단체들의 활동도 본격화되기 시작하였는데, 지원 초기인 1995년에 정부는 민간 차원의 지원을 일부 제한적으로만 허용하면서, 대북지원을 국제적십자연맹을 통해 일원화하는 정책(창구단일화)을 시행하였다. 그러나 1996년에 창구단일화 정책에 대해 몇몇 민간단체들의 반발이 있었으며 같은 해 9월 강릉 잠수함 침투사건으로 몇몇 국내 NGO들은 정부의 대북 인도적 지원 제한조치에 반발하면서 국제 NGO를 통한 간접 지원을 시도하기도 하였고(〈표 1〉

| 표 1 | 국내 NGO의 국제 NGO를 통한 간접 지원 |

간접 지원 경로	지원 내역
한국 월드비전 → 국제 월드비전	쌀 5백만 톤
북한 수재민 돕기 보건의료인 모금본부 → 유엔아동기금 한국위원회	1천6백만 원 기탁 (예방접종용 백신과 배합분말 구입 및 전달비)
한국복음주의협회 → 미국 유진벨 재단	현미(1억 2천만 원 상당)

출처: 대북협력민간단체협의회, 『대북지원 20년 백서』(2015), p.42

참조), 비판과 거리모금으로 지원재개를 호소하였다. 뿐만 아니라 중국을 통한 간접 지원 방식(우리민족서로돕기운동, 한국JTS)을 통하여 지원을 지속하기도 하였다(최대석 2006, 323).

1997년 북측의 사과성명으로 대북지원이 어느 정도 재개될 수 있었으나 정부는 창구단일화 조치를 계속 유지했으며 국제기구를 통한 대북지원의 참여도 제한적으로만 허용하였다. '남북적십자 간 대북구호물자 전달 절차에 관한 합의서'의 체결을 통해 남북한 사이에 직접 구호물자를 전달할 수 있는 창구가 만들어지고 지정기탁이 가능해졌으나, 같은 해 말 외환위기는 대북지원을 다시 축소시키는 계기가 되었다. 즉 이 시기 국내 NGO의 대북지원은 긴급구호와 정부의 정책에 따른 제한적 지원, 적십자를 통한 간접 지원 수준에 머물렀다고 할 수 있다.

2) 국제 NGO

같은 시기 국제사회도 1995년 북한의 공식요청으로 대북지원을 시작하였다. 북한의 식량위기는 국제적인 주목을 받았고, 북한 정부의 공식요청 이후 UN과 각국 정부뿐만 아니라 다수의 국제 NGO가 대북지원 활동을 개시했다. 사실 UN 기구의 통합지원이 있기 전에 국제 NGO들이 먼저 지원을 시작했으나 북한 내 상주가 불가능하다는 이유 때문에 대부분의 조정이 외부에서 이루어져 지원의 효율성이 문제시되기도 하였다(이금순 2000, 43).

특히 미국과 일본 NGO들은 북한 내에 상주 사무소를 설치할 수 없었다(이
종무 외 2008, 5).

북한으로부터 지원요청을 받은 후 국제 NGO 중에 가톨릭구제회(CRS:
Catholic Relief Service)는 1995년 지원사업을 시작하였고, 국경없는의사회
는 1997년 북한 내 사무소를 설치하고 약품보급사업, 교육훈련, 병원 내 치
료식 공급소, 의료체제 지원 등을 수행하였다(이금순 2000, 45). 또한 머시코
(Mercy Corps)도 1997년 북한지원활동을 개시하였다. 이와 함께 1995년에
유엔세계식량계획(WFP)은 평양에 사무소를 설치하였는데 이때에도 몇몇 국
제 NGO들이 주요 후원자가 되었으며, 유럽 NGO들과 미국의 민간연합체
도 북한 내에 상주하면서 지원활동을 하였다(이금순 2000, 46-47).

그러나 북한의 규제와 폐쇄적인 정책으로 NGO들은 사업을 진행하는 데
어려움을 겪었고, 특히 분배의 투명성 문제가 대두되었다. 이에 국경없는의
사회는 1998년 북한에서 철수하기로 결정했으며 북한당국의 폐쇄성을 강하
게 비판하였다(http://www.thelancet.com/journals/lancet/article/PIIS0140-673
6(05)75183-7/fulltext, 검색일: 2017/04/03). 전반적으로, 국제 NGO들은 대북
지원을 시작하면서 북한 내 구호활동에 활발하게 참여하려고 하였으나, 북
한 정부는 이들 단체들이 자유롭게 현장을 방문하여 사전조사나 진료, 결과
모니터링을 할 수 있도록 허락하지 않았다. 단체들의 활동을 제약하였으며,
특히 자유로운 접근 허용, 취약계층에 대한 진료, 수요조사 및 모니터링을
위한 자유로운 현장방문이 제대로 이루어지지 못하였다(배성인 2004a, 265;
배성인 2004b, 27).

2. 북한개발지원 도약기: 1998년 3월~2008년 6월

이 시기는 국내적으로 정부가 대북포용정책을 일관성 있게 추진하던 시
기이다. 비록 정권 초기에 북한의 대포동 미사일 발사, 잠수정 침투(1998.
06), 서해 북방한계선 침범(1999.07), 금강산 관광객 억류(1999.06) 등과 같

| ● 표 2 | 민간단체 대북지원 규제완화 조치 경과 |

일자	주요 내용
1998.3.18	• 민간 차원 대북지원 활성화 조치 　- 대북지원 협의 및 monitoring 목적의 방북 허용 　- 협력사업방식의 대북지원 허용 　- 언론사/개별기업체의 협찬·후원 및 event성 행사 허용
1998.4.25	• ARS 방식을 이용한 대북지원 모금(사안별) 허용
1998.9.18	• 대한적십자사를 통한 민간단체 개별지원 허용 　- 민간단체가 대북협의·물품구입·수송·모니터링 직접 수행 　- 대한적십자사는 포장(적십자 표시) 및 대북통보 담당
1999.2.10	• 민간 차원 대북지원 창구다원화 조치 　- 민간단체 명의 독자적인 대북 직접 지원 허용
1999.10.27	• 민간의 대북 인도적 지원사업에 대한 남북협력기금 지원
2005.3.8	• 대북지원사업자 지정요건 완화(1년 조항 폐지)
2005.7	• 민관정책협의에 따른 대북합동사업 지원

출처: 대북협력민간단체협의회, 『대북지원 10년 백서』(2005), p.67 〈표 2-4〉 재인용

은 도발이나 남북관계를 단절시킬 수 있는 사건들이 연이어 발생하기는 하였으나 〈표 2〉에서 볼 수 있듯이 대북정책에 대해서는 일관성을 유지하면서 남북관계의 긴장상태가 고조되거나 악화되지 않도록 많은 노력을 기울였다.

1998년 정부는 민간 차원 대북지원 활성화 조치(3.18조치)를 발표하였으나, 여전히 창구단일화 조치는 지속되었다.[3] 이 조치와 관련하여 대북지원 ARS 모금을 처음으로 허용하기도 하였으나 민간의 참여도가 높지는 않았다. 뿐만 아니라 대한적십자를 통한 민간단체의 개별지원[4]도 시범적으로

---

3) 민간단체들은 이를 상호협의 없는 정부의 일방적 정책이며, 대한적십자사를 내세우는 의도를 의심하기 시작하였으나, 정부는 분배의 투명성 보장과 체계적인 지원을 할 수 있는 현실적인 방안이라는 입장을 표명하였음.

4) 민간단체가 대북협의, 물품구입, 수송, 모니터링을 직접 수행하고, 대한적십자사는 포장 및 통보를 담당하는 것.

허용하였다. 이후 민간단체들의 요구를 반영하여 정부는 1999년 창구다원화 조치를 발표하였고, 이를 계기로 대북지원민간단체협의회(이하 북민협)가 구성되기도 하였다. 게다가 추가적인 민간 차원의 대북지원 활성화 조치로 '인도적 차원의 대북지원 사업 처리에 관한 규정'을 발표하여 민간의 대북지원을 효율적으로 추진하고 남북협력기금의 기준을 마련하고자 하였다. 2000년에는 '베를린 선언'을 통해 북한 경제회복지원에 대한 의사를 밝혔고, 남북정상회담을 통해 '6.15 남북공동선언'을 이끌어냈는데 이를 기반으로 민간단체들의 보다 더 활발한 교류와 협력이 이루어지기 시작하였다.

2001년에 들어서도 국내외적으로 북한과 교류의 분위기가 이어지는 듯 하였으나, 국제적으로 미국의 부시 행정부가 출범하고 9.11 테러가 잇따르면서 북미관계가 악화되는 상황이 발생하기도 하였다. 또한 북핵 문제가 이슈가 되면서 국제사회와 한국은 이를 해결하기 위한 노력으로 6자회담5)을 개최하기도 하였으나 2006년 북한이 미사일 발사 시험, 1차 핵실험을 진행하면서 국제사회는 대북제재 조치를 취하였다. 그 사이 북한은 2005년부터 유엔인도지원조정국(UNOCHA)의 지원을 더 이상 받지 않을 것이라고 표명하였는데 그 이유로 인도적 지원에서 개발지원으로 전환할 필요성과 감시의 단순화 등을 들었다.

1) 국내 NGO

그러나 1999년부터, 특히 2000년대에 들어서 민간단체의 대북지원은 농업개발, 취약계층, 보건의료, 사회인프라와 같은 다양한 분야에서 장기적인 개발지원의 형태로 이미 전환이 이루어지고 있었다. 국제기아대책기구, 한민족복지재단, 남북어린이어깨동무, 굿네이버스, 남북나눔, 한국JTS, 원불교, 대한결핵협회, 한국복지재단 등의 단체들은 특히 취약계층과 관련한 분

---

5) 첫 6자회담은 2003년에, 두 번째 6자회담은 2005년에 개최됨. 두 번째 6자회담을 통해 '9.19 공동선언'을 도출하였으나 북한의 위조지폐 제조와 돈세탁 방지를 위해 미국의 BDA은행의 북한계좌를 동결하였음. 이에 대한 반발로 북한은 미사일 발사 시험과 핵실험을 수행함. 동 핵실험은 한국 정부의 대북지원도 잠시 중단하도록 하였음.

야에서 어린이들을 위한 급식공장(국수, 빵, 두유, 영양식)을 운영하고, 분유 지원과 의류 등의 생필품 지원을 위해 노력하였다(북민협 2005, 64). 보건의료 분야에 있어서는 국제기아대책기구, 우리민족서로돕기운동, 한민족복지재단, 남북어린이어깨동무, 굿네이버스, 유진벨, 건강관리협회, 한국복지재단, 국제보건의료발전재단, 대한의사협회 등의 단체들이 안과병원 건립, 제약공장설비 복구, 어린이심장병센터 건립, 병원 현대화, 의료와 급식을 병행하는 어린이 영양센터 건립, 기초의약품 및 의료기자재 제공, 정수 및 식수 개발, 정성제약 수액공장 건립 등의 사업으로 대북지원 활동을 추진하였다(북민협 2005, 64). 뿐만 아니라 국제기아대책기구, 우리민족서로돕기운동, 굿네이버스, 월드비전, 국제옥수수재단, 새마을운동중앙회, 강원도협력협회, 평화의 숲, 대학생선교회 등의 단체들은 농업개발 분야 개발을 위해 농기계 수리공장 건립, 젖소·젖염소 목장과 닭 목장 개설, 산란종계장, 종자의 개량 및 보급, 산림복구, 온실영농, 농기자재 지원의 노력을 동원하기도 하였다(북민협 2005, 64).

또한 미사일 발사시험과 핵실험을 진행하는 북한의 도발 상황에서도 민간단체들은 수해복구 지원사업을 중단 없이 진행하였다. 국내 NGO들의 지속적인 지원을 통한 경험의 축적은 2004년 발생하였던 용천역 폭발사건 지원에도 체계적으로 대응할 수 있도록 하였다. 이때 개별 NGO 차원의 움직임을 넘어서 북민협을 중심으로 결성된 '용천동포돕기운동본부'를 통해 중복지원을 방지하고 지원의 효율성을 극대화함으로써 재해에 대해서 적절히 대응하는 모습을 보여주었다(최대석 2006, 326). 이후 '용천동포돕기운동본부'는 긴급구호에서 복구로 지원의 방향이 전환되면서 용천소학교건립위원회를 설립하여 아동을 대상으로 하는 복구지원활동을 전개하였다(북민협 2005, 64). 동 재해 이후 1년이 지난 2005년에도 국내 NGO 대표단은 용천 현지를 방문하여 복구상황을 살피고 향후 지속적인 지원계획을 수립하는 등 사후관리에도 지속적으로 참여하였다(최대석 2006, 326).

이처럼 동 시기에는 국내 NGO의 대북지원은 식량위주의 지원에서 농업개발, 보건의료, 취약계층 지원 등으로 그 분야가 다양화되었으며 대북지

원활동을 전문적으로 수행하는 단체들이 북한의 역량을 형성하는 장기적인
방향으로 전환되는 모습을 확인할 수 있다.

2) 국제 NGO

같은 시기 국내 NGO들의 지원이 확대되는 모습과는 반대로 국제 NGO
의 대북지원 활동은 위에서 언급한 국제적 제재조치의 상황으로 인해 축소
될 수밖에 없었다. 2004년 북한의 개발지원으로의 전환요구, 2005년 UN
기구와 국제 NGO들의 인도적 지원사업 종료 요구, 그리고 평양의 사무소
폐쇄와 직원 철수요구는 국제 NGO들의 대북지원 활동에 제한을 더하였다.
모니터링의 한계와 북한 정부의 폐쇄적 태도를 이유로 1998년에는 국경없는
의사회가, 2000년에는 옥스팜(Oxfam)이 각각 자진 철수하였다(배성인 2004a,
265).

2005년, 북한은 인도적 지원을 개발지원으로 전환할 것을 요구하면서
작은 규모의 국제 NGO들의 상주 사무소 폐쇄와 철수를 요청하였다. 그러나
당시 철수를 요청받았던 NGO들은 이미 농업, 식수 분야에서 개발지원을
하고 있었다. 이러한 조치의 배경에는 남한과 중국이 많은 양의 식량원조를
하고 있는 상황에서 까다롭고 엄격하게 모니터링을 요구하는 국제 NGO들
을 북한 정권이 못마땅하게 여겼으며, EU가 UN에 북한인권결의안을 제출
한 것이 계기가 되었을 것이라고 판단된다(http://www.rfa.org/korean/in_fo
cus/nk_selective_ngo_stay-20050929.html, 검색일: 2016/07/22). 2005년의 철
수 위기 이후, 북한에 남아 있던 국제 NGO들은 자기 단체이름을 사용하지
못하고 유럽연합 프로그램 지원단(EUPS: European Union Programme Su-
pport Unit)과 각 단체에 부여된 숫자를 연결한 명칭으로 사업을 진행하였다
(이종무 외 2008, 95).

3) 1998년 인도주의원칙 채택

국제 NGO는 북한 내 특수한 정치적 상황과 독특한 문화로 인하여 지원
활동을 전개하는 데 많은 어려움을 겪었다. 이는 국제사회의 대북지원 주요 행

○ **박스 1**   인도주의원칙 성명서(1998)

1. 필요에 따른 국가의 전반적 인도주의 상황에 대한 지식
2. 지원이 가장 필요한 주민들의 영역에 인도적인 원조가 도달하는 것을 보장
3. 평가와 모니터링에 대한 접근
4. 접근이 허용된 지역에 한하여 원조 분배
5. 주민들의 인도적인 권익 보호
6. 지역 역량강화 지원
7. 프로그램 계획과 실행에 수혜자 참여
8. 국제직원의 적절한 능력
9. 국제 인도주의 기관의 보건과 안전의 필요에 충족

출처: http://reliefweb.int/report/democratic-peoples-republic-korea/dprk-consensus-statement
(검색일: 2017/01/11)

위자인 UN 기관과 국제 NGO가 책무성과 분배의 투명성을 중요시한 반면, 북한은 이런 요구를 주권 침해 행위로 간주하였기 때문이다(이종무 외 2008, 96). 이로 인한 갈등으로 국제 NGO를 포함한 인도적 지원 기관들은 1998년 인도주의원칙(Humanitarian Principles)에 대해 합의하였다(〈박스 1〉 참조).

국제사회의 합의 내용은 대북 원조 활동에 있어서의 어려움을 보여주고 있다. 두 번째 원칙은 지원이 가장 필요한 주민들에게 인도적 지원이 제대로 도달하지 못하고 있는 상황을 반영하며, 세 번째 원칙은 평가와 모니터링에 있어서의 어려움, 그리고 다섯 번째 원칙은 북한 주민들의 인도적 권익이 보호받고 있지 못하는 현실을 반영하고 있다.

이후 2001년에도 UN 등 국제사회 공여기관들과 국제 NGO들은 한 번더 성명서를 발의한 적이 있는데, 동 성명서에도 인도주의적 원칙 고수에는 변함이 없었으나 이전과 비교하여 지원의 접근성과 정보 접근성이 향상되었고 수혜자 방문 및 모니터링의 빈도가 늘어났다고 평가하고 있다(http://reliefweb.int/report/democratic-peoples-republic-korea/dprk-consensus-statement, 검색일: 2017/01/11). 이러한 노력 이후에도 국제 NGO들의 대북 지원과 관련된 어려움은 모두 제거되지 않았지만, 다양한 국제사회의 행위

자(UN 기구, 국제 NGO, 정부기구)들이 공동으로 합의하여 작성한 성명서는 국제사회로부터 지원을 받기 위해서는 최소한도로 지켜야 하는 기준이 있음을 보여주었다(이종무 외 2008, 97).

반면 국내 NGO들은 위와 같은 행동규범에 대해 조금 늦게 관심을 가지게 되었다. 국내에서 대북지원 활동과 관련한 행동규범을 설정하는 것에 대한 논의는 2001년 '제3회 대북지원 국제 NGO회의'에서 처음 이루어졌다(이종무 외 2008, 98). 앞서 언급했던 국제사회의 대북지원 행동규범이 1998년에 채택되긴 했지만, 북한의 국제기구와 국내 NGO를 분리하는 정책으로인해 국내 NGO들의 상황에 대한 이해가 제한적이었다. 이에 따라 행동규범에 대한 논의에 진척이 없다가, 2006년 미사일 발사와 핵실험을 계기로논의가 재개되었다. 그러나 이와 같은 북한의 군사도발은 북한에 대한 국민들의 부정적 정서를 심화시켜 결국 대북지원의 중단을 요구하는 상황에 이르렀다.

뿐만 아니라 민간단체에게 대북지원액에 대한 강한 책무성을 요구하기도 하였으며, 결정적으로 시행착오 방지[6]와 대북지원의 효율적 추진에 대한 필요성의 제기는 행동규범 마련의 실질적인 계기가 되었다. 그 결과 2008년 '대북협력민간단체협의회 공동행동규범'이 국내 NGO의 대북지원에 대한 규범으로 제정되었다(〈박스 2〉 참조).

이 시기는 몇 차례의 북한의 도발이 있기는 하였지만, 국내 NGO의 대북지원 활동에 있어서는 교류와 협력을 지속하였으며 긴급구호나 일회성 지원에서 멈췄던 대북지원을 지속적인 개발원조의 방향으로 전환하는 모습을보여주었다. 국제적으로는 국내 NGO에 비해 활동이 미미한 수준에 머물렀으나 인도주의원칙 합의라는 성과를 거두기도 하였다.

---

6) 공동의 기준과 원칙이 부재한 경우 사업 담당자 또는 개별 단체들이 무의식적으로 잘못된 행동을 하게 될 위험성이 높으며, 이런 실수들이 반복됨으로 해서 잘못된 사업관행들로 고착화될 수 있음.

○ **박스 2**   '대북협력민간단체협의회 공동행동규범'(요약)

1. 목적: 인도주의 정신에 기초한 공정하고 투명한 대북지원, 책무성 강화, 남북
   이해와 협력 증진
2. 대북지원 원칙(인도적 명령 우선, 중립성, 독립성, 지속가능성, 인간존엄성)
3. 이해관계 당사자의 신뢰보호
4. 지원의 의무
5. 대북지원 사업의 수행지침(지원 사업계획의 수립, 지원사업의 실시기준, 모니터링,
   안전 확보)
6. 효율성 제고(활동상황 공개, 활동정보의 공유, 상호협력)
7. 재무회계 및 감사
8. 관련법령 및 윤리규범의 준수(남과 북의 법령을 준수하고 고유한 관습과 윤리규범
   존중)
9. 북민협 행동규범의 공개와 수락
10. 북민협 행동규범의 이행
11. 북민협 행동규범의 관리사무

출처: 대북협력민간단체협의회(2015)

3. 북한개발지원 쇠퇴기: 2008년 7월~현재

이 시기의 대북지원은 이전과는 완전히 상이한 모습을 보여준다. 2008
년 출범한 이명박 정부는 2009년 통일부의 인도협력국을 폐지하고 인도협
력국에서 담당하던 업무는 교류협력국 내에 인도지원과가 담당하도록 부처
를 개편하였다. 같은 해 북한의 장거리 로켓 발사와 제2차 핵실험 이후에는
국제 사회의 대북제재가 이전에 비해 더 강화되었을 뿐만 아니라 국내적으
로도 민간단체들의 인도적 지원과 관련한 물자 반출승인 불허, 방북 전면
중단, 지자체의 대북지원 활동 중단 등의 조치들이 이어졌다. 다음 해인
2010년 상황은 더 악화되었는데, 천안함 사건으로 인해 '5.24 조치'가 내려
졌을 뿐 아니라, 2011년에는 연평도 포격 사건까지 발생하면서 남북관계가
악화되고 모든 대북지원 사업이 동결되고 중단되었다. 특히 '5.24 조치' 이
후 민간 차원의 대북지원 규모가 크게 줄어들었으며, 취약계층에 대한 지원

까지도 제한적인 승인과정을 거쳐야 했다(Lee 2012; 통일부 2012).

1) 국내 NGO

대북지원이 상당히 줄어든 것과는 반대로 북한 내 인도적 상황은 달라지지 않았고 오히려 2011년 UN에 지원을 요청할 정도로 피해가 심각했으나 2012년 북한의 장거리 로켓 발사, 2013년 제3차 핵실험은 남한과의 관계와 국제사회와의 관계를 더욱 얼어붙게 하였다. 2014년에는 '드레스덴 선언'으로 인해 북한은 민간단체의 지원사업을 전면적으로 중단시켰고 2017년 2월 현재까지도 이러한 방침을 유지하고 있다.

이 시기 국내 민간단체들의 대북지원 실적은 〈표 4〉와 같다. 같은 시기 정부 차원의 지원[7]은 거의 미미했던 반면, 민간단체의 지원은 일정 부분 제

표 3   국내 NGO 대북지원 사업의 위축

단체명	사업명	지원 불허 내역
어린이어깨동무	콩우유 원료 지원사업	반출 승인 불허로 인한 유통기간 경과로 폐기 처리
	의약품 및 의료소모품 (검사시약, 손소독제, 수액세트 등)	유통기한 경과로 폐기 처리
우리겨레하나되기 운동본부	북한 어린이 및 취약계층 영양개선 지원사업	반출 신청 불허
어린이의약품지원본부	만경대어린이종합병원 신축 건립사업	이미 지원한 의료장비의 소모품 반출 승인 불허
기아대책	섬김병원 건립사업	물자 반출 불허
나눔 인터내셔날	평양종합검진센터 건립사업	벽체 및 지붕공사 이후 중단 (미완성)

출처: 대북협력민간단체협의회, 『대북지원 20년 백서』(2015), p.60

---

7) 438억 원('08), 294억 원('09), 204억 원('10), 65억 원('11), 23억 원('12). 동 지원액은 정부 차원의 무상지원 총액으로 정부 차원, 민간 차원, 국제기구 차원을 모두 포괄함.

| 표 4 | 민간 차원 대북지원 현황(국내) |

(단위: 억 원)

구분	연도							
	2008	2009	2010	2011	2012	2013	2014	2015
민간 차원(무상)	725	377	200	131	118	51	54	114

출처: https://www.unikorea.go.kr/content.do?cmsid=3099(검색일: 2017/03/27) 일부 발췌

한적으로나마 이루어졌다. 초기 5년간 대북지원 방침은 '정치군사적 상황과 관계없이 인도주의 동포애적 차원에서 조건 없이 추진'하는 것이었으나, 실제로 지원의 방향과 원칙에 있어서는 민간의 자율성이 상당히 제한되면서 민간 차원의 대북지원 규모가 축소되고 활동 공간이 줄어들게 되었다.

2013년부터 현재까지 국내 민간단체의 대북지원은 영유아에 대한 영양식과 의약품 지원이 주를 이룬다. 2013년도 당시 '꼭 필요한 대상에게 꼭 필요한 물품이 지원되어야 한다'는 정부의 원칙하에 전용우려가 적고 투명성 확보가 가능한 물품에 대한 승인만이 가능하였다. 이에 보건복지부 산하 국제보건의료재단과 남북나눔운동 등의 민간단체가 "19개 지역 130여 개 유치원과 탁아소, 결핵치료시설에 영양식, 의약품, 소모품 등을 지원"하였다 (통일부 2014, 123). 위와 같은 원칙에 따라 우리민족서로돕기운동, 월드비전 등이 신청한 수해지원은 보류되었는데, 이는 지원 물품이 식량이나 곡물일 경우 분배의 투명성 확보가 힘들다는 점과 전용 가능성 때문이었다. 2014년 도의 주요 지원 물품도 이전과 마찬가지로 취약계층에 대한 영양식, 의약품, 소모품 등이었다. 2015년 북민협이 대북지원 규모 확대와 식량지원 허용 등의 인도적 지원 조치 요구하기도 하였으나 '5.24 조치'를 계기로 축소된 국내 NGO들의 대북지원 활동은 이후 크게 개선되지는 못하였다. 다만 이명박, 박근혜 정부가 강조한 장애 관련 취약계층 분야에서 활동하는 국제푸른나무 등과 같은 단체는 다른 단체와 달리 왕성한 활동을 하였다.

2) 국제 NGO

2005년 철수 위기 이후 현재까지 상주하고 있는 NGO는 유럽연합으로부터 지원을 받는 6개의 유럽 NGO들뿐이다. 현재까지 북한 상주 경험이 있는 단체는 11개이고, 상주는 하고 있지 않지만 현재 활동을 하고 있는 단체 또한 11개로 파악된다(〈표 5〉 참조).

위의 단체 중, 현재 상주하고 있는 단체들의 활동을 개략적으로 살펴보면 다음과 같다. 프리미어 어전스(Premiere Urgence, EUPS unit1)는 1992년 6월, 보스니아 전쟁의 피해자들을 돕기 위해 프랑스에서 만들어진 NGO이

◉ 표 5　　　　　　　　　**북한에서 활동경험이 있는 NGO**

상주했으나 철수한 국제 NGO	• ADRA • CESVI • PMU Interlife • AFMAL • Campus fuer Christus
현재 상주하고 있는 국제 NGO	• Premiere Urgence — EUPS unit1 • Save the Children — EUPS unit2 • Concern Worldwide — EUPS unit3 • German Agra Action (GAA) — EUPS unit4 • Triangle Generation (TGF) — EUPS unit5 • Handicap International — EUPS unit6
비상주 국제 NGO	• American Friends Service Committee (AFSC) • Agape International • Chosun Exchange • Christian Friends of Korea (CFK) • Association of Sustainable Development (GNE) • Korea Maranatha Foundation (KMF) • Mennonite Central Committee (MCC) • Mercy Corp • Mission East • Samarithan's Purse • World Vision

출처: http://www.koreanfriendshipnetwork.org/about-north-korea(검색일: 2017/02/05)

다. 이 단체는 현재 황해남도 해주시 배급소에서 빵을 만들어 어린이 1만 5천 명을 포함한 취약계층 1만 8천여 명에게 1주일에 두 번 빵을 제공하고 있다. 지난 11월까지 황해남도 협동농장에서 진행된 식량지원 사업이 종료 되었으며 해당 지역 내 또 다른 협동농장 4곳에서도 식량지원 사업을 시작 할 것이라고 한다. 이 사업은 신원군과 해주시, 벽성군, 삼천군 내 염소농장 에서 염소우유로 만든 요구르트 등 유제품을 생산해 주민들에게 제공하고, 더 많은 염소우유를 생산하기 위해 염소 사육방법을 교육하는 것이다. 또 두유 제조기계를 제공하고 두유생산법과 염소우유로 요구르트를 만드는 기 술도 전수할 계획이다. 이 사업으로 3만 1천5백여 명이 혜택을 볼 수 있을 것이라고 담당자들은 전망하고 있다(http://www.voakorea.com/a/3206476. html, 검색일: 2016/08/08). 식량지원 사업과 더불어 남황해도를 중심으로 하 는 보건사업은 시골 지역 인구들의 기초보건 서비스에 대한 접근성 향상과 보건센터의 재건, 의료장비 및 공급품 제공, 직원 훈련의 제공을 그 내용으 로 하고 있다(UN HCT in DPRK 2016).

세이브 더 칠드런(Save the Children International, EUPS unit2)은 1919년 영국 런던에서 1차 대전 이후 동유럽 지역 아동 인도적 지원을 위한 모금을 위해 설립되었다. 영국에 본부를 둔 세이브 더 칠드런은 함경남도 영광군과 신포군을 중심으로 진행 중인 대북 환경, 식량지원을 5년째 이어가고 있으 며, 식수시설 개선과 하수도 설치, 의료지원 등 통합환경보건과 식량지원의 두 가지 지원 사업을 진행 중이다. 유럽연합 6개 사업 중 제2 지원 사업에 참여한 세이브 더 칠드런은 2011년 3월부터 함경남도의 3개 시·군과 21개 리 지역에서 22개 보건소와 6개 병원의 시설 개선을 주도하고 있다. 영광군 과 신포군을 중심으로 약 4만 9천 가정에 깨끗한 물을 제공하는 식수관을 연결했고 하수처리와 환경보전과 관련한 교육, 홍보활동도 진행 중이다. 세 이브 더 칠드런의 대북 식량지원 사업은 김장용 배추 등 채소를 온실에서 재배해서 어린이가 있는 가정에 나누어 주는 어린이 영양개선 사업에 주력 하고 있다. 평양채소연구소와 협력하여 시범 농장을 운영하고 있으며 함흥 시에 36개 온실을 지어 주민들의 겨울나기를 위한 채소를 재배하는 등 50만

명의 북한 주민을 지원하고 있다(http://www.rfa.org/korean/in_focus/food_
international_org/nkaid-01222016103740.html, 검색일: 2016/08/08).

컨선 월드와이드(Concern Worldwide, EUPS unit3)는 아프리카, 아시아,
중동, 카리브해 지역 등 세계에서 가장 가난한 27개 나라의 사람들을 위해
긴급구호, 교육, 건강(깨끗한 물 및 영양 공급, HIV/AIDS 및 모자보건), 생계지
원 등의 활동을 펼치고 있다. 또한 아일랜드, 영국, 미국의 본부에서 세계적
인 모금활동도 펼치고 있다. 컨선 월드와이드는 현재 지난해부터 시작한 대
북 영양개선 사업을 북한에서 수행하고 있다. 유럽연합의 예산으로 강원도
통천군과 법동군에서 두 지역 주민들에게 보전농법[8]을 전수하고 식품가공
기계를 제공하며, 협동농장에 관개시설을 설치해 주고 있다. 컨선 월드와이
드는 또 이 지역의 식품가공공장 재건을 돕고, 각급 기관과 가정들에 화장
실도 지어줄 예정이라고 밝혔다. 담당자는 새롭게 시작되는 이번 사업으로 현
지 어린이와 노인, 여성 등 취약계층 5만여 명이 혜택을 받을 것이라고 전
망하고 있다. 뿐만 아니라 컨선 월드와이드는 지난 해 5월까지 스웨덴 국제
개발협력청(SIDA)으로부터 2013년 지원받은 9백만 스웨덴 크로나(미화 110
만 달러)로 2015년 5월까지 황해북도에서 식수·위생사업[9]을 수행하기도 하
였다(http://www.voakorea.com/a/2606233.html, 검색일: 2016/08/12).

저먼애그로액션(German Agro Action(이하 GAA), EUPS unit4)은 독일에
서 가장 큰 민간단체 중 하나로서, 1962년 설립되어 70여 개국에서 8,120개
이상의 프로젝트를 수행하고 있다. GAA는 지난 1997년부터 대북지원 사업
을 벌여 왔으며, '세계기아원조'란 이름으로도 알려져 있다(http://www.voa
korea.com/a/3429287.html, 검색일: 2016/08/15). GAA는 2016년 여름 북한
에서 새로운 식수사업을 시작했다. 이 사업은 평안도 운산군과 향산군, 구

---

8) 보전농법은 작물을 바꿔 심거나 덮개작물을 활용하는 농법으로, 수확량 증대에 효과적
   인 것으로 알려져 있음.
9) 지속가능한 물공급 및 가정과 기관의 위생, 공중위생 장려, 역량강화와 더불어 영양
   과 보건 상태 증진을 통한 수인성 질병 감소를 목적으로 함(UNCT in DPRK 2016,
   Part 3).

장군과 강원도 안변군에 우물을 판 뒤 수동 펌프를 설치하는 것이 주요 내용이다. GAA는 새로운 식수사업을 포함해 2016년 북한에서 140만 유로(미화 155만 달러) 상당의 지원을 펼쳤다. 안변군과 구장군에서 폐수정화사업도 벌이고 있는데 유럽연합이 지원한 자금 150만 유로(미화 170만 달러)로 지난 2013년 2월 시작하였다. 또 독일 정부가 지원한 85만 유로로 2015년 10월부터 북한 농촌 지역에서 재난 대비 사업도 벌이고 있다. 아울러 유럽연합이 지원한 150만 유로(미화 170만 달러)로 지난 2015년부터 채소종자 생산사업도 벌이고 있다. 이 사업은 품질 좋은 종자를 농민들에게 지원해 식량사정을 개선하는 것을 목적으로 한다. 이를 위해 평안남북도와 황해도 등 5개 도 3개 지역에서 배추와 토마토, 고추 등 10여 종의 채소종자를 생산해 북한 전역으로 보내고 있으며 이 사업은 오는 2018년 8월 말까지 진행될 예정이다. GAA는 현재 황해도와 평안남북도 지역에서 새로운 영양개선 사업을 준비하고 있으며, 유럽연합과 예산 확보 방안을 논의하고 있다고 밝혔다. 주로 농업, 보건, 위생 부문들에 대한 사업을 수행하기도 하지만 때때로 다른 기관과 연계하여 교육, 과학기술과 관련된 사업을 수행하기도 한다. 북한 내 국제 NGO들은 상주규모도 작고 여러 제약이 있지만 UN이나 EU 기관들, 그리고 북한 내에 사무소가 없는 기관들과 협력하여 매우 활발히 활동하고 있다. 위의 기관들은 농업, 의료, 위생 부문에서 활발한 원조사업을 수행하고 있는데 그 사업들은 단순히 긴급구호 성격의 원조 형식을 넘어서서, 개발지원의 형식으로 이루어지고 있다.

트라이앵글 제너레이션(Triangle Generation(이하 TGF), EUPS unit5)은 1994년 프랑스에서 만들어진 NGO이다. 사회 교육 및 심리, 물, 위생, 토목, 식량, 농촌 개발의 현장에서 응급, 재활 및 개발 프로그램을 구현하는 국제 연대기구이다. 현재는 11개의 국가 및 지역에서 65개의 프로그램을 수행하고 있다. 최근 TGF 리옹 사무소는 북한 노인 약 7,500여 명에 대한 지원사업을 마무리했다고 밝혔으며, 북한 노인을 대상으로 '은퇴자시설에 사는 노인들의 식량 문제 개선 사업'을 27개월 동안 북한에서 실시했다. 이 사업의 대상자는 조선노인보호연맹 중앙회 소속 28명과 지역위원회 소속 150

명, 은퇴자 시설에 거주하는 노인 7,200여 명이었고, 이번 사업을 통해서는 북한 노인들에게 필수 의약품을 제공하고 생활필수품이나 은퇴자 시설에 필요한 생활기기 등을 지원했다. 또 체육활동과 문화활동, 수입 마련 등에 대한 연구사업도 실시했다. 더불어 이 사업을 통해 조선노인보호연맹의 회원들이 외국의 노인복지 혜택이나 활동에 대해 배울 수 있도록 인도와 태국 등에서 열린 노인 사회 복지 관련 국제대회에 참가할 수 있는 기회도 제공했다(http://news1.kr/articles/?2603645, 검색일: 2016/08/15).

핸디캡 인터내셔널(Handicap International)은 벨기에 소속의 NGO이다. 이 단체는 1982년 장애인의 권익을 보호하기 위해 설립된 국제 NGO이며 전 세계 57개국에서 장애인의 재활과 사회적, 경제적 통합을 돕는 활동을 하고 있다. 구체적으로 지뢰와 집속탄(cluster bomb) 피해자들의 재활과 사회 통합을 돕는 한편, 집속탄 금지운동, 지뢰금지운동에 앞장서고 있다. 이 외에도 자연재해와 인간재해로 인한 피해자들에도 관심을 가지고 이들의 재활도 돕고 있다. 지난 1998년 '조선장애인보호연맹'의 요청으로 북한에서 지원 활동을 시작해 현재는 장애인 재활치료와 특수장애인학교 교육개선 사업 등을 벌이고 있다.

핸디캡 인터내셔널은 북한에서 '장애인 재난 위험 감소(Improved Resilience of Children with Disabilities through Disaster Risk Reduction)' 사업을 수행 중에 있다. 이 사업은 북한 장애인들의 재난 대응 능력을 향상시키고 궁극적으로 이들의 삶의 환경을 개선하는 것을 핵심 목표로 하고 있다. 이 사업은 우선 황해북도 봉산농아학교 어린이들을 대상으로 실시되었으며, 앞으로 시각장애인 학교 6곳으로 확대 진행될 예정이라고 관계자들은 밝혔다. 각 장애학교에 학교 기반 재난 위험 감소계획을 도입하는 것의 주요 목적은 장애학생뿐 아니라 교사와 지역사회, 더 나아가 북한 당국자들의 재난 대응 능력을 향상시키는 것이다. 이 단체는 지난 2014년에는 미화 110만 달러를 들여 함흥정형외과병원, 평안남도 덕촌탄광병원, 평안북도 동림의 노인, 장애자 요양원 등의 설비 개선과 장비 지원, 보건요원 교육 등을 실시하기도 하였으며, 북한 내 6개 시각·청각 장애자 특수학교의 교육과 훈련을 지원하기도 하였다(http://www.voakorea.com/a/3207985.html, 검색일: 2016/08/13).

위의 다양한 사례를 통해서 알 수 있듯이 최근 북한 내 상주하는 유럽 대북지원 NGO들은 주로 식량안보, 보건, 식수위생(WASH: Water, Sanitation and Hygiene)과 같은 지원 수요가 높은 우선순위 분야에서 활동을 전개하고 있다.

IV. 국내 NGO와 국제 NGO의 대북지원 현황 분석:
분야와 규모

1. 국내 NGO

국내 NGO들의 대북지원 분야는 북민협의 『대북지원 20년 백서』에 따라 일반구호 및 긴급구호 분야, 농축산 분야, 보건의료 분야, 우선복지 지원 분야, 사회인프라 분야와 같이 다섯 분야로 구분하였고, 2015년 기준 북민협의 회원단체 55개 중 자료를 제공한 34개의 단체의 활동을 기반으로 정리하였다.

1995년 대북지원이 시작된 이래 20년간 대북지원 민간단체들은 우선복지지원(50%), 일반/긴급구호(34%), 보건의료(13%), 농축산(2%), 사회인프라(1%)순으로 지원활동을 전개하였다. 복지지원의 비중이 가장 높은 이유는 북한 내에서 발생하는 인도주의적 참상의 희생자들이 대부분 우선복지 지원 대상에 집중되어 있고, 그들이 지원의 대상일 경우 후원을 받는 것이 용이해지기 때문이다(북민협 2015, 81). 일반/긴급구호가 2순위를 차지한 배경에는 북한의 경제난이 있는 것으로 분석된다. 생필품, 식량, 연료 등이 부족하여 일반적 품목에 대한 지속적인 지원이 필요했을 것으로 보인다(북민협 2015, 81).

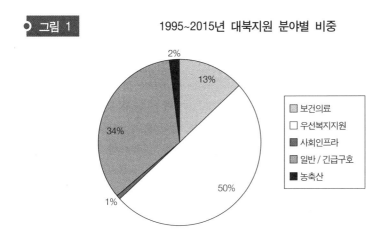

그림 1

1995~2015년 대북지원 분야별 비중

- 보건의료
- 우선복지지원
- 사회인프라
- 일반 / 긴급구호
- 농축산

출처: 대북협력민간단체협의회, 『대북지원 20년 백서』(2015), p.81

　민간 차원의 대북지원은 정부 차원의 지원에 비하여 정부정책에 구속이 덜 되는 것은 사실이지만, 한국에 어떤 정권이 들어와서 어떤 대북지원 정책을 펼치는지에 따라 조금씩의 변화를 거듭하기도 하였다. 즉 정부 차원의 남북대화가 이루어지면 사업의 지속적 추진이 가능하며, 정부와 민간단체 사이의 경색국면에서는 지원 축소, 연기, 중단, 사업의 형태 등 변화를 보여주기도 하였다(북민협 2015, 82).

　〈그림 2〉는 1996년부터 2016년까지 민간단체의 대북지원 규모를 연도별로 보여주고 있다. 전체적으로 2008년을 기점으로 하여 민간 차원의 대북지원은 감소하는 추세를 보여주며, 최근에는 지원이 거의 없는 미미한 상태가 지속되고 있다. 특히 2010년의 '5.24 조치' 이후에는 민간 차원의 대북지원의 규모가 현격하게 줄어들면서 모든 대북지원 사업이 사실상 동결된 것이나 다름이 없어졌다.

　앞에서도 언급했듯이 북한에 대한 지원은 북한의 공식적 식량지원 요청으로 인하여 1995년부터 시작되었다고 볼 수 있다. 국내 NGO의 인도적 대북지원은 국제사회가 지원을 먼저 시작한 이후에 국내까지 그 영향이 번지면서 본격적으로 시작되었다. 남과 북의 관계가 특수한 만큼 국내 NGO의

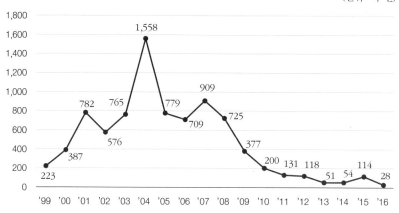

○ 그림 2　　　　민간단체의 대북지원 규모 추이(1999~2016년)

(단위: 억 원)

출처: https://www.unikorea.go.kr/content.do?cmsid=3099(검색일: 2017/03/27) 자료를 바탕으로 그래프 작성

대북지원도 남한 내 정권의 변화와 정치적 상황으로부터 영향을 받아 변화를 거듭하기도 하였다. 1995년을 기점으로 민간단체들의 지원이 시작되기는 하였으나, 이때 정부는 북한에 대한 지원을 대한적십자사라는 하나의 창구로 일원화할 것을 요구하였으며 품목 등에 제한을 가하기도 하였다. 이후 1998년이 되어서야 대북지원이 활성화될 기미를 보이면서 협력 사업 방식의 대북지원을 허용하였고, 모니터링 목적의 방북을 허용하였다(이금순 2005, 26). 1999년에는 창구다원화 조치로 인도적 차원의 대북지원 사업 처리에 관한 규정에 준하여 대북 직접 지원을 허용하고 남북협력기금을 조성하였다. 하지만 2016년 북한의 4차 핵실험과 장거리 로켓 발사 직후 통일부는 민간단체의 대북지원을 잠정 중단하겠다고 밝혔으며, 5차 핵실험 이후에는 민간 차원의 대북교류는 전면 중단되었다(강영식 2016, 2). 이렇듯 한국의 정치상황 변화에 따라 대북지원 추진체계에서도 변화를 거듭하였음을 확인할 수 있다.

한국 정부는 북한 정부나 북한 주민들과 접촉하기 원하는 기관이나 개

● 표 6   대북지원 NGO 유형별 분류

북한지원에만 초점을 둔 NGO	종교 기반 NGO	복지 NGO	전문가 협회	정부 주도 NGO
일반대중이 지지기반	기독교, 불교, 협회 신자들이 지지기반	캠페인이나 개인후원자가 지지기반	협회 구성원이 지지기반	대부분의 자금이 한국 정부로부터 충당됨
• 식량지원 • 농업 생산, 　농기계 지원 • 의료물품 지원 　등	• 식량지원 • 의료물품 및 　의료기술 지원	• 아동 • 식량가공 • 농업생산 및 　농업기술 • 건강사업	• 의료 시설 및 　물품	• 쌀, 양잠, 　재식림 　(reforestation)

출처: Edward P. Reed, "From Charity to Partnership: South Korean NGO Engagement with North Korea," *Engagement with North Korea* (2009), p.204

● 표 7   국내 NGO의 대북지원 분야와 성과

분야	분야 정의	구체적 사업 분야	성과
일반 및 긴급구호	인재 및 자연재해로 인 한 일시적 인도지원 상 황 발생 시, 특정연령, 성별을 수혜 대상으로 하지 않는 불특정 다수 를 수혜자로 하는 사업	• 구호 식량 등 물품 　지원 • 자연재해(수해, 가뭄) 　에 따른 긴급지원 • 인재에 따른 지원 • 불특정 다수 대상의 　비정기적 식량 및 　물품 지원	• 민간단체들 간 연대 형성과 다양 　한 캠페인을 통해 국민여론 조성 　으로 인도적 위기 해소에 기여함 • 창구다원화 조치와 남북협력기 　금 지원 조치로 독자지원창구를 　개설한 민간단체들은 실생활에 　필요한 물품 지원으로 삶의 질 　향상에 기여함 • 정부 차원에서 민관협력 시스템 　구축을 이룬 선례도 존재함(효율 　성에 기여함)
농축산	농업과 축산 분야의 생 산성을 높이기 위한 기 술, 시설, 자재 지원사업	• 농자재 지원 • 비료지원 • 시범농장 • 농기계 지원 • 농업기술 향상을 　위한 기술 및 　지식협력 사업	• 2000년 이후 농축산 분야의 　지원 비중이 꾸준히 증가함 • 북한의 농업 생산성 제고에 기여함 • 남북 농업전문가 간 농업기술 및 　지식전수 사업인 '남북농업과학 　심포지엄'은 남북 간 신뢰형성의 　대표적 사업으로 평가됨

보건의료	북한 주민의 보건의료 상황 증진 사업	• 의약품 지원 • 의료 기자재 지원 • 병원 건립 및 개선 • 의약품 및 의료 기자재 생산공장 지원 및 개보수 사업	• 북측 보건의료체계 복구를 위한 개발 중심의 교류와 협력을 유도할 수 있는 관계형성에 일조함 • 결핵, 기생충관리 및 건강증진에 기여하였으나, 재정 불안정으로 인해 소규모 단일사업의 형태로 추진됨(통합적이지 못함) • 북측 의료진들과 협진 및 세미나, 토론회를 통해 의료기술을 전수하는 등 상호 인적 교류를 확대함
우선복지 지원	북한 주민 대상의 장기, 지속적 성격의 사업	• 식량지원 • 비식량 물품 지원 (방한용품, 의복, 난방 관련 지원) • 보육시설(육아원) • 고아원 개보수 및 건립 • 어린이 대상 교육 지원(책가방, 학용품, 학습교구 등) • 장애인 대상 사업	• 우선복지 지원사업이 아동에 초점을 맞춘 지원사업으로 세분화되어 다양하게 추진됨 • 장애인 지원의 경우는 국제푸른나무 등 해외 본부를 통해 남북관계에 비교적 영향을 덜 받으므로 지속적인 인도지원이 가능하였음
사회 인프라	지역 내 커뮤니티 역량 강화 및 인프라 개발 사업	• 상수도 개선 사업 (오폐수 처리시설 포함) • 학교 건립 및 개선 (책걸상 지원과 같은 교구 지원) • 커뮤니티 시설 건립 및 개선 • 산림녹화 및 환경 관련 사업	• 민간단체들이 지원한 사업의 규모가 상대적으로 다른 지원분야에 비해 적었고, 지원 시기도 짧았음 • 하지만 그동안의 구호성 사업이 개발협력 사업으로 전환되고 있음을 의미한다는 점에서 의의가 있음

출처: 대북협력민간단체협의회, 『대북지원 20년 백서』(2015), pp.77-188의 내용을 기반으로 작성

인들이 통일부의 승인을 받아야 함을 정책적으로 규정하고 있다(Reed 2009, 203). 정부의 이런 요구에 따라 대북 인도적 지원사업을 하는 NGO 단체들의 명단이 있으며, 그 안에는 69개의 단체가 등록되어 있다(Reed 2009, 203). 이 단체들을 유형별로 구분할 경우 범주가 겹쳐지는 경우가 있기는 하지만, 기관의 본질·종류와 지지기반에 따라 5가지로 유형이 나누어질 수 있다(Reed 2009, 203).

국내 민간단체의 대북지원 활동과 분야에 대해서는 북민협의『대북지원 20년 백서』를 통해서 전반적인 이해가 가능하다. 북민협은 국내 NGO의 대북지원 분야를 크게 다섯 가지로 나누고 있다(1. 일반 및 긴급구호 분야, 2. 농축산 분야, 3. 보건의료 분야, 4. 우선복지 지원 분야, 5. 사회인프라 분야). 위 다섯 가지 분야에 대한 구체적 사업 분야와 그간의 성과를 정리하면 〈표 7〉과 같다.

2. 국제 NGO

최근 북한개발지원에 대한 국제 NGO들의 개별보고서는 찾아보기 어렵다. 이들 단체가 북한 내에서 단체이름을 사용하지 못하고 EUPS unit으로 활동해야 하는 상황을 고려하면 그 이유를 쉽게 가늠할 수 있다. 그럼에도 불구하고 북한에서 활동하는 유엔 HCT(UN Humanitarian Country Team)의 보고서에 따르면 국제 NGO들은 식량안보, 영양, 보건, 그리고 식수위생(WASH) 네 분야에 집중해서 활동을 펼치고 있다. 위 네 분야는 북한의 필요와 지원 우선순위에 기반하여 2016년 보고서에서 제시되었다(UN Humanitarian Country Team 2016).

〈표 8〉에서 드러나듯이 최근 식량안보 분야는 구호성 식량지원, 농업기술 및 역량 전수, 비료와 종자 등의 제공 사업 등에 집중하고 있다. 좀 더 구체적으로는 두유와 빵을 제공하고 버섯 생산시설 건립 등을 지원하였다. 영양 분야에서는 영양강화식품제조 사업 등을 펼치면서 동시에 영양부족과 영양실조 치료와 관리 프로그램을 시행하였다. 보건 분야의 경우는 보건소 재건, 의학 장비제공, 의사 및 직원 역량강화 사업 등을 실시하였고, 식수위생분야에서는 물접근성 향상을 위해 상수도 및 정수 시설 설치, 가정으로 수도 파이프 연결, 위생 증진 역량강화 교육 등을 실시하였다.

2016년 국제기구와 국제 NGO의 북한개발지원 규모를 살펴보면 위 네 핵심분야 지원을 위해 북한당국이 약 1억 4천만 달러를 요청했으나, 실제

| 표 8 | | 국제 NGO의 주요 대북지원 분야 |

분야	지원사업	국제 NGO의 구체적 지원 내역
식량안보	• 식량제공 • 지속가능한 농업 관행 향상 • 비료 및 종자 제공 • 농업장비 제공 • 농업 역량강화 훈련 제공	• 두유, 빵, 비닐하우스 건설, 음식가공 공장, 폐수처리시설, 농업생산품, 농작물 및 채소 생산 역량강화 훈련, 콩과식물, 혼농임업 기술, 버섯 생산 시설, 묘목 생산 등
영양	• 영양부족과 영양실조에 대한 예방적이고 즉각적인 치료 • 급성 영양실조에 대한 관리 프로그램 및 음식 보충	• 영양 강화 식품 등
보건	• 보건시설에 대한 접근성 향상 • 국가 차원의 서비스 강화 • 주민들의 보건 수요에 대한 약물, 장비, 시설 지원	• 보건소 재건, 의학 장비 제공, 직원 훈련, 의사 역량강화 훈련 등
식수위생 WASH	• 개인 및 공중 위생·물 접근성 향상 지원 • 상수도 시설 및 정수시설 설치 • 폐수 관리	• 정수 시스템 설치, 가정으로 수도 파이프 연결, 위생 증진 역량강화 교육, 위생서비스 제공, 홍수관리, 상수도시설 건설, 유지관리 훈련 등

출처: UN Humanitarian Country Team in DPRK(2016), Part 2 부분 발췌

조성된 금액은 요청액의 27퍼센트인 약 3천8백만 달러에 불과했다. 영양 부문이 요청액의 36퍼센트 정도 조달되었는 데 반해 보건 분야에서는 14퍼센트에 그쳤다.

〈표 9〉에서 보여준 지원자금의 출처는 국제기구와 국제 NGO를 포괄하고 있다. 구체적으로 자금 지원에 참여하는 기관들은 유엔세계식량계획, 세계보건기구, 유니세프, 유엔식량농업기구(FAO), 국제적십자연맹, GAA(EUPS 4), 세이브더칠드런(EUPS 2), 유엔인구기금(UNFPA), 프리미어어젠스(EUPS 1), 그리고 컨선월드와이드(EUPS 3)로 구성되어 있다(UNHCT 2016, Part 3). 〈표 10〉에서 확인할 수 있듯이 국제기구와 국제 NGO의 지원을 합친 규모인 약 3천7백만 달러는 2003년 국제 NGO 지원규모와 비슷한 수준이다.

표 9 | 분야별 지원 실적(2016)

분야	지원요청액(A) (USD) / 수정된 요청액(B) (USD)	조성금액(C) (USD)	부족액(B-C)	달성률(C/B) (%)
식량안보	23,216,127 / 26,152,127	5,374,712	20,777,415	21
보건	29,826,971 / 35,807,671	4,867,810	30,939,861	14
영양	54,742,070 / 58,742,070	20,999,138	37,742,932	36
식수위생 (WASH)	13,948,854 / 19,322,854	6,205,563	13,117,291	32
총계	121,734,022 / 140,024,722	37,780,442	102,577,499	27

출처: UNOCHA Financial Tracking System Database, "Korea, Democratic People's Republic of: Funding received 2016"(2016)의 데이터를 활용하여 작성(https://ftsarchive.unocha. org/pageloader.aspx?page=emerg-emergencyCountryDetails&cc=prk, 검색일: 2017/01/12)

표 10 | 국제 NGO의 대북지원 실적

연도	실적* (만 달러)	비고(만 달러)
'95.9~ '97.12	4,746	Americares, 유진벨, 카리타스, Mercy Corps, Interaction, 조총련 등
'98	943	ADRA, CARE, MSF, German Agro Action, 카리타스 등
'99	72	NRC, VIVA, 카리타스 등
'00	1,573	ACT, CESVI, Concern, 카리스타 등
'01	2,707	ACT, CESVI, Concern, 카리스타 등
'02	2,003	ACT, CESVI, Concern, 카리스타 등
'03	3,575	카리스타 홍콩, GAA, MCC 등

* NGO의 지원 실적에는 국제적십자연맹도 포함되어 있음
출처: 배성인, "국제사회의 대북 인도적 지원," 『국제정치논총』 44(1)(2004a), p.266 일부 발췌

Ⅴ. 나가며: 국내 NGO와 국제 NGO의 대북지원 비교

지금까지 살펴본 국내외 NGO의 대북지원 역사와 현황을 통해 국내 NGO와 국제 NGO의 대북지원 사이의 유사성과 차별성을 찾아볼 수 있다. 지원 분야에서 공통점을 찾을 수 가 있는데 국내 NGO든 국제 NGO든 식량지원과 보건 분야가 공통으로 포함되어 있음을 확인할 수 있다. 1995년 북한의 심각한 식량난에 의한 공식적 식량지원 요청은 국내 NGO와 국제 NGO로 하여금 식량의 부족을 북한 내 가장 심각한 문제이자 가장 절실한 분야로 인식시켰다. 이에 따라 북한에 대한 식량지원은 가장 우선순위가 높은 지원활동이 되었으며 동 분야가 대북지원 활동의 주요 분야로서 자리 잡게 된 요인이 되었다.

반면에 국내 NGO와 국제 NGO 사이의 차이는 대북지원 목표와 관점에서 드러난다. 국제 NGO는 문제의 해결이나 고통 완화에 대한 단기간의 원조 효과성으로 사업 성공여부를 측정하는 반면, 국내 NGO들은 좀 더 장기적인 관점으로 성공여부의 기준을 두려고 했다(Reed 2009, 207). 국내 NGO들은 북한과의 관계를 지속적으로 유지하여 상호신뢰가 축적되면 북한의 행동변화가 있을 것이라고 믿기 때문에 북한당국이 지원활동을 제약하는 상황이 발생하더라도 이러한 상황을 받아들이는 경우가 있었다. 반면에 국제 NGO들은 1998년부터 분배의 투명성과 모니터링을 강조하는 인도주의원칙(Humanitarian Principles)에 합의하였고 이를 책무성 확보의 기준으로 삼았다. 이에 북한은 이러한 원칙이 주권 침해에 해당한다고 간주하여 국제사회의 지원활동에 비협조적이었고, 따라서 국제사회와 북한 사이의 대립과 충돌이 있었다(이종무 외 2008, 96). 다만 국내 NGO는 분배의 투명성과 책무성 제고를 위한 노력을 지속하였지만 상대적으로 국제 NGO 수준에는 다다르지 못했다.

뿐만 아니라 대북지원에 있어서 국내 NGO들과 국제 NGO들은 각각 다른 경로를 취하였다. 국내 NGO의 경우 앞서 짧게 언급하였듯이 지원 초기 정부의 조치로 인해 대한적십자사로 대북지원 창구가 일원화되어 있었다. 하지만 이후 다원화 조치와 직접적 교류 촉진에 의해 NGO들의 지원경로로 독자적 창구가 마련되기도 하였다.[10] 미국과 유럽의 국제 NGO들의 경우는 북한 외무성 산하에 설치된 국제 NGO의 대북지원과 관련된 각 국가별 협력기구를 활용하였다(맹준호 2014, 37). 미국 NGO들의 경우 북한이 미국 NGO 대북지원 사업을 촉진하기 위해 설립한 조선-미국민간교류협회(KAPES: Korea-America Private Exchange Society)가 주요 지원 경로였다(빅터 슈 2011, 54). 유럽 NGO들의 경우 미국 NGO들에 비하여 상대적으로 활동이 자유로웠지만 이들도 마찬가지로 북한 내 유럽 NGO 담당기구인 조선-유럽연합협력조정처(KECCA: Korean-European Cooperation Coordination Agency)를 경로로 사용하였으며, 캐나다 NGO의 지원사업은 조선-캐나다협력처(KCCA: Korea Canada Cooperation Agency)가 담당하였다(맹준호 2014, 37).

북한개발지원 활동을 해왔던 국내와 국제 NGO는 북한현지 주민에 대한 접근성을 중요시하는 NGO의 특성을 공유하고, 식량안보와 보건 분야에 초점을 두고 있지만 남북관계개선과 통일기반조성이라는 장기적 관점을 가진 국내 NGO는 책무성 확보 수준이나, 지원경로, 인도적 지원에서 개발지원으로 전환이라는 측면에서 국제 NGO와 차별성을 보였다. 이러한 유사성과 차별성에도 불구하고 2017년 초 현재 북한이 미사일 발사와 핵실험 등으로 한반도 안보를 위협하고, 미국의 트럼프 정부와 한국 정부가 이에 대해 단호한 입장을 견지하고 있는 상황에서 NGO의 대북개발지원 활동은 위축될 수밖에 없는 상황에 놓여 있다. 그러나 이러한 긴장상태가 향후 완화되

---

10) 대북지원 창구다원화 조치에 따라 독자창구를 마련한 대표적 민간단체들로는 남북나눔운동(독자창구지정일 1999.2.24), 남북어린이어깨동무(2000.4.27), 불교종단협의회(1999.11.29), 우리민족서로돕기운동(1999.4.16), 월드비전(1999.3.19), 남북협력제주도민운동본부(2001.3.7), 조국평화통일불교협회(2000.5.28), 천주교민족화해위원회(1999.5.10), 한국이웃사랑회(1999.3.16), 한국JTS(1999.3.16), 한민족복지재단(2000.10.2) 등이다(고성준 2002, 8).

면 취약국인 북한에 대해 인도적 지원이 개시될 것이고, 국내 NGO의 역할이 정부나 국제기구의 대행, 보완, 대체 중 어느 기능에 중점을 둘 것인가에 대한 논의가 필요할 것이다. 또한 남북 정부 간 대화채널이 막혀 있는 대치 상황을 풀어나가는 하나의 통로로 국내외 NGO의 대북 개발지원이 그 역할을 할 수 있기를 기대한다.

▣ 참고문헌 ▣

강영식. "한국NGO의 대북 인도지원 현황." 시민평화포럼『2016-4차 보고서』. 2016.

고성준. "민간단체의 대북지원과 교류협력 확대 연계 방안: 〈남북협력제주도민운동본부〉의 사례분석을 중심으로."『東아시아研究論叢』Vol.13. 2002: 59-98.

김지영. "국제사회의 대북 인도적 지원의 실제와 효과성: 탈북민의 인식조사 결과를 중심으로."『한국동북아논총』21집 1호(통권 78호). 한국동북아학회, 2016. 87-103.

김형석·박현석·최윤원·이수정.『NGO의 대북 지원 현황과 발전 방안』. 통일부 연구용역 과제 결과보고서. 2003.

대북협력민간단체협의회.『대북지원 10년 백서』. 2005.

_____.『대북지원 20년 백서』. 2015.

맹준호. "제2장: 국제사회의 북한개발지원 동향과 정책과제."『북한개발과 국제협력』한국수출입은행 북한개발연구센터 총서. 서울: 도서출판 오름, 2014. 24-45.

문경연. "북한개발 촉진방안: 국제NGO 및 국제기구 활용방안을 중심으로."『수은북한경제』봄호. 2014. 58-79.

배성인. "국제사회의 대북 인도적 지원."『국제정치논총』44(1). 2004a. 255-280.

_____. "대북 인도적 지원과 북한의 변화."『2004 북한 및 통일관련 신진연구 논문집 2』2004. 1-65.

빅터 슈. "대북 지식공유사업과 인도적 지원: 한국NGO와 국제NGO의 비교."『KDI 북한경제리뷰』8월호. 2011. 41-67.

이금순. "대북 인도적 지원 개선방안: 개발구호를 중심으로."『통일연구원 연구정책세미나』00-32. 2000. 1-118.

_____. "대북 인도적 지원 실효성 연구."『통일정책연구』제14권 2호. 2005. 17-47.

이종무·최철영·박정란. "국제 NGO의 원조 정책과 활동."『통일연구원 협동연구총서』통일연구원, 2008. 2-8.

장형수·김석진·송정호.『북한개발지원을 위한 국제협력 방안』. 서울: 통일연구원, 2009.

최대석. "긴급구호에서 개발지원으로: 국내 NGO의 지원경험과 향후과제."『북한연구학회보』 10권 1호. 2006. 312-336.

최병모. "대북지원사업의 평가와 과제." 민주평화통일자문회의, 2006.

통일부. 『2012 통일백서』. 서울: 통일부, 2012.

_____. 『2014 통일백서』. 서울: 통일부, 2014.

Lee, Woon-Ik. "Humanitarian Aid to North Korea by South Korean NGOs in 2012." In Civil Society Organizations Network in Korea Civil Peace Forum, eds. *Civil Participation for Peace And Reunification.* 2012. 12-22.

OECD. "External Financing for Development — Measuring Development Finance: A Situation Report." Expert Reference Group Meeting, Discussion Paper. 2013.

_____. *States of Fragility 2016: Understanding Violence.* Paris: OECD Publishing, 2016.

Park, Jiyoun. "Norms and Realities of Applying the Aid Discourse on Fragile States to North Korea." *Asian Politics & Policy*, 8(4). 2016: 559-574.

Reed, Edward P. "From Charity to Partnership: South Korean NGO Engagement with North Korea." In Sung Chull Kim and David C. Kang, eds. *Engagement with North Korea: A Viable Alternative.* Albany, NY: SUNY Press, 2009. 199-224.

Rice, Susan et al. "Index of State Weakness in the Developing World." Washington, DC: The Brookings Institution, 2008.

Snyder, Scott. "Expected Role of South Korea and Major Stakeholders: NGO Contributions to and Roles in North Korea's Rehabilitation." In Ahn Choong-yong, Nicholas Eberstadt and Lee Young-sun, eds. *A New International Engagement Framework for North Korea?: Contending Perspectives.* Washington, DC: Korea Economic Institute of America, 2004. 367-385.

The Fund for Peace. *Fragile States Index 2014.* Washington, DC: FFP, 2014.

_____. *Fragile States Index 2015.* Washington, DC: FFP, 2015.

_____. *Fragile States Index 2016.* Washington, DC: FFP, 2016.

UN Humanitarian Country Team(HCT). *DPR Korea Needs and Priorities.* 2016.

뉴스1. "프랑스 NGO, 北 노인 7500여명에 의약품 지원-RFA." 2016/03/16, http://news1.kr/articles/?2603645(검색일: 2016/08/15).

"북한서 철수한 '국경 없는 의사회' "주민 접촉제한 등 활동규제" 비난." 『한겨레』, 1998/10/02.

자유아시아방송. "북한, 국제기구-NGO 선별적 잔류 희망." 2005/09/29, http://www.rfa.org/korean/in_focus/nk_selective_ngo_stay-20050929.html(검색일: 2016/07/22).

_____. "영국NGO, 5년째 대북 환경식량지원." 2016/01/22, http://www.rfa.org/korean/in_focus/food_international_org/nkaid-01222016103740.html(검색일: 2016/08/08).

통일부. "인도협력 대북지원 현황." 2016, https://www.unikorea.go.kr/content.do?cmsid=3099(검색일: 2017/01/12).

CM Swaan et al. "Privation and injustice in North Korea." The Lancet, 06 February 1999, http://www.thelancet.com/journals/lancet/article/PIIS0140-6736(05)75183-7/fulltext(검색일: 2017/04/03).

Devex. "In North Korea, people are still malnourished, but better fed." 24 March 2015, https://www.devex.com/news/in-north-korea-people-are-still-malnourished-but-better-fed-85765(검색일: 2016/07/27).

Korean Friendship Network of Rotarians. "Rule #1: Set aside some of your preconceptions." n.d. http://www.koreanfriendshipnetwork.org/about-north-korea/(검색일: 2017/02/05).

Reliefweb. "DPRK Consensus statement." 30 Mar 2001, http://reliefweb.int/report/democratic-peoples-republic-korea/dprk-consensus-statement(검색일: 2017/01/11).

UNOCHA Financial Tracking System. "Korea, Democratic People's Republic of Funding received 2016." n.d. 2016, https://ftsarchive.unocha.org/pageloader.aspx?page=emerg-emergencyCountryDetails&cc=prk(검색일: 2017/01/12).

Voice of America. "EU, 대북 영양 개선 사업에 150만 유로 지원." 2015/01/21, http://www.voakorea.com/a/2606233.html(검색일: 2016/08/12).

_____. "독일 NGO, 북한서 새 식수 사업 시작… 올해 155만 달러 예산." 2016/07/22, http://www.voakorea.com/a/3429287.html(검색일: 2016/08/15).

_____. "스위스 정부, 북한 장애인 사업에 10만 달러 지원." 2016/03/16, http://www.voakorea.com/a/3207985.html(검색일: 2016/08/13).

_____. "프랑스 NGO, 북한서 염소 목장 사업 지원." http://www.voakorea.com/a/3206476.html(검색일: 2016/08/08).

제 3 부

북한개발협력의
주요 이슈와 쟁점

국제사회의 대북지원과 북한개발협력*

황지환 | 서울시립대학교

I. 머리말

한국 정부는 그동안 세계식량계획(WFP), 유엔아동기금(UNICEF), 세계보건기구(WHO) 등의 국제기구를 통해 북한에 인도적 지원을 지속해 왔다. 통일부는 2013년 WHO, UNICEF, 국제백신연구소(IVI)를 통해 북한 의료환경개선 사업, 영유아 및 임산부 등에 대한 영양 지원, 백신 지원 등에 1,209만 달러의 남북협력기금을 지원한 바 있었다.[1] 통일부는 2014년에도 세계식량계획(WFP)과 세계보건기구(WHO)를 통해 북한 모자보건지원 사업에

---

* 이 글은 황지환, "국제사회의 대북지원 동향과 한국,"『북한경제리뷰』16권 1호를 수정·보완한 것임.

1) 통일부, "통일부 2013년도 국정과제 추진실적," 2014년 1월 3일.

남북협력기금 1,330만 달러를 지원했다.[2] 당시 WFP 지원 금액은 총 700만 달러로 북한 87개군 관련 시설 영유아 및 임산부, 수유부 대상 영양식 지원 프로그램이었다. WHO 지원 금액은 총 630만 달러로 필수의약품 제공, 진료소 개선, 의료분야 교육 및 기술 훈련 사업을 위한 것이었다. 통일부는 2015년에도 WFP, UNICEF 등의 국제기구를 통해 1,022만 달러를 지원하였다. 하지만 2016년 들어 북한이 핵실험과 장거리 로켓 발사를 감행하면서 국제기구를 통한 한국 정부의 대북지원은 중단되었다.

2016년 1월 북한의 5차 핵실험 이후 국제기구를 통한 한국 정부의 대북지원이 중단 혹은 감소될 것이라는 사실은 어느 정도 예상된 것이었다. 박근혜 정부는 2013년 출범 초기 발표한 국정과제를 통해 영유아, 임산부 등 취약계측을 대상 순수 인도적 지원은 정치적 상황과 관계없이 지속적으로 지원할 것임을 천명했었다.[3] 하지만 박근혜 정부 초기는 북한의 2012년 12월 광명성 3호-2호기 발사 및 2013년 2월 3차 핵실험 이후 남북관계가 급격하게 경색된 상황이었기 때문에 순수 인도적 차원이라고 하더라도 한국 정부의 직접적인 대북지원이 쉽지는 않았다.[4] 이러한 상황에서 국제기구를 통한 대북지원은 상대적으로 부담이 적고 실행하기도 용이한 측면이 있었다. 박근혜 정부는 이후에도 드레스덴 선언, 제2차 남북관계 발전 기본계획, 국가안보전략서 등을 통해 국제기구를 통한 대북 인도적 지원 계획을 꾸준히 밝혀 왔기 때문에 이러한 국제기구를 통한 대북지원이 가능했었다.[5]

하지만, 북한의 4, 5차 핵실험 이후 국제사회를 통한 한국 정부의 대북

2) 통일부, "WFP 및 WHO 남북협력기금 지원 관련 브리핑," 통일부 정례브리핑, 2014년 8월 11일.
3) 대한민국 정부 관계부처 합동, "박근혜 정부 국정과제," 2013년 2월. 이는 124번 과제인 '한반도 신뢰프로세스를 통한 남북관계 정상화'의 정책이다.
4) 황지환, "김정은 시대 북한의 대외전략: 지속과 변화의 '병진노선'," 『한국과 국제정치』 제30권 1호(2014), pp.196-202.
5) 청와대, "드레스덴 공대 명예박사 학위 수여식 대통령 연설," 2014년 3월 28일; 청와대 국가안보실, 『희망의 새시대 국가안보전략』 2014년 7월.

지원은 어렵게 되었다. 더구나 국제사회의 전반적인 대북지원 자체도 모금 부진으로 향상되고 있지는 못한 것으로 알려져 있다. WFP는 당초 2013년 7월부터 2015년 6월까지의 2년간 대북지원 사업 예산을 2억 달러에서 1억 3천750만 달러로 30%가량 축소했다고 알려졌었다.6) 이에 예산 부족으로 대북지원중단까지 우려되었지만 한국 정부가 당시 700만 달러를 지원함으로써 위기를 넘긴 것으로 알려졌었다. 하지만 WFP는 당시 북한 취약계층 240만 명에게 영양공급을 계획했으나 예산 부족으로 크게 축소했다고 한다. 북한의 농업생산력이 크게 좋지 않음을 고려할 때, 국제사회의 대북지원 부진은 북한 식량사정에 커다란 영향을 주고 있을 것으로 판단된다.7) 더구나 북한의 지속적인 핵실험과 미사일 발사 실험은 동북아에서 대북제재 분위기를 더욱 강화시킬 것이므로 국제사회의 대북 인도적 지원은 구조적인 어려움을 겪을 것으로 예상된다.

II. 국제사회의 대북지원과 북한

1. 국제사회의 대북지원과 북한

국제사회의 본격적인 대북 인도적 지원은 잘 알려졌다시피 북한이 자연재해로 인해 유엔인도지원국(UNDHA)에 긴급지원을 공식적으로 요청했던 1995년 8월에 시작되었다. 당시 미국, EU, 일본 등이 지원한 총 927만 달러의 대북지원이 1996년 6월까지 이루어졌다. 이후 북한이 소위 '고난의 행군'을 극복하는 과정에 국제사회의 지원이 급격하게 증가하여 1998년에는

---

6) "북, 유엔기구 올해 작황조사 거부," 『연합뉴스』, 2014년 9월 12일.

7) GIEWS, "Country Brief: Democratic People's Republic of Korea"(July 8, 2014).

2억 1,587만 달러까지 증가하였다. 이후 국제사회의 대북지원액은 조금 감소하였으나 2000년대 들어서 다시 늘어나기 시작해 2001년에는 2억 4,797만 달러로 최고치를 기록하기도 했다. 하지만 2005년 이후 국제사회의 대북지원 금액은 급감하기 시작하여 5,000만 미만으로 감소하였다.[8]

〈표 1〉은 2005년 이후 지난 10년간의 국제사회 대북지원액을 보여주고 있다. 2005년 이후의 가장 커다란 특징은 1990년대의 지원액을 다시 회복하지 못하고 있다는 데 있다. 북한에 대한 국제사회의 지원액이 감소한 것은 물론 2000년대의 북한 식량사정이 1990년대 중반 이후의 '고난의 행군' 시대보다는 크게 향상되었기 때문일 것이다. 또한 2002년 가을 이후 전개된 제2차 북한 핵 위기의 여파로 국제사회가 북한에 대한 신뢰를 상당 부분

표 1   국제사회의 대북지원 실적(2005~2015년)

연도	지원액 (만 달러)
2005	4,523
2006	1,915
2007	9,966
2008	4,358
2009	4,193
2010	2,178
2011	9,771
2012	11,748
2013	6,306
2014	2,835
2015	3,187

출처: 한국농촌경제연구원, "국제사회의 대북지원 및 교류협력 동향,"『KREI 북한농업동향』제18권 2호(2016), pp.65-66

---

8) 한국농촌경제연구원, "국제사회의 대북지원 및 교류협력 동향,"『KREI 북한농업동향』제16권 2호(2014), pp.122-123.

상실하여 대북지원이 감소했을 것으로 추정된다. 하지만 무엇보다도 1995
년 이후 10여 년간의 대북지원 과정에서 국제사회가 느꼈던 좌절감이 컸던
것으로 보인다. 북한 측이 국제기구나 국제 NGO들의 지원활동에 적극적으
로 협조하지 않고 모니터링을 비롯한 관련 활동을 방해함으로써 많은 국제
기구와 단체들이 실망하여 북한을 떠났던 것으로 알려져 있다.[9]

　1990년대 중반 이후 북한의 대기근은 1995년 이후 발생한 가뭄과 홍수
등의 연속적인 자연재해로부터 본격적으로 시작되었지만, 사실 국제사회는
그 구조적 요인을 인재로 평가하였다. 북한당국은 기근을 감소시킬 수 있었
던 경제적 정책을 시행하지 않으면서 국제사회의 원조에 의존하고 있었던
점은 당시 활동하고 있었던 단체들에게 상당한 실망감을 안겨주었을 것이
다. 더구나 북한체제의 속성상 정상적인 인도적 지원 활동을 방해하는 모습
은 많은 지원기구들로 하여금 더 이상의 지원활동을 어렵게 만들었을 것으
로 판단된다. 이러한 상황을 타개하기 위해서는 단순한 인도적 지원과 더불
어 개발협력 방식의 지원이 병행되어야 한다고 판단된다.

2. 한국 정부의 대북지원과 국제기구

　2000년대 중반 이후 국제사회의 대북지원이 감소했던 데 비해 같은 시
기 한국 정부의 대북지원은 꾸준히 이루어졌다. 〈표 2〉는 지난 10년간 한국
정부의 대북 인도적 지원 상황을 보여주고 있다. 노무현 정부 시기였던
2007년까지 한국 정부의 대북지원은 북한의 2차 핵실험이 있었던 2006년을
제외하고는 꾸준히 증가해 갔다. 2006년에는 식량차관이 없었던 대신 무상
지원이 더 많았다는 점을 고려할 때 이 시기 전반적으로 한국 정부의 대북
지원은 크게 증가하고 있었다고 평가할 수 있다. 이는 당시 국제사회의 대

---

9) 스테판 해거드·마커스 놀랜드 저, 이형욱 옮김, 『북한의 선택: 위기의 북한 경제와
　한반도 미래』(서울: 매일경제신문사, 2007).

◯ 표 2　　　　　　　　　한국 정부의 대북 인도적 지원 현황

(단위: 억 원)

구분			'06	'07	'08	'09	'10	'11	'12	'13	'14	'15
정부차원	무상지원	당국 차원	2,000	1,432			183	–	–	–	–	–
		민간단체를 통한 지원	134	216	241	77	21	–	–	–	–	23
		국제기구를 통한 지원	139	335	197	217	–	65	23	133	141	117
		계	2,273	1,983	438	294	204	65	23	135	141	140
	식량차관		–	1,505	–	–	–	–	–	–	–	–
	계		2,273	3,488	438	294	204	65	23	135	141	140
민간 차원(무상)			709	909	725	377	200	131	118	51	54	114
합계			2,982	4,397	1,163	671	404	196	141	186	195	254

출처: "대북지원 현황," 통일부 홈페이지(http://www.unikorea.go.kr)

북지원이 이전 시기에 비해 적게는 절반에서 많게는 10% 수준으로 감소한 것과는 크게 대비되는 것이다. 한국 정부의 대북지원은 이명박 정부가 들어섰던 2008년 이후 급감했던 것을 고려할 때 국제사회와 한국 정부는 대북지원의 변화 원인이 완전히 다른 것으로 해석될 수 있다. 한국 정부의 대북지원은 특정 정권 차원의 대북정책에 크게 영향을 받았다면,[10) 국제사회의 대북지원은 북한의 상황과 대북지원 환경의 변화에 크게 영향을 받고 있었다고 판단된다.

　재미있는 사실은 한국 정부의 대북지원이 활발했던 노무현 정부 시기에는 국제기구를 통한 지원보다는 주로 당국 차원의 무상지원이 압도적으로 많았던 데 비해, 대북지원이 저조했던 이명박 정부와 박근혜 정부 시기에는 적은 금액이나마 대북지원의 상당 부분을 국제기구를 통한 지원에 의존하고 있었음을 알 수 있다. 특히 2011~14년 3년 동안 정부 차원의 대북지원은

---

10) 황지환, "이명박 정부의 남북관계와 새로운 대북정책의 모색: 햇볕 대 제재의 이분법을 넘어서," 『공공정책연구』 제17권 2호(2010).

오직 국제기구만을 통해서만 이루어졌다. 이는 남북관계가 경색되고 한국 정부가 원칙적인 대북 압박정책을 펼치는 시기에 북한에 대한 직접적인 지원은 어렵기 때문일 것이다. 반면 국제기구는 한반도의 안보상황이나 남북관계의 변화에 상대적으로 영향을 덜 받을 가능성이 크다. 따라서 북한개발협력의 방식도 이러한 상황을 잘 활용할 필요가 있다.

III. 국제사회의 대북지원 동향과 북한개발협력의 어려움

1. 국제기구를 활용한 한국 정부의 대북지원

이러한 모습은 한국 정부의 대북지원 정책에 대해 상당한 의미를 제시한다. 한국 정부는 2013년 8월 유엔아동기금(UNICEF)을 통해 북한 영유아지원 사업에 604만 달러(67억 원 상당)를 남북협력기금에서 지원하였다. 또한 2013년 10월에는 세계보건기구(WHO)를 통해 역시 북한 영유아지원 사업에 630만 달러(68억 원 상당)의 남북협력기금을 지원하였다.[11] UNICEF와 WHO를 통한 135억 원이 당시 한국 정부 차원에서 실시한 대북지원의 전부였다. 2014년과 2015년에도 한국 정부의 대북지원이 국제기구에만 의존하며 비슷한 모습을 보여 주었다. 남북관계의 경직성과 한반도의 불안정한 안보상황을 고려할 때 향후에도 이러한 경향은 단기간 내에 크게 변하지 않을 것으로 예측된다. 2016년에는 북한의 핵실험으로 인해 대북지원이 중단되었지만, 한국 정부의 국제기구 활용은 크게 달라졌다고 보기는 어렵다.

---

11) 통일부, 『2014 통일백서』, 2014년 3월, pp.122-123.

2. 국제사회의 대북지원 동향과 특징

1) 대북지원액의 감소 추세

〈표 3〉은 국제사회의 2013년~2015년의 대북지원 금액을 비교하고 있다. 2013년과 비교했을 때 2014년의 가장 두드러진 특징은 우선 대북지원

표 3 2013~2015년의 원조국 대북지원액 비교(달러)

국가	2013년	2014년	2015년
대한민국	12,342,764	6,566,322	4,000,000
CERF(유엔중앙긴급구호기금)	15,099,387	6,497,013	8,276,986
스웨덴	5,294,027	4,888,692	4,187,171
스위스	10,569,101	4,158,646	9,449,330
캐나다	1,012,491	3,597,975	2,154,641
프랑스	913,455	1,037,050	565,372
노르웨이	2,616,180	1,001,001	993,588
독일	2,140,588	601,604	1,979,473
유엔기구 미분류	2,811,992	-	-
호주	1,500,000	-	-
이월(WFP)	2,461,528	-	-
중국	1,000,000	-	-
이탈리아	261,780	-	-
아일랜드	325,945	-	264,550
리히텐슈타인	107,527	-	-
룩셈부르크	483,080	-	-
러시아	3,000,000	-	-
미분류(UNPF)	500,000	-	-
개인	619,154	-	-
합계	63,058,999	28,348,303	31,871,111

출처: 한국농촌경제연구원, "국제사회의 대북지원 및 교류협력 동향,"『KREI 북한농업동향』제15 권 4호(2014), 제16권 4호(2015) 및 제17권 4호(2016) 참조

금액이 크게 감소했다는 사실이다. 2013년에는 6,300만 달러 이상의 금액이 북한에 지원되었지만, 2014년에는 고작 2,835만 달러가 지원되었을 뿐이다. 2014년의 대북지원액은 2013년에 비해 절반 정도밖에 되지 않는 적은 금액이었다. 2013년에도 2012년의 11,748만 달러의 절반 수준에 불과하였다는 점을 고려할 때, 최근 국제사회의 대북지원은 감소 추세에 있다고 판단된다. 물론 2015년에는 3,187만 달러로 소폭 상승하였으나 커다란 변화가 있다고 보기는 어렵다. 이러한 관점에서 최근 국제사회의 대북지원이 감소하고 있는 원인을 분석해 보는 것이 필요하다.

2) 국가별 지원 금액의 감소 및 대북지원국의 감소

〈표 3〉은 2013~2015년의 국가별 대북지원 금액을 비교하고 있다. 국제사회의 대북지원금은 대부분 국제기구나 국제 NGO들을 통해 지원되지만, 사실 이들 기구들이 모금하는 거의 모든 자금은 국가들의 기부에서 나온다. 따라서 대북지원 금액의 변화를 설명하기 위해서는 각 국가별 지원 금액을 살펴볼 필요가 있다. 〈표 3〉을 통해 분명하게 드러나는 사실은 국가별 지원 금액이 감소했을 뿐만 아니라 대북지원국 숫자도 감소했다는 사실이다. 우선 한국과 캐나다, 프랑스를 제외한 나머지 국가들은 2013년에 비해 대북지원 금액을 감소시킨 것으로 나타난다. 이 세 국가들도 캐나다만이 예외적으로 3.5배 이상 대북지원 금액을 증가시킨 반면, 한국과 프랑스는 거의 증가시키지 않았다. 반면, CERF, 스웨덴, 스위스, 노르웨이, 독일은 2014년에 대북지원액을 감소시켰는데, 특히 스웨덴을 제외한 나머지 국가들과 CERF는 절반 아래로 지원액을 급감시켰다. 2015년에는 전체적인 국제사회의 대북지원액은 소폭 증가하였지만, CERF, 스위스, 독일, 아일랜드를 제외한 나머지 국가들은 지원액을 여전히 감소시킨 것으로 조사되었다. 스위스와 독일은 2015년에 대북지원 금액을 대폭 증액했는데, 이는 2014년 감소분을 반영한 것으로 보인다.

둘째, 2014년에는 대북지원국의 숫자도 2013년에 비해서 급감했다. 호주, 중국, 이탈리아, 아일랜드, 리히텐슈타인, 룩셈부르크, 러시아는 2013년에는 대북지원에 참여했으나 2014년에는 참여하지 않은 국가이다. 이들 국가들이 2013년에 지원한 금액이 668만 달러 정도에 불과하지만 지원 국가 수의 감소는 국제사회의 대북지원 노력에 커다란 부정적 영향을 미쳤음이 분명하다. 2015년에는 2014년에 참여하지 않았던 아일랜드가 다시 참여하였는데, 재해복구 명목으로 소액을 지원하는 데 그쳤다.

셋째, 국제사회의 대북지원 창구를 살펴보아도 이런 감소가 분명히 나타난다. 〈표 4〉는 국제사회의 2013~2015년의 지원창구별 대북지원액을 제시하고 있다. 국제사회의 대북지원 금액은 대부분 국가로부터 나오지만, 그 실제 지원은 국제기구나 국제 NGO를 통해 이루어지기 때문에 이들 지원창구에 대한 검토가 필요하다. 〈표 4〉에서 2013년에 비해 2014년에 대북지원 금액이 늘어난 기구는 Premiere Urgence, Save the Children, Triangle Generation Humanitaire의 세 국제 NGO뿐이다. 대북지원 금액이 늘어난 기구는 그 증가액이 얼마 되지 않지만, 나머지 국제기구들과 국제 NGO들은 지원 금액이 감소했을 뿐만 아니라 German Agro Action, 독일적십자, 적신월사, 노르웨이 적십자는 2014년에는 지원을 아예 하지 않았다. 지원을 중단한 기구뿐 아니라 지원을 지속하고 있는 기구들 대부분의 대북지원 금액이 감소하였다는 사실은 이들 기구의 모금활동이 커다란 어려움을 겪고 있다는 사실을 말해 준다. FAO, UNICEF, UNFPA, WFP, WHO 같은 유엔 관련 대북지원 국제기구 모두 지원 금액이 감소하였다는 사실 역시 국제사회의 모금활동이 매우 저조함을 잘 보여준다. 특히 대북지원 국제기구 중 가장 핵심적인 WFP의 경우 지원 금액이 절반 이하로 급감하였는데, 이 역시 전반적인 모금 부진으로 겪는 어려움이다. 실케 버 WFP 아시아 지역 대변인은 실제로 WFP가 2014년에 대북지원 식량 자금을 목표액의 40%밖에 확보하지 못했다고 토로하기도 했었다.[12] 2015년에는 일부 기구에서 대북지원액이 늘어나기도 했지만, 많은 기구에서 감소되어 대체적인 경향이

---

12) "WFP, 내년 3월 이후 북한에 대한 식량 지원 중단될 수도," 『뉴시스』, 2014년 11월 10일.

표 4	국제사회의 2013~2015년 지원창구별 대북지원액(달러)		

지원창구	2013년	2014년	2015년
독일 카리타스	738,216	601,604	298,673
Concern Worldwide	683,164	683,164	714,140
German Agro Action	1,399,092	-	830,688
FAO	1,697,935	1,222,025	3,000,000
독일적십자	154,795	-	-
적신월사	173,337	-	-
Premiere Urgence	504,077	612,557	1,066,072
UNICEF	12,857,715	2,819,915	8,466,172
노르웨이 적십자	1,755,002	-	993,588
Save the Children	918,274	924,499	1,395,862
스웨덴 적십자	2,002,306	1,531,394	1,079,889
Triangle Generation Humanitaire	265,252	531,034	111,857
UNFPA(유엔인구기금)	1,330,230	250,004	-
미분류	2,622,538	-	3,326,510
WFP	26,585,938	11,099,769	11,696,691
WHO	9,371,128	7,566,322	832,175
PU-AMI	-	506,016	-
HI	-	-	596,191
사적지원	-	-	162,603
합계	63,058,999	28,348,303	31,871,111

출처: 한국농촌경제연구원, "국제사회의 대북지원 및 교류협력 동향,"『KREI 북한농업동향』제15
권 4호(2014), 제16권 4호(2015) 및 제17권 4호(2016) 참조

변하지는 않았다.

3) 대북지원 금액이 소수에 집중

2014년의 대북지원에 나타난 특징 중 하나는 국제사회의 전체적인 대북
지원 금액이 소수의 원조국에 집중되어 있다는 사실이다. 2013년에 비해

2014년에 대북지원국이 감소된 것 이외에도 특정 국가들이 총 지원 금액에서 차지하는 비율이 상당히 커졌다. 2014년에는 한국이 국제기구를 통한 대북지원을 통해 총 금액의 23.2%를 차지하며 1위를 차지했는데, CERF와 합치면 전체의 46.1%를 차지하게 된다. 그 아래에 스웨덴, 스위스, 캐나다 3개 국가 모두 10%을 상회하는 기여율을 보이고 있어서 이들 상위 5개 원조국의 지원 금액이 전체의 90.7%를 차지하고 있다. 2015년의 경우 스위스가 29.6%로 1위를 차지했으며, CERF 26%, 스웨덴 13.1%, 대한민국 12.6%로 뒤를 이었다. 2015년에도 역시 상위 5개 원조국의 지원 금액이 전체의 88.1%를 차지하고 있다. 대북지원국의 숫자 자체가 감소하는 것도 대북지원의 미래를 위해 바람직하지 않겠지만, 소수의 국가가 지원 금액의 거의 대부분을 책임지고 있다는 사실은 국제사회의 대북지원 자체를 어렵게 만들 수 있다. 이는 개발협력 방식의 대북지원을 하는 경우에도 북한개발에 관심을 가질 국가가 그리 많지 않을 것이라는 예상을 하게 한다.

다른 한편, 2014~2015년의 국제기구 및 국제 NGO를 통한 대북지원국

○ 표 5   2014~2015년 원조국별 대북지원액(달러)과 비율

국가	2014년 지원액과 비율	2015년 지원액과 비율
대한민국	6,566,322 (23.2%)	4,000,000 (12.6%)
CERF(유엔중앙긴급구호기금)	6,497,013 (22.9%)	8,276,986 (26.0%)
스웨덴	4,888,692 (17.2%)	4,187,171 (13.1%)
스위스	4,158,646 (14.7%)	9,449,330 (29.6%)
캐나다	3,597,975 (12.7%)	2,154,641 (6.8%)
프랑스	1,037,050 (3.7%)	565,372 (1.8%)
노르웨이	1,001,001 (3.5%)	993,588 (3.1%)
독일	601,604 (2.1%)	1,979,473 (6.2%)
아일랜드		264,550 (0.8%)
합계	28,348,303 (100%)	31,871,111 (100%)

출처: 한국농촌경제연구원, "국제사회의 대북지원 및 교류협력 동향," 『KREI 북한농업동향』 제16권 4호(2015) 및 제17권 4호(2016) 참조

에는 미국, 중국, 일본, 러시아 등 한반도 주변 4대 강대국이 모두 빠져 있다. 미국과 일본은 1990년대 중반 이후 국제사회의 대북지원 초기에 활발한 참여를 하였으나 대북제재가 강화되면서 지원을 중단하였다. 또한 중국과 러시아는 2013년에 WFP를 통한 대북지원에 동참했으나, 2014년에는 참여하지 않은 반면 북중, 북러 양자관계를 통한 지원을 하고 있는 것으로 판단된다.

결국 대북지원 국가를 다양화하고 확산시키지 못하고 있다는 사실은 앞으로도 국제사회의 대북지원이 구조적인 어려움을 극복하기가 쉽지 않다는 사실을 잘 말해준다. 이런 상황으로 단기적으로는 대북지원 금액이 크게 증가할 가능성이 희박하며 오히려 지속적으로 감소할 가능성까지 제기될 수 있다. 북한의 핵실험 등 도발이 빈번해지고 향후 남북관계가 크게 개선되지 못하고 북한에 대한 국제사회의 인식이 더 악화될 경우, 국제기구 및 국제 NGO들의 대북지원 모금활동도 커다란 어려움에 빠질 것으로 예상된다. 이는 대북지원 국가의 감소, 일부 국가에의 편중화 현상을 더욱 심화시킬 것으로 예상된다.

4) 대북지원의 감소 요인들과 북한개발협력의 어려움

2014~2015년 국제사회의 대북지원 부족의 가장 커다란 이유로는 북한의 투명성 보장 문제가 지속적으로 제기된다. 많은 사람들은 WFP와 같은 국제기구가 북한에 대한 식량지원에서 커다란 어려움을 겪는 이유가 북한당국이 식량배분의 투명성을 보장하지 않는 것이라고 지적한다. 특히 WFP와 FAO가 매년 북한에서 시행해오던 식량 작황조사(Crop and Food Security Assessment Mission)가 2014년도의 경우 북한당국의 거부로 취소되기도 했다.[13] 국제사회는 북한에 대한 인도적 지원을 전개하는 과정에서 분배의 모니터링을 강화하고 주민들의 영양상태를 지속적으로 점검하고자 해 왔지만, 북한당국이 국제사회의 지원 관련 활동에 대한 협조를 제대로 하지 않고 투명성이 제대로 보장되지 못했다. 이러한 상황에서 국제사회가 북한에 대한

---

13) "북, 유엔기구 올해 작황조사 거부,"『연합뉴스』, 2014년 9월 12일.

인도적 지원을 획기적으로 증가시키기는 어려울 것이다. 이러한 모습은 북한에 대한 개발협력 방식의 지원에도 비슷한 영향을 미칠 것이다.

다른 한편, 2011년 12월 김정일 국방위원장의 사망과 김정은체제의 등장 이후 북한의 계속된 핵실험 및 장거리 로켓 실험 등의 도발과 이로 인한 불안정한 남북관계 및 국제사회의 부정적 인식이 대북지원 감소에 커다란 영향을 미친 것으로 풀이된다. 특히 2012년 12월 북한의 광명성 3호-2호기 발사 및 2013년 2월 3차 핵실험 이후 국제사회가 더욱 강력한 대북제재 국면으로 들어서면서 국제사회의 대북인식이 크게 악화된 것도 중요한 감소요인으로 해석된다. 더구나 2016년에는 북한의 핵실험이 두 차례나 시행되면서 국제사회의 대북지원 활동을 더욱 어렵게 만들었다.

마지막으로 한반도 주변 정세 문제 이외에도 최근 아프리카와 중동 등의 정세가 불안정해지면서 국제사회가 식량지원을 필요로 하는 국가들이 많아져서 북한에 대한 인도적 지원 예산을 확보하는 데 국제기구와 국제 NGO들이 커다란 어려움을 겪고 있다는 점도 지적된다.[14) 이러한 점은 개발협력 방식의 대북지원과 북한개발에도 예외일 수 없을 것이다.

---

14) "WFP, 내년 3월 이후 북한에 대한 식량 지원 중단될 수도," 『뉴시스』, 2014년 11월 10일.

◙ 참고문헌 ◙

대한민국 정부 관계부처 합동. "박근혜 정부 국정과제." 2013년 2월.

스테판 해거드·마커스 놀랜드 저, 이형욱 옮김. 『북한의 선택: 위기의 북한 경제와 한반도 미래』. 서울: 매일경제신문사, 2007.

청와대. "드레덴 공대 명예박사 학위 수여식 대통령 연설." 2014년 3월 28일.

청와대 국가안보실. 『희망의 새시대 국가안보전략』. 2014년 7월.

통일부. "통일부 2013년도 국정과제 추진실적." 2014년 1월 3일.

_____. 『2014 통일백서』. 2014년 3월.

_____. "WFP 및 WHO 남북협력기금 지원 관련 브리핑." 통일부 정례브리핑, 2014년 8월 11일.

_____. "세계보건기구(WHO), 세계식량계획(WFP) 모자보건사업 등 남북협력기금 지원 의결." 통일부 정책소식, 2014년 9월 18일.

_____. "유엔세계식량계획(WFP)과 대북 인도지원 MOU 체결." 통일부 정책소식, 2014년 11월 18일.

한국농촌경제연구원. "국제사회의 대북지원 및 교류협력 동향." 『KREI 북한농업동향』 제15권 4호. 2014.

_____. "국제사회의 대북지원 및 교류협력 동향." 『KREI 북한농업동향』 제16권 2호. 2014.

황지환. "이명박 정부의 남북관계와 새로운 대북정책의 모색: 햇볕 대 제재의 이분법을 넘어서." 『공공정책연구』 제17권 2호. 2010.

_____. "김정은 시대 북한의 대외전략: 지속과 변화의 '병진노선'." 『한국과 국제정치』 제30권 1호. 2014.

GIEWS. "Country Brief: Democratic People's Republic of Korea." July 8, 2014.

제 7 장

개발협력의 효과로서
북한의 외교정책 변화 가능성*

김상기 | 통일연구원

I. 서론

냉전의 종식 이후 북한의 대외관계는 고립과 대립으로 점철되어왔다. 동구권의 사회주의 몰락, 체제 전환, 개방에도 불구하고 북한은 '우리식 사회주의'를 고수하는 노선을 견지하였고 북한의 국제적 고립은 심화되어왔다. 체제를 보전하기 위한 생존 전략은 핵무기와 장거리 미사일 개발을 포함한 군사적 모험주의로 표출되었으며, 김정은 집권 이후 경제·핵 병진노선의 공표로 북한과 다른 국가들 사이의 대립과 갈등은 더욱 증폭되었다(김

* 이 글은 2015년 12월 출간된 『21세기정치학회보』 제25집 4호에 게재된 필자의 논문이며, 게재된 논문의 제목은 "원조가 북한의 외교정책을 변화시키는가? 유엔총회 투표 자료를 이용한 실증분석"임.

상기·김근식 2015). 북한과 타 국가들 사이에 갈등이 증폭되고 북한의 고립이 심화되는 동안, 북한 대외정책의 변화를 유도하는 것은 국제공동체의 중요한 과제가 되어왔다.

북한의 변화를 위해 추진되어온 하나의 방법인 경제제재가 그 목적을 달성할지는 의문이다. 경제제재는 일반적으로 북한과 같은 폐쇄적 권위주의 체제 국가를 대상으로는 정책 변화라는 목표를 달성하기가 쉽지 않다고 알려져 있다. 제재에 의해 국가경제가 어려워지고 시민들의 삶이 곤궁해지더라도, 자유로운 선거에 의해 정부가 교체되는 것이 아니므로 시민에 대한 책임성이 부족하며 정치권력 유지에 관한 걱정이 적은 권위주의 정부가 제재에 반응하여 정책의 변화를 택할 가능성이 크지 않기 때문이다(Lektzian and Souva 2007; Allen 2008). 또한 북한의 경제체제가 폐쇄적이며 타 국가들에 대한 무역 의존도가 중국을 제외하고는 매우 낮다는 점도 대북한 경제제재가 영향력을 발휘하기 어려운 중요한 이유이다(양운철·하상섭 2012; McLean and Whang 2010).

목도되어지는 북한 외교정책의 경직성 그리고 경제제재의 한계는 북한의 대외관계 변화 가능성에 대한 회의감을 갖게 한다. 그러나 경제제재와 대비되는 외교정책 수단으로서 원조 혹은 개발협력의 효과에 관한 기존 문헌들은 대북한 원조가 북한의 대외정책을 변화시키는 유인책이 될 수도 있다는 하나의 가능성을 제기한다. 국제체제 수준 또는 미국과 타 국가들 사이의 관계 차원에서 원조의 효과를 탐구해온 기존 연구들은 국가들의 외교정책 선호에 관한 경험적 지표로서 유엔총회(the United Nations General Assembly) 투표 자료를 활용하면서, 일관되게는 아니지만 원조가 공여국과 수원국 사이의 대외정책 선호 유사성을 증가시키는 정치적 영향력을 가질 수 있다는 것을 보여준다(예, Wittkopf 1973; Rai 1980; Wang 1999; Lai and Morey 2006; Dreher et al. 2006; Pincin 2012). 원조가 정치적 목적 달성의 수단으로 기능하면서 공여국의 외교정책에 대한 수원국의 지지를 이끌어낼 가능성이 있다는 의미이다.[1]

대외 원조의 이와 같은 정치·전략적 효과가 북한에도 적용될 수 있는

가? 대북한 원조에 관한 기존 연구들은 이 질문에 대한 분명한 답을 제시하지 않는다. 대북한 원조 혹은 인도적 지원에 관한 기존 연구들은 지원의 동기, 방식, 현황 분석, 그리고 국제 인도주의/개발협력 규범의 대북 원조에 대한 적용 가능성 등에 초점을 맞추거나, 또는 효과 측면에서는 북한 정치체제 존속 및 북한 내 경제·사회적 발전에 대한 영향을 평가하면서 향후 대북지원과 관련된 과제를 도출하는 데 주로 집중해왔다(예, 이금순 2003, 2005; 김덕준·Kelleher 2005; 조한범 2005; 양문수 2007; 조동호 2008; 김정수 2010; 문경연 2013; 임을출 2013). 반면, 대북 원조가 북한의 외교정책 선호에 어떤 영향을 미칠지에 대한 관심은 적었으며, 그에 대한 경험적 검증은 국내외 학계를 막론하고 거의 이루어지지 않았다.

이에 본 연구는 대북한 공적개발원조(official development assistance) 가[2] 북한의 대외정책 선호를 변화시키고 공여국 정책과의 유사성을 증대시키는 효과를 발휘할 수 있는지를 실증적으로 탐구하고자 한다. 본 연구는 북한의 대외정책과 관련된 특정한 사안에 주목하지는 않는다. 대신에, 국제체제 수준에서 국가 간 외교정책 선호의 유사도를 확인하기 위한 전통적 지표인 유엔총회 투표 자료를 사용함으로써 국가들의 양자적(bilateral) 대북한 원조의 정치적 영향력을 양적으로(quantitatively) 분석하는 데 집중하고, 북한의 외교정책 변화 가능성에 관한 정책적 함의를 제시하고자 한다. 즉, 이 논문의 주된 목적은 대북한 공적개발원조가 공여국과 북한 간의 양자 간 외교정책 유사성을 증가시키는 유의미한 변수가 될 수 있는지를 경험적으로 분석하는 것이다.[3]

---

1) 기존 연구들이 모두 이러한 가능성을 제시하는 것은 아니다. 이와 관련하여 다음 절의 선행연구 검토 참조.

2) 공적개발원조란 "DAC(개발원조위원회)가 정한 수원국 리스트에 있는 국가 및 지역, 또는 다자간 개발협력기구에 제공되는 자금 또는 기술협력을 말한다"(한국국제협력단 2008, 31). 본 논문은 각 공여국이 북한에 제공하는 양자 간 공적개발원조에 초점을 맞추어 탐구한다.

3) 공적개발원조와 관련하여 한 가지 유의할 점은 한국은 대북한 원조 혹은 경제적 지원을 공적개발원조에 포함시키지 않는다는 점이다. 그 이유는 북한을 대한민국의 영토에

이 장은 다음과 같이 구성된다. II절에서는 외교정책 수단으로서 원조의 정치적 목적과 효과에 관한 선행 연구들을 검토하고, 대북 원조가 공여국과 북한 간 외교정책 선호의 유사성을 증가시킬 수 있는지를 고찰한다. III절에 서는 대북 원조와 북한 외교정책 선호 변화 사이의 상관관계를 실증적으로 분석하는 데 필요한 자료를 기술하고 연구 방법에 대해 설명한다. IV절에서 는 통계적 분석의 결과를 제시한다. 그 결과는 대북 원조가 일반적으로는 공여국과 북한 간 외교정책 선호 유사도에 유의미한 영향을 미치지 않지만, 인도주의적 목적을 우선시하는 노르딕(Nordic) 국가들의 원조가 놀랍게도 북한의 외교정책 선호를 자신에게 가깝게 변화시키는 효과를 가진다는 것을 보여준다. V절은 이 글의 결론으로서 연구결과를 요약하고, 대북한 원조는 일반적으로 북한의 대외정책 변화라는 정치적 효과를 가지기 어렵지만, 인 도적 목적 달성을 지향했을 때 오히려 의도하지 않은 정치적 효과를 거둘 수 있다는 정책적 함의를 제시한다.

II. 외교정책 수단으로서 대북 원조의 가능성

1. 원조의 정치적 목적과 효과

주지하다시피 대외 원조의 명목상 주된 목적은 저개발국 혹은 개발도상 국의 빈곤 감소 및 복지 증진과 같은 경제적·사회적 발전을 돕는 것이다.

포함시키는 헌법 조항과 관련된다. 따라서 한국은 국가들의 공적개발원조 정보를 취합 하는 경제협력개발기구(OECD: Organization for Economic Cooperation and De- velopment)의 개발원조위원회(DAC: Development Assistance Committee)에 대북 지원을 보고하지 않는다. 이러한 이유로 한국의 대북지원은 본 논문의 분석대상에 포 함되지 않는다. 이와 관련하여 조동호(2008), 박지연·문경연(2015) 참조.

이 목적은 OECD 산하 개발원조위원회가 제시하는 공적개발원조의 정의에서도 분명히 제시된다.[4] 또한 이러한 목적은 저개발국에서의 빈곤, 질병확산, 자연재난을 비롯한 인도주의적 위기가 그들만의 문제가 아니라 국제공동체가 함께 책임져서 해결해야 할 문제라는 도덕적 인식에 근거한다(Cingranelli 1993; Lumsdaine 1993). 그러나 원조를 제공하는 국가들이 실질적으로 이와 같은 도덕적 혹은 인도주의적 목적을 우선적으로 염두에 두고추진하는지는 다른 문제일 수 있다. 즉, 대외 원조에 있어서 공여국의 전략적 혹은 정치적 이익이 인도주의적 동기를 앞설 수도 있다.

많은 기존 연구들이 원조의 두 가지 대조적 동기, 즉 국가이익과 인도주의 가운데 무엇이 더 우선적인 동기인지를 밝히고자 노력해왔다. 그 연구결과들은 국가들이 원조를 제공할 때 일반적으로는 자신의 국익을 인도주의보다 더 우선하여 고려하는 경향이 있다는 것을 보여준다(Lebovic 1988; Schraeder et al. 1998; Alesina and Dollar 2000; McGillivray 2003). 이러한결과는 국가들의 대외 원조 배정(aid allocation)에 관한 분석을 통해 주로드러난다. 예를 들어 알레시나와 돌라(Alesina and Dollar 2000) 그리고 슈래더와 그의 동료들(Schraeder et al. 1998)은 국가들이 주로 자신의 과거 식민지 국가, 정치·군사적 동맹국, 또는 기타 전략적으로 중요한 국가들(예, 미국에게 있어서 중동지역 국가)에 더 많은 원조를 제공하는 경향이 있음을 보여준다. 이는 빈곤 수준보다는 전략적 이익이 걸려 있는지 여부가 원조 배정의더 중요한 기준일 수 있다는 것을 의미하며, 대외 원조의 주된 목적이 인도주의의 실현이라기보다 정치적 영향력의 확보 혹은 전략적 이익의 증대에있다는 것을 함의한다. 이러한 의미에서 일찍이 모겐소(Morgenthau 1962)는원조를 일종의 '뇌물(bribe)'에 비유하면서, 국익추구를 위한 외교정책의 중요한 수단으로 간주한 바 있다.

물론 모든 국가들이 동일하게 국익추구를 원조의 주된 목적으로 삼는다

---

4) OECD, http://www.oecd.org/dac/stats/officialdevelopmentassistancedefinitionand
  coverage.htm(검색일: 2015.9.7).

는 것은 아니다. 국가들의 원조 목적에 차이가 존재할 수 있다. 학자들은 특히 북유럽 혹은 노르딕 국가들이 원조를 수행할 때 인도적 목적을 우선시한다는 것을 논증해왔다(김준석 2010; Stokke 1989; Gates and Hoeffler 2004). 예를 들어, 김준석(2010)은 스웨덴, 노르웨이, 덴마크를 포함한 노르딕 국가들은 미국, 일본과 같은 강대국들과는 대조적으로 역사적 연계 또는 정치·경제적 연관성이 없더라도 빈곤으로 인해 외부의 지원을 절실하게 필요로 하는 국가들에 더 많은 원조를 제공하는 경향이 있다는 것을 밝히면서, 노르딕 국가들의 원조의 '도덕적 모범성'을 강조한다. 노르딕 국가들의 원조의 인도주의적 특성은 "평등과 연대의 가치를 강조하는 이들(노르딕) 국가 특유의 복지주의 전통"에 기인한다고 볼 수 있다(김준석 2010, 265). 대외 원조가 일반적으로 정치적·전략적 동기를 갖는다고 주장하는 알레시나와 돌라(Alesina and Dollar 2000) 역시 노르딕 국가들의 예외성을 인정한다. 또한 코헤인(Keohane 1966)은 특히 강대국들의 경우에 원조가 정치적 영향력을 행사하기 위한 유용한 수단이 될 수 있다고 주장한다. 결과적으로 선행연구들은 국가들의 대외 원조가 대체로 정치적 혹은 전략적 목적을 가지며 강대국들의 원조가 더욱 그러한 경향을 보여주지만, 노르딕 국가들의 경우에는 인도주의적 목적을 우선적으로 추구할 것 같다는 것을 논증한다.

정치적 목적을 달성하기 위한 외교정책 수단으로서 원조를 추진할 때, 국가들은 특정한 정책적 효과에 대한 기대를 가진다. 즉, 뇌물에 상응하는 결과물이 있어야 한다는 것이다. 학자들은 일반적으로 발생할 수 있는 결과물로서 원조 수혜국의 대외정책 변화에 특히 주목해왔다. 인과관계의 논리는 손실과 이득 계산에 관한 합리주의 이론에 기초한다. 공여국은 원조 수행에 따른 손실이 발생하는데, 그것을 감수하는 이유는 원조에 상응하는 이득이 발생할 것을 기대하기 때문이며, 그 이득은 수원국이 공여국 자신의 대외정책을 지지하게 됨으로써 얻어지게 된다. 수원국의 배신 가능성이 없다고 볼 수는 없다. 그러나 정치적 목표 달성 수단으로서 원조의 합리주의적 논리는 원조 수혜국이 미래의 원조 감액 또는 차단 가능성을 감안하므로 공여국의 압력으로부터 자유롭기는 어려우며 공여국에 대한 의존이 클수록

(즉 원조액이 많을수록) 수원국은 공여국의 외교정책에 더 잘 순응할 가능성
이 높다는 점을 강조한다(Keohane 1966; Wittkopf 1973; Wang 1999; Lai
and Morey 2006). 코헤인(Keohane 1966, 19)은 심지어 공여국의 정치적 영
향력과 관련하여, 원조 수혜국은 공여국이 자신의 정책 선택을 항상 지켜보
고 있다는 것을 알고 있으므로, "보통의 경우에는 원조 감액과 같은 보복
위협이 가시적으로 취해질 필요조차도 없다"고 지적한다.

선행 연구들은 대외 원조가 수원국의 외교정책에 영향을 미칠 것이라는
이론적 기대를 경험적으로 검증해왔다. 그 검증은 국가들의 외교정책 선호가
뚜렷하게 드러나며 측정이 용이한 유엔총회 투표의 유사도에 대한 분석에
집중되었다. 특히 미국의 원조 효과에 관한 연구가 많이 이루어졌는데, 그
결과는 일관되지는 않다. 어떤 학자들은 미국의 원조가 미국과 수원국 사이
의 투표 유사성에 유의미한 영향을 미치지 못한다는 평가를 내리는 반면
(Kegley and Hook 1991; Sexton and Decker 1992), 다른 학자들은 미국의
원조가 양국 간 투표 일치도를 증가시키는 효과를 가진다고 평가한다(Rai
1980; Lundborg 1998). 이처럼 혼재된 연구결과가 나타나는 이유는 연구의 분
석 기간 및 방법 등의 한계와 관련될 수 있다. 예를 들어, 케글리와 후크(Kegley
and Hook 1991)는 레이건 행정부 시기 미국의 원조 효과를 탐구하는 데 군
사·경제적 능력 차이와 같은 변수를 통제하지 않는 이변수(bivariate) 분석
법을 사용한다. 레이(Rai 1980)의 연구도 1967년부터 1976년까지 10년을
넘지 않는 기간을 대상으로 이변수 분석법을 통해 원조의 효과를 탐구하는
한계를 가진다.

이러한 한계를 고려할 때, 드레허와 그의 동료들(Dreher et al. 2006) 그
리고 라이와 모레이(Lai and Morey 2006)의 연구는 주목할 만하다. 드레허
와 그의 동료들은 1973년부터 2002년까지 143개국에 대한 미국의 원조 효
과를 탐구하면서, 수원국의 국력 수준과 같은 조건들을 통제하고도 미국의
원조가 유엔총회에서 미국 및 수원국이 유사한 투표 경향을 가지도록 하는
효과를 가진다는 것을 보여준다. 라이와 모레이 또한 상대적으로 긴 기간인
1951년부터 1992년까지 모든 유엔 회원국을 대상으로 군사·경제적 능력과

같은 적절한 조건들을 통제하면서 미국 원조의 효과를 분석한다. 그들은 수원국이 권위주의 국가일 때 미국의 원조가 수원국 외교정책 선호 변화라는 기대 효과를 잘 발휘할 수 있다는 것을 발견한다. 이에 대한 이유로서 라이와 모레이는 권위주의 국가는 민주주의 국가에 비해서 소수 집단의 지지에 의지하므로 국가적 공공정책을 통한 노력보다는 소수에게 직접적 혜택을 제공함으로써 정권을 유지하고자 하는데, 따라서 그 혜택을 위한 중요 자원인 원조 확보에 더 민감할 수 있다고 주장한다(Bueno de Mesquita et al. 2003; Bueno de Mesquita and Smith 2007). 즉, 민주주의보다 권위주의체제에서 원조는 정권 유지에 더 절실한 자원이 되며, 따라서 원조의 대가로 대외정책 변화를 택할 가능성이 높아진다는 것이다.

이와 같이 많은 연구들이 미국의 원조 효과를 탐구해왔으며, 그 연구결과들은 일관되지는 않더라도 원조가 (특히 권위주의 국가인 경우에) 수원국의 외교정책을 변화시킬 수 있다는 가능성을 제시한다. 그러나 공여국 전체, 즉 원조액 측정이 가능한 OECD 개발원조위원회 가입국가 전체를 대상으로 그들이 제공하는 원조가 정치적 기대 효과를 발휘하는지를 경험적으로 탐구한 경우는 상대적으로 드물다. 그중 하나인 위트코프(Wittkopf 1973)의 연구는 1962년부터 1967년까지 개발원조위원회 산하 모든 국가들의 원조 효과를 분석하면서, 단지 미국의 원조만이 수원국들의 외교정책 선호를 변화시키는 효과를 가진다는 것을 보여준다. 그러나 이 연구결과는 유엔총회 투표 유사도에 영향을 미칠 수 있는 여타 조건들을 통제하는 다변수(multivariate) 분석에 의한 것이 아니며 분석 기간도 상대적으로 짧다는 점에서 일반화 가능성이 높다고 보기는 어렵다.

반면, 핀신(Pincin 2012)의 최근 연구는 위트코프의 연구의 한계를 보완하면서 민주주의 수준과 국가능력 차이 등의 조건을 통제하고 1991년부터 2008년까지 OECD 개발원조위원회 산하 국가들의 양자적 원조가 수원국들에 미치는 정치적 효과를 지구적 차원에서 검증한다. 그의 일련의 검증 결과는 영국, 프랑스, 캐나다, 스페인의 원조가 유엔총회에서 수원국들과의 투표 일치도를 증가시키는 일관된 효과를 가지며, 미국 원조의 정치적 효과는 즉각적이지는 않지만 지체되어 나타난다는 것을 보여준다. 핀신은 특히 스웨덴, 노르웨이, 덴마크, 핀란드 등 노르딕 국가들의 원조가 수원국들의 외교정책 선호 변화라는 정치적 효과를 발생시키지 않는다는 점을 실증적으로 밝히면서, 그 이유로 노르딕 국가들의 원조의 우선적 목적이 정치적 혹은 전략적이라기보다는 인도주의적이기 때문이라고 주장한다. 이 주장은 앞서 검토한 노르딕 국가들의 원조 목적의 예외성에 의해 뒷받침된다.

이상에서 검토한 선행연구들은 대외 원조가 수원국의 외교정책 선호를 변화시킬 가능성을 가지지만, 그 효과의 발생이 수원국의 정치체제 및 공여국의 목적과 같은 요인에 따라 조건적일 수 있음을 시사한다. 다음에서는 대북한 원조에 초점을 맞추어 북한의 대외정책 선호 변화라는 정치적 효과가 발생할 가능성에 대해 고찰한다.

2. 대북한 원조와 정치적 효과의 발생 가능성

OECD 개발원조위원회 국가들의 대북한 양자 원조의 역사가 길지는 않다. 개발원조위원회 자료에 따르면, 독일, 프랑스, 캐나다, 벨기에, 스위스, 오스트리아 등 단 6개 국가가 1985년 또는 1986년에 북한에 대한 양자적 원조를 시작했으며, 액수 측면에서도 1986년 총 원조액이 257만 달러에 지나지 않을 정도로 미약했다.[5] 그러나 1995년 이후 대북한 원조 국가 수 및 원조액은 대폭 확대되었다. 2002년에는 16개 국가가 대북 양자 원조에 동참하면서 사상 최고액인 총 2억 6천1백8십8만 달러의 공적개발원조가 북한에 제공되었다(〈그림 1〉 참조). 1995년에 자연재난으로 식량위기에 처한 북한이 공식적으로 국제사회의 경제적 지원을 요청한 것이 그 이전까지 소수의 국가에 의해 소규모로 제공되던 대북 공적개발원조가 확대된 중요한 요인이라 할 수 있다(이금순 2005; 조한범 2005).

---

5) OECD 자료 참조. http://stats.oecd.org/(검색일: 2015.9.7).

국가들의 대북한 양자 원조의 확대가 북한의 경제위기 상황과 관련되지
만, 그 주된 목적을 기아 퇴치, 빈곤 감소, 복지 증진과 같은 인도주의의 실
현이라고 단정하기에는 무리가 있다. 민간단체 및 국제기구의 지원과 달리
개별 국가의 양자적 지원은 국가들의 대북정책 혹은 대북한 전략적 이해관계
에 따라 편성되는 경향이 있기 때문이다(이금순 2005; 김덕준·Kelleher 2005).
이와 관련하여 김덕준과 켈레허(Kelleher)는 가장 많은 대북 공적개발원조를
제공한 미국의 중요한 목적은 핵 및 미사일 개발과 같은 국제안보 문제에
있어서 북한의 태도 변화를 유도하는 것이라고 지적한다. 여타 서방 국가들
의 경우에도 북한이 핵확산 금지조약 및 기타 군축 관련 국제조약에 순응할
것을 강조해왔다. 예를 들어 독일은 상대적으로 대규모의 대북 원조를 수행
함에도 불구하고 원조 배정 시 핵 문제 및 인권 문제 등을 감안하여 정치적
판단을 하는 것으로 알려져 있다(정연호 2004).[6]

이러한 점들은 "인도주의적 지원은 지원대상국의 정치적 환경이나 조건
과 연계되지 않는다"라는 원칙과 배치되며(조한범 2005, 81), 대북한 양자 원
조의 우선적 목적이 인도주의에 있지 않을 것 같다는 것을 시사한다. 물론
국가들의 대북 원조의 진실한 동기를 간파하기는 쉽지 않으며, 국가들마다
우선적 목적이 상이할 수도 있다. 하지만 앞서 검토한 선행연구들이 밝히는
바와 같이 대외 원조가, 노르딕 국가의 경우는 예외로 하더라도, 일반적으로
는 정치적·전략적 이익의 추구를 우선시 한다는 점을 함께 고려할 때, 우리
는 북한에 대한 국가들의 원조 역시 대체로는 그와 같은 목적을 가질 것이
라 볼 수 있다.

---

6) 공적개발원조에는 포함되지 않지만 한국 정부의 대북지원도 북한의 인도주의 위기 수
준보다는 정부가 포용정책을 펴는지 또는 압박정책을 펴는지에 따라 큰 차이를 보인다
는 점에서 정치적 목적을 강하게 갖는다고 볼 수 있다. 한국 정부의 대북지원 금액은
1995년을 제외하고는 2006년에 사상 최고인 약 2억 2천7백만 달러를 기록하였고,
2008년 이후 급감하여 2012년에는 약 2백만 달러로 줄었으며, 2013년과 2014년에는
각각 1천만 달러를 상회했다. 한국의 대북지원 현황과 관련해서는 통일부 자료 참조.
http://www.unikorea.go.kr/(검색일: 2015.9.10).

그렇다면, 국가들이 북한에 제공하는 양자적 원조가 북한의 대외정책 변화라는 정치적 효과를 거둘 수 있는가? 원조의 일반적 효과에 관한 선행연구들은 경제적 혜택을 제공함을 통해 대상국가에 정치적 영향력을 행사하고 대외정책을 변화시키려는 공여국의 정책이 유의미한 효과를 거둘 가능성이 다분히 존재한다는 것을 보여준다. 북한도 예외가 아닐 수 있다. 특히 권위주의 국가에 대한 원조의 효과를 탐구한 라이와 모레이(Lai and Morey 2006)의 발견을 고려한다면, 우리는 북한에 대한 공적개발원조가 공여국과 북한 간 대외정책 선호 유사성의 증가라는 효과를 발생시킬 수 있을 것이라는 기대를 가질 수 있다.

그러나 다른 한편으로 국제관계 및 국제 원조에 대한 북한의 기본적 인식은 그러한 기대, 즉 물질적 이득의 제공에 따른 정치적 영향력의 작동이라는 합리주의적 기대가 실현되지 않을 수도 있다는 가능성을 제기한다. 북한의 대외관계에 있어서 기본 원칙은 나라의 운명과 관련된 모든 문제를 자주적으로 결정하고 처리하는 권리인 국가자주권의 존중 및 내정불간섭을 포함한다(리수영 1998; 윤대규·임을출 2010; 구갑우·최완규 2011). 이러한 원칙을 반영하여 북한의 사회주의 헌법은 자주성을 침해하는 모든 침략과 내정간섭을 반대한다고 표명한다(장명봉 2013). 또한 이 원칙은 "매개 나라는 외부세력의 침해로부터 자주권을 수호하는 것과 다른 나라의 자주권을 존중하고 자기 의사를 남에게 강요하지 말아야 합니다"라는 김정일의 교시에서도 명확히 드러난다(리수영 1998, 61). 이와 같은 북한의 대외관계의 원칙은 자신의 국가적 정책이 타 국가들의 물질적 영향력 혹은 압력에 의해 결정되거나 변화될 가능성을 몹시 경계한다는 것을 의미한다(김상기·김근식 2015).

외세에 대한 북한의 경계심은 국제 원조에 대한 북한의 인식에서도 뚜렷이 드러난다. 북한은 때로는 국제사회의 인도주의적 지원에 대해 감사의 마음을 표하지만,[7] 근본적으로는 국제 원조에 대한 부정적 시각을 가지고

---

7) 예를 들어, 북한은 2000년 12월 25일 조선중앙통신 논평을 통해 "올해에도 세계식량계획을 비롯한 국제기구들과 여러 나라들이 인도주의적 지원을 제공하였다. 우리 인민은

있다(이금순 2003). 그러한 시각은 OECD 개발원조위원회에 대한 인식에서
잘 드러난다. 북한은 개발원조위원회가 "≪남북협조≫의 미명하에 아시아,
아프리카, 라틴아메리카의 발전도상 나라들에 대한 주요자본주의나라들의
금융적지배와 략탈을 강화하는 것을 목적으로 하고 있다. 이 목적을 달성하
기 위하여 위원회는 발전도상나라들에 대한 원조의 실적조사, 정보교환, 기
술원조의 촉진 등 활동을 하고 있다"(사회과학출판사 2002, 128)고 규정한다.
공적개발원조에 대한 북한의 이러한 부정적 인식은 자주권과 내정불간섭을
강조하는 대외관계 원칙과 더불어 대북 원조가 북한의 대외정책 변화라는
정치적 효과를 발생시키기에 한계가 있을 수도 있다는 점을 시사한다.

지금까지 검토한 선행 연구 그리고 북한의 국제관계 및 원조에 대한 인
식은 대북 원조의 효과와 관련하여 상반된 가능성을 제시한다. 국제체제 차
원에서 다수의 수원국을 대상으로 대외 원조의 효과를 탐구한 기존의 실증
적 연구결과들은 대북한 원조가 공여국과 북한 간 대외정책 유사성을 증가
시킬 수 있을 것이라는 기대를 갖게 한다. 그러나 북한이 강조하는 자주권
과 내정불간섭원칙 그리고 원조에 대한 비판적 인식을 고려한다면, 공여국
이 추구하는 정치적 목적이 북한을 상대로는 달성되기가 쉽지 않을 것 같다
는 전망도 가능하다. 또한 선행 연구들이 제공하는 함의인 공여국의 목적에
따른 효과성의 차이를 고려한다면, 노르딕 국가들의 대북 원조는 양국 간
대외정책 선호 유사도에 영향을 미치지 않을 것 같은 반면, 강대국들의 대
북 원조는 양자 간 유사도를 비교적 뚜렷하게 증가시킬 것이라는 기대를 가
질 수도 있다. 본 연구는 경험적 자료에 근거한 통계적 분석을 통해 대북
원조가 공여국과 북한 간 외교정책 선호 유사도에 어떤 영향을 미치는지를
검증하고자 한다.

국제기구들과 여러 나라들의 인도주의적 지원에 대하여 감사히 여기며 잊지 않을 것이
다"라고 밝힌 바 있다. 이금순(2003, 60)에서 재인용.

III. 연구설계 및 자료

북한에 대한 국가들의 양자적 공적개발원조가 양국 간 외교정책 선호의 유사도에 미치는 효과를 통계적으로 분석하기 위해 본 연구는 북한과의 국가 쌍-연도(dyad-year)를 분석단위로 삼는 시계열횡단면(time series cross sectional) 자료를 구축한다. 모든 OECD 개발원조위원회 회원국이 북한과의 쌍으로서 자료에 포함된다. 분석 기간은 1991년부터 2008년까지이다. 1991년을 분석 시작 연도로 삼는 이유는 본 연구의 종속변수를 위한 지표로 유엔총회 투표 자료가 사용되며, 북한이 유엔에 가입하여 투표를 시작한 때가 바로 그해이기 때문이다. 분석 기간이 2008년까지로 제한되는 이유는 엄밀한 통계적 분석을 위해 통제할 필요가 있는 국력 수준 차이에 관한 자료의 제약에 따른 것이다. 시계열횡단면 자료의 분석에 있어서 자기상관성(autocorrelation)과 이분산성(heteroskedasticity) 문제가 편향된 결과를 낳을 가능성에 유의할 필요가 있다. 따라서 본 연구는 패널수정표준오차(PCSE: Panel Corrected Standard Errors)를 적용한 일반적 최소자승법(OLS: Ordinary Least Squares)을 이용한다(Beck and Katz 1995).

앞에서 검토한 선행 연구들은 공여국들이 대체로는 인도주의보다는 정치적·전략적 목적을 우선시한다는 것을 논증하지만, 모든 국가들이 그런 것은 아니라는 점을 함께 보여준다. 따라서 각 공여국의 대북 원조 효과를 서로 독립적으로 분리하여 평가하는 방법을 고려할 수 있다. 그러나 이 방법을 채택한다면 각 국가의 원조 효과를 분석하기 위한 관찰치(observation)가 기껏해야 18개(즉, n=18)에 지나지 않는 문제가 발생한다. 따라서 본 연구는 위에서 기술한 바와 같이 북한과의 국가쌍-연도를 분석단위로 사용하는 시계열횡단면 분석법을 채택하여, 국가들의 대북한 원조가 양자 간 외교정책 선호의 유사도에 미치는 '일반적' 효과를 우선 분석한다. 그리고 추가적으로, 인도주의적 목적을 우선시한다고 널리 인정받는 노르딕 국가군(群)과 뚜렷한 전략적 목적을 가진다고 인정되는 강대국 국가군의 원조가 각각 어떤 효과를 갖는지를 검증하고자 한다. 이러한 검증 방식을 통해 본 연구가 가지는 방법론적 한계를 보완할 수 있을 뿐 아니라 대북 원조의 효과에 관한 이해를 보다 더 증진할 수 있을 것이다.

1. 종속변수

본 연구의 종속변수는 개발원조위원회 소속 국가와 북한 간 외교정책 선호의 유사도이다. 이 변수를 양적으로 측정하기 위해 보이튼과 그의 동료들(Voeten et al. 2009)이 제공하는 유엔총회 투표 유사성 지표를 사용한다. 이 지표는 유엔총회 결의안에 대해 각 국가들이 투표한 기록을 취합하여 국가쌍 단위로 투표의 유사도를 기록한 것으로서, -1에서 1까지 연속된 값으로 나타내어진다.[8] 1에 가까울수록 두 국가가 서로 유사한 투표 경향을 가진다는 것을 그리고 -1에 가까울수록 두 국가는 서로 상반되게 투표한다는 것을 의미한다. 이 지표는 국가들의 외교정책 선호 혹은 이익의 유사성을 측정하기 위한 적절한 수단으로서 많은 연구들에 의해 인정받으면서 사용되어왔다(예, 김상기·김근식 2015; Gartzke 1998; Dreher et al. 2006; Lai and Morey 2006; Bearce and Bondanella 2007; Pincin 2012). 그 배경에는 다음과 같은 이유가 있다. 첫째, 유엔총회 결의안에서는 핵확산과 군축 문제는 물론 국제분쟁, 내전, 경제발전 그리고 인권 문제를 포함한 다양한 이슈가 다루어지므로 국가들의 외교정책에 관한 종합적 선호가 나타날 수 있다. 둘째, 유엔총회 투표는 비구속적(nonbinding) 특성을 가지는데 그로 인해서 국가들은 다른 국제적 공간들에 비해서 제약 없이 자신의 선호를 표출할 수 있다(Gartzke 1998; Lai and Morey 2006; Bearce and Bondanella 2007).

---

8) 이 값은 에스-스코어(S-score)라고 불리며, 국가들의 유엔총회 결의안에 대한 투표를 찬성, 반대, 기권이라는 세 가지로 구분하여 계산한다(Signorino and Ritter 1999).

2. 독립변수

독립변수는 개발원조위원회 국가들의 북한에 대한 양자적 공적개발원조 지불금(aid disbursements)이다. 이 변수는 개발원조위원회의 자료에 근거하여 측정된다. 개발원조위원회는 모든 회원 국가들의 공적개발원조에 관한 정보를 취합하며 각 공여국 혹은 수원국별로 체계화된 연례적 자료를 공개적으로 제공한다. 이 자료는 높은 신뢰도를 가지는 것으로 인정받으면서 공적개발원조의 계량적 분석을 위한 표준적 지표로서 광범하게 이용되어왔다(박지연·문경연 2015; Gates and Hoeffler 2004; Dreher et al. 2006; Girod 2012). 각 국가들의 대북 원조 금액은 연 단위로 측정되며 2013년 기준 미국달러(constant 2013 US$)로 환산되어 기록된다. 또한 이 변수가 극심한 변이(variation)를 가짐으로 인해서 발생할 수 있는 왜도(skewness)의 문제를 해결하기 위해 로그화(logged)된 값을 이용한다. 또 다른 중요한 유의사항은 독립변수와 종속변수 사이의 인과관계가 역방향으로도 발생할 수 있다는 점이다. 즉 공여국과 북한 간 외교정책 유사도(유엔총회 투표 일치도)가 대북한 원조액에 영향을 미칠 수 있다는 것이다. 이러한 잠재적 내생성(endogeneity)의 문제를 해결하기 위해 전통적으로 사용되는 방법은 1년 지체된(lagged) 독립변수의 값을 이용하는 것이다(Box-Steffensmeier and Jones 2004; Lai and Morey 2006). 따라서 본 연구는 1년 지체된 대북 원조 금액을 독립변수로 사용하여 양 국가의 외교정책 선호 유사도에 미치는 효과를 분석한다.

〈그림 1〉은 대북 원조와 양자 간 외교정책 선호 평균 유사도의 변화 추이를 합계적(aggregate) 분석을 통해 보여준다. 나중에 제시할 본 연구의 다변수 회귀분석은 이미 언급한 바와 같이 2008년까지를 분석기간으로 삼지만, 여기서는 두 변수를 동시에 관찰할 수 있는 최대의 기간인 2012년까지의 자료를 제시하여 정보 제공의 폭을 확장한다. 그림에서 막대 그래프는 개발원조위원회 국가들의 대북 원조액을 연도별로 모두 합친 금액이며, 꺾은선 그래프는 그 국가들과 북한 간 외교정책 선호 유사도의 연례적 평균값을 보여준다. 예를 들어, 1997년에 북한에 제공된 양자적 공적개발원조는

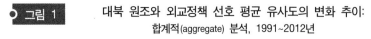

그림 1 　대북 원조와 외교정책 선호 평균 유사도의 변화 추이:
합계적(aggregate) 분석, 1991~2012년

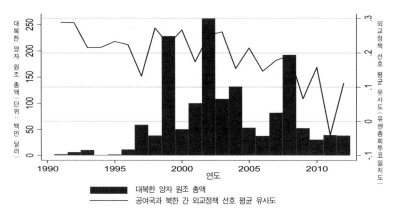

대북한 양자 원조 총액
공여국과 북한 간 외교정책 선호 평균 유사도

주: 1) 대북 원조금액은 OECD 개발원조위원회 자료에 근거하며, 외교정책 선호 유사도는 보이튼
과 그의 동료들(Voeten et al. 2009)의 자료를 이용함. 2) 원조액은 2013년 기준 미국 달러로
환산됨

모두 합하여 약 5천9백만 달러이고, 그 해에 양자 간 외교정책 유사도는 평
균적으로 약 0.1322이다.[9] 1991년에서 2012년 사이에 대북 원조액은 변동
을 거듭한다. 1995년 이후 증가 추세에 있던 원조가 1999년에 급증하고
2002년에 최고치를 기록한 후 대체로 감소의 경향을 보이며, 2008년에 다
시 급증한 원조는 그 이후 다시 감소한다. 같은 기간에 공여국과 북한 간
외교정책 유사도는 변동을 거듭하지만, 대체로는 시간에 따라 감소하는 경
향을 보여준다. 즉 개발원조위원회 소속 국가들과 북한 간 대외정책 선호의
차이가 1991년 이후 대체로 증가해왔다는 것을 의미한다. 이 그림은 합계적
분석을 통해 대북 원조 총액과 외교정책 평균 유사도 각각의 시간에 따른
변화 추이를 잘 보여주지만, 둘 사이에 일정한 상관관계가 있다는 것을 분
명히 드러내지는 않는다.

9) 이 그림에서 연도별로 제시되는 공적개발원조 금액은 당해 연도의 수치이며, 1년 지체
된 값은 나중에 수행될 다변수 회귀분석에서 사용된다.

〈표 1〉은 북한과의 국가쌍 단위로 분할하여 분석한 정보를 제공하며, 1991년부터 2012년까지 개별 국가들의 대북 원조 총액 및 동일 기간 양자

⊙ 표 1 대북 원조와 외교정책 선호 유사도: 분할적(disaggregate) 분석, 1991~2012년

대북한 공적개발원조			외교정책 선호 유사도(유엔총회 투표 일치도)		
순위	공여국	총 원조액(US$)	순위	공여국	유사도(평균)
1	미국	703,070,016	1	뉴질랜드	0.3646
2	독일	172,240,000	2	일본	0.3378
3	노르웨이	130,800,000	3	아일랜드	0.3186
4	호주	114,170,000	4	오스트리아	0.2943
5	스웨덴	113,490,000	5	스웨덴	0.2912
6	스위스	89,150,000	6	그리스	0.2727
7	캐나다	57,130,000	7	스페인	0.2708
8	이탈리아	42,220,000	8	스위스	0.2609
9	핀란드	20,760,000	9	노르웨이	0.2514
10	프랑스	20,100,000	10	포르투갈	0.2489
11	영국	16,680,000	11	핀란드	0.2485
12	네덜란드	13,950,000	12	덴마크	0.2382
13	룩셈부르크	10,920,000	13	이탈리아	0.2331
14	뉴질랜드	10,580,000	14	룩셈부르크	0.2217
15	아일랜드	6,590,000	15	독일	0.2131
16	덴마크	5,780,000	16	네덜란드	0.2114
17	오스트리아	5,200,000	17	벨기에	0.2091
18	스페인	3,970,000	18	호주	0.1764
19	벨기에	2,670,000	19	프랑스	0.1205
20	그리스	1,150,000	20	캐나다	0.1051
21	포르투갈	20,000	21	영국	0.0309
22	일본	0	22	미국	-0.6645

주: 1) 그리스 및 스위스의 경우 유엔총회 투표 결과 자료의 한계로 인하여 각각 1999, 2001년부터 분석에 포함됨. 2) 자료의 출처는 〈그림 1〉에서와 같음

간 외교정책 선호 유사도의 평균값을 보여준다. 22년간 가장 많은 대북 양자 원조를 제공한 국가는 미국이며, 독일, 노르웨이, 호주, 스웨덴이 그 뒤를 잇는다. 일본은 대북 원조를 전혀 제공하지 않은 것으로 나타난다. 북한과의 외교정책 선호 유사도는 22년간 평균값을 기준으로 뉴질랜드가 가장 높으며, 다음으로는 일본, 아일랜드, 오스트리아, 스웨덴순이다. 이 표 또한 대북 원조와 북한과의 외교정책 유사도 사이에 일정한 상관관계가 있다는 것을 명확히 보여주지 않는다. 그러나 가장 많은 대북 원조를 제공한 미국이 북한과의 외교정책 유사도가 가장 낮으며, 각각 두 번째와 네 번째로 많은 대북 원조를 제공한 독일과 호주도 외교정책 유사도 면에서 하위권에 속한다는 점, 그리고 원조를 제공하지 않은 일본이 두 번째로 높은 정책 유사도를 가진다는 점은 이채롭다.

이러한 관찰 결과는 어쩌면 두 변수 사이에 유의미한 상관관계가 존재하지 않거나, 심지어는 대북 원조가 외교정책 유사도를 낮출 수 있다는 것을 의미할 수도 있다. 그러나 이러한 추론은 너무 이르며, 사실과 다를 수도 있다. 양자 간 외교정책 유사성을 증가 또는 감소시키는 다른 변수들이 존재할 수 있으며, 대북 원조와 외교정책 유사성의 시계열적 변화도 감안해야 한다. 따라서 대북 원조 효과에 관한 본 연구의 검증은 대북 원조 이외의 다른 변수들의 효과에 대한 통제 및 시계열횡단면 분석법의 이용을 요구한다.

3. 통제변수

대북 공적개발원조가 공여국과 북한 간 외교정책 선호 유사도에 미치는 영향을 분석하기 위해 본 연구의 모델(model)은 선행연구들에 근거하여 여섯 가지 통제변수를 포함한다.[10] 우선, 종속변수인 국가 간 외교정책 선호

---

10) 기존 연구들은 국가 간 민주주의 수준의 격차도 외교정책 선호 유사성에 중요한 영향을 미칠 수 있다는 것을 보여준다(예, Dreher et al. 2006; Pincin 2012). 그러나

유사도가 시간적 의존성(temporal dependence)을 가질 수 있기 때문에(Wang 1999; Lai and Morey 2006; Pincin 2012), 북한을 포함한 두 국가 간 1년 전 외교정책 선호 유사도를 통제하는 것이 중요하다. 이 변수를 포함시킴으로써 본 연구는 "종속변수로서 '외교정책 선호 유사도의 연례적 차이'를 사용할 때와 같은 결과를 얻을 수 있다"(Bearce and Bondanella 2007, 714).[11]

선행연구에 따르면, 두 국가 사이에 경제적 상호의존도가 높을수록 유사한 외교정책 선호를 나타내는 경향이 있다(Oneal and Russett 1999). 이러한 효과가 북한과 개발원조위원회 국가 사이에도 적용될 수 있다. 경제적 상호의존의 효과를 통제하기 위해, 본 연구는 양자 간 무역의 연례적 총량을 국내총생산(GDP: Gross Domestic Product)으로 나눈 값을 사용하는데, 두 국가의 GDP에 대해 계산된 값의 작은 쪽을 변수로 채택하여 이용한다. 무역 총량은 전쟁의 상관관계 프로젝트(COW: Correlates of War Project) 자료에 근거하며(Barbieri et al. 2009), GDP는 글레디쉬(Gleditsch 2002)의 자료를 활용한다.

국제정치에 관한 현실주의 이론이 주장하는 바와 같이 국력의 차이가 대외정책에 영향을 미칠 수 있으므로, 본 연구는 공여국과 북한 간 상대적 군사력과 상대적 경제력을 통제한다. 기존 연구들은 군사력의 격차가 클수록 일반적으로 두 국가 간 대외정책 유사도는 줄어드는 경향이 있으며, 경제력

본 연구는 민주주의 수준을 통제변수로 포함시키지 않는다. 개발원조위원회 국가들과 북한의 민주주의 수준은 각각 거의 변화를 보이지 않기 때문이다. 폴리티 IV (Polity IV, Marshall et al. 2014) 자료에 따르면, 1991년 이후 개발원조위원회 소속 거의 모든 국가들의 민주주의 수준은 연도에 관계없이 최고(10점)이며, 북한의 민주주의 수준은 거의 일관되게 최저(-9점 또는 -10점)이다.

11) 북한과 타 국가들이 함께 참여하는 국제기구의 수도 외교정책 선호 유사도에 중요한 영향을 미칠 수 있지만(김상기·김근식 2015), 본 연구는 그 변수를 분석 모델에 포함시키지 않는다. 국제기구 회원지위 자료의 한계로 분석기간이 2005년까지 축소되기 때문이다. 그러나 본 연구는 여기 제시된 변수들과 더불어 북한과 개발원조위원회 국가가 공통으로 참여하는 국제기구의 수를 함께 통제하며 2005년까지를 분석기간으로 삼는 추가적 검증을 수행하였는데, 그 검증에서 대북 원조의 효과는 본 논문의 〈표 2〉와 〈표 3〉에서의 결과와 매우 유사했다.

의 차이도 유사한 효과를 가진다는 것을 보여준다(Kim and Russett 1996;
Dreher et al. 2006; Lai and Morey 2006; Bearce and Bondanella 2007). 상대
적 군사력은 COW가 제공하는 지표를 이용하여 측정되며(Singer 1987),[12]
북한을 포함한 두 국가 중에서 강한 국가의 힘을 약한 국가의 힘으로 나눈
값을 로그화하여 연례적으로 기록한다. 상대적 경제력은 글레디쉬(Gleditsch
2002)의 GDP 자료를 이용하며, 군사력과 같은 방식으로 기록한다.[13]

다음으로 군사적 분쟁의 효과를 통제한다. 두 국가 사이에 군사적 갈등
혹은 위협이 존재할 때, 양국의 외교정책 선호는 이질화될 수 있기 때문이다
(Lai and Morey 2006). 개발원조위원회 국가와 북한 사이의 군사적 분쟁 여
부를 측정하기 위해 COW의 군사분쟁(MID: Militarized Interstate Disputes)
자료를 이용한다(Palmer et al. 2015).[14] 이 변수는 1과 0으로 이분화되어
기록된다.

국가 간 외교정책 유사성을 탐구하는 기존 연구들은 위와 같은 변수들
이 잠재적 내생성의 문제를 가질 수 있으며, 직전연도에 측정된 변수가 당
해연도의 외교정책 선호에 영향을 미치는 지체된 효과를 가질 것이라고 보
는 것이 타당하다고 지적한다(예, Lai and Morey 2006; Pincin 2012). 따라서
본 연구는 위에서 기술한 통제변수들의 1년 지체된 값을 이용한다. 마지막
으로 1991년 이후 경과한 연(年)의 수를 통제한다. 이 변수를 포함시킨 이
유는 북한과 타 국가 간 대외정책 선호의 유사도가 시간이 경과함에 따라
감소하거나 증가할 가능성 때문이다.[15]

---

12) 싱크 스코어(CINC score)로 불리는 이 자료는 6개의 개별적 지표(전체 인구, 도시
    인구, 군 병력 수, 군비지출 규모, 1차 에너지 소비, 철강 생산)를 혼합하여 계산된다.
13) 본 연구가 구축한 자료(dataset)에서 상대적 군사력과 상대적 경제력 사이의 상관관
    계(correlation)는 -0.38이다.
14) COW 자료에서 MID는 두 국가 사이에 군사적 위협(military threat), 군사적 과시
    (military display), 또는 군사력의 사용(use of force)이 발생할 때로 정의된다.
15) 유사한 예로, 보이튼(Voeten 2004)은 1991년 이후 유엔총회에서 미국의 외교정책에
    대한 국제적 지지가 해를 거듭할수록 감소했다는 연구결과를 제시한다. 이러한 이유
    로 라이와 모레이(Lai and Morey 2006)도 '경과된 시간' 변수를 자신의 연구 모델에

IV. 연구결과

〈표 2〉는 OECD 개발원조위원회 국가들의 대북한 양자 원조가 양국 간 외교정책 선호 유사도에 미치는 영향을 분석한 결과를 제시한다. 평가된 OLS 계수(coefficient)는 PCSE와 더불어 독립변수가 종속변수에 어떤 영향을 미치는지를 나타낸다. 만약 대북 원조가 북한과 공여국 간 외교정책 선호 유사도를 증가시키는 결과를 낳는 것으로 입증된다면, 그것은 대북 원조가 증가할수록 북한의 외교정책 선호가 공여국의 선호에 보다 가깝게 변화한다는 것을 의미한다. 물론 유사도의 증가가 북한의 대외정책 선호가 일방적으로 원조 공여국의 선호에 가까워진다는 것을 뜻하지는 않지만, 그 반대

● 표 2 **대북한 원조가 외교정책 선호 유사도에 미치는 영향, 1991~2008년**

변수	모델 1	
	계수(coefficient)	PCSE
대북한 원조t-1	-0.0005	0.0007
외교정책 선호 유사도t-1	0.8736***	0.0474
경제적 상호의존t-1	0.0648**	0.0330
상대적 군사력t-1	-0.0090	0.0057
상대적 경제력t-1	-0.0119*	0.0063
군사적 분쟁t-1	-0.0169	0.0253
1991년 이후 경과 연(年) 수	0.0015	0.0031
상수(constant)	0.0513	0.0402
N	353	
R-squared	0.8745	

주: 1) 이 표는 PCSE를 적용한 OLS 결과임
  2) *** p〈0.01; ** p〈0.05; * p〈0.1

포함시킨다.

라고 볼 수도 없기 때문이다. 양국 간 외교정책 선호 유사성의 증가는 적어도 부분적으로는 북한의 외교정책이 공여국의 정책에 가깝게 변화한다는 것으로 해석될 수 있다(김상기·김근식 2015).

〈표 2〉의 결과는 국가들의 대북한 원조가 양자 간 외교정책 선호 유사도에 통계적으로 유의미한 영향을 미치지 않는다는 것을 보여준다. 즉, 대북원조 금액을 증가시키거나 또는 감소시키더라도 공여국과 북한 사이의 외교정책 선호 유사도에 의미 있는 변화가 발생하지 않는다. 이 경험적 분석 결과는 국가들이 제공하는 대북한 원조가 일반적으로는 북한의 외교정책 변화라는 결과를 만들어내지 못할 것 같다는 것을 의미한다. 그러나 다른 한편으로 이 결과는 국가들의 원조 목적에 차이가 있을 수 있으며, 어떤 국가들의 원조는 매우 약한 정치적 동기를 가지거나 또는 인도적 목표를 우선시하면서 북한의 대외정책 변화를 의도하지 않기 때문일 수도 있다(Pincin 2012).

이러한 이유로 다음으로는 상대적으로 강하게 정치적 목적을 추구하는 강대국들과 인도주의적 목적을 우선시한다고 인정되는 노르딕 국가들의 대북한 원조가 북한의 외교정책 선호에 각각 어떤 영향을 미치는지를 분석한다. 이 분석을 위해서는 대북 원조와 강대국 그리고 대북 원조와 노르딕 국가 사이의 상호작용(interaction) 변수를 포함시켜야 한다. 각 상호작용 변수는 두 변수의 곱으로 기록된다. 여기서 변수로서 '강대국'은 COW(2011) 자료에 근거하여 미국, 영국, 프랑스, 독일, 또는 일본의 경우 1로 그리고 나머지는 0으로 기록된다.[16] '노르딕 국가' 변수는 북유럽에 위치한 노르웨이, 덴마크, 스웨덴, 또는 핀란드의 경우에 1로 기록되며 나머지는 0으로 기록된다.

〈표 3〉은 국가군별 대북 원조와의 상호작용 효과에 대한 분석 결과를 제시한다. 우선 상호작용 변수를 포함하지 않은 모델 2와 모델 4의 결과는 국가들의 대북한 원조가 양자 간 외교정책 선호 유사도에 독립적으로는 유의미한 영향을 미치지 않는다는 것을 다시 한번 드러낸다. 모델 2와 4는 또

---

16) 러시아와 중국은 개발원조위원회 소속 국가가 아니므로 분석 대상에서 제외된다.

표 3 대북한 원조가 외교정책 선호 유사도에 미치는 영향, 1991~2008년: 국가군별 효과

변수	모델 2	모델 3	모델 4	모델 5
대북한 원조$_{t-1}$	-0.0005 (0.0007)	-0.0003 (0.0007)	-0.0005 (0.0007)	-0.0008 (0.0007)
강대국	0.0184 (0.0187)	0.0256 (0.0253)		
강대국 × 대북한 원조$_{t-1}$		-0.0008 (0.0015)		
노르딕 국가			-0.0019 (0.0060)	-0.0155* (0.0085)
노르딕 국가 × 대북한 원조$_{t-1}$				0.0015* (0.0009)
외교정책 선호 유사도$_{t-1}$	0.8700*** (0.0485)	0.8672*** (0.0497)	0.8733*** (0.0479)	0.8705*** (0.0482)
경제적 상호의존$_{t-1}$	0.0651** (0.0331)	0.0635* (0.0330)	0.0641* (0.0333)	0.0633* (0.0332)
상대적 군사력$_{t-1}$	-0.0124 (0.0080)	-0.0127 (0.0082)	-0.0090 (0.0058)	-0.0090 (0.0058)
상대적 경제력$_{t-1}$	-0.0182* (0.0104)	-0.0188* (0.0106)	-0.0122* (0.0067)	-0.0125* (0.0067)
군사적 분쟁$_{t-1}$	-0.0124 (0.0255)	-0.0139 (0.0259)	-0.0167 (0.0254)	-0.0186 (0.0255)
1991년 이후 경과 연(年) 수	0.0019 (0.0032)	0.0019 (0.0032)	0.0015 (0.0031)	0.0014 (0.0031)
상수(constant)	0.0629 (0.0450)	0.0638 (0.0449)	0.0524 (0.0412)	0.0577 (0.0408)
N	353	353	353	353
R-squared	0.8749	0.8750	0.8745	0.8749

주: 1) 이 표는 PCSE를 적용한 OLS 결과임. 평가된 계수가 보고되며 PCSE는 괄호 안에 표시됨
2) *** p⟨0.01; ** p⟨0.05; * p⟨0.1

한 강대국이라는 존재 그리고 노르딕 국가라는 존재 자체도 마찬가지로 유의미한 효과를 갖지 않는다는 것을 보여준다.

모델 3에서 세 변수, 즉 '대북한 원조t-1', '강대국', 그리고 '강대국×대북한 원조t-1'의 효과는 모두 통계적으로 유의미하지 않다.[17] 이 모델에서 '대북한 원조t-1'의 효과가 유의미하지 않다는 것은 강대국을 제외한 국가들의 경우에 대북 원조의 증가 혹은 감소가 북한과의 외교정책 선호 유사도에 유의미한 차이를 만들지 않는다는 것을 뜻한다. 이 모델에서 강대국들의 경우 대북 원조의 효과는 두 변수, 즉 '대북한 원조t-1'와 '강대국×대북한 원조t-1'의 계수의 합으로 나타내어지는데, 두 계수가 모두 유의미하지 않다. 따라서 이 결과는 강대국들에게 있어서 대북 원조액의 증가 또는 감소가 북한의 대외정책 선호 변화라는 결과를 낳지 않을 것 같다는 것을 의미한다. 결국 모델 3의 결과는 강대국인지 여부는 대북 원조가 북한의 대외정책 변화에 유의미한 효과를 발생시키기 위한 조건이 되지 않는다는 것을 보여준다.[18]

모델 5에서 '대북한 원조t-1'의 효과는 유의미하지 않지만, '노르딕 국가' 그리고 '노르딕 국가×대북한 원조t-1'는 유의미한 효과를 가진다. 이 모델에서 '대북한 원조t-1'의 효과가 유의미하지 않다는 것은 노르딕 국가를 제외한 국가들의 경우에 대북 원조액의 변화가 북한과의 외교정책 유사도에 유의미한 영향을 미치지 않는다는 것을 의미한다. 그러나 노르딕 국가들의 경우에는 다르다. 노르딕 국가들에게 있어서 대북 원조의 효과는 '대북한 원조t-1' 그리고 '노르딕 국가×대북한 원조t-1'의 계수들의 합으로 표현되는데 (-0.0008+0.0015), '대북한 원조t-1'의 계수는 유의미하지 않다. 이 결과는

---

17) 본 연구는 대북 공적개발원조를 전혀 제공하지 않은 강대국인 일본을 분석대상에서 제외한 추가적 검증을 수행하였으나, 그 결과는 여기 제시된 것과 다르지 않았다.

18) 강대국의 대북한 원조의 효과를 검증하는 데 있어서 통제변수로 상대적 군사력과 상대적 경제력을 포함시키는 것에 대한 문제제기가 있을 수도 있다. 본 연구는 두 통제변수를 모두 제거했을 때 그리고 둘 중 어느 하나를 제외했을 경우들에 대한 추가적 검증을 실행하였다. 그 결과는 여기에 제시된 것과 매우 유사하다.

노르딕 국가들의 경우에 대북 원조의 증가가 북한과의 외교정책 선호 유사
도의 증가라는 효과를 낳는다는 것을 의미한다.[19] 즉, 노르딕 국가들의 대
북 원조는 북한의 외교정책 선호를 자신들의 선호에 보다 가깝게 변화시키
는 경향이 있다.

지금까지 분석의 결과는 일반적으로 국가들의 대북 양자 원조가 북한의
외교정책 선호에 유의미한 영향을 미치지 않으며, 강대국들의 원조도 마찬
가지이지만, 노르딕 국가들의 원조는 북한의 대외정책 선호를 자신에게 가
깝게 변화시킨다는 것을 보여준다.[20] 일반적인 국가들 그리고 강대국의 대
북 원조의 이러한 결과는 원조의 정치적 효과에 관해 기존 연구들이 제시하
는 합리주의적 이론이 북한에 대해서는 현실화되지 않는다는 것을 의미한
다. 그 이유는 국가들의 원조 목적과 북한의 대외관계 인식과의 부조화 및
북한의 원조에 대한 부정적 인식과 관련된 것으로 해석될 수 있다. 국가들
의 양자적 원조는 대체로 인도주의보다는 정치·전략적 목표 달성을 위한
외교정책 수단으로 사용되는 경향이 있으며, 강대국의 원조는 더욱 그러한
경향을 가진다. 공여국이 원조의 대가로서 북한의 대외정책 변화를 기대하
거나 요구할 때, 북한은 그것을 자신의 자주권에 대한 침해 또는 내정간섭
으로 인식하면서 공여국의 기대에 부응하지 않을 것 같다. 또한 원조 공여
국은 북한의 대외정책 변화를 통해 자신의 전략적 이익의 확장을 기대하지
만, 이미 공적개발원조에 대한 부정적 인식을 가지고 있는 북한은 그러한

---

19) 모델 5에서 '*노르딕 국가*'의 부정적 효과는 '*노르딕 국가×대북한 원조*$_{t-1}$'의 긍정적
효과와 더불어서 노르딕 국가라는 존재 자체의 효과를 나타낸다. 즉, 대북 원조를 제
공하지 않을 경우 노르딕 국가라는 존재 자체는 (노르딕 국가가 아닌 경우와 비교해
서) 북한과의 외교정책 유사도를 낮추는 경향이 있지만, 대북 원조의 증가에 따라 노
르딕 국가라는 존재가 북한과의 외교정책 유사도를 증가시킬 수 있다는 것을 뜻한다.

20) 앞에서 선행연구로서 검토한 핀신(Pincin 2012)의 연구는 영국, 프랑스와 같은 국가
들의 원조가 수원국의 외교정책 선호를 변화시키는 정치적 효과를 가지며, 노르딕
국가들의 원조는 유의미한 영향을 미치지 않는다는 것을 보여준다. 그러나 그의 분석
결과는 대북한 원조에 초점을 맞춘 것이 아니라, 모든 수원국을 대상으로 한 일반적
효과를 의미한다.

전략적 원조에 반응하지 않는 것으로 보인다. 공여국은 대북 원조를 통한 북한의 변화가 자신에게 이득이 되며 또한 북한에게도 이익이 될 것이라 판단할 수도 있다. 그러나 마르크스주의적 전통을 가지는 북한의 국제관은 그보다는 훨씬 제로섬(zero-sum)적 인식에 가까우며(김도형·최종건 2012), 원조에 대한 반응은 공여국의 기대와 다를 수 있다.

노르딕 국가들의 원조가 인도적 목적을 추구한다는 점을 고려할 때, 그 국가들의 원조가 북한 외교정책 선호의 변화라는 정치적 효과를 낳는다는 의도하지 않은 결과의 발생은 놀라운 것이라 할 수 있다. 이 결과의 배경으로서 다음과 같은 추론이 가능하다. 우선 북한이 노르딕 국가의 원조에 호감을 가질 수 있다는 점이 중요하다. 정치적·전략적 목적을 우선시하지 않는 노르딕 국가의 원조는 자주권 존중 및 내정불간섭이라는 북한의 대외관계 원칙과 충돌할 이유가 없다. 또한 북한이 가지는 원조에 대한 부정적 인식도 노르딕 국가의 원조에 대해서는 문제가 되지 않으며, 오히려 북한은 노르딕 국가에 호의적 인식을 가질 수 있다. 이러한 인식이 결국 대외정책의 변화를 유발할 수 있다. 구성주의 이론에 따르면, 국가 간 호의적 인식의 형성은 상호간에 우호적 존재로서의 정체성의 획득을 추동할 수 있으며, 외교정책의 변화로 이어질 수 있다(Wendt 1992; 1999). 이를테면, 두 국가가 서로 '친구'로 인식할 때 비슷한 이익을 공유하고 유사한 외교정책을 선택할 가능성이 높아진다는 것이다.[21]

노르딕 국가의 대북 원조는 다른 수원국에 대해서와 마찬가지로 북한의 경제적 피폐에 대한 '연대적' 인식에 근거한 것일 수 있다. 북한은 이러한 원조에 호감을 가지고 노르딕 국가들에 대해 우호적인 혹은 친구라는 정체성을 부여할 수 있으며, 북한의 외교정책 선호는 노르딕 국가들에 가까워질 수 있다. 결국 노르딕 국가의 대북한 원조가 양자 간 우호적 관계 형성에

---

21) 북미관계와 북핵 문제를 예로 들면서 웬트(Wendt 1995, 73)는 "500개의 영국의 핵무기가 5개의 북한의 핵무기보다 미국에게 덜 위협적인 이유는 영국이 미국의 친구인 반면 북한은 그렇지 않기 때문이다"라고 주장한다. 즉 핵무기 자체보다는 북한과 미국 사이에 획득되는 정체성이 상호간 안보이익의 차이를 설명한다는 것이다.

기여하면서 북한의 대외정책을 변화시키는 요인이 될 수 있다. 노르딕 국가의 원조 효과에 관한 이러한 해석은 앞서 제시한 일반적인 국가들 또는 강대국의 대북 원조 효과에 대한 해석과 더불어 합리주의보다는 구성주의적 접근법이 결과적으로 북한의 외교정책 변화를 더 잘 추동할 수 있다는 것을 시사한다(김상기·김근식 2015).[22]

통제변수들의 효과에 있어서 우선 전년도의 외교정책 선호 유사도는 〈표 2〉와 〈표 3〉 모두에서 통계적으로 유의미하며 긍정적인 효과를 가지는데, 이는 기존 연구들이 밝히는 바와 같이 외교정책 유사도가 시간적 의존성을 갖기 때문이다. 경제적 상호의존의 효과도 기대한 바와 같다. 북한과 타 국가가 경제적으로 높은 상호의존도를 가질수록 두 국가 간 외교정책 선호의 유사성은 증가하는 경향이 있다. 국력의 격차를 나타내는 변수 중 상대적 군사력은 외교정책 선호 유사도에 유의미한 영향을 미치지 않지만, 상대적 경제력은 외교정책 유사도를 감소시키는 효과를 가진다. 즉 북한과 다른 한 국가의 경제력 격차가 크게 존재할수록, 두 국가의 외교정책 선호는 큰 차이를 나타내는 경향이 있다. 군사적 분쟁과 1991년 이후 경과된 시간은 종속변수에 유의미한 영향을 미치지 않는다.

V. 결론

본 논문은 OECD 개발원조위원회 국가들의 대북한 양자 원조가 북한과의 외교정책 선호 유사도에 미치는 영향을 유엔총회 투표 자료를 이용하여 실증적으로 분석했다. 1991년부터 2008년까지의 시간적 범위를 갖는 통계

---

22) 북한의 외교정책 변화와 관련된 구성주의적 접근과 합리주의적 접근에 대한 추가적 설명은 김상기·김근식(2015) 참조.

적 분석의 결과는 다음과 같이 요약된다. 첫째, 개발원조위원회 국가들의
대북 원조가 일반적으로는 양자 간 외교정책 선호 유사도에 유의미한 영향
을 미치지 않는다. 즉, 일반적으로 대북한 원조는 북한의 대외정책 변화를
유도하는 정치적 효과를 가지지 않을 것 같다. 둘째, 강대국들의 대북한 양
자 원조 또한 북한의 외교정책 선호 변화라는 정치적 효과를 거두지 못하는
경향이 있다. 셋째, 노르딕 국가들의 경우에는 대북 원조가 양자 간 외교정
책 선호 유사성을 증가시키는 경향이 있다. 이 결과는 노르딕 국가들의 원
조가 북한의 외교정책을 자신의 선호에 보다 가깝게 변화하도록 만드는 효
과를 갖는다는 것을 의미한다.

이러한 결과의 이유는 공여국들의 원조 목적 및 북한의 국제관계 인식
과 관련될 수 있다. 국가들의 양자적 원조는 대체로 인도주의보다는 정치적
혹은 전략적 이익을 추구하는 경향이 있으며, 강대국일수록 더욱 그러한 목
적을 가지는 경향이 있다. 그러나 공적개발원조에 대해 부정적 인식을 갖고
있는 북한은 자주권 존중과 내정불간섭을 강조하면서, 타 국가들이 원조를
통해 전략적 이익을 추구하거나 자신의 정책에 정치적 영향력을 행사하는
것에 강한 거부감을 가진다. 따라서 국가들이 원조 제공의 대가로서 북한의
외교정책 변화라는 결과를 얻고자 하더라도 북한은 그에 대해 반응을 보이
지 않는 것이라 해석할 수 있다. 반면 연대주의에 기반하여 인도적 목적을
추구하는 노르딕 국가들의 원조에 대해 북한은 호의적 인식을 가질 수 있으
며, 이러한 인도적 원조와 그에 대한 호의적 인식은 노르딕 국가와 북한 사
이에 우호적인 관계가 형성되도록 만들 수 있다. 그 결과로서 노르딕 국가
들의 원조는 의도하지 않았더라도 북한의 대외정책 선호 변화라는 정치적
효과를 거두는 것이라 볼 수 있다.

북한의 대외정책 변화는 한국은 물론이고 국제공동체의 중요한 과제이
다. 그 과제를 위한 하나의 방법으로서 본 연구는 대북 원조의 가능성을 실
증적으로 탐구하였다. 연구의 결과는 북한의 정책 변화라는 정치적 목적을
위해 북한에 대한 원조를 추진한다면, 그 목표를 달성하기가 쉽지 않을 것
이라는 함의를 제시한다. 그러나 대북 원조가 인도주의적 목적을 우선적으

로 추구할 때 결과는 달라질 수 있다. 노르딕 국가들의 원조 효과에 관한 본 연구의 경험적 발견은 대북한 원조가 원조 본연의 목적, 즉 북한 주민들의 빈곤 감소 및 복지 증진과 같은 인도주의의 실현에 충실해야 하며, 그러한 원조가 결국에는 북한의 변화에 기여할 수 있다는 것을 시사한다.

■ 참고문헌 ■

구갑우·최완규. "북한의 동북아 지역정책." 이수훈 편. 『북한의 국제관과 동북아 국제질서』. 126-180. 서울: 한울아카데미, 2011.

김덕준·David Kelleher. "인도적 대북지원 동기에 관한 연구." 『북한연구학회보』 제9권 2호: 315-353. 2005.

김도형·최종건. "북한의 국제경제 세계관 분석." 『한국과 국제정치』 제28권 4호: 97-131. 2012.

김상기·김근식. "북한의 국제적 사회화 전망: 국제기구 참여와 외교정책 선호의 변화, 1991-2005." 『국제정치논총』 제55집 2호: 191-224. 2015.

김정수. "인도적 대북지원과 북한체제의 존속력에 미친 영향." 『통일정책연구』 제19권 1호: 209-236. 2010.

김준석. "중견국가와 인도적 국제주의 외교정책: 스칸디나비아 국가들의 대외원조정책을 중심으로." 『세계지역연구논총』 제28집 1호: 263-291. 2010.

리수영. "국가자주권존중의 원칙에 관한 독창적인 사상." 『김일성종합대학학보: 력사 법학』 제44권 3호: 61-66. 1998.

문경연. "대북지원 딜레마와 극복방안 모색." 『글로벌정치연구』 제6권 1호: 5-36. 2013.

박지연·문경연. "한국정부의 대북지원 '통계'에 대한 비판적 고찰: OECD 공여국보고체계(CRS)와의 비교를 중심으로." 『동서연구』 제27권 1호: 5-27. 2015.

사회과학출판사. 『국제법사전』. 평양: 사회과학출판사, 2002.

양문수. "북한에 대한 인도적 지원의 경제·사회적 효과." 『동향과 전망』 제70호: 243-272. 2007.

양운철·하상섭. "UN의 대북한 경제제재의 한계: 강제성의 제한과 전략적 선택의 확대." 『통일정책연구』 제21권 2호: 143-175. 2012.

윤대규·임을출. "동북아 안보레짐: 북한의 국제법적 인식과 대응." 『현대북한연구』 제13권 3호: 120-164. 2010.

이금순. 『대북 인도적 지원의 영향력 분석』. 서울: 통일연구원, 2003.

_____. "대북 인도적 지원의 실효성 연구: 평가지표와 과제." 『통일정책연구』 제14 권 2호: 17-47. 2005.

임을출. "글로벌 개발협력 거버넌스에 대한 북한의 시각과 대응: 새천년개발목표 (MDGs) 체제와의 관계를 중심으로." 『통일정책연구』 제22권 2호: 137-164. 2013.

장명봉 편. 『최신 북한법령집: 북한법연구회 창립 20주년 기념 자료집』. 서울: 북한 법연구회, 2013.

정연호. "유럽연합의 대북 지원과 향후 전망." 『KDI 북한경제리뷰』 제6권 4호: 3-14. 2004.

조동호. "바람직한 대북지원의 개선방향: 대북지원과 ODA의 비교를 바탕으로." 『비 교경제연구』 제15권 1호: 153-205. 2008.

조한범. "대북지원 10년의 성과와 과제: 대북개발지원을 위한 제언." 『통일정책연구』 제14권 2호: 79-99. 2005.

한국국제협력단. 『국제개발협력의 이해』. 서울: 한울아카데미, 2008.

Alesina, Alberto, and David Dollar. "Who Gives Foreign Aid to Whom and Why?" *Journal of Economic Growth* 5(1): 33-63. 2000.

Allen, Susan Hannah. "Political Institutions and Constrained Response to Economic Sanctions." *Foreign Policy Analysis* 4(3): 255-274. 2008.

Barbieri, Katherine, Omar M. G. Keshk, and Brian Pollins. "Trading Data: Evaluating Our Assumptions and Coding Rules." *Conflict Management and Peace Science* 26(5): 471-491. 2009.

Bearce, David H., and Stacy Bondanella. "Intergovernmental Organizations, Socialization, and Member-State Interest Convergence." *International Organization* 61(4): 703-733. 2007.

Beck, Nathaniel, and Jonathan N. Katz. "What to do (and not to do) with Time-Series Cross-Section Data." *American Political Science Review* 89(3): 634-647. 1995.

Box-Steffensmeier, Janet, and Bradford Jones. *Event History Modeling: A Guide for Social Scientists*. Cambridge: Cambridge University Press, 2004.

Bueno de Mesquita, Bruce, James D. Morrow, Randolph M. Siverson, and Alastair Smith. *The Logic of Political Survival*. Cambridge: MIT Press, 2003.

Bueno de Mesquita, Bruce, and Alastair Smith. "Foreign Aid and Policy Concessions." *Journal of Conflict Resolution* 51(2): 251-284. 2007.

Cingranelli, David Louis. *Ethics, American Foreign Policy and the Third World.* New York: St. Martin's Press, 1993.

Correlates of War Project. "State System Membership List, v2011." 2011. Online, http://correlatesofwar.org

Dreher, Axel, Peter Nunnenkamp, Rainer Thiele. "Does US Aid Buy UN General Assembly Votes? A Disaggregated Analysis." KOF Working Papers No.138. 2006.

Gartzke, Erik. "Kant We All Just Get Along? Opportunity, Willingness, and the Origins of the Democratic Peace." *American Journal of Political Science* 42(1): 1-27. 1998.

Gates, Scott, and Anke Hoeffler. "Global Aid Allocation: Are Nordic Countries Different?" Working Paper 2004-34. Centre for the Study of African Economics Series, University of Oxford, 2004.

Girod, Desha M. "Effective Foreign Aid Following Civil War: The Nonstrategic-Desperation Hypothesis." *American Journal of Political Science* 56(1): 188-201. 2012.

Gleditsch, Kristian S. "Expanded Trade and GDP Data." *Journal of Conflict Resolution* 46(5): 712-724. 2002.

Kegley, Charles W., Jr., and Steven W. Hook. "U.S. Foreign Aid and U.N. Voting: Did Reagan's Linkage Strategy Buy Deference or Defiance?" *International Studies Quarterly* 35: 295-312. 1991.

Keohane, Robert O. "Political Influence in the General Assembly." *International Conciliation* no.557: 1-64. 1966.

Kim, Soo Yeon, and Bruce Russett. "The New Politics of Voting Alignments in the United Nations General Assembly." *International Organization* 50 (4): 629-652. 1996.

Lai, Brian, and Daniel S. Morey. "Impact of Regime Type on the Influence of U.S. Foreign Aid." *Foreign Policy Analysis* 2(4): 385-404. 2006

Lebovic, James H. "National Interests and US Foreign Aid: The Carter and Reagan Years." *Journal of Peace Research* 25(2): 115-135. 1988.

Lektzian, David, and Mark Souva. "An Institutional Theory of Sanctions Onset and Sucess." *Journal of Conflict Resolution* 51(6): 848-871. 2007.

Lumsdaine, David Halloran. Moral Vision in International Politics: the Foreign

Aid Regime, 1949-89. Princeton: Princeton University Press, 1993.

Lundborg, Per. "Foreign Aid and International Support as a Gift Exchange." *Economics and Politics* 10(2): 127-141. 1998.

Marshall, Monty G., Ted Robert Gurr, and Keith Jaggers. Polity IV Project: Political Regime Characteristics and Transitions, 1800-2013. 2014. http://www.systemicpeace.org(검색일: 2015.1.28).

McGillivray, M. "Aid Effectiveness and Selectivity: Intergrating Multiple Objectives into Aid Allocations." *DAC Journal* 4(3): 27-40. 2003.

McLean, Elena V., and Taehee Whang. "Friends or Foes? Major Trading Partners and the Success of Economic Sanctions." *International Studies Quarterly* 54: 427-447. 2010.

Morgenthau, Hans. "A Political Theory of Foreign Aid." *American Political Science Review* 56(2): 301-309. 1962.

Oneal, John R., and Bruce Russett. "Is the Liberal Peace Just an Artifact of Cold War Interests? Assessing Recent Critiques." *International Interactions* 25(3): 213-241. 1999.

Palmer, Glenn, Vito D'Orazio, Michael Kenwick, and Matthew Lane. "The MID4 Data Set, 2002-2010: Procedures, Coding Rules, and Description." *Conflict Management and Peace Science* 32(2): 222-242. 2015.

Pincin, Jared. "Foreign Aid and Political Influence on the Development Assistance Committee Countries." Munich Personal RePEc Archive Paper No.39668. 2012.

Rai, Kul B. "Foreign Aid and Voting in the UN General Assembly, 1967-1976." *Journal of Peace Research* 17(3): 269-277. 1980.

Schraeder, Peter J., Steven W. Hook, and Bruce Taylor. "Clarifying the Foreign Aid Puzzle: A Comparison of American, Japanese, French, and Swedish Aid Flows." *World Politics* 50(2): 294-323. 1998.

Sexton, Edwin A., and Terence N. Decker. "U.S. Foreign Aid: Is It for Friends, Development or Politics?" *Journal of Social, Political, and Economic Studies* 17: 303-315. 1992.

Signorino, Curtis S., and Jeffrey M. Ritter. "Tau-b or Not Tau-b: Measuring the Similarity of Foreign Policy Positions." *International Studies Quarterly* 43(1): 115-144. 1999.

Singer, J. David. "Reconstructing the Correlates of War Dataset on Material

Capabilities of States, 1816-1985." *International Interactions* 14(2): 115-132. 1987.

Stokke, Olav, ed. Western Middle Powers and Global Poverty: the Determinants of the Aid Policies of Canada, Denmark, the Netherlands, Norway and Sweden. Uppsala: Scandinavian Institute of African Studies, 1989.

Voeten, Erik. "Resisting the Lonely Superpower: Responses of States in the United Nations to U.S. Dominance." *Journal of Politics* 66(3): 729-754. 2004.

Voeten, Erik, Anton Strezhnev, and Michael Bailey. "United Nations General Assembly Voting Data." 2009. http://hdl.handle.net/1902.1/12379, Harvard Dataverse V7(검색일: 2015.1.28).

Wang, T. Y. "U.S. Foreign Aid and UN Voting: An Analysis of Important Issues." *International Studies Quarterly* 43(1): 199-210. 1999.

Wendt, Aelxander. "Anarchy is What States Make of It: the Social Construction of Power Politics." *International Organization* 46(2): 391-425. 1992.

_____. "Constructing International Politics." *International Security* 20(1): 71-81. 1995.

_____. *Social Theory of International Politics.* Cambridge: Cambridge University Press, 1999.

Wittkopf, Eugene R. "Foreign Aid and United Nations Votes: A Comparative Study." *American Political Science Review* 67(3): 868-888. 1973.

제8장

국제사회의 대북 인도적 지원의 실제와 효과성:
탈북민의 인식조사 결과를 중심으로*

김지영 | 숭실대학교

I. 서론

이 글에서 저자는 대북 인도적 지원의 실제와 효과성에 대해 다루고
자 한다. 특히 한국에 거주하는 북한 이탈민들을 대상으로 설문조사를 실시
하여 대북 인도적 지원이 실제 북한 주민들에게 어떠한 영향을 미치고 있는
지 알아보고자 했다. 북한은 1948년 김일성 정권이 들어선 이후 지속적으로
해외 원조를 받아 온 주요 수원국이다. 냉전 시기 내내 북한은 소련과 중국
으로부터 막대한 양의 원조지원을 받았으며 1990년대 중반 이후부터는 한
국을 위시한 국제사회로부터 인도적 지원을 받아 왔다. 현재 북한은 UN산
하 세계식량기구(WFO: World Food Organization)의 최대 수원국이다. 이와

---

* 이 글은 『한국동북아논총』 21집 제1호(2006)를 수정·보완한 것임.

같이 북한이 장기간의 수원 역사를 갖고 있음에도 불구하고 대북 원조에 대한 학술적 논의는 매우 부족한 실정이다. 이러한 문제의식을 기반으로 이 글에서는 대북 인도적 지원의 실제와 효과성에 대해 논의를 전개해 보고자 한다.

냉전체제 붕괴 이후 세계화는 새로운 국제체제로 발전되어 왔다.[1] 그리고 세계화 시대를 이끄는 주요 추동 원인 중 하나인 통신 기술의 발전 및 주요한 글로벌 거버넌스 행위자로 등장한 국제 NGOs의 적극적 활동은 2000년대 이후 인도적 지원에 대한 국제사회의 관심을 더욱 증폭시키는 데 이바지했다. 실제 국제사회의 공적개발원조(ODA: Official Development Assistance)에서 인도적 지원의 규모는 지속적으로 증가하고 있다. 특히 대북 인도적 지원은 취약국가(fragile state) 혹은 실패국가(failed state) 문제와 연계되어 매우 특수한 양상으로 전개되어 왔다.

인도적 지원과 함께 냉전체제 종료 이후 국제개발협력 사회에 주요한 어젠다로 등장한 이슈 중 하나는 대(對) 실패국가에 대한 원조지원 문제일 것이다. 특히 사하라이남 아프리카의 많은 국가들이 자국 국민들에게 필요한 기본적 공공 서비스를 제공하지 못하고, 많은 경우 만연한 부패와 전 근대적 가산제(patrimonialism) 정체를 개혁하지 못한 채 매우 제한적인 거버넌스 기능을 하고 있는 실패국가의 특징을 갖고 있다. 또한 이러한 실패 국가의 문제는 종종 안보 문제와 연결되는데, 실제로 많은 실패 국가의 중앙정부가 모든 지역에 권한을 미치지 못하는 상황이며 이에 따라 지방 무력 세력, 심지어 테러 집단까지 이러한 실패 국가에서 세력을 키워가고 있다. 국제사회는 이러한 실패 국가들, 특히 안보의 문제가 있는 지역들에 대해 장기적 개발 지원이 아닌 인도적 지원만을 제공할 것을 권고하고 있는 상태다.

기존의 여러 연구들이 인지하고 있는 바와 같이 북한은 매우 특수한 사례이다. 우선 혈통을 기반으로 하는 북한의 수령주의 정치체제는 오늘날 유

---

1) Thomas L. Friedman, *The Lexus and the Olive Tree: Understanding Globalization* (New York: Anchor Books, 2000).

사한 정체를 지닌 국가를 거의 찾아보기 어렵다. 더욱이 선군사상을 추구하고 있는 북한체제는 다른 많은 실패 국가들과 비교해 보았을 때 중앙 군부의 세력이 매우 지배적이라 할 수 있다. 분명한 점은 중앙계획경제를 지지하고 있는 공산주의 사회임에도 불구하고, 1990년대 이후 배급제가 거의 제 기능을 하지 못하고 있다는 면에서 북한은 취약국가의 특징을 명백하게 갖고 있다고 하겠다. 또한 북한 정권이 북한 주민들의 민생 및 복지보다는 특정 지배층과 독재자의 이익만을 추구한다는 면에서도 많은 다른 아프리카 실패 국가와 커다란 유사성을 보인다. 이에 더해 북한은 핵무기 보유와 이로 인한 주변국과 국제 안보의 큰 위협으로 인해 나쁜 국가(rogue state)로 분류되기도 해왔다. 이러한 상황에서 대북 인도적 지원에 대한 본 연구는 객관적 자료와 정보가 매우 제한적인 북한에 대한 이해를 도모할 뿐 아니라 취약국가 그리고 폐쇄적인 전체주의 사회에서의 원조의 효과성에 대한 논의에 주요한 함의를 제공할 수 있을 것이라 사료된다. 특히 본 연구에서는 1990년대 중반 이후 진행된 대북 인도적 지원의 성격과 효과성에 대해 알아보기 위해 한국에 거주하는 북한 이탈민들을 대상으로 직접 설문조사와 심층면접을 실시했다. 그리고 이러한 설문 및 인터뷰 자료를 기반으로 원조가 북한 주민들에게 어떠한 영향을 미치는지, 특히 대북 공여기관 및 북한 정권에 대한 그들의 인식에 미치는 원조의 영향을 살펴보고자 하였다.

II. 대북 인도적 지원의 정치화

〈그림 1〉에서와 같이 국제사회의 인도적 지원은 냉전체제 붕괴 이후 국제 거버넌스에서 NGOs의 역할이 강화되면서 그 중요성과 규모가 급상승했다. 냉전 시기 동안 주요 공여국들(특히 미국과 소련)은 자국이 속한 진영의 동맹 강화를 위한 전략적·외교적 목적으로 주로 원조를 사용했다. 그리고

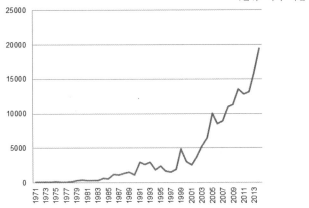

● 그림 1 　　국제사회의 인도적 지원 추이, 1971~2013년

(단위: 미화 백만 달러)

출처: OECD Statistics 데이터베이스; 저자가 계산함

냉전체제가 갑자기 붕괴되고 전략적 원조 사용이 불필요하게 되자 1990년대 전반에 걸쳐 강대국, 특히 미국의 ODA 규모는 대폭 축소되었다. 이 시기 원조의 급감으로 인해 가장 피해를 받은 지역은 최빈곤국이 가장 많이 있는 사하라이남 아프리카 지역이었다. 국제개발 NGOs들은 당시 선진국들이 많이 관심을 갖지 않고 있던 이 지역의 극심한 빈곤 문제를 전 세계에 알리는 데 크게 기여했으며, 이는 2000년 UN 새천년개발계획 선언과 함께 국제개발협력의 중요성에 대해 다시 한번 전 세계가 주목하게 된 계기가 되었다. 이렇게 냉전체제 이후 국제 NGOs들이 국제 거버넌스의 주요한 행위자로 부상하면서 이들이 지지하는 인도적 지원도 더욱 강화되었다. 또한 냉전체제의 붕괴 이후 더욱 가속화된 세계화, 특히 정보통신 기술의 발달로 인해 지구촌 곳곳에서 발생하는 각종 자연재해와 분쟁, 그리고 그로 인한 피해 상황 소식을 국제사회가 즉각적으로 접할 수 있게 되었으며, 이는 인도주의 지원에 대한 국제사회의 큰 지지로 이어졌다.

　　인도적 지원은 "긴급상황 발생 시 생명을 구하고 고통을 완화하며 인간의 존엄성을 유지 및 수호하기 위한 원조와 조치"를 의미한다.[2] 인도적 지원은 통상 단기적으로 제공되며 인도(humanity), 공평(impartiality), 중립 (neutrality)의 원칙에 기반하여 제공된다.[3] 인도적 지원의 형태로는 재난물 자 및 서비스 제공, 식량원조, 재난 조정 및 보호와 지원 서비스 등이 포함 된다. '인도'의 원칙은 국제사회가 인간 존엄을 보존하기 위해 지원 및 노력 을 해야 함을 의미하며 '공평'의 원칙은 인도적 지원 제공에 있어 국적, 인 종, 종교, 계급, 정치적 배경에 따른 차별이 없어야 함을 의미한다. 그리고 '중립'의 원칙은 인도적 위기에 대응 및 지원 조치를 취함에 있어 정치적 중 립성의 중요성을 강조하는 개념이다.[4] 이렇게 인도적 지원은 공여국의 여 러 정치적·전략적 이익 계산이 반영되어 비교적 장기간에 걸쳐 제공되는 개발지원과는 차별되는 원조 형태이다. 그리고 이러한 인도적 지원에 대한 국제사회의 원칙에 기반해서 살펴볼 때 대북 인도적 지원은 많은 의문점을 제기한다.

언급한 바와 같이 북한 정권이 설립된 이후 북한은 끊임없이 원조를 제 공받았다. 그러나 북한이 처음으로 국제사회에 공식적으로 인도적 지원을 요 청한 때는 1995년이다. 당시 북한 정권은 홍수를 포함한 자연재해로 식량위 기가 닥쳤고 이에 따라 최악의 기근 상황을 탈피하기 위해 국제사회에 인도 적 지원을 요청한다고 밝혔다. 이후 〈표 1〉과 같이 국제사회는 북한에 대한 인도적 지원을 실시했다. 그러나 저자가 이전 연구에서 밝힌 바와 같이 대 북 인도적 지원은 국제사회에서 합의된 인도적 지원의 원칙에 기반을 했다 기보다는 공여국의 정치적·전략적 필요성에 기반하여 제공되어 왔다고 할 수 있다. 여기에서는 해당 부분의 내용을 간략히 정리하기로 한다.[5]

2) Global Humanitarian Assistance, http://www.globalhumanitarianassistance.org (검색일: 2015.12.2).

3) 문경연, "대북지원의 인간안보적 해석," 『북한연구학회보』 제16권 제2호(북한연구학 회, 2012), pp.296-301.

4) 문경연, "대북지원의 인간안보적 해석"(2012).

5) 보다 상세한 내용은 Jiyoung Kim, "The Politics of Foreign Aid in North Korea," *The Korean Journal of International Studies*, 12(2)(2012) 참조.

표 1 　　　　　　　대북 인도적 지원, 1995~2011년

(단위: 미화 10,000달러)

연도	한국		국제사회	전체	한국 정부/ 전체	한국/ 전체
	정부	NGO				
1995	23,220	25	5,565	28,810	80.6%	80.7%
1996	305	155	9,765	10,225	3.0%	4.5%
1997	2,667	2,056	26,350	31,073	8.6%	15.2%
1998	1,100	2,085	30,199	33,384	3.3%	9.5%
1999	2,825	1,863	35,988	40,676	6.9%	11.5%
2000	16,975	3,238	18,177	38,390	44.2%	52.7%
2001	7,522	6,017	36,531	50,070	15.0%	27.0%
2002	19,515	4,577	27,388	51,480	37.9%	46.8%
2003	19,997	6,386	15,680	42,063	47.5%	62.7%
2004	23,340	13,250	18,426	55,016	42.4%	66.5%
2005	28,588	7,666	12,064	48,318	59.2%	75.0%
2006	22,967	7,088	2,481	32,536	70.6%	92.4%
2007	37,936	9,698	n.a.	n.a	n.a.	n.a.
2008	3,977	6,459	n.a.	n.a.	n.a.	n.a.
2009	2,420	2,858	n.a.	n.a.	n.a.	n.a.
2010	1,780	1,748	n.a.	n.a.	n.a.	n.a.
2011	565	1,173	n.a.	n.a.	n.a.	n.a.

출처: 한국국제무역협회 데이터베이스

　　먼저 국제사회의 대북한 인도적 지원은 지난 20여 년 동안 (비록 심한 변동을 겪었지만) 제공되어 왔다. 이는 통상 인도적 지원은 단기간에 걸쳐 급한 위기 상황에 대처하기 위해 제공된다는 점을 고려해 볼 때 매우 예외적이라고 할 수 있다. 실제 북한 정권은 인도적 지원이 아닌 개발 지원으로의 전환을 지속적으로 국제사회에 요구해 왔으나 미국, 한국, 일본을 포함한 주요 공여기관이 이를 거부하고 있는 상황이다. 공여기관들에 의하면 개발 원조지원을 위해서는 제도 및 정책 개혁이 선행되어야 하는데 북한 정권이 이를 수용하거나 집행할 가능성이 거의 없다는 것이다.[6] 이렇게 대북 원조지원에 있어 '정치적' 고려는 공여기관의 원조에 가장 주요한 요소가 되어 온 것으로 보인다. 〈표 1〉에서와 같이 2000년대 초반까지 국제사회는 비교적 많은 양의 대북 인도적 지원을 제공했다. 그러나 2000년대 초반 북핵 문제가 다시 부상하자 북한 주민에 대한 동정적인 국제사회의 분위기는 급변했다. 2001년 이후 한국의 지원을 제외하면 국제사회의 원조는 확연히 줄어들었다. 한국을 제외한 국제사회의 인도적 지원은 2001년 365.31백만 달러에서 2006년 24.81백만 달러로 급감했다.

실제로 미국은 북핵 문제가 대북지원의 가장 주요한 요소임을 공식적으로 발표했고 식량 원조를 포함한 대북 인도적 지원을 북한의 핵 문제 해결을 위한 주요 외교 수단으로 사용해 왔다. 예를 들어 클린턴 정부는 안보와 관련된 각종 국제협상에 대한 북한의 참여를 높이기 위해 식량 원조를 사용했으며, 이후 부시 정권은 클린턴 정부의 북한에 대한 연성(soft)정책을 비판하며, 대북 인도적 지원 조건을 더욱 강화했다. 결정적으로 2002년 북한 정권이 비밀리에 핵무기를 제조하고 있다는 것이 밝혀짐으로써 미국의 대북지원은 전면 중단되었다. 미국의 대북지원은 2007년 북한 정권이 핵무기 제조 중단을 선언하고 6자회담에 참여할 것을 선언하자 재개되었다. 그러나 2009년 북한이 6자회담 탈퇴를 일방적으로 선언하고 핵무기 실험을 강행하자 미국의 인도적 지원은 또다시 중단되었다. 이와 같이 안보적 고려로 인해 미국의 대북지원은 매우 심한 변동 추이를 보여 왔다(〈표 2〉 참조).

마찬가지로 한국의 대북 인도적 지원도 북한의 인도적 상황보다는 국내외 정치적·전략적 고려에 의해 결정되어 온 경향이 있다. 〈표 1〉에서와 같이 1998~2006 기간 동안 한국은 상당한 양의 대북지원을 유지했고, 이 시기는 김대중·노무현 정권이 북한에 대한 햇볕정책을 펼치던 시기다.[7] 대북

---

6) 박현주, "인도적 대북지원의 개념과 원칙," 『북한경제리뷰』 제13권 제2호(2011), pp.3-9.

● 표 2   미국의 대북지원, 1995~2011년

회계 연도	식량원조(연간)		KEDO 지원	6자회담 관련 지원 (연간: 백만 달러)		의료품 및 다른 지원품	전체 (백만 달러)
	미터톤 (1,000kg)	상품가 (백만 달러)	(연간: 백만 달러)	연료유	핵무기 중단 관련 보상	(연간: 백만 달러)	
1995	0	0.00	9.50	–	–	0.20	9.70
1996	19,500	8.30	22.00	–	–	0.00	30.30
1997	177,000	52.40	25.00	–	–	5.00	82.40
1998	200,000	72.90	50.00	–	–	0.00	122.90
1999	695,194	222.10	65.10	–	–	0.00	287.20
2000	265,000	74.30	64.40	–	–	0.00	138.70
2001	350,000	58.07	74.90	–	–	0.00	132.97
2002	207,000	50.40	90.50	–	–	0.00	140.90
2003	40,200	25.48	2.30	–	–	0.00	27.78
2004	110,000	36.30	0.00	–	–	0.10	36.40
2005	25,000	5.70	–	–	–	–	5.70
2006	0	0.00	–	–	–	0.00	0.00
2007	0	0.00	–	25.00	20.00	0.10	45.10
2008	148,270	93.70	–	106.00	25.00	0.00	224.70
2009	21,000	5.60	–	15.00	–	4.00	24.60
2010	–	2.90	–	–	–	0.60	3.50
2011	–	–	–	–	–	0.90	0.90
Total	2,258,164	708.15	403.70	146.00	45.00	10.90	1,313.75

출처: Congressional Research Service(CRS)가 관련 데이터를 모음; Mark E. Manyin and Mary Beth Nikitin, "Foreign Assistance to North Korea" CRS Report, Congressional Research Service(www.crs.gov)(2012), p.3에서 재인용함

---

7) 그러나 이 시기 동안에도 1999년 6월 15일 서해 교전 발발 시, 대북지원은 전면 중단 되었다.

인도적 지원은 김대중 정권의 햇볕정책을 지원하기 위한 주요 수단이었던 것이다. 일례로 당시 김대중 정권은 2000년 양국의 정상회담을 성사시키기 위해 북한에 대한 대대적 원조를 제공했다. 그러나 북한에 대한 햇볕정책은 2008년 이명박 정권의 등장과 함께 전면 중단되었다. 이명박 정권은 대북지원에 있어 상호호혜의 원칙을 주장하면서 핵 문제를 포함한 북한 정권의 안보 이슈에 대한 협조 없이는 인도적 지원을 포함한 대규모 지원을 하지 않겠다고 밝혔다. 실제로 이명박 정부 이후 대북 인도적 지원의 규모는 대폭 축소되었으며, 2010년 천안함 사태 이후 거의 중단되었다. 이러한 이명박 정권의 강경 대북정책은 큰 변화 없이 박근혜 정부까지 이어져왔다.

이와 같은 대북 원조 현황은 국제사회의 인도적 지원과 식량 전달이 북한에 대해서는 도덕적 필요성보다 정치적 수단으로 이용되는 국제적 상황이 성립되어 왔음을 보여준다. 즉, Aaltola가 지적한 바와 같이 "정치적으로 더욱 특이한 점은 한국과 미국이 북한의 기아를 근절하기 위해 적국에게 식량 원조를 제공했다는 사실이 아니라 — 이는 국제 인도주의 규범에 따른 것일 뿐이다 — 국제사회의 지탄 없이 [인도적] 원조가 [북한 정권의] 정치적 양보를 획득하기 위해 공공연히 사용되었다는 점이다."[8]

이렇게 대북 인도적 지원이 예외적으로 국제사회의 규범과는 거리가 먼 방식으로 진행되어 온 가장 큰 이유는 북한 정권에 대한 국제사회의 큰 불신일 것이다. 실제로 북한에 대한 많은 연구들이 북한 정권을 '실패 국가' 또는 '나쁜 국가'로 규정하고 있으며 원조의 상당 부분이 군부와 장마당으로 전용되고 있음을 밝히고 있다. 저자 또한 이전 연구에서 북한의 정치 구조, 국가-사회관계에 대한 분석을 기반으로 대북 원조가 실제 필요한 북한 주민들에게 매우 제한적인 도움만을 제공하고 있음을 지적한 바 있다.[9] 이렇게 기존의 대북 원조(그리고 어느 정도는 원조 전반)에 대한 논의는 물질적 측

---

8) Aaltola, M., "Emergency Food Aid as a Means of Political Persuasion in the North Korean Famine," *Third World Quarterly*, 20(1999), pp.371-386.

9) Jiyoung Kim(2012).

면에서의 원조의 효과성에 초점을 맞춰 논의되어 왔다고 할 수 있겠다. 그
러나 최근 원조와 개발 논의에 있어 비물질적 측면을 강조하고 있는 연구들
이 주목받고 있다. 대표적으로 Sen은 그의 연구 *Development as Free-
dom*에서 개발을 물질적으로만 취급하는 기존의 접근방식에 의문을 제기하
며 개발의 가장 중요한 요소이자 다른 모든 측면의 개발을 이끄는 데 필수
적 도구로서 자유를 주장한 바 있다.[10] 또한 Van der Veen은 그의 연구
*Ideas, Interest and Foreign Aid*에서 구성주의의 이론에 기반하여 원조
정책 목표와 목적에 대한 정책결정자들의 '생각(ideas)'이 어떻게 논의 틀
(frame)을 형성하고 원조 형식과 집행에 영향을 미치는지를 유럽 4개국(벨기
에, 이탈리아, 네덜란드, 노르웨이) 분석을 통해 보여주었다.[11] 다시 말해 원조
의 목표가 무엇이 되어야 하는가에 대한 정책결정자들의 생각은 원조 방식
과 관리에 결정적 영향을 미친다는 것이다. 이상과 같은 연구들은 모두 공
통적으로 비물질적 차원으로 개발과 원조의 논의를 확대, 발전시키고 있다
는 유사점이 있다.

　이러한 접근 방식에 영향을 받아 본 연구에서 저자는 원조의 비물질적
영향, 특히 폐쇄적 전체주의 사회에서 원조가 주민들의 정권 및 공여기관에
대한 인식에 미치는 영향력을 살펴보고자 하였다. 이를 위해 본 연구에서
저자는 한국에 거주하고 있는 북한 이탈민을 대상으로 설문조사 및 심층 인
터뷰를 실시했고 다음과 같은 질문에 대한 답을 찾고자 하였다. 북한 주민
은 해외 원조에 대해 어떠한 생각을 갖고 있을까? 기존의 논의대로 북한에
서 원조는 주민들에게 거의 공급되지 못하고 있는 것일까? 중앙정부의 배급
이 아니라면 북한 주민들은 어떠한 경로를 통해 원조품을 접하고 있을까?
북한 주민들은 원조와 공여기관에 대해 어느 정도 인지하고 있을까? 특히
대북 원조는 북한 주민의 공여기관 및 정권에 대한 인식에 어떻게 영향을

---

10) Amartya Sen, *Development As Freedom* (Oxford: Oxford University Press,
　　1999).

11) A. Maurits Van der Veen, *Ideas, Interests, and Foreign Aid* (New York:
　　Cambridge University Press, 2011).

미치고 있을까? 이상의 질문들에 대한 설문조사와 심층 인터뷰 조사 결과는
다음 절에서 논의하기로 한다.

III. 대북 원조에 대한 탈북민의 인식조사 결과

대북 인도적 지원에 대한 기존의 접근 방식은 우선 인도적 차원에서 국
제사회의 대북 인도적 지원이 지속되어야 한다는 주장12)과 보다 현실적·전
략적 입장에서 대북지원에 대해 부정적인 입장을 지지하는 찬반 논리적 접
근방식, 정권별 대북 인도적 사업에 대한 분석,13) 그리고 대북 인도적 사업
의 주요 실행 주체인 한국의 NGO에 대한 연구와 문제점을 분석하는 접근
법 등이 있다.14) 그리고 보다 최근에는 보다 넓은 개발협력의 틀에서 대북
인도적 지원에 대한 분석을 시도하는 연구들이 나오고 있다.15) 그러나 이런
기존의 대부분의 연구들은 대북 인도적 지원이 북한 내 어떠한 효과를 야기

---

12) 예를 들어, 배성인(2004)은 인도주의원칙에 기반하여 대북 인도적 지원은 지속적으로
이루어져야 한다고 주장했다. 배성인, "국제사회의 대북 인도적 지원," 『국제정치논
총』 제44권 제1호(한국국제정치학회, 2004), pp.255-280.
13) 이러한 연구로는 최대석, "노무현 정부의 대북 인도적 사업 현안과 발전전망," 『국제
정치논총』 제44권 제1호(한국국제정치학회, 2004), pp.235-254와 강동완, "대북지원
정책 거버넌스의 평가 및 개선방안: 노무현 정부 평가 및 시사점을 중심으로," 『통일
문제연구』 제20권 제1호(평화문제연구소, 2008), pp.281-323 등이 있다.
14) 관련 연구로는 안득기, "대북지원 NGO의 기능과 역할에 관한 연구," 『북한연구학회보』
제12권 제2호(북한연구학회, 2008), pp.179-210, 그리고 안성호, "남북통일과 NGO
역할," 『북한연구학회보』 제6권 제2호(북한연구학회, 2002), pp.115-146 등이 있다.
15) 예를 들어, 최대석(2006)은 대북지원을 기존 긴급구호에서 개발지원으로 전환하는
데 있어 정책적 과제를 정리했다. 최대석, "긴급구호에서 개발지원으로: 국내 NGO의
지원경험과 향후과제," 『북한연구학회보』 제10권 제1호(북한연구학회, 2006), pp.
312-336.

표 3   설문지 응답자 기본 정보

순번	북한거주 당시 주소	탈북 연도	탈북당시연령	현재나이
1	함경북도 청진시	2009	22	28
2	평안남도 평성시	2002	12	25
3	함경북도 청진시	2009	14	20
4	함경북도 청진시	2010	22	27
5	함경북도 회령시	2004	14	25
6	함경북도 회령시	1999	13	29
7	함경북도	2005	17	27
8	함경북도 온성국	2015	22	22
9	함경북도 청진시	2009	15	21
10	함경남도 함흥시	2013	23	25
11	함경남도 함흥시	1999	13	29
12	함경북도 회령시	2006	14	23
13	함경북도 회령시	2008	21	28
14	함경북도 무산군	2009	15	21
15	양강도 혜산니	2011		
16	양강도 혜산니	2011		
17	평안북도 정주시	2013	23	25
18	함경북도 회령시	2011	21	25
19	함경북도 어랑군	2008	14	21
20	함경북도 청진시	2010	23	28
21	황해도 사리원시	2008	23	30
22	양강도 혜산니	2011	46	50
23	강원도	2007	27	35
24	강원도 원산	2005	56	66
25	함경남도 함흥시	2008	57	64
26	함경북도 나진 선봉	2003	44	56
27	양강도	2006	45	59

하고 있는지에 대해서는 거의 다루고 있지 못하다.[16) 이에 따라 본 연구에서는 한국에 거주하고 있는 북한 이탈민들을 대상으로 설문조사를 실시하여 북한 주민에게 대북 인도적 지원이 어떠한 영향을 미치고 있는지 살펴보았다.

기존 북한 주민의 해외 원조에 대한 인식조사 연구가 거의 전무한 관계로 본 연구에서는 설문조사와 심층 인터뷰를 통해 1차 자료를 수집했다. 설문조사는 2015년 11월 26일부터 2016년 1월 3일까지 진행되었으며 인터넷과 전화, 개별수집 방법을 통해 수집했다. 총 27명의 응답자들이 설문에 참여했다. 또한 보다 심층적인 자료 수집을 위해 총 9명의 이탈주민들을 대상으로 심층 인터뷰를 실시했다.[17) 〈표 3〉은 설문지 응답자 기본 정보이다.

응답자 대부분이 함경도 출신이었으며 그 외에 평안도, 양강도, 황해도, 강원도 출신도 있었다. 탈북 연도는 1999~2015년까지로 모든 응답자들이 대북 인도적 지원이 실시되기 시작한 1990년대 중기와 후반 북한에 거주하고 있었다.

1. 북한 주민의 대북 원조 인지도조사 결과

북한 주민의 대북 원조 인지도를 알아보기 위해 저자는 "북한 거주 당시 북한 정권이 대한민국을 포함하여 국제사회로부터 원조를 지원받는 사실에

---

16) 양문수(2007)는 예외이다. 양문수(2007)는 새터민 면접을 기반으로 대북 인도적 지원의 경제·사회적 효과를 분석했다. 양문수, "북한에 대한 인도적 지원의 경제·사회적 효과," 『동향과 전망』 통권 70호(한국사회과학연구회, 2007), pp.243-272. 본 연구는 양문수(2007)의 문제의식과 접근방식에 상당 부분 동의하며 양문수(2007)의 연구가 중점적으로 다루지 않은 북한 주민의 공여기관에 대한 인식 및 북한 정권에 대한 인식에 원조가 미치는 영향에 초점을 맞추었다.

17) 이번 조사에 참여한 응답자의 수는 제한적인 관계로 본 분석 결과의 일반화는 조심스럽게 진행되어야 할 것으로 보인다. 그럼에도 불구하고 본 설문과 인터뷰 자료는 북한 주민들의 대외 원조 인식에 대한 1차 자료로서 주요한 의미가 있다고 생각된다.

대해 알고 있었습니까?"라는 설문 문항을 포함했다. 위 질문에 대해 27명의 응답자 중 14명이 원조 사실을 알고 있었다고 답했으며 이들은 모두 원조품을 접해본 경험이 있다고 답했다. 응답자 중 13명은 북한 정권이 원조를 받고 있는 사실을 알고 있지 못했다고 답했고 이들 중 11명이 그 이유가 북한 정권의 정보 차단이라 답했다. 그리고 가장 많은 응답자들이 장마당에서 원조품을 구입했다고 답했으며 배급과 친인척으로부터 얻었다는 답도 있었다. 그리고 원조품을 접한 경험이 있다고 대답한 모든 응답자가 쌀을 지원받았다고 답했다. 그 외 소고기, 의류, 의약품을 받았다는 응답자들도 있었다.

위의 조사 결과 여전히 상당수의 북한 주민들은 북한이 원조를 받고 있다는 사실 조차 인지하지 못하고 있는 것으로 보이며 북한 정부의 정보 차단이 주요 원인임을 알 수 있다. 그러나 다른 한편 많은 북한 주민들은 원조 지원 사실을 인지하고 있다는 사실도 알 수 있다. 심층 인터뷰를 통해 우리는 쌀 포대(지대), 노동신문과 뉴스 등을 통해 상당수의 북한 주민들이 북한 정권이 해외로부터 원조를 공급받는다는 사실을 인지하고 있음을 알 수 있었다. 그리고 대부분의 주민들이 장마당을 통해 원조품을 구입한다는 사실도 알 수 있었다. 심층 인터뷰에 참여한 모든 응답자들이 상당 부분의 원조가 실제로 군부로 들어가거나 정부 관료들이 중간에서 착복한다고 답했으며, 특히 의약품의 경우 UN과 한국으로부터 지원받은 의약품들을 의사들이 개인 상인들에게 거의 팔아먹어 실제 병원에는 의약품이 없고 주민들은 개인에게 의약품을 구입하여야 하는 실정이라 답했다.[18] 또한 애육원(고아원 또는 보육원)에 지원되는 각종 식품 및 물품도 시찰 당일을 제외하고는 아이들에게 지원되지 않고 보육교사와 중간 관리들이 유용하고 있다고 답했다. 이와 같은 결과는 기존 연구들이 대북 원조가 실제 주민들에게 제대로 전해지지 않고 있다는 주장을 어느 정도 뒷받침한다 하겠다.

---

18) 강원도 원산에 거주했던 인터뷰 참여 새터민에 의하면 원조 구호품이 항으로 들어와 군부대로 이송되면 주민들이 군부대 앞에서 원조품을 나누어 달라고 시위했다고 함.

2. 북한 주민의 원조기관에 대한 인지도조사 결과

본 연구에서는 북한 주민들의 공여기관에 대한 인지도를 조사하기 위해 "1990년대 이후 원조 물품은 주로 어떤 기관으로부터 지원받았습니까?"라는 설문 문항을 포함했고 이에 대해 가장 많은 응답자들이 UN(8명)과 대한민국(10명)을 꼽았다. 그리고 중국(5명)과 미국(1명)을 답한 응답자들도 있었다. 그리고 응답자들 중 6명은 잘 모르겠다고 답했는데, 심층 인터뷰 결과 장마당을 통해 원조품을 구입하는 경우가 많기 때문에 특정 공여기관에 대한 정보는 잘 모르며 장마당에 있는 쌀 포대에 적혀 있는 공여기관 표시를 보고 짐작한다고 답했다. 실제 응답자 중에는 UN과 한국의 쌀 포대가 매우 질이 좋아 장마당에서 거래 되고 있으며 대한민국이 쓰여 있는 쌀 포대를 밖에 널어 놨다가 북한당국으로부터 제재를 당한 경험이 있다고 밝혔다.[19] 그리고 다른 응답자는 의약품 용기에 대부분 한국말로 적혀 있어서 많은 의약품이 대한민국으로부터 들어오고 있음을 알 수 있었다고 답했다. 그리고 "1990년대 이후 가장 많은 원조품을 지원한 공여기관은 어느 곳입니까?"라는 질문에 대해 잘 모르겠다는 답변을 대한민국과 함께 가장 많은 응답자들이 선택했으며(각각 5명), 그다음으로는 UN(4명)을 선택했다.

위의 결과에 의하면 상당수의 북한 주민들이 대한민국과 UN을 가장 주요한 원조기관으로 인지하고 있으며 원조가 직접 배급되지 않아도 장마당에서 유통되는 원조품을 통해 공여기관 정보를 획득하고 있음을 알 수 있다. 그리고 심층 인터뷰 결과 대한민국과 국제사회가 북한에 구호품을 제공한다는 사실이 암암리에 사람들의 입소문으로 북한 주민들에게 전해지고 있다는 것을 알 수 있었다. 그러나 원조가 북한 정부로부터 직접적으로 거의 배급되지 않기 때문에 북한 주민들의 특정 원조품이 어느 공여기관으로부터 제공되는지 자체에 대한 정보는 제한적임을 예상할 수 있다.

---

19) 응답자에 의하면 북한당국이 쌀 포대를 찢어버렸으며 앞으로는 대한민국이 적혀 있는 쌀 포대를 절대 밖에 걸어두지 말라고 당부했다고 함.

3. 공여기관에 대한 북한 주민의 인식조사 결과

대북 인도적 지원 시기에 대해 가장 많은 응답자들이 1990년대 말(10명)을 대북 원조가 가장 많이 들어왔던 시기라고 답했고 심층 인터뷰 시 응답자들은 이 시기 이후 원조가 변동은 심했으나 끊임없이 들어왔다고 답했다. 또한 "원조를 지원받은 후 공여주체(예를 들면 대한민국)에 대한 인식에 변화가 있었습니까?"라는 질문에 대해 응답자 중 11명이 '있었다'를 선택했고 8명이 '없었다' 그리고 8명이 '잘 모르겠다'를 답했다.[20] 그리고 '있었다'를 택한 응답자 중 8명이 공여기관에 대한 인식이 긍정적으로 변화했다고 답했다. 이상의 결과 대북 원조는 어느 정도 북한 주민의 공여기관에 대한 인식을 긍정적으로 변화시키는 데 효과가 있음을 알 수 있다. 그러나 설문조사 결과 상당수가 '없었다'와 '잘 모르겠다'를 답했고 이에 대한 구체적 이유는 심층 인터뷰를 통해 획득할 수 있었다. 심층 인터뷰 결과 원조를 통해 공여기관에 대한 인식 변화가 없거나 잘 모르겠다라고 답한 응답자의 상당수가 애초부터 미국과 한국에 대한 긍정적 인식을 갖고 있었거나 지원이 워낙 간헐적이어서 인식 변화까지 초래할 정도가 아니었다고 생각하고 있음을 알 수 있었다.

실제 "대한민국으로부터의 원조 구호품을 접하기 전, 대한민국의 발전상에 대해 인지하고 있었습니까?"라는 질문에 대해 응답자의 18명이 '있었다'를 택했고 오직 4명만이 '없었다'를 택했으며 주로 대중매체와 친구나 친척으로부터 대한민국의 발전상을 접하게 되었다고 답했다. 특히 심층 인터뷰에 참여한 대부분의 응답자들이 1990년대 중후반 이후 한국 드라마와 영화

---

20) 설문 대상 인원 27명 응답자 중 19명이 공여기관에 대한 인식 변화가 있었다고 답한 결과는 앞의 응답자 중 14명만이 대북 원조를 인지하고 있었다는 결과와 논리적으로 불일치해 보일 수 있다. 심층 조사 결과 응답자들 중 일부는 주요 공여기관(한국, 미국, 중국, UN 등)에 대한 인식 변화는 있었으나 원조품을 공식적 정부 배급체제가 아닌 장마당 등을 통해 접했기 때문에 이들이 접한 물품들이 원조를 통해 들어오는지는 모르는 경우가 있었던 것으로 보인다.

를 DVD를 통해 접한 경험이 있었다고 답했다. 물론 이러한 결과는 이탈민들 대부분이 북한 정권에 대한 지지도가 매우 낮으며 국제사회와 대한민국의 실상에 대한 정보를 갖고 있는 사람들이라는 점을 감안해야 할 것이다. 또한 대북 인도적 지원의 높은 변동 폭은 북한 주민들이 공여기관에 대한 긍정적 인식을 갖는 데 주요 장애 요인이 되고 있음을 알 수 있었다.

마지막으로 "해외로부터의 원조지원은 북한 정권에 대한 귀하의 인식에 영향을 미쳤습니까?"라는 질문에 대해 12명의 응답자가 '그렇다'를 택했으며 '별 영향이 없었다'가 2명, 그리고 '잘 모르겠다'가 6명으로 대북 원조는 상당수 북한 주민의 자국 정권에 대한 인식에 영향을 미치고 있음을 알 수 있었다. 보다 흥미로운 사실은 대북지원이 북한 정권에 대한 인식에 영향을 미쳤다고 답한 응답자 들 중 6명이 '부정적 영향을 미쳤다'고 답했고, 다른 6명은 '긍정적' 나머지는 '잘 모르겠다' 또는 '기타'를 택했다는 점이다. 이와 같이 설문조사 결과 대북 원조가 주민들의 북한 정권에 대한 인식에 미치는 영향은 복합적임을 알 수 있었다.

보다 구체적 내용을 위해 심층 인터뷰를 실시했으며 인터뷰 결과 원조가 북한 주민의 정권에 대한 인식에 부정적 영향을 미치는 이유는 아무래도 원조를 지원받는다는 의미는 북한 정권이 자국의 국민들에게 필요한 생필품을 제공해 주지 못하고 있다는 의미이기 때문이라는 것을 알 수 있었다. 다른 한편 인터뷰 결과 '원조는 대한민국과 국제사회가 장군님의 선군정치를 무서워해서 갖다 바치는 것'으로 선전하고 있는 북한 정권의 말을 상당 부분의 주민들이 믿고 있으며 부족한 형편에 아주 드물게나마 원조가 당국으로부터 배급되기 때문에 원조는 북한 정권에 대한 주민들의 인식에 긍정적 역할을 하고 있는 측면도 있음을 알 수 있었다. 이어지는 결론에서는 이 절의 조사 결과를 기반으로 하여 대북 원조의 효과성에 대한 함의에 대해 간략히 논의하기로 한다.

IV. 결론: 대북 원조의 효과성에 대한 함의

이번에 실시된 설문조사와 심층 인터뷰는 참여자의 수가 매우 제한적이기에 조사 결과의 일반화나 인과관계 도출은 매우 조심히 이루어져야 할 것으로 생각된다. 그럼에도 불구하고 이번에 수집한 1차 자료의 결과는 북한 주민의 시각으로 본 대북 원조의 의미를 알아보는 데 주요한 함의를 갖고 있다고 사료된다. 우선 설문 및 심층 인터뷰 결과는 기존의 연구들이 주장한 바와 마찬가지로 상당 부분의 대북지원이 유용되고 있음을 뒷받침하고 있다. 그렇다면 우리는 대북지원을 중단해야 할 것인가?

실제 많은 연구들이 이러한 원조의 유용과 부패 정권의 유지, 낭비를 지적하며 원조의 근절을 주장하고 있다.[21] 그러나 대북 인도적 지원에 대한 이번 연구는 비록 원조가 중앙정부의 공식적 배급을 통해 주민들에게 전달되지는 않지만 많은 주민들이 원조품을 장마당에서 구입하고 있음을 밝혔다. 그리고 심층 인터뷰를 통해 제한된 양이지만 북한 정부가 원조 물품을 배급하고 있으며 장마당으로 들어오는 지원된 쌀은 쌀 가격을 낮추는 효과가 있어서 간접적으로나마 북한 주민들의 식량 문제 개선에 도움을 주고 있다는 사실을 알 수 있었다. 또한 군부로 들어가는 원조 물품 중에 상당한 양도 장마당으로 유출되어 북한 주민들이 구입하고 있음을 알 수 있었다. 실제 추가로 실시한 인터뷰에서 저자는 "국제사회가 북한에 대한 인도적 지원을 지속해야 한다고 생각하십니까?"라는 질문을 포함하였고, 이에 대해 북한 이탈 주민 응답자의 대부분은 '그렇다'라고 답했다. 그리고 그 이유로는 비록 북한 주민들에게 구호품이 직접 전달되지는 않지만 장마당을 통해 유통되는 원조 물자는 분명 북한 주민들의 생활 개선에 이바지하는 측면이

---

21) 이와 같은 주장을 하고 있는 연구로는 Dambisa Moyo, *Dead Aid* (ALMA Publishing, Co., 2012)와 Nicolas Van de Walle, *African Economies and the Politics of Permanent Crisis, 1979-1999* (Cambridge: Cambridge University Press, 2001) 등이 있음.

있기 때문이라고 답했다. 그러나 여전히 다른 많은 취약국가와 마찬가지로 북한으로 지원되는 상당 부분의 원조가 필요한 주민들에게 무상으로 전해지고 있지 못하며 날로 심해지는 부패와 소득 격차, 그리고 독재 정권을 유지하는 데 기여하고 있다는 비난은 면치 못할 것이다.[22)

위와 같이 본 연구에서는 새터민들을 대상으로 한 인터뷰와 설문조사를 통해 실제 북한 주민들은 대북 인도적 지원을 어느 정도로 인지하고 있으며 또한 주민들은 어떤 경로로 원조품을 접하고 있는지를 포함한 대북 인도적 지원의 실제에 대해 알아보았다. 그리고 원조가 북한 주민들의 원조 공여기관 및 북한 정권에 대한 인식에 미치는 영향, 즉 원조의 비물질적 영향력을 함께 살펴보고자 하였다. 조사 결과 북한이 폐쇄적인 사회를 유지하고 있음에도 불구하고 상당 수 주민들은 장마당 등을 통해 정권이 원조를 지원받고 있다는 사실을 알고 있으며 원조품은 공여기관과 북한 정권에 대한 주민들의 인식 변화에 어느 정도 기여하고 있다는 점을 알 수 있었다. 그러나 북한 주민의 공여기관과 정권에 대한 인식 변화의 방향은 매우 복합적임을 알 수 있었다. 우선 여전히 북한 정권의 선전을 그대로 믿어 원조가 북한 정권을 숭배하고 무서워하는 국제사회의 선물로 생각하는 북한 주민도 있으나 조사 결과 많은 경우 원조가 공여기관에 대한 북한 주민의 인식을 긍정적으로 제고하는 데 기여하고 있음이 밝혀졌다. 원조물품의 질에 대한 질문에 대부분의 응답자들이 품질이 매우 좋거나 좋다고 답하였고 많은 북한 주민들이 이러한 원조물품을 통해 대한민국과 미국을 포함한 자본주의 사회에 대한 발전상을 간접적으로나마 접하고 있음을 알 수 있었다.[23) 그러나 조사

---

22) 그러나 이러한 원조와 부패의 관계는 비단 가난한 국가에 대한 인도적 지원에 국한되는 문제는 아닐 것이다. 부패 문제는 비교적 부국에 대한 국제사회의 인도적 지원 경우에도 종종 목격된다(Roger C. Riddell, *Does Foreign Aid Really Work?* (Oxford: Oxford University Press, 2007), p.345).

23) 심층 인터뷰에서 응답자들은 대한민국과 미국에 대해 적국으로서 많은 비방 교육을 받아왔던 북한 주민들이 이들 국가로부터 원조 구호품을 접함으로써 정부의 말을 의심하게 되었고 대한민국과 미국의 실제 발전상에 대해 간접적으로 알 수 있었다고 밝힘.

결과 원조물자가 정부를 통해 주민들에게 배급되기보다는 장마당이나 군부로 대부분 흘러들어가고 변동 폭도 매우 커서 북한 주민의 공여기관에 대한 인식에 영향을 미치기에는 그 양 자체가 매우 제한적인 측면도 있다는 점을 보여주었다. 또한 원조가 북한 정권에 대해 미치는 영향 또한 복합적인 것으로 나타났다. 북한 정권의 무능력을 증명함으로써 원조가 북한 정권에 대한 부정적 인식을 제고한다는 견해도 있었던 반면, 제한적이나마 원조 물품을 정권이 배급해 주기 때문에 원조는 오히려 주민들의 정권에 대한 인식에 긍정적으로 작용하는 측면도 있는 것으로 보인다. 종합해 보면 대북 원조는 어느 정도 북한 주민들의 국제사회에 대한 정보 제공 및 인식 변화에 기여하는 것으로 판단되지만 이러한 변화가 곧 북한 정권에 대한 주민들의 불만 및 저항으로 확대되는 것을 의미하는 것은 아닌 것으로 판단된다.[24]

끝으로 본 연구의 결과는 한국을 포함한 주요 공여기관에 주요한 정책적 함의를 갖고 있는 것으로 보인다. 심층 인터뷰에 참여한 한 응답자에 의하면 유럽의 공여기관으로부터 제공되는 원조 사업의 경우에는 공여국에서 정기적으로 사찰단을 파견하여 모니터링을 하기 때문에 (적어도 사찰 기간 동안에는) 북한 주민들이 실제로 혜택을 받고 있는 측면이 있지만 한국으로부터의 원조는 투명성이 매우 제한적이고 감시도 되고 있지 않기에 북한 주민들이 얻는 혜택이 더욱 제한적이라고 밝혔다. 이러한 인터뷰 결과는 대북 인도적 지원에 있어 투명성과 모니터링의 주요성을 다시 한번 확인시킨 결과라 하겠다. 전반적으로 II절에서 논의한 바와 같이 지금까지 대북 인도적 지원은 공여기관들에 의해 정치화되어 왔고 정세 변화에 따라 큰 변동을 거듭해 왔다. 그러나 공여기관들의 인도적 지원이 적어도 잠정적으로 북한 주

---

24) 실제 심층 인터뷰 결과 대부분의 이탈민들이 북한 정권의 붕괴 가능성에 대해서는 매우 회의적이었고 그 이유로는 무엇보다 북한 정권의 매우 철저한 감시와 통제 시스템, 그리고 치밀한 사상교육을 꼽았다. 조사에 참여한 이탈민 인터뷰 대상자들에 의하면 북한 정권하에서 북한 주민들은 자신의 정치적 시각이나 의견을 가족 간에도 거의 얘기하지 않으며, 때문에 주민들이 선도하는 반정부 집단행동은 불가능하다는 것이다.

민의 공여국과 정권에 대한 인식 변화에 기여할 수 있음을 본 연구가 밝힘으로써 폐쇄적 전체주의체제하에서 원조의 효과성은 비단 물질적 측면에 국한되는 것이 아니라 바깥 세상에 대한 정보, 문화, 그리고 인식을 제고하는 역할을 할 수도 있음을 강조하였다. 이 점은 공여기관의 대북 원조의 목적 및 정책 형성에 주요한 함의를 줄 수 있을 것으로 생각된다. 또한 이러한 북한의 사례는 다른 권위주의와 실패국가에 대한 원조 정책 및 효과성 연구에도 주요한 시사점을 제공해 줄 수 있을 것으로 사료된다.

■ 참고문헌 ■

강동완. "대북지원정책 거버넌스의 평가 및 개선방안: 노무현 정부 평가 및 시사점을
   중심으로." 『통일문제연구』 20(1). 2008.
문경연. "대북지원의 인간안보적 해석." 『북한연구학회보』 16(2). 2012.
박현주. "인도적 대북지원의 개념과 원칙." 『북한경제리뷰』 13(2). 2011.
배성인. "국제사회의 대북 인도적 지원." 『국제정치논총』 44(1). 2004.
안득기. "대북지원 NGO의 기능과 역할에 관한 연구." 『북한연구학회보』 12(2).
   2008.
안성호. "남북통일과 NGO 역할." 『북한연구학회보』 6(2). 2002.
양문수. "북한에 대한 인도적 지원의 경제·사회적 효과." 『동향과 전망』 70. 2007.
최대석. "노무현 정부의 대북 인도적 사업 현안과 발전전망." 『국제정치논총』 44(1).
   2004.
_____. "긴급구호에서 개발지원으로: 국내 NGO의 지원경험과 향후과제." 『북한연
   구학회보』 10(1). 2006.

Aaltola, M. "Emergency Food Aid as a Means of Political Persuasion in the
   North Korean Famine." *Third World Quarterly*, 20. 1999.
Friedman, Thomas L. *The Lexus and the Olive Tree: Understanding Globali-
   zation*. New York: Anchor Books, 2000.
Kim, Jiyoung. "The Politics of Foreign Aid in North Korea." *The Korean Journal
   of International Studies*, 12(2). 2012.
Moyo, Dambisa. *Dead Aid*. ALMA Publishing, Co., 2012.
Riddell, Roger C. *Does Foreign Aid Really Work?* Oxford: Oxford University
   Press, 2007.
Sen, Amartya. *Development As Freedom*. Oxford: Oxford University Press,
   1999.
Van de Walle, Nicolas. *African Economies and the Politics of Permanent Crisis,*

1979-1999. Cambridge: Cambridge University Press, 2001.

Van der Veen, A. Maurits. *Ideas, Interests, and Foreign Aid*. New York: Cambridge University Press, 2011.

체제 전환 모델과 북한개발협력

권　율 | 대외경제정책연구원

I. 머리말

일반적인 개발도상국과는 달리 체제 전환국의 개발과제는 이행의 문제와 중첩되어 있어 매우 복잡하고 어려운 정책적 과제를 안고 있다. 이는 이행기 경제(economies in transition)에 있어서 시장경제로의 체제 전환(system transformation)이 개도국 경제가 직면한 경제성장과 공업화를 위한 개발과제 외에도 중앙집권적 자원배분체제로부터 시장메커니즘에 기초한 분권적 자원배분체제로 경제운영의 원칙을 변화시켜 나가는 이행과정과 긴밀히 연계되어 있기 때문이다.[1] 개혁의 초기 조건을 살펴보면, 체제 전환국의 유형

---

1) Sachs & Woo(1994)의 이행모델에 있어서 '시장경제화(marketization)'란 부문 간 자원이동이라는 관점에서 노동을 생산성이 낮은 농업부문 및 국영부문에서 생산성이 높

은 구소련 및 동구와 같이 성숙된 사회주의국가로서 이미 공업화 단계를 거친 국가는 물론 중국, 베트남과 같이 전형적인 농업국가인 경우를 포함하여 매우 다양하다. 이와 같이 시장경제로의 체제 전환이 광범위하게 추진되고 있는 이행기 경제는 각각의 경제적 초기 조건에 따라 이행전략과 속도, 경제개혁 프로그램에서 큰 차이를 보여 왔다.

구소련의 경우 페레스트로이카를 추진하면서 1980년대 후반 이후 시장경제로의 체제 전환이 본격화됨에 따라 이행기 경제는 각각의 정치·경제적 제약조건에 따라 개혁의 추진방식, 속도, 성과 등에서 현격한 차이를 보였다. 특히 사회주의경제에서 시장경제로의 체제 전환은 이행전략 및 개혁정책의 유효성과 관련하여 많은 논란을 불러 일으켜 왔다.[2] 우선 개혁의 속도와 이행순서(sequence)를 둘러싸고, 급진적·포괄적인 개혁으로서 빅뱅(big bang)을 주장하는 급진주의와 단계적·부분적으로 개혁을 추진해 나가야 한다는 점진주의(gradualism) 중에서 어느 쪽이 시장도입전략으로서 적절한 것인가에 대한 논란이 주요 쟁점으로 부각된 바 있다.

그동안 급진주의적 입장은 개혁속도의 급진성과 함께 사유화를 통한 민영화에 정책우선순위를 두어 왔다. 반면에 점진적 개혁론에 있어서는 경제안정화에 중점을 두면서 시장을 육성하기 위한 제반 제도 개혁의 선행성을 중시하고 있다. 그러나 서로 다른 이행전략을 채용한 중국과 러시아와의 사이에 경제개혁의 성과가 명확한 차이를 나타내고 있고, 이행전략을 둘러싼 논쟁은 점진주의를 채용했던 중국이 구소련 및 동구국가보다도 양호한 경제

은 민간주도의 비국영부문으로 이동시키는 과정으로 볼 수 있다. 그러나 아시아·아프리카 지역의 사회주의를 경험한 대다수 개도국경제는 가족농업에 기초한 전통경제부문, 국영부문이 주도하는 계획경제부문, 시장경제원리가 지배하는 민간부문으로 구성되는 3중 경제적 구조를 보이고 있다.

2) 급진적 개혁론은 Lipton & Sachs(1990a; 1990b), Blanchard, Dornbusch, Krugman, Layard & Summers(1991), Fisher & Gelb(1991), Dornbusch & Wolf(1992) 등과 세계은행, 국제통화기금(IMF)이 지지해 왔고, 점진적인 개혁을 옹호하는 McMillan & Naughton(1993; 1996), McKinnon(1993), Rybczynski(1991) 등은 급진적인 개혁정책에 비판적인 입장을 취해 왔다.

적 성과를 거두게 된 배경과 관련하여 많은 논란이 거듭되었다.[3] 특히 체제
전환과정에서 농업부문의 역할을 적극적으로 평가하고 있는 점진적 개혁론
은 중국이 경제적 성과를 거둘 수 있었던 것은 이행기 경제구조의 특징을
명확히 파악하고, 전형적인 농업국가로서 초기 조건의 유리함을 살릴 수 있
는 적절한 시장도입전략이 추진되었기 때문이라고 볼 수 있다.

북한의 경우에도 이미 2002년 7월 경제관리 개선조치를 통해 일부 점진
적인 개혁조치가 추진된 바 있으나, 그동안 북한개혁의 진로와 방향을 둘러
싸고 다양한 논란이 지속되어 왔다. 북한은 사회주의체제를 견지한 채 국영
기업 주도로 추진하던 사회주의 공업화노선에서 선회하여 '실리사회주의'를
통해 부분적인 경제개혁조치를 다양하게 시도해 왔다. 화폐개혁이 실패한
이후 경제구조적으로 불안정성이 심화되었지만, 김정은 정권의 등장과 함께
'새로운 경제관리 개선조치(2012)'가 시행되었고, 선군경제노선을 통해 계획
과 시장의 공존을 추구하면서 계획메커니즘의 축소와 기업운영의 자율성 확
대를 단계적으로 추진해 왔다.[4] 그러나 계획의 효율화, 혹은 유도형 계획경
제로의 변화로는 북한당국이 추진하는 계획경제체제의 한계, 개혁의지의 불
투명, 소유권 및 가격정책의 제한성 등으로 오히려 경제적 취약성은 심화되
고 있다. 최근 핵 문제로 인한 국제적 고립과 대외환경의 악화로 북한은 심
각한 재정난과 경제개혁의 부작용이 누적되고 있는 실정이다. 향후 북한이
개혁체제를 전면적으로 수용한다 하더라도 중국, 베트남의 사례에서 보여지
듯이 기본적으로는 정치적 안정성을 전제로 소유제 개혁과 국영기업 민영화
는 점진적으로 추진해 나갈 것으로 판단된다.

따라서 본고는 경제안정화와 구조조정의 문제를 중심으로 이행전략의

---

3) Sachs & Woo(1994), Naughton(1994), McKinnon(1993) 등 참조. 특히 *Journal of
   Comparative Economics* (1994), Vol.18, No.3에는 이행기 경제의 체제 개혁에 관한
   9편의 논문을 게재하여 종합적인 분석을 시도하고 있다. 또한 세계은행(1996a)과
   Melo, Denizer & Gelb(1996)은 체제전환경제에 대한 평가기준을 마련하고, 체제 전
   환국들의 개혁성과를 정리한 바 있다.

4) 임수호 외(2015), pp.18-34 참조.

주요 특징을 비교하고, 개발도상국의 체제 전환에 있어서 이행기 경제의 개발의 문제가 체제 전환의 유형에 어떠한 영향을 주는지 밝히려 한다. 이를 통해 최근 중국의 부상과 함께 제시되고 있는 베이징 컨센서스의 의미를 재검토하고, 중국, 베트남 등 주요 아시아 사회주의국가들의 체제 전환 모델의 특징을 통해 북한개발협력의 방향과 정책과제를 검토하고자 한다. 북한의 경우 대외환경 변화에 따라 급속한 개혁조치를 추진하기 위해서는 내부적인 자원동원에는 한계가 있고, 남북협력 및 외부로부터의 대규모 자금 유입이 필수적이기 때문에 국제사회의 지원과 지속적인 개발협력이 가능하기 위한 조건을 분석해 보고자 한다.

II. 이행기 경제의 체제 전환과 경제개발

1. 개도국형 체제 전환의 주요 특징

일반적으로 이행기 경제에서 나타나는 체제 전환과정은 경제적 초기 조건에 따라 국가별로 큰 차이를 보이고 있는데, 경제발전 단계 혹은 공업화 정도에 따라 체제 전환의 유형과 이행전략을 〈그림 1〉과 같이 구분할 수

● 그림 1   체제 전환국의 이행전략과 주요 결정요인

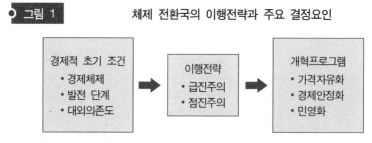

자료: 권율(1999), p.9 참조

있다. 사회주의적 공업화를 달성한 구소련 및 동구권 국가들의 경우 경제개혁의 초기 조건을 살펴보면, 국영부문이 국민소득의 80~90%를 차지하고 있기 때문에 공업국가로서 개발의 여지는 적고 시장경제로의 이행이 체제 전환의 초기 단계부터 핵심적인 정책과제로 부각되었다.

구소련 및 동구국가들의 경우 보조금에 의존하는 비효율적 국영기업을 개혁함으로써 잉여인력을 감축하고, 연성예산제약(soft budget constraint)[5] 을 경성화하기 위해 민영화를 통한 구조조정이 가장 시급한 정책과제로 추진되었다. 따라서 이들 국가의 체제 전환 유형은 '공업국가형 체제 전환'에 속한다고 할 수 있다. 중공업위주의 과잉설비와 국영부문에 대한 보조금 지급, 국가재정능력을 넘어서는 광범위한 사회복지 시스템 등으로 특징지어지는 구소련 및 동구권 국가들은 개혁 초기 단계부터 '이행'의 문제가 주요 개혁과제였다. 시스템 개혁에 중점을 둔 공업국가형 체제 전환은 포괄적이고 급진적인 방식으로 추진되었으나, 국영기업의 생산격감, 소득 및 생활수준의 하락, 대규모 실업 등 경제침체하에 재정적자 및 과잉유동성에 의한 물가급등, 대외부채 및 경상적자 누적 등으로 인해 대부분 거시경제적 불안정이 심화되고, 극심한 불황을 경험하게 되었다.

그러나 농업부문의 비중이 절대적으로 높고 공업화과정을 거치지 않은 '개도국형(농업국가형) 체제 전환'의 경우, 체제 전환과정은 개발과 이행의 문제가 중첩되어 나타난다. 이러한 특성은 전형적인 농업국가로서 공업기반이 취약했던 중국은 물론 베트남, 라오스 등에 적용된다. 베트남의 경우 전체 인구의 70% 이상이 농업부문에 종사하는 과잉노동경제(surplus labor economy)로서 농업부문에서 공업부문으로의 구조전환을 위한 충분한 여건을 마련할 수 없었다. 이와 같이 농업국가형 체제 전환 국가들은 개혁노선 채택 이후 이행기에 있어서 체제 전환의 문제가 경제개발의 과제와 중첩되어

---

5) Konai(1980) 참조. 연성예산제약은 사회주의하에서 보조금체제로 대변되는데 국영기업 적자를 중앙정부가 지원함으로써 만성적인 재정적자를 유발하게 되는데, 계획경제하에서 국가재정과 금융이 분리되지 않아 자본주의 기업의 경성예산제약과 대비되는 개념이다.

나타나게 되고, 농업생산성의 증가와 공업화를 위한 자본축적이 선결과제로 부각되고 있다.[6] 또한 구소련과 동구국가와는 달리 공업기반이 취약하여 원활한 경제개혁 추진에 많은 어려움을 겪은 바 있고, 다음과 같이 개발의 관점에서 몇 가지 유의해야 할 문제가 있다.

우선 농촌으로부터 도시로의 잉여노동력의 이동이 진행되어 경제성장을 가져오기 위해서는 그 전제로서 농업생산성 상승이 선행되어야만 한다. 중국의 경우 농업 개혁의 선행에 의한 생산성의 급상승이 잉여노동력의 배출을 촉진시키는 데 중요한 공헌을 했다. 이것은 부문 간 자원이동이 가능하려면, 경제적 인센티브뿐만 아니라 농업부문의 공급확대가 가능하도록 농업생산성을 증대시킬 수 있는 여건이 마련되어야 함을 보여 주는 것이다. 중국의 경우 향진기업(TVEs: township and village-run enterprises)을 통한 농촌공업화[7]는 농촌분업구조의 다양화를 촉진하고, 그 재원으로서 화폐잉여의 축적 및 제품에 대한 수요증대가 필요하기 때문에 농민의 화폐잉여 축적 또는 구매력 상승이 전제되어야 한다.

이와 같이 개도국형 체제 전환에 있어서 농업부문의 발전이 경제성장의 원동력으로 되기 위해서는 경제인센티브의 적정화뿐만 아니라, 경제발전론적 입장에서 그동안 제기되었듯이[8] 농업부문의 생산성 향상으로 잉여노동

---

6) 권율(1999) 참조. 베트남의 경우 국영부문의 주도적 역할을 전제로 한 국영기업, 집단기업, 사기업이 공존하는 다부문경제체제 수립을 개혁개방체제의 주요목표로 삼고 있다. 또한 1992년에 공포된 헌법에는 국영, 집단경영, 공사합영, 자본주의적 합영, 개인경영이라는 5가지 경영형태가 병존하고 있음을 구체적으로 명시하고 있다.

7) 중국의 향진기업의 발전에 의한 농촌공업화에 대해서는 Rozelle(1996), McMillan, J. and Naughton, B.(1996), pp.64-69 참조. 향진기업은 중국이 1978년부터 각 지방 및 지역적 특성에 따라 육성한 소규모 농촌기업으로서 중국의 기업 형태 중 지방자치단체가 공동으로 경영하는 집체소유제에 따라 중국 전체적으로 1992년 9월까지 약 550만 개가 설립되었으며, 지방중소기업이 경영과 생산 및 판매를 자율적으로 결정하는 방식으로 운영되었다.

8) Ranis(1988), pp.82-83과 Timmer(1988), pp.276-283 참조. 특히 Timmer는 경제성장에서 농업의 역할을 동태적으로 파악하여 크게 4단계로 구분하고, 농업에서 공업부문으로의 자원이동과정을 명확히 하였다.

력의 배출이 가능해지고, 농업부문에서 금융저축을 통해 축적된 자본이 공업부문의 생산적인 투자로 연계됨으로써 농업부문의 과잉노동력을 흡수할 수 있어야 한다.[9] 체제 전환과정에서 농업부문의 역할을 적극적으로 평가하고 있는 점진적 개혁론은 중국이 경제적 성과를 거둘 수 있었던 주된 요인으로 이행기 경제구조의 특징을 명확히 파악하고, 전형적인 농업국가로서 초기 조건의 유리함을 살릴 수 있는 적절한 시장도입전략을 추진했기 때문이라고 본다. 이러한 측면에서 Rozelle(1996)가 지적한 바와 같이 중국의 체제 전환에서 결정적으로 중요한 역할을 한 것은 농업부문이다. 동구 및 구소련의 경우에는 국내경제가 이미 상당히 공업화되어 있었기 때문에 농업부문의 개혁만으로는 국내경제의 기초를 변화시키는 것이 불가능했다. 반면에 중국은 개혁 초기부터 농업이 국내경제의 주요 부문을 차지하였기 때문에 점진적으로 제도적 개혁을 추진하면서 경제적 인센티브를 제공, 농업생산증대를 추구했던 것이다. 이것이 농촌부문에서 잉여생산물의 축적을 촉발시켜 향진기업(TVEs)의 성장기반을 낳고, 경제성장의 내적 요인으로 작용하게 되었던 것이다. 또한 지역적으로는 점 → 선 → 면 방식에 의해 연해지역을 중심으로 단계적으로 개방을 확대함에 따라 해외자본이 유입됨으로써 노동집약적 제품을 중심으로 수출산업이 육성되고, 외자도입이 확대되는 계기를 가져오게 된 것이다.

따라서 개혁 초기 중국의 경험은 비국영부문의 개혁을 통하여 공급측면의 반응을 높임으로써 생산력 증대와 국내저축에 의한 자본축적을 통한 농촌공업화의 돌파구를 열었다고 평가할 수 있으며, 이러한 점진주의적•시장도입전략이 구소련 및 동구국가들과는 달리 경제적 성과를 낳게 한 주요 요인으로 작용하였다고 볼 수 있다. 즉 농업부문의 개혁을 위하여 중국은 우

---

9) Timmer(1988), pp.288-302 참조. 일반적으로 경제개발에 있어서 농업부문의 역할은 국내소비를 위한 식량공급, 공업부문에 노동력 제공, 공산품의 소비시장, 국내저축을 통한 자본축적, 농산물 수출을 통한 외환공급 등으로 요약될 수 있다. 그러나 국별로 농업생산함수의 특성, 국내소비와의 관계, 자원보유자로서의 농업부문의 역할 등에 따라 농업의 기여도는 각기 다르게 나타난다.

선 취업자의 대부분을 점하는 농민에게 인센티브를 부여하고, 실물부문의 기반이 활성화됨에 따라 1980년대 초반 인민공사가 사실상 해체되게 되었다. 이에 따라 농촌부문에서는 순식간에 가족경영농가가 부활되고, 농민의 생산의욕이 높아져 그 잉여로부터 향진기업을 중심으로 시장형 공업부문이 발생하게 된 것이다.

Naughton(1996)이 강조한 바와 같이 중국의 향진기업은 새로운 기업 및 경쟁적 시장환경 창출에 결정적 역할을 하였고, 이를 통해 민간부문의 육성과 함께 국영기업부문을 공존시키면서 시장경제를 지탱하는 제반제도를 조성, 준비할 수 있는 기반을 만들었다고 평가할 수 있다. 더욱이 외국자본과의 합작, 경쟁적 환경의 도입, 적자기업의 청산 등을 통해 국영부문의 경영합리화를 진척시켜 왔다. 이것은 비국영부문의 확대를 통해 국영기업부문을 상대적으로 축소시켜 부실국영기업의 노동자를 흡수할 수 있는 부문이 육성될 때까지 국영기업은 민간기업과의 경쟁을 통해 효율적인 경영을 도모해 나간다는 점진주의적 개발패턴을 제시하는 것이라고 볼 수 있다.

한편 급진적 처방에서는 국가의 개입을 최소화하여 시장경제원리에 따라 자원배분을 효율화하는 것이 최선이라고 보고 있지만, 점진주의적 입장에서는 이행과정에서 정부의 역할이 매우 중요하다고 주장하고 있다. 특히 경제개발의 관점에서 볼 때, 농업부문의 생산성 발전과 함께 공업화의 진전을 위해서는 실물경제 면에서의 자본축적을 촉진하는 것이 필수적이고, 지속적 성장을 위해 필요한 저축과 투자수준을 유지할 수 있도록 경제정책을 수립해야 한다. 이러한 측면에서 자원배분의 효율적 기구로서 시장이 부재한 체제 전환과정에서 경제불안정과 성장률 저하를 막고, 체제이행이 혼란 없이 추진되기 위해서는 정부가 경제에 적극적으로 개입하는 것은 불가피하다고 할 수 있다. 따라서 계획경제 시기에 추진되던 소위 사회주의 공업화 노선에 따라 중공업에 집중적인 투자를 해왔던 사회주의국가들이 개혁노선을 채택하면서 정부와 시장의 역할을 명확히 구분하고, 경제발전 단계에 적합한 이행전략과 체제 전환과정을 추진하는 것이 무엇보다도 중요하다고 할 수 있다.

2. 급진적 처방에 대한 비판

점진주의의 기본적 입장은 시장경제로의 체제이행에 있어서 구조조정은 시장경제제도의 정비를 전제로 추진되어야 하며, 개혁 초기 시장의 결여와 부재의 상황에서 경쟁원리가 작용하는 시장기능의 육성과 발전에는 일정 정도 시간이 소요된다는 것이다. 기존의 계획경제시스템이 광범위하게 잔존해 있는 상황하에서 이를 무시하고, 급진적인 처방으로 체제 전환을 시도할 경우 오히려 경제기반 자체를 붕괴시킬 우려가 있다. 따라서 중남미와 같은 저개발국과는 달리 체제 전환국가의 특수성을 감안하여 민간부문의 활성화, 기업간 경쟁촉진, 국영기업의 체질개선 등을 통해 경제안정을 유지하면서 시장경제제도를 조성하고 육성시킬 수 있는 시간과 재원을 마련하는 것이 필요하다는 것이다.

○ 표 1 체제 전환국의 경제적 성과 비교

	연평균 GDP성장률		연평균 물가상승률	
	1989~95	1994~95	1989~95	1994~95
그룹 1	-1.6	4.3	106.0	18.7
그룹 2	-4.2	4.0	149.2	59.0
그룹 3	-9.6	-12.5	466.4	406.8
그룹 4	-6.7	-11.4	809.6	1,176.5
중국	9.4[2)	11.0	8.4[2)	20.6
베트남	7.1[3)	7.9	114.8[3)	13.2

주: 1) 그룹 1: 폴란드, 체코, 슬로바키아, 헝가리, 크로아티아, 마케도니아
　　그룹 2: 에스토니아, 리투아니아, 불가리아, 라트비아, 알바니아, 루마니아 등
　　그룹 3: 러시아, 키르키즈공화국, 몰도바, 아르메니아, 조지아, 카자흐스탄
　　그룹 4: 우즈베키스탄, 우크라이나, 벨라루스, 아제르바이잔, 투르크메니스탄
　　2) 1978~95년 자료, 3) 1986~95년 자료
자료: 1) World Bank(1996a), p.1.13의 〈표 1.1〉 참조
　　2) 세계은행은 각종 자료를 이용, 경제개혁의 수준을 나타내는 지표를 산출하여 그룹을 분류하고 있음. Melo, Denizer & Gelb(1996) 참조

특히 계획경제에 기초한 구(舊)제도를 급속히 개혁시켜도 시장경제를 지탱해 갈 새로운 제도가 곧 바로 구축될 수 없는 상황하에서 급속한 자유화와 시장도입은 오히려 사회적 비용과 부담을 높이게 된다. 즉, 경제개혁 초기 단계에서 공급체계의 혼란과 생산의 격감을 초래할 가능성이 크기 때문에 구체제의 자원배분제도가 일정 기간 신제도와 공존하는 것을 인정하는 것이 보다 현실적이라는 것이다.

따라서 급진적 처방을 반대하는 점진주의적 논점을 다음과 같이 정리할 수 있다. 첫째, 미시적 측면에서 제도 개혁의 선행이 중요하다는 것이다. 개혁 초기 단계에서 경제적 불안정 요인을 최소화하면서 생산력 저하의 방지와 물가안정을 유지하기 위해서는 재정과 금융을 분리하여 새로운 제도구축을 통한 기업예산제약의 경성화가 필수적이다. 이를 위해서는 재정·금융당국에 의한 규율 있는 경제운영이 거시경제안정의 전제조건이 될 수 있고, 적절한 순서를 밟지 않는 경제안정화정책은 오히려 물가압력을 높인다. McKinnon(1993)은 거시경제적 안정을 위해서는 세제 개혁을 통해 재정기반을 강화하고, 긴축적인 금융정책으로 금융제도를 경성화(硬性化)하는 것이 중요하다고 강조하고 있다. 계획경제에서 정부당국은 생산자가격(생산비용)과 소비자가격의 차이를 국유기업의 이윤으로서 세입원으로 충당하고 있지만, 개혁 이후 가격자유화에 의해서 이윤이 급속히 감소됨에 따라 적절한 세입원은 줄어들게 된다. 또한 국유기업의 경영자주권의 확대에 수반하여 징세기반이 약화되어 세입이 감소되고, 정부의 국유기업으로의 보조금 삭감의 진전은 늦어지기 때문이다. 그 결과 재정적자가 확대되어 이것이 국가은행으로부터의 차입으로 충당되어 물가상승 압력이 높아진다. 따라서 우선 세제 및 금융제도의 개혁에 착수해야 한다고 제안하고 있다.

둘째, 국영기업의 경영효율화를 위해 민영화가 유일한 해결책은 아니고, 민영화가 바람직해도 대규모의 민영화에 선행하여 제도구축을 행할 필요성이 있다. 거시경제의 안정확보에 필요한 세제의 확립, 사회보장제도의 마련을 위한 소요기간을 고려해 볼 때 대규모 국영기업의 민영화를 급속하게 실시하는 것은 적절하지 못하다는 입장이다. 민영화 추진이 연성예산제약을 경성화한다는 측면에서 긍정적 입장을 취할 수 있지만, 시장경제원칙이 미확립된 경제에서는 철저한 경성예산제약을 실행하기란 어렵다는 것이다. 시장경제가 어느 정도 도입되었다 해도 경영자와 노동자가 상업적 이윤을 추구할 수 있도록 인센티브체제가 만들어지고, 기업경영의 리스트럭처링, 대내외적 환경의 정비가 행해지지 않는 한 민영화만으로는 효율성을 보증할 수 없다는 것이다.[10]

특히 Mckinnon(1994)은 민영화에 선행한 제도 개혁의 필요성을 강조한다. 민간부문의 위축으로 국영기업이 경제에서 점하는 비율이 상대적으로 높은 단계에서는 국영부문에서는 가격통제를 계속하여 점진적으로 시장가격에 근접한 가격체계를 도입해야 한다고 주장한다. 반면에 민간부문(비국영부문)에서는 가격을 자유화하여 시장경제원칙하에서 경제운영을 해야 한다는 것이다. 연성예산제약하에서 국영기업이 자유로이 가격을 설정한다면, 생산자 가격이 무제한으로 상승하여 물가상승압력이 높아지기 때문이다. 특히 경쟁조건이 없고, 경영자의 비용개념이 약해 노동자와의 담합으로 임금이 결정될 경우에는 가격인상이 불가피하게 된다는 점을 지적하고 있다. 따라서 미시적 제도 개혁의 선행(先行)이야말로 경제안정화에 있어서 필수적이라는 것이다.

이러한 측면에서 大野泉(1995)는 국영기업의 상업화(commercialization)에 성공하기 위해서는 첫째, 소유권과 경영권의 분리, 특히 재산권을 확정하여 경영자에게 자주권을 부여해야 하고, 둘째, 경영자에 독립채산, 이윤중시에 대한 인센티브를 부여해야 한다.[11] 셋째, 경쟁적 환경의 도입 등의 이행순서에 의하여 기업 개혁이 실시되어야만 한다고 지적하고 있다. 이러한 기업 개혁의 방향은 중국과 베트남에 있어서 그대로 적용되었고, 점진주의적 개혁방식에 의한 국영기업의 상업화와 주식화에 중점을 두었다.

---

10) 大野泉(1995), pp.26-31.

11) McMillan & Naughton(1996)은 중국의 경제개혁과정을 면밀히 검토하고 있고, 이근(1994)은 중국의 개혁과정과 인센티브의 문제점에 대해서 상세히 고찰하고 있다.

이와 같이 체제 개혁에 있어서 점진주의를 주장해 온 McMillan & Naughton(1993; 1996), McKinnon(1993; 1994) 등은 중국의 예를 들어 급진적인 민영화정책에 비판적인 입장을 취하고 있는데, 점진적 개혁의 주요 특징 및 기본방향은 다음과 같이 정리할 수 있다.

첫째, 개혁의 결정적 요소는 민영화가 아니라 경쟁적 시장환경을 조성하는 것이다. 급진주의가 보조금 폐지에 의한 국영기업의 개편과 민영화를 강조하는 것에 반하여 점진주의는 기업의 적극적인 시장진입이 가능하도록 경쟁적 환경을 조성하는 것이 중요하다는 입장이다. 또한 국영기업의 생산성은 기업의 권한과 책임을 강화하는 경영자율권을 보장함으로써 향상될 수 있기 때문에 즉각적인 민영화를 실시할 필요가 없다는 것이다.

둘째, 이행기에 있어서 국가는 국영기업을 감독해야 하고, 가격개혁은 단계적으로 추진해야 한다. 시장경제에서는 자본시장을 통해 기업의 효율적 경영을 가능하게 하지만, 자본시장이 결여된 체제이행기에서는 정부가 기업에 대하여 직접적 통제를 하기보다는 자율권과 책임을 부여해 기업자산의 가치감소와 이윤율 하락을 방지할 필요가 있다. 이를 위해서는 기업의 이윤추구를 보장할 수 있는 가격현실화가 단계적으로 추진되어야 한다. 왜냐하면, 동구권에서와 같이 급격한 가격개혁은 높은 이윤율이 보장되던 제조업 생산품의 가격하락과 이윤율 급락을 초래하기 때문이다. 한편 농업부문에 있어서도 농산물 가격보장 등 가격 및 토지이용의 자유를 확대하는 개혁을 통해 개인생산의욕 고취, 저축 증가, 과잉노동력 생성에 의한 유휴노동력 방출 등 농업부문의 성장이 가능하다.

셋째, 조세개혁과 아울러 화폐수요의 증대에 적절하게 대응하는 금융정책이 필요하다. 일반적으로 체제 전환국가의 경우 자원배분 메커니즘이 계획당국에 집중되어 있고, 조세제도가 정비되어 있지 않다. 계획경제 시기에는 국가가 농업부문의 잉여생산물의 자본축적을 위해 협상가격차(scissors price)[12]를 통해 기업이윤을 확보하고, 그 대부분을 재정수입으로 이전시켜

---

12) 계획경제체제 수립과정을 보면, 공업부문의 자본축적을 위하여 계획당국은 저농산물

왔기 때문에 개혁 이후 생산요소의 가격상승과 공업제품 가격하락으로 인한 기업이윤율의 급감은 재정수입 감소를 초래할 수밖에 없게 된다. 따라서 개혁 초기 정부는 취약한 재정구조 개선을 목적으로 지출삭감과 세제 개혁을 추진해야 한다는 것이다.

이러한 측면에서 점진주의는 급진적 개혁론의 보편적 타당성에 의문을 던지고, 중국의 경험에 비추어 점진주의적으로 개혁의 순서를 고려하면서 개혁을 진전시켜 나가는 편이 낫다고 주장한다. 따라서 제도구축과 시장형성과정에 초점을 두고, 제반제도가 정비되어 시장경제제도가 정착할 때까지 국영부문에는 통제를 유지하여야 한다는 것이다. 이와 같이 이중가격전략(two-track strategy)을 채택하여 이행 초기의 시장경제가 뿌리를 내리기 전 단계에서는 국영부문과 민간부문을 일정 기간 공존할 수 있도록 가격자유화를 단계적으로 추진할 필요가 있다는 것이다.

아울러 금융 개혁, 환율 및 무역자유화 등 제반 제도적 장치를 마련하는 데 정부의 역할이 중요하다는 것이다. 특히 Rybczynski(1991)는 시장경제의 기본적인 제도로서 금융체제의 중요성을 강조하고, 안정화계획이나 사유화계획보다도 금융체제의 개편이 먼저 추진되어야 함을 주장하였다. 이러한 제도적 개혁이 선행되어 점차 경성예산제약하의 비국영부문이 성장하여 그 비율이 확대되고, 민간주도의 시장경제부문이 생산재 시장에 있어서 국영부문과 충분히 경쟁할 수 있게 되면, Naughton(1994)이 지적한 바와 같이 중국의 이중가격제(dual price system)의 변화과정처럼 국영부문에 있어서도 가격자유화를 추진하는 것이 가능하게 된다는 것이다.

한편 베트남의 체제 전환은 빅뱅식의 동구모델, 점진주의에 입각한 중국모델과는 다소 차이를 보이고 있다. 전형적인 과잉노동경제로서의 개도국형 체제 전환을 보여주고 있는 베트남의 개혁·개방체제는 대외의존도가 높은

가격정책을 통해 공산품의 교역조건을 유리하게 설정하여 국영기업들의 독점이윤을 보장하였는데, Dobb(1972)에 의하면 구소련의 사회주의경제체제 건설과정에서도 잘 나타나 있다.

소규모 경제로서 매우 복잡한 양상으로 전개되었다. 이미 언급한 바와 같이 IMF 지원체제하에서 외자주도형 성장정책과 부분적인 급진개혁(Small Bang) 방식의 이행전략을 추진하였다.[13] 이러한 점은 개혁 이전 구소련에 대한 대외의존도가 중국에 비해 매우 높았고, 개혁노선 채택 이후에는 경제개발의 동력을 외자에 의존해 왔기 때문이다.

베트남의 가격자유화는 1989년을 전후로 급속히 추진되었고, 체제 전환 과정에 있어서 가격자유화와 함께 거시경제의 안정화정책은 개혁 초기 상호 보완적인 측면을 가지면서 물가안정 및 재정·통화안정에 기여했다고 평가할 수 있다. 반면에 구조조정의 핵심인 민영화 문제에서는 제반 제도적 미비로 큰 성과를 내지 못함으로써 단계적이고 점진적인 개혁방식을 취하는 개도국형 체제 전환의 기본적 특징을 보여주고 있다.

특히 민영화정책에 있어서 베트남은 동구와 같은 급진적인 개혁과정에서 추진되던 사유화증서(voucher) 매각 등과 같은 민영화 방안보다는 소유권과 경영권의 분리, 보조금 철폐 및 국영기업 정리 등 국영기업의 체질강화에 초점을 두고, 점진적으로 국영기업 개혁을 추진해 왔다. 그러나 국영기업에 대한 우대조치가 광범위하게 잔존함에 따라 민간부문의 발전이 지연되고 국영부문의 위상과 역할이 지속적으로 강화되었다. 이는 민영화를 적극화할 수 있는 제반 여건이 미성숙한 상황을 반영하고 있는 한편, 제도적으로 국영부문에 대한 제반우대조치가 남아 있어 비국영부문의 활동이 상대적으로 위축되고 있음을 보여준다.

---

13) 베트남의 이행전략은 부분적인 급진개혁(small bang)이라고 할 수 있고, 이는 그동안 많은 논란의 대상이 되어왔다. 1989년을 기점으로 베트남이 급진적 개혁을 추진하게 되었다는 주장을 하고 있는 대표적인 논자로는 세계은행 관계자들로 Leipziger (1992)와 Dollar(1993) 등이 있고, 급진개혁론자인 Woo(1996) 등이 있다. 반면에 베트남의 시장도입전략을 기본적으로 점진주의로 규정하는 Naughton(1996)은 베트남의 경제개혁이 중국과 마찬가지로 70년대 후반부터 시작되었다고 보고 있다. 그러나 경제개혁이 본격화된 시기를 1980년대 후반으로 보는 것에 있어서는 급진적 개혁론자들과 큰 차이가 없다.

III. 체제 전환 모델과 베이징 컨센서스

그동안 IMF와 세계은행이 주도했던 구조조정 프로그램은 '워싱턴 컨센서스(Washington Consensus)'로 대표되는 급진적 처방에 의해 주도되었고,[14] 중남미 외채위기와 사회주의권 붕괴로 본격화된 체제 전환국에 전면적으로 도입된 바 있다. 따라서 IMF 지원조건(conditionality)으로 대표되는 급진적 처방과 정책권고를 우려한 중국은 구조조정융자를 수용하지 않고, 중국의 개혁·개방 경험에 기반한 점진적이고 단계적 조치를 수행하였다. 그러나 대외의존도가 높았던 베트남의 경우 구소련의 지원이 중단되면서 서방국가의 원조를 받기 위한 전제조건으로 IMF의 급진적 처방을 수용하는 것이 불가피하였다.[15] 이에 따라 중국과는 달리 베트남은 개혁 초기 가격자유화를 전면적으로 단행하고 재정과 금융 개혁을 통해 거시경제 안정화 조치를 적극적으로 추진한 바 있다. 그러나 국영기업 민영화는 소유제 개혁보다는 국영기업 상업화에 기반한 점진적 처방에 따라 단계적으로 추진되고 있다.[16]

한편 90년대 중반 이후 중국은 자국의 발전 경험에 기초한 중국식 발전 모델에 기반하여 '베이징 컨센서스'로 대표되는 대외정책을 적극적으로 추진

---

14) 미국 국제경제연구소의 존 윌리엄슨이 1989년 경제난국에 빠진 중남미국가들에 대한 해결책으로 무역 및 투자 자유화, 탈(脫)규제 등 10가지 정책을 제시하면서 처음 사용한 이 용어는 '신자유주의'에 입각하여 미국과 국제통화기금(IMF) 및 세계은행의 입장을 대변해왔다.

15) 권율(2005) 참조. 베트남의 경우 중국과는 달리 개혁 초기 단계에 전면적으로 가격자유화를 추진하였다. 구소련 등 사회주의 국가로부터 원조가 대폭 삭감되어 재정적자를 본원통화발행으로 보전하였기 때문에 베트남이 개혁 초기 급진적인 개혁방식을 취했던 것은 구소련의 원조중단으로 IMF와 서방선진국의 외자지원을 얻기 위한 불가피한 조치였다고 할 수 있다. 1989년부터 1992년까지의 개혁조치는 거시경제 안정화에 크게 기여한 것이 사실이고, 경제개혁조치가 실효를 거둠에 따라 생산에 즉각적이고 긍정적인 효과를 미쳤다.

16) 베트남의 국영기업 개혁에 대해서는 권율(2000) 참조.

● 표 2	베이징 컨센서스와 워싱턴 컨센서스 비교	
항목	워싱턴 컨센서스	베이징 컨센서스
이행속도	급진적 개혁	점진적, 단계적 개혁
시장과 정부의 역할	시장의 자원배분기능 우월, 국가 개입 최소화	시장의 부재로 정부의 역할 중요
주요 프로그램	국영기업 사유화	미시적 제도 개혁을 통한 경쟁적 환경 도입
발전전략	소유제 개혁, 급진적 처방	균형발전전략, 농촌공업화
지원의 전제조건	IMF conditionality (구조조정 프로그램)	내정불간섭, 주권존중
대상국가	중남미, 동구	중국
정책기조	신자유주의	조화세계(和谐世界), 남남협력

자료: 권율·박수경(2010), p.26 참조

하고 있다. 베이징 컨센서스는 자본주의와 신자유주의 논리에 근거한 '워싱턴 컨센서스(Washington Consensus)'와 대비되는 개념으로 '정부 주도의 시장경제 발전모델'로 이해될 수 있다. 즉 민주주의나 인권 등 서구적 가치를 위주로 하는 정치적 자유화를 강요하지 않고, 각국이 독자적인 가치를 유지하면서 시장경제요소를 도입하는 개발정책으로 구성되어 있다. 베이징 컨센서스의 주요 내용은 점진적·단계적 경제개혁, 조화롭고 균형잡힌 발전전략, 화평굴기(和平崛起: 평화롭게 국제사회의 강대국으로 부상)의 대외정책 등으로 분류된다.17)

따라서 중국식 발전모델은 아시아·아프리카·중남미 등 개발도상국을 대상으로 권위주의 정치체제를 고수하면서 시장기반의 경제체제로의 점진적인 개혁을 통해 경제발전과 체제 유지 목표를 달성하는 데 초점을 두고 있다. 중국은 각 국가와의 평화로운 외교관계를 유지하기 위해서 타국의 주

---

17) 정지원·권율 외(2011), pp.42-43 참조.

권존중과 내정불간섭을 추구하며 중국의 경제적 성장과 함께 국제사회에서 강대국으로서의 발언권과 지위, 규범제정자(standard setter)로서의 권한을 확보하는 데 중점을 두고 대외 원조를 중요한 정책수단으로 활용하고 있다.

MDG 이후 빈곤퇴치가 국제사회의 최대 과제로 제기되면서 원조효과성 제고를 위해 채택된 파리선언은 수원국의 주인의식과 원조분업이 강조되고, 개별 원조사업보다는 프로그램 차원의 지원에 중점을 두었다. 그러나 2008년 미국에서 촉발된 선진국의 재정위기가 확산되면서 전통적인 선진공여국 중심의 원조공여는 큰 변화를 겪고 있다. 중국, 인도, 브라질 등 신흥경제권의 급부상과 함께 다극화된 경제체제는 남남협력의 활성화와 원조공여채널의 변화를 기반으로 국제개발협력에 있어서 새로운 전환이 이루어지고 있다.

북한에 대한 국제적 지원체제도 기존의 선진공여국 중심의 원조공여방식보다는 소위 '베이징 컨센서스(Beijing Consensus)'라는 새로운 대안과 지원체제하에서 많은 영향을 받을 것이다. 당초 베이징 컨센서스라는 개념은 Ramo(2004)에 의해 제시되었는데,[18] 혁신에 기초한 성장, 지속가능성과 형평성에 대한 고려, 자기결정권(self-determination)을 바탕으로 워싱턴 컨센서스에서 강조되는 경제성장과 구조조정이라는 좁은 의미를 넘어서는 포괄적인 사회변화를 모색하고 있다.[19]

그동안 중국은 미국, 유럽을 중심으로 한 서구국가들과 달리 정치체제 고수를 위한 지지세력으로 개도국이 가진 전략적 가치를 중시하며 협력을 강화해 왔다. 이에 따라 북한의 체제 전환과 이행전략은 중국식 점진주의에 의존할 가능성이 높고, 핵 문제 타결 이후 개혁체제를 전면적으로 수용한다 하더라도 중국, 베트남의 사례에서 보여지듯이 기본적으로는 정치적 안정성을 전제로 소유제 개혁과 국영기업 민영화는 점진적으로 추진해 나갈 것으

---

18) 베이징 컨센서스는 기존에 신자유주의 세계화 전략으로 알려졌던 워싱턴 컨센서스 (Washington Consensus)에 대응하는 개념으로, 2004년 淸華大 Ramo 교수가 최초로 사용하였다. The Beijing Consensus(2004) 참고.

19) Joshua C. Ramo(2004).

로 보인다. 그럼에도 불구하고, 북한이 정치적 안정성을 기반으로 중국과
같이 점진적 개혁조치를 추진하기 위해서는 내부적인 자원동원에는 한계가
있고, 남북협력 및 외부로부터의 대규모 자금 유입이 필수적이다.

IV. 국제사회의 지원사례와 북한의 재원조달

　　그동안 국제협력 차원에서 추진되어온 체제 전환국가에 대한 지원은 양
자 간 원조뿐만 아니라 국제금융기관의 공공차관을 통해 추진되어 왔다. 동
구나 베트남에 대한 지원사례에서 보여지듯이 IMF와 세계은행을 주도로 한
구조조정 프로그램의 충실한 이행 여부가 재원조달의 전제조건이었다. IMF
는 지원조건의 충족여부를 정기적으로 점검하면서 자금지원을 결정하고, 세
계은행 및 지역개발은행들은 물론 주요 서방국가들의 원조도 IMF 주도의
개혁프로그램과 공조함으로써 동구국가들의 급진적 개혁은 서방지원을 위
한 전제조건이라고 볼 수 있다. 따라서 구소련 중심의 코메콘체제에 경제적
의존도가 높았던 동구권과 베트남은 80년대 후반부터 경제불안정이 심화되
고, IMF를 주도로 한 서방국가들의 자금지원을 위해 급진적 개혁프로그램
을 추진하게 된 것이다.
　　특히 베트남의 경우 전형적인 농업국가로서 경제적 초기 조건이 중국과
유사하였지만, 개혁 초기에는 동구국가들과 마찬가지로 가격자유화와 재정
개혁은 물론 대외개방정책을 적극적으로 추진하였다. 이에 따라 1993년부
터 국제금융기관의 본격적인 지원을 받게 되고, 서방국가들은 베트남에 대
한 체계적인 지원을 위해 세계은행 주도의 원조조정그룹(CG)에 적극 참여
하면서 국제적 지원체제가 구축되었다. 동구나 베트남 사례에 보여지듯이
국제적 지원체제가 구축되면, 초기 단계부터 종합적인 지원계획을 통해 원
조공여국 및 국제기구의 기술협력은 물론 자금협력 사업을 효과적으로 연계

하면서 국제적인 협력체제를 강화할 수 있었다. 공공차관에서 국제금융기관으로부터 재원조달 비중은 베트남이 20% 수준이고 동구국가들의 경우 대략 10% 미만이었지만, 구조조정 프로그램이 실행되면서 양자 간 원조는 물론 해외민간자금이 크게 증대되었다. IMF 주도의 국제금융기관의 지원이 해외로부터의 재원조달에 있어 결정적인 역할을 했기 때문이다. 베트남의 경우 1993년 이후 매년 원조조정그룹 주도하에 원조국 회의(Donor Conference)를 개최하여 개발사업에 대한 투자자문 및 기술지도를 받고, 민간투자를 확대할 수 있는 기반을 만들었다. 동구의 경우에는 대규모 자금이 소요되는 SOC 사업에 공적자금과 민간자금이 연계된 협조융자방식의 민자유치가 가능해져 공적자금과 민간자금의 재원조달에 효율적 연계에도 크게 기여한 바 있다.

주목되는 것은 체제 전환국의 개발재원조달에 있어서 국제민간자금이 차지하는 비중은 공적자금보다 상대적으로 높았다는 점이다. 상환부담이 없는 외국인 직접투자를 유치함으로써 서방선진국의 자금은 물론 기술을 도입할 수 있기 때문에 체제 전환국들은 개혁 초기부터 정책적 차원에서 투자여건을 적극적으로 개선시켜 왔다. 외자도입액 중에서 외국인 직접투자(실행액 기준)가 차지하는 비중을 살펴보면, 중국이 64.9%로 가장 높고, 베트남은 59.6%를 차지하였다. 그러나 상당 기간 경제불안정이 지속되었던 동구는

● 표 3　　체제 전환국의 총외자 대비 FDI 비중(실행액 기준)

	북한[1]	중국[2]	베트남[3]	동구(14개국)[3]
FDI 실적(억 달러) (기간)	0.64 (1992~1997)	2,649 (1978~1998)	78 (1987~1998)	157 (1988~1998)
FDI/총외자(%)	0	64.9	59.6	49.5

주: 1)「북한의 외국인 투자유치정책과 투자환경」, KIEP
　　2)「中國對外經濟貿易年鑑」
　　3) World Bank, *World Investment Report 2000*
자료: 권율·조명철 외(2000) 재인용

49.5%에 불과하였다.

중국의 경우 개방정책 이후 외자도입액(1978~1998)은 총 4천억 달러에 이르고 있는데, 양자 간 원조는 335억, 국제금융기관의 지원은 244억에 불과하였다. 그러나 민간상업차관이 697억 달러, 외국인 직접투자가 2,649억 달러에 달해 공적자금보다는 민간자금에 크게 의존하고 있음을 알 수 있다. 특히 80년대를 거치면서 성장기반이 마련되고, 거시경제적 안정과 함께 고도성장국면에 접어들면서 중국에 대한 외국인 직접투자는 폭발적으로 증가하여 1992년 이후에는 연평균 500억 달러에 이르는 외자유입을 기록하였다.

이미 언급한 바와 같이 중국은 재원조달에 있어서 국제금융기관의 차관보다는 외국인 직접투자에 기반한 화교자본유치에 중점을 두었기 때문이다. 반면에 동구는 급진적 개혁을 추진함으로써 극도로 경제적 불안정성이 심화되고, 정치체제의 급변으로 외국인 투자환경이 악화됨으로써 외국인직접투자 유치에는 큰 성과를 거둘 수 없었다. 개혁 초기 단계에 동구 14개국의 외자도입 총액(1988~1998)은 약 350억 달러에 이르나 이 중 FDI는 49%(157억 달러) 정도로 공공차관의 비중이 상대적으로 컸다. 이는 IMF를 주도로 한 국제금융지원체제에 의한 재원조달에 의존하고 있음을 단적으로 반영하는 것이고, 구조조정 프로그램이 본격화되면서 민영화와 관련된 외국인투자가 활성화되기 시작하였다.

전형적인 농업국가로서 공업기반이 취약했던 베트남의 경우에는 국제금융기관과 주요 서방 선진국의 양허성 원조를 받으면서도 다른 한편 아시아 주변국의 직접투자유치에도 적극적이어서 공적자금은 물론 민간자금 유치에 성공했던 것으로 평가된다. 1987년 개혁노선을 추진한 이래 4차례에 걸쳐 외국인투자법을 개정하고, 저임노동력을 활용한 노동집약적 수출산업을 적극 유치하고자 다양한 투자인센티브를 제공하면서 외자유치에 큰 성과를 낳게 되었던 것이다. 특히 미국의 클린턴 행정부가 1993년 7월 국제금융기관의 대(對)베트남 융자재개를 허용함으로써 베트남은 본격적으로 외자도입을 추진하면서 안정적인 성장궤도에 오르게 되었다.

따라서 체제 전환국들의 경제개발비용 조달경험을 통해 북한에 대한 국제사회의 안정적인 지원체제가 구축되려면 다음과 같은 조건이 마련되어야한다. 우선 경제체제 전환 및 경제개발에 필요한 해외자본이 자연스럽게 들어올 수 있는 법적·제도적 환경을 어떤 수준에서 마련하는가 하는 문제가중요하다. 체제 전환국들의 사례에서 보여지듯이 필요경비를 자국의 저축수준으로 충당하기가 거의 불가능한 상황에서 외부자본의 유입은 필수라고볼 수 있다. 그러나 원활한 국제적 지원과 자금유입을 위해서는 시장경제제도 수립, 즉 시장기능이 작동할 수 있는 각종 법률의 제정, 그 법률제도하에서 공정하고 투명하게 기능하는 관리시스템과 생산자의 자율성 보장 등이이루어져야 한다.

북한의 체제 변화에 있어서 분야별 지표와 향후 추진해야 할 주요 정책변화는 〈표 4〉와 같이 정리해 볼 수 있다. 개혁 초기 단계에서 북한은 체제안정을 우선과제로 위로부터의 개혁을 추진해 나가겠지만, 점진주의적 개혁론이 주장하는 미시적 제도 개혁의 선행성과 국가의 적극적인 개입을 통한 계획과 시장의 공존이 북한 경제개혁의 핵심이 될 것이다. 이에 따라 초기 단계에서 개혁보다는 개방의 유인이 보다 클 것이고, 제도구축과 시장형성과정에 초점을 두고, 제반 제도가 정비되어 시장경제제도가 정착할 때까지 국영부문에는 통제를 지속적으로 유지하고자 할 것이다. 김정은 정권은 2012년 '새로운 경제관리 개선조치'를 도입하여 당과 군의 경제사업 축소 및 내각으로의 이전, 내각의 경제관리 권한 강화, 공장·기업소·협동농장의 경영자율성 확대, 그리고 일련의 경제특구 및 개발구의 확대를 추진한 바 있다.[20]

그동안 시장경제로의 이행과정에 있어서 체제 전환국가들은 국내 재원의 부족으로 대부분의 개발자금을 해외조달에 의존할 수밖에 없었다. 이를위해 중국, 베트남, 동유럽 국가들은 안정적인 개발재원조달을 위해 적극적인 노력을 기울여 왔지만, 외자도입과 성과 면에서 다양한 특징을 보이고있다. 무엇보다도 체제 전환국가들의 이행전략과 경제적 초기 조건에 따라공적자금과 민간재원의 조달은 큰 영향을 받아 왔다. 자원은 풍부하지만 공

---

20) 임수호 외(2015), pp.61-68 참조.

표 4 북한의 분야별 개혁·개방조치와 주요 지표

분야	정책부문	주요 시행조치와 정책과제
개방화	경제특구	- 신의주, 나선, 개성, 금강산특구 동향 - 남포·원산·청진 등 개방 예상지역 동향
	무역 및 외환자유화	- **무역관리제도 변화**(수출입통제 완화 등) - 무역액 추이, 무역수지, 경화 조달 - **외환자유화**, 외환거래소
	외자유치정책	- 외국인투자유치법 변화 - **투자인센티브 및 우대조치 변화** - 투자유치기관 변화, 노동법 제정
	자본주의 학습 및 대외경제협력	- 해외 경제연수, 자체적인 자본주의 연구 - 시설·장비도입 등 각종 대외 경제협력
시장화·안정화	경쟁적 시장환경 조성	- 소비재시장: 종합시장, 암시장 - 생산재시장: 사회주의 물자교류시장
	가격자유화	- **정부통제품목의 변화** - **이중가격제**: 가격결정방식, 가격구성인자 - 가격유형(국정, 지도, 협의, 자유가격 등)
	재정 및 금융 개혁	- **세제 개혁, 재정 개혁**(재정적자 수준) - 상업은행 설립 등 금융 개혁 - 자금조달: 재정에서 금융으로 전환여부
기업개혁	국영기업 보조금	- **국영기업 보조금 중단여부** - 예금 및 대출금리 조정
	기업관리체계 및 조직	- 대안의 사업체계 약화, 기업자율권 확대, 지배인 세대 교체 추세 - 기업소체제 개편, 업종 전문화, 파산법 등
	기업경영	- 독립채산제, 번수입에 의한 평가, 성과급제, 계획외 생산 및 유통 등
사유화	소유제	- 법제개혁: **토지법 제정** - 사용권·점유권·소유권 변화 추이
	경제주체	- 민간기업 설립 허용: **회사법, 사기업법 제정** - 가족농·개인상공업·개인서비스업의 비공식적 확산 및 허용
	가계운영	- 배급제의 폐지에 따른 주민생활 변화
산업화·현대화	산업구조	- 농업·경공업·중공업·서비스업 비중 변화 - 수출산업, 전략산업 육성 등
	기술개발	- 경제와 과학기술 일체화, 공장 현대화 등
	군과 경제	- 군의 경제건설 참여도 변화 - 군사비·국방공업 비중 변화

자료: 필자 작성

업화수준이 낮은 중국과 같은 체제 전환국가는 초기에 경제특구, 개방도시 등의 정책으로 외국인직접투자를 적극 유치하는 방식을 택하였다. 자원이 빈약하고 공업화 수준이 높은 동유럽 국가들은 초기부터 IMF의 개혁프로그램을 적극 추진함으로써 국제 공적자금에 크게 의존해 왔다. 구소련을 중심으로 한 코메콘체제에 경제적 의존도가 높았던 베트남은 80년대 후반부터 경제불안정이 심화되고, IMF를 주도로 한 서방국가들의 자금지원을 위해 급진적 개혁프로그램을 추진하였다. 따라서 국제금융기관과 주요 서방 선진국의 양허성 원조를 받으면서도, 아시아 주변국의 직접투자유치에도 적극적이어서 공적자금은 물론 민간자금 유치에 성공했던 것으로 평가된다.

이러한 측면에서 베트남 개방모델이 북한경제에 주는 시사점은 원활한 체제 전환을 위해서는 국제사회의 안정적인 지원체제가 구축되어야 한다는 것이다. 우선 북한은 경제난을 풀기 위한 해법으로서 내핍경제에서 탈피하여 시장경제적 요소를 적극적으로 받아들이려고 하는 의지와 실천적 모습을 국제사회에 보여 주는 것이 선결과제이다. 베트남이 개혁 초기부터 적극적으로 노력했던 것 바와 같이, 경제개발에 필요한 해외자본이 자연스럽게 들어올 수 있도록 법적·제도적 환경을 마련해야 한다. 이를 위해서는 현재 핵심쟁점으로 부각되고 있는 핵 문제 및 북·미관계 개선과 함께 서방자본과 국제금융자본이 들어올 수 있도록 유리한 환경을 마련하는 차원에서 IMF나 세계은행 등의 개혁프로그램을 긍정적으로 수용해야 할 것이다. 재원조달방식은 세계은행이 주도하는 자문그룹(CG)방식이 개발재원 규모 면이나 국제적 협력을 유도하는 데 가장 유리하다고 볼 수 있으나, 미국과의 관계, 개혁노선에 대한 북한의 입장 등을 고려하여 라오스의 원탁회의 방식도 현실적 대안이 될 수 있다고 생각된다. 한편 특정 목적을 위해 신탁기금방식도 충분히 활용할 수 있는 방안으로 검토될 수 있다.

그러나 중요한 점은 어떠한 경우라도 남북한 경제협력이 기본적으로 '통일경제의 기반 확립'에 목표를 두고 한국의 주도로 이루어지는 것이 바람직하다는 점이다. 북한의 체제 전환은 이행, 개발, 남북통합이라는 복잡한 상호연계 속에서 진행될 것이기 때문에 국제협력모델 또한 안정적 체제를 구

축하기엔 많은 제약요인을 갖고 있는 점을 고려해야 할 것이다. 한국으로서
는 북한에 대한 지원이 남북한 경협 차원에서 대규모 자금 수요가 발생할
것으로 예상되어 경협 초기부터 재원조달의 어려움이 가중될 것으로 예상된
다. 그리고 현재로선 경협자금의 수요가 한국의 부담능력을 크게 초과하는
상황이므로 대규모 해외자금의 유치 방안이 시급히 요구되고 있다. 이를 위
해서는 주요 선진국의 양허성 자금(Concessional Aid)과 국제기구의 지원이
필수적이고, 국제사회의 안정적인 지원을 확보하기 위해서는 북한의 경제개
발자금 도입을 신속하고 효율적으로 추진할 수 있는 국제적 조정채널이 마
련되어야 할 것이다.

특히 북한의 경우 보다 적극적인 시장경제화 정책이 필요하고, 대규모
자금지원을 위한 재원방안 마련에 한국 정부의 적극적인 역할이 필요하다.
따라서 북한 경제개발 지원을 위한 국제적 여건을 조성하기 위해서는 객관
적이고 투명한 창구로서 우리정부 주도로 '대북 경제지원협의체'를 구성·발
족시키기 위한 방안을 다각적으로 모색할 필요가 있다. 베트남과는 달리 북
한의 국제금융기구 가입에는 다소간의 시일이 소요될 것으로 예상되는 바,
주변 4강, EU, 국제금융기구와 긴밀한 협의를 통해 사전에 보다 신축적이고
체계적인 노력이 시급하다. 이를 위한 방안으로서는 우리정부의 재정부담을
조건으로 세계은행과 연관하에 '대북 경제지원협의체'를 구성·발족시키기
위한 세부 추진방안이 마련되어야 할 것이다.

특히 북한에 대한 국제적 지원체제 수립에서 중점적으로 고려할 사항은
취약국에 대한 고려이다. 주요 공여국은 1990년대부터 취약국 지원의 중요
성을 인식하고 별도의 지원 전략을 수립하여 국가협력전략에 반영해 왔으
며, 평화구축, 국가체제 구축, 인도적 지원 등의 취약국 지원에 많은 정책적
노력을 기울여 왔다. 북한의 경우 Fund for Peace 기준으로 취약성 순위가
29위에 달하고, 아시아에서는 아프가니스탄, 파키스탄, 미얀마에 이어 4위
를 기록하고 있다. 사회적으로는 비교적 안정적이나 경제 및 정치·군사적
측면에서 취약성이 높은 것으로 나타나고 있다. 국제적으로 취약국에 대한
기준과 정의가 명확하게 합의된 바 없지만, 2011년 '취약국 개입을 위한 뉴

딜'이 채택되면서 국제개발협력 차원에서 평화와 안보이슈가 다루어지기 시작하였고, 분쟁 및 취약국에 대한 국제사회의 적극적 지원노력이 확대되고 있다.[21] 최근 Post-2015 개발의제로 평화로운 사회, 법의 지배, 거버넌스의

○ 표 5 북한과 아시아 주요국의 취약성 지수 비교(2015년 기준)

분류	국가	순위	총점	위험도	사회지표				경제지표				정치 및 군사 지표			
					인구압	난민 및 국내 실향민	집단 불만	인력 및 두뇌 유출	불균형 발전	빈곤 및 경제 침체	정부의 정당성	공공서비스	인권	치안유지력	엘리트 계층의 파벌화	외부개입
취약국	아프가니스탄	8	107.9	고위험 (high alert)	9.3	9.1	8.9	8.1	7.2	8.6	9.7	9.3	8.6	10.0	9.3	9.8
	파키스탄	13	102.9		9.0	8.9	10.0	7.0	7.3	7.7	8.6	7.9	8.4	9.6	9.2	9.3
	미얀마	27	94.7	위험 (alert)	6.8	8.3	9.7	5.7	8.2	6.5	9.0	8.6	8.3	8.3	8.3	7.0
	북한*	29	93.8		7.5	4.3	6.3	4.2	8.0	9.0	10.0	8.9	9.7	8.6	8.5	8.8
	방글라데시	32	91.8		8.1	6.6	8.4	7.5	7.2	6.7	8.5	8.1	7.7	7.7	9.6	5.7
	스리랑카	34	90.6		6.0	8.2	9.3	7.8	7.6	5.9	8.0	5.6	8.8	7.9	9.1	6.4
	동티모르	34	90.6		8.9	6.8	6.5	7.0	6.7	8.4	7.4	8.4	5.8	7.7	8.3	8.7
	네팔	36	90.5		7.9	7.6	9.1	7.0	7.5	6.8	7.1	7.1	7.7	7.0	8.3	7.4
비취약국	캄보디아	41	87.9	높은 경고 (high warning)	7.0	5.8	7.4	7.5	7.1	6.4	8.4	7.7	8.3	6.7	8.2	7.4
	필리핀	48	86.3		8.2	7.4	8.3	6.2	6.2	6.0	7.5	7.2	5.9	9.1	8.0	6.3
	라오스	55	84.5		7.1	5.6	6.3	7.4	6.9	5.5	9.0	7.7	8.1	6.0	8.3	6.6
	인도네시아	88	75.0	경고 (warning)	7.1	5.9	7.3	6.3	6.3	5.2	5.6	6.0	6.8	6.2	7.0	5.3
	베트남	97	72.4		6.1	4.7	6.5	5.6	5.5	5.8	8.1	5.2	7.8	5.1	6.9	5.1
	몽골	129	57.0	안정 (stable)	5.5	2.4	4.3	3.1	6.4	4.3	4.5	5.7	4.8	4.0	5.5	6.5

주: * 북한과 한국의 아시아 중점협력국 중 취약국을 비교
자료: Fund for Peace(2015), 권율 외,『아시아 취약국 ODA 지원전략과 CPS 개선방향』, 대외경제정책연구원(2015), p.53 참조

---

21) 권율 외(2015), pp.40-43 참조.

상호의존적인 특성을 바탕으로 지속가능발전목표(SDG 16)가 설정되고, 분쟁예방 및 평화구축에 대한 국제사회의 정책적 노력이 보다 가속화되고 있다. 이와 같이 국제평화와 안보 문제가 국제적인 개발협력의 주요 이슈로 부상하게 됨에 따라 분쟁 및 취약국에 대한 국제사회 개발협력 파트너십 구축에 보다 적극적인 참여와 역할 확대가 필요하다. 특히 국제사회에서 취약국 지원 문제는 개발이 국제평화와 안보를 달성하기 위한 중요한 접근방식이라는 새로운 인식 전환이어서 북한에 대한 개발과 국제사회의 공조에 실질적으로 도움이 될 수 있는 분야 및 관련 국제기구와의 관계 수립에 많은 시사점을 제공한다.

V. 맺음말

일반적으로 저개발국의 경제개발 또는 공업화과정은 전통적인 농업부문에서 시장경제원리가 지배하는 공업부문으로 이전하는 부문 간 자원이동모델에 의하여 설명될 수 있다. 그러나 체제 전환을 추진하는 이행기 경제의 특수성은 국가가 통제하는 국영부문이 공존한다는 점에 있다. 이에 따라 계획경제체제를 분권화하여 거시경제적 안정화와 소유구조의 다원화를 추진하면서 중장기적으로는 민간부문의 육성이 필요하다. 따라서 체제 전환과정에서 시장경제화(marketization)는 농업을 중심으로 한 전통적 경제부문으로부터 시장경제원리가 작동하는 비국영부문으로의 자원이동은 개발(development)의 측면이고, 국가가 통제하는 국영부문으로부터 민간부문으로의 이동은 이행(transition)의 문제로서 구분할 수 있으나, 실제로는 이행과 개발이 중첩되어 나타나면서 이행기 경제체제에 대한 원조프로그램은 각각의 경제적 초기 조건에 따라 국별 특성에 부합하도록 정책적으로 면밀히 검토되어야 한다.

북한의 개발과제는 7.1 조치와 화폐개혁을 거치면서 중국과 베트남의 초기 국면과 유사하게 진행되고 있고, 베트남이 추진한 소위 부분적인 급진 개혁(Small Bang) 방식의 체제 전환은 북한의 이행전략과 개혁프로그램에서 시사하는 바가 크다. 그 기본적인 특징은 개혁 초기의 급진적 개혁방식이 경제적 초기 조건과 발전 단계의 제약조건으로 인해 점차 점진적인 방식으로 전환되어 중국과 유사하게 국영기업 민영화가 지연되는 등 개혁의 속도와 범위를 제약하게 된다는 점이다. 그럼에도 불구하고, 당의 사회적 통제력을 전제로 한 베트남의 개혁정책 추진은 비교적 성공적인 것으로 평가되고 있다.

개혁 초기 시장부재의 상황에서 경쟁주체와 경쟁원리가 작용하는 시장 기능의 육성과 발전에는 일정 정도 시간이 소요되며, 기존의 계획경제시스템이 광범위하게 잔존해 있는 상황하에서 이를 무시하고, 급진적 처방으로 체제 전환을 시도할 경우 경제기반 자체를 붕괴시킬 수 있기 때문이다. 즉, 계획경제에 기초한 구제도를 급속히 파괴시켜도 시장경제를 지탱해 갈 신제도가 곧 바로 구축될 수 없는 상황하에서 급속한 자유화와 시장도입은 오히려 사회적 비용을 높이게 된다는 점은 간과할 수 없는 부분이다.

이러한 제반사정을 감안할 때 베트남의 체제 전환과정이 북한에 주는 시사점은 다음과 같다. 우선, 개혁 초기 단계에서 북한은 체제안정을 우선 과제로 위로부터의 개혁을 통해 점진적으로 개혁의 순서를 고려하면서 대외 개방과 경제개혁을 진전시켜 나갈 것이라는 점이다. 현재로선 북한이 개혁 체제를 전면적으로 수용한다 하더라도 베트남의 사례에서 보여지듯이 기본적으로는 정치적 안정성을 전제로 소유제 개혁과 국영기업 민영화는 점진적으로 추진해 나갈 것이라는 전망이 가능하다. 따라서 개혁 초기 제도구축과 시장형성과정에 초점을 두고, 제반 제도가 정비되어 시장경제제도가 정착할 때까지 국영부문에는 통제를 지속적으로 유지하고자 할 것이다. 이러한 측면에서 점진주의적 개혁론이 주장하는 미시적 제도 개혁의 선행성과 국가의 적극적인 개입을 통한 계획과 시장의 공존이 북한의 경제개혁과 개발과제에 있어서 핵심이 될 것이다.

그러나 공업국가형 경제구조를 유지하고 있는 북한에 있어서 개혁·개방정책으로의 전환은 베트남과는 다소 다른 양태를 보일 수밖에 없을 것이다. 공업부문의 비중이 높고, 국영부문이 주도적 역할을 하고 있음을 감안할 때 개혁이 확대될수록 국영기업 민영화 문제는 정치와 경제의 상호갈등을 확대시킬 것으로 보이기 때문에 북한의 경우 개방과 개혁을 분리하려는 유인이 지속적으로 작용함으로써 개혁의 진로는 매우 복잡해질 수 있다.

또한 북한을 포함한 개도국 경제가 독자적 가치를 유지하면서 세계 경제체제에 편입되어야 한다는 중국식 점진주의는 최근 국제개발협력체제의 변화와 함께 새로운 관심을 받고 있다. 국제개발협력에 있어서 전통적인 선진공여국이 항상 표방하던 개발도상국의 거버넌스 개선과 인권 문제 해결을 전제조건으로 강요하지 않으면서 중국의 호혜주의와 내정불간섭원칙은 중국식 발전국가 모델을 의미하는 '베이징 컨센서스'라는 개념으로 확산되고 있다. 최근에는 모든 국가에 적용가능한 단일(one-size-fits-all) 개발모델은 없기 때문에 개도국은 다른 나라의 다양한 개발경험을 고려하여 자국의 개발수요에 적합한 모델을 스스로 개발해야 한다는 공감대가 확산되고 있다. 이러한 측면에서 소위 베이징 컨센서스가 중국경제의 부상에 힘입어 남남협력 차원에서 새로운 정책방향을 제시할 수 있을지 주목된다. 현재 중국 정부는 워싱턴 컨센서스와 대비하여 베이징 컨센서스를 공개적으로 표방하기를 거부하고 있지만, 남남협력에 기반한 원조 및 경제협력을 통해 개발도상국 사이에서 서구를 대체하는 강대국의 지위를 인정받고자 하는 중국의 대외전략이 자국의 정치·경제적 목적과 교차되면서 국제적 개발체제에 새로운 과제를 던져주고 있는 것이다.

북한은 7.1 조치 이후 다양한 개혁·개방조치를 추진해 왔지만, 심각한 재정난과 경제개혁의 부작용으로 많은 시행착오를 겪어 왔고, 핵 문제로 인한 국제적 고립과 경제적 어려움에 직면하여 선군경제노선에 따라 핵-경제 병진정책을 추진하고 있다. 핵 문제 해결과 전면적인 개혁·개방체제로 전환이 불가피할 경우 중장기적으로 북한은 개혁체제를 전면적으로 수용한다 하더라도 중국, 베트남의 사례에서 보여지듯이 기본적으로는 정치적 안정성을 전제로 점진적 개혁·개방노선을 추진해 나가겠지만, 북한의 체제 전환은 이행, 개발, 남북통합이라는 복잡한 상호연계 속에서 진행될 것이기 때문에 국제협력모델 또한 안정적 체제를 구축하기엔 많은 제약요인을 갖고 있다. 베트남과는 달리 북한의 국제금융기구 가입에는 다소간의 시일이 소요될 것으로 예상되는 바, 주변 4강, EU, 국제금융기구와 긴밀한 협의를 통해 사전에 보다 신축적이고 체계적인 노력이 기울여져야 한다. 특히 한국의 경우 글로벌 파트너십과 리더십 제고에 적극적인 정책적 노력을 기울여 나가면서 국제사회의 개발협력체제를 통해 북한의 개발과제를 효과적으로 연계해 나가야 한다. 한반도 안정을 위한 국제사회의 책임분담과 개발지원의 국제화라는 측면에서 북한에 대한 개발과 이행지원을 종합적으로 검토하고, 국제사회의 안정적 재원 및 국제적 조정채널 확보에 역점을 두어야 할 것이다.

▣ 참고문헌 ▣

권 율. "베트남의 경제개혁과 구조전환에 관한 고찰." 『동남아시아연구』. 한국동남
　　아학회, 1999.
_____. "베트남 국영기업의 개혁과정에 관한 연구." 『베트남연구』 제1호. 한국베트
　　남학회, 2000.
_____. "미·베트남 무역협정의 경제적 효과." 『베트남연구』 제2호. 한국베트남학
　　회, 2001.
_____. 「개발재원을 위한 아디스아바바 어젠더: 한국의 역할과 과제」. 『UN 2030
　　지속가능발전어젠다와 한국』. 한국 SDSN·대외경제정책연구원 세미나 자료
　　집. 2015.
_____. "베트남 개혁·개방모델이 북한에 주는 시사점." 『수은 북한경제』(2005년 여
　　름호). 한국수출입은행, 2005.
권 율 외. 『국제사회의 남남협력 현황과 우리의 추진방안』. 대외경제정책연구원,
　　2011.
_____. 『아시아 취약국 ODA 지원전략과 CPS 개선방향』. 대외경제정책연구원
　　2015.
권 율·박수경. 『중국의 대외원조정책과 추진과제』. 대외경제정책연구원, 2010.
권 율·조명철 외. 『체제전환국의 경제개발비용 조달』. 대외경제정책연구원, 2000.
권혁주·이환성·배재현. 『한국 ODA의 분쟁 및 취약국 지원 방안』. 한국국제협력단,
　　2011.
이 현. 「취약국 개입을 위한 뉴딜': 논의배경, 주요 내용, 그리고 시사점」. 『개발과
　　이슈』 제20호. 한국국제협력단, 2014.
임수호 외. 『북한 경제개혁의 재평가와 전망: 선군경제노선의 연관성을 중심으로』.
　　대외경제정책연구원, 2015.
정지원·권 율 외. 『Post-2015 개발재원 확대논의와 한국의 대응방안』. 대외경제정
　　책연구원, 2014.
조효제. 「인도적 개입과 보호책임」. 『한겨레』(2014년 3월 5일).

Blanchard, O., R. Dornbusch, P. Krugman, R. Layard, and L. Summers. *Reform in Eastern Europe*. The MIT Press, Cambridge, Massachusetts, 1991.

Dillar, D. "Macro-Economic Management and Transition to the Market in Vietnam." *Journal of Comparative Economics*, Vol.18, No.3. 1994.

Dinh Duc Sinh. "Rearranging State-Owned Economic Sector For The Efficiency of Vietnam's Economic Reform." 1996.

Dornbusch, R., & H. Wolf. "Economic transition in Eastern Germany, *Brookings Papers on Economic Activity*. 1992.

Ffrode, A., and Stefan de Vylder. "Background and Recent Economic Development." *From Centrally Planed to Market Economies: The Asian Approach*, vol.3. pp.335-388. 1996.

Fisher, S., and A. Gelb. "The Process of Socialist Economic Transformation." *Journal of Economic Perspectivestivity*, Vol.5, No.4. 1991.

Fund for Peace. Fragile State Index. 2015.

Konai, J. *Economics of Shortage*. Amsterdam: North Holland, 1980.

_____. *The Socialist System: The Political Economy of Communism*. Princeton University Press, 1992.

Lavigne, M. *The Economics of Transition*. MacMillan Press, 1995.

Lewis, A. "Economic Development with Unlimited Supply of Labor." *The Manchester School*. 1954.

Lipton, D., & J. D. Sachs. "Prospects for Russia's economic reforms." *Brookings Papers on Economic Activity*. 1992.

McKinnon, R. I. *The Order of Economic Liberalization*. Johns Hopkins University Press, 1993.

_____. "Financial Growth and Macroeconomic Stability in China, 1978-1992: Implications for Russia and Other Transitional Economics." *Journal of Comparative Economics*, Vol.18, No.3. 1994.

McMillan, J., and B. Naughton. "How to Reform a Planned Economy." *Oxford Review of Economic Policy*, Vol.4, No.3. 1993.

_____. *Reforming Asian Socialism*. The University of Michigan Press, 1996.

Meier, G. M. *Leading Issues in Economic Development*. Oxford University Press, New York, 1995.

Melo, M., C. Denizer, and A. Gelb. "Pattern of Transition from Plan to Market." *The World Bank Economic Review*, Vol.10, No.3. IBRD, Washington,

1996.

Naughton, B. "What is Distinctive about China's Economic Transition? State Enterprise Reform and Overall System Transformation." *Journal of Comparative Economics*, Vol.18, No.3. 1994.

_____. "Distinctive Feature of Economic Reform in China and Vietnam." *Reforming Asian Socialism*. J. McMillan and B. Naughton, eds. The University of Michigan Press, 1996.

OECD. Principles for Good International Engagement in Fragile States & Situations. 2007.

_____. *The State's Legitimacy in Fragile Situations: Unpacking Complexity*. OECD Publishing, 2010.

_____. *Supporting State-building in Situations of Conflict and Fragility: Policy Guidance*. 2011.

_____. *Fragile States 2013: Resource Flows and Trends in a Shifting World*. 2012.

_____. Monitoring the Principles for Good International Engagement in Fragile States and Situations: Fragile States Principles Monitoring Survey. 2013.

_____. States of Fragility 2015: Meeting Post-2015 Ambitions. 2015.

Raiser, M. *Soft Budget Constraint and the Fate of Economic Reforms in Transition Economies and Developing Countries*. Tubingen, 1997.

Ramo, Joshua C. *The Beijing Consensus*. The Foreign Policy Center: London. 2004.

Ranis, G. "Analytics of Development: Dualism." H. Chenery & T. N. Srinivasan, ed. *Handbook of Development Economics*. Elsevier Science Publishers B.V., 1988.

Rozelle, S. "Gradual Reform and Institutional Development: The Key to Success of China's Agricultural Reform." *Reforming Asian Socialism*. J. McMillan and B. Naughton, eds. The University of Michigan Press, 1996.

Rybczynski, T. M. "The Sequencing of Reform." *Oxford Review of Economic Policy*, Vol.7, No.4. 1991.

Sachs, J. D., and W. T. Woo. "Experience in the Trasition to a Market Economy." *Journal of Comparative Economics*, Vol.18, No.3. 1994.

Timmer, C. P. "The Agricultural Transformation." H. Chenery & T. N. Srinivasan, eds. *Handbook of Development Economics*. Elsevier Science Publishers

B.V., 1988.

Vu Tuan Anh. *Vietnam's Economic Reform: Results and Problems.* Social Science Publishing House, Hanoi, 1994.

Woo, W. T. "The Art of Reforming Centrally Planned Economies: Camparing China, Poland, and Russia." *Journal of Comparative Economics*, Vol. 18, No.3. 1994.

북한체제 전환을 위한 기술협력*

문경연 | 전북대학교

I. 들어가며

과거 동독, 소련, 동유럽 국가와 같이 구사회주의 국가들은 개혁·개방을 선언하거나, 체제 전환을 공식화하기 전까지 경제·정치 관료에게 시장경제에 대한 노출을 허용하지 않았다.[1] 이는 구사회주의 국가들에 대한 체제 전환 사업의 대부분이 90년대 이후에 실시되었다는 사실이 뒷받침한다 (〈표 1〉 참고). 하지만 이미 사회주의 계획경제를 포기하고 시장을 중심으로 하는 자본주의 시장경제로의 체제 전환을 실시한 동유럽과 구사회주의 국가

---

* 본 글은 한국수출입은행이 발행하는 『수은북한경제』 2014년 여름호의 "북한 인력 경제교육을 위한 KSP 등 개발협력 패키지 활용방안"을 수정한 것임.
1) 허준영, "새로운 대북지원 방향모색을 위한 탐색적 연구: 북한 고급인력에 대한 시장경제 교육을 중심으로," 『행정논총』 제50권 4호(2011).

들과 달리, 여전히 국가 중심의 사회주의 계획경제를 유지하고 있는 북한은 1970년대부터 자국의 교육기관을 통해 자본주의 경제에 대한 학습과 교육을 시도하였다. 나아가 1998년에는 국제사회의 도움을 받아 '나진기업학교'와 같은 시장경제 교육기관을 설립하기도 하였다. 북한의 이러한 변화는 체제 유지와 생존을 위한 선택이라는 것이 일반적인 평가이나, 체제 전환을 실시한 사회주의 국가뿐만 아니라 성공적 경제발전을 달성한 국가들 역시 국가 주도적 발전전략을 추구하였고,2) 이 과업을 수행할 인적자원을 어떻게 개발할 것인지가 과제로 대두되었다. 특히 사회주의 국가에서 시장경제의 도입과 성공적 체제 전환을 위해서는 카더(Cadre)로 불리는 고급인력의 역할이 필수적이라는 인식이 확산되는 가운데, 북한 내부적으로도 관료들과 핵심일꾼들을 대상으로 하는 시장경제교육이 적극 추진되었다.3) 또한 남한을 비롯한 국제사회도 북한이 시장경제를 북한의 공식적 경제제도로 안착시킴으로써 성공적인 체제 전환을 달성하고 이것이 경제체제의 전환에 머무르는 것이 아니라, 정치체제의 전환으로 이어질 수 있도록 하는 지원 방안을 모색하고 있다.

　2014년 현재, 북한에서 중앙의 계획에 의한 공동생산과 분배를 특징으로 하는 사회주의 계획경제가 굳건하게 작동하고 있는지, 아니면 북한 경제가 다른 형태, 즉 시장경제로 전환되었는지에 대한 평가가 엇갈리는 가운데, 이미 시장경제가 작동하고 있다면 그 수준은 어느 정도인지 또한 북한의 폐쇄성으로 인해 확인조차 어려운 실정이다. 이러한 가운데 북한 경제연구자, 탈북자 면담, 북한과의 교류 사업에 참여하고 있는 기관 혹은 소식통에 따

---

2) 윤병수, "북한의 인적자원개발 현황과 향후과제: 중국 및 베트남과 비교를 중심으로," 『나라경제』 제7권 10호(2005), p.4.

3) 허준영은 북한의 카더에 해당하는 고급인력을 약 1천 명에서 2만 명으로 파악하고 있으며, 카더의 충원과 관련하여, 1970년대 초까지 계급성, 개인능력, 이데올로기 요소가 비교적 대등하게 고려되다가 1970년대 중반부터는 개인의 능력과 절대적 충성이 중요한 요소로 부각되고 있다고 주장한다. 특히 개인의 능력과 관련하여 경제와 과학기술에 관한 지식이 강조되고 있다고 분석한다. 허준영(2011), p.6.

르면 이미 시장경제가 북한을 지탱하는 주된 경제시스템으로 자리 잡았다는 평가 또한 어렵지 않게 확인할 수 있다. 북·중, 북·러 관계에 있어 사회주의 동맹국가인 중국과 러시아로부터의 우호적 경제지원은 더 이상 유지되지 못하는 가운데 자본주의체제의 무역관계가 그 자리를 대신하고 있으며, 재화의 생산에 있어서는 인센티브 제도가 부재한 중앙 계획에 의한 공동생산의 비효율성을 극복하기 위해 2002년 7.1 경제관리개선조치의 시행을 통해 임금 및 물가의 현실화, 국제사회의 투자유치를 위한 19개 경제개발구와 신의주국제경제지대 계획,[4] 노동 인센티브제도 강화를 도입하였다. 한편 기업소 및 공장에 생산과 처분, 상대적 자율권을 보장하는 독립채산제 허용 조치와 정부의 분배시스템이 제대로 작동하지 못하는 가운데 장마당을 중심으로 한 재화의 생산과 공급이 일반화되었다는 평가가 지배적이다.[5]

문제는 북한 내부의 자체적인 시장경제로의 이행과는 별도로 북한에 시장경제지식을 전수하기 위한 사업을 시행하는 과정에서 북한당국은 국제사회가 제안하는 교육 프로그램에 참여는 하나, 교육 콘텐츠와 기간 등을 까다롭게 선택하거나 상당 부분 거부해 왔다.[6] 이는 북한이 국제사회가 제공하는 지식공유 사업[7]을 정권의 체제 유지 한도 내에서 경제 유지에 필요한

---

4) 북한은 13개 경제개발구를 지정하고 국제사회의 투자를 요청해오다가 2014년 7월 6개 경제개발구를 추가로 지정하였다. 또한 기존의 신의주특수경제지대를 신의주국제경제지대로 개칭하였는데, 이에 대해 신의주국제경제지대에서 투자 외국기업의 주도권과 개방수준을 확대한 조치라는 해석이다. 국제신문, "북한, 평양 등 6곳 경제개발구 추가 지정"(2014/7/23).

5) 이에 대해 이미 2007년부터 브루킹스연구소 게오르기 톨로라야(Georgy Toloraya)는 북한의 시장경제는 다시 돌이키기 어려운 수준이라고 평가하고 있으며, 삼성경제연구원은 군이 차지하는 비중을 제외한 경제부문에서 시장경제의 비중이 30%에 육박한다고 추정하기도 하였다. 연합뉴스, "북, 군경제외 경제에서 시장이 30~70% 차지"(2007/11/15).

6) Randall Ireson, "Study Tours and Training Programs for DPRK Specialist," in Shin & Lee, *U.S.-DPRK Educational Exchanges: Assessment and Future Strategy* (2011), p.119; 윤병수(2005), pp.12-13; 허준영(2011), p.12.

7) 필자는 국제사회와 남한 정부가 북한을 상대로 진행해온 이른바 북한 관료, 교수진,

단편적 지식과 기술 습득에 국한시키고 있음을 짐작할 수 있게 한다. 이러한 문제의식에서, 본고는 국제사회와 한국 정부가 북한 인력을 대상으로 시장경제지식 및 기술을 전수하기 위해 활용한 삼각협력 방식의 지식공유 사업의 현황과 특징을 살펴보고, 이들 사업의 추진 과정에서 발견된 한계와 도전과제들을 고찰한다. 이를 통해 향후 북한이 한국을 비롯한 국제사회와의 대립을 해소하고 개혁·개방을 추구할 때 북한의 안정적이고 효과적인 체제 전환 지원의 관점에서 모색 가능한 지식공유 사업의 로드맵과, 추진원칙, 콘텐츠 등은 무엇이 되어야 하는지 고민하고자 한다.

II. 삼각협력의 개념

삼각협력에 대한 합의된 개념 정의를 제시하기는 어렵다.[8] 가장 일반적인 개념은 전통적인 공여국(traditional donors) 또는 국제기구가 신흥공여국(emerging donor)과 협력하여 경제발전에 필요한 (인적, 물적, 재정적) 자원, 기술, 지식, 경험 등을 개도국(수원국)에 지원하는 형태의 협력 사업으로 정의되고 있다. 합의된 개념 정립이 어려운 이유는 세계은행의 경우 전통적 공여국을 OECD DAC 회원국으로 정의하기 때문에 이 경우 중국과 같이 DAC 회원국이 아닌 국가가 여타 신흥경제국과 함께 개도국이나 최빈곤국

학생, 기업인을 대상으로 하는 '인적자원 개발' 혹은 '시장경제교육'의 명칭을 '지식공유 사업'으로 통칭하고자 한다. 이는 기존에 수행된 사업의 콘텐츠가 시장경제지식 및 기술을 넘어서 광범위한 주제들을 다루어져왔고, 결과적으로 이들 사업의 일반적인 특징은 '지식공유' 였다는 점에서 이 명칭을 사용하고자 한다.

8) OECD DAC 역시 '삼각협력'에 대한 합의된 개념 정립이 어렵다는 사실을 인식하고 있다. OECD DAC, "Triangular Co-operation," http://www.oecd.org/dac/dac-global-relations/triangular-cooperation.htm(검색일: 2014/7/31).

을 대상으로 하는 사업에 대해 삼각협력이라고 평가할 수 있는지 문제가 발생한다. 또한 삼각협력의 한 축인 협력대상국(pivotal state)의 자격인 신흥공여국에 대한 범주의 정의가 어렵다는 문제 또한 존재한다.[9] 결론적으로 협의의 삼각협력 개념을 사용할 경우 OECD DAC 공여국과 세계은행이 제시한 신흥공여국 리스트상의 협력대상국 그리고 저개발국 간의 협력 사업으로 이해할 수 있다. 하지만 이러한 협의의 개념정의에 따르면 다양한 경제 수준에 해당하는 3개 국가 간의 협력 사업이 삼각협력 사업의 범주에서 제외되는 문제가 발생한다. 국제개발협력에서 삼각협력 형태의 다양한 개발협력 방식의 발굴을 통해 궁극적으로 개도국의 경제·사회발전을 도모한다는 것이 삼각협력의 기본 취지라는 점에서[10] 협의의 개념보다는 광의의 개념으로써 개도국의 경제·사회발전을 목적으로 수원국으로서 개도국을 포함한 3개의 국가들이 참여하는 협력 사업을 삼각협력으로 정의하는 것이 바람직하다.

삼각협력 방식의 협력 사업을 북한에 적용할 때 발생하는 문제는 북한

---

9) World Bank의 삼각협력에 대한 정의는 다소 보수적인 성향을 취한다. 다시 말해서 전통공여국은 OECD DAC 공여국이며, 협력대상국으로서 신흥공여국으로 이집트, 케냐, 모로코, 남아공, 튀니지, 중국, 인도, 말레이시아, 필리핀, 싱가포르, 스리랑카, 타일랜드, 베트남, 아르헨티나, 브라질, 칠레, 콜롬비아, 멕시코를 제시하고 있다. 수원국으로는 저개발국(LDC)으로 한정한다. http://wbi.worldbank.org/wbi/devout reach/article/531/triangular-cooperation-opportunties-risks-and-conditions-effe ctiveness(검색일: 2014/7/31).

10) 삼각협력 방식의 국제개발협력 사업이 가지는 장점과 단점에 대한 연구는 다음의 문헌을 참조하기 바람: Nagesh Kumar, "South-South and Triangular Cooperation in Asia-Pacific: Towards a New Paradigm in Development Cooperation," RIS Discussion Papers, RIS-DP #145(2008); Shunichiro Honda and Mihoko Sakai, "Triangular Cooperation Mechanisms: A Comparative Study of Germany, Japan and the UK," Japan: JICA Research Institute(2014); OECD, "Triangular Co-operation Survey Report," OECD(2013); Talita Yamashiro Fordelone, "Triangular Co-operation and Aid Effectiveness: Can triangular co-operation make aid more effective," OECD(2009); Sachin Chaturvedi, "Characteristics and Potential of Triangular Development Cooperation(TDC): Emerging Trends, Impact and Future Prospects," UNDESA(2012); JICA, "JICA's Support for South-South and Triangular Cooperation," Japan: JICA(2013).

에 대한 지원 및 개발협력 사업의 경우 ODA의 대상인 OECD DAC의 수원 국 리스트에 북한이 포함되어 있고, 국제사회는 북한을 한국과 다른 독립된 주권국가로 인식하기 때문에 국제사회의 대북지원은 ODA로 간주한다. 반면에 대북지원의 주요 공여국인 한국의 헌법 3조는 북한을 국가로 인정하고 있지 않다. 이 때문에 한국 정부가 신흥공여국에 해당하는 중국이나, 러시아, 베트남 등과 같이 북한에 대한 협력 사업을 모색할 경우 과연 이것이 삼각협력 사업에 해당하는지에 대한 문제가 발생한다. 이에 대해 필자는 국내 법규정이 북한 인력을 대상으로 하는 지식공유 사업을 삼각협력으로 규정하는 데 있어 충돌하는 요소가 있다고는 하나 사실상 삼각협력의 일반적인 개념정의에 부합한다는 점에서 동 사업을 삼각협력 사업으로 볼 수 있을지에 대한 엄밀한 논의는 이 글에서 차치하고자 한다.

북한과 사회주의 우방국가인 러시아와 중국을 제외한 한국, 미국, 일본, 유럽국가 등 북한에 대한 시장경제지식공유 사업을 실시한 주요 공여국들은 북한과 이들 국가 간 양자방식의 사업보다는 협력대상국(중국, 러시아, 베트남 등)과의 삼각협력 방식을 선호하였다. 이는 중국과 러시아와 같이 북한의 우방국과 베트남 등 체제 전환에 성공적인 국가로 인식되어 북한에 노하우를 전수할 수 있는 국가들의 경우 북한을 대상으로 하는 지식공유 사업에 필요한 재정 및 인식의 미발달로 인해 동 사업을 주체적으로 추진하기보다는 한국, 미국, 일본, 유럽국가 등 공여국의 재정지원하에 체제 전환의 경험과 노하우를 북한에 전수하는 협력대상국의 역할을 주로 하였다. 또한 주요 공여국들은 북한과의 정치·외교적 대립으로 인해 양자 방식의 직접사업에 대한 부담이 있을 수밖에 없기 때문에 제3국을 협력대상국으로 활용하는 삼각협력 방식을 선호하였다.

III. 체제 변화의 동인으로써 지식공유

코르나이(Kornai)는 체제 변화를 논의함에 있어 내용의 깊이(depth)와 속도의 급진성(radicalism)에 따라 개혁과 혁명으로 구분한다.[11] 이에 따르면 지배이데올로기와 권력독점, 소유형태, 조정기제 등과 같이 사회주의를 구성하는 핵심요소에 '변화'가 있고 그 방식에 있어 '급진성'이 있을 경우 '체제 개혁'에 해당하며, 탈사회주의로의 완전하고 공식적인 이행은 '체제 전환'으로 규정하였다.[12] 하지만 이 두 가지 변화 이외에 '체제 개혁' 수준까지는 아니나 유의미한 변화가 모색되는 상황을 상정할 수 있다.

이에 대하여 김근식은 핵심기제들을 유지한 가운데 허용되는 일련의 변화로써 사회주의를 구성하는 본질적 특성들은 유지한 채 실시되는 가장 낮은 단계의 변화를 '체제 내 변화'로 규정한다.[13] 이러한 분류에 따라 김근식은 경제개혁을 단행하였으나 사회주의 정치시스템을 유지하고 있는 중국의 경우는 '체제 개혁'에 해당하며, 러시아와 같이 정치와 경제 및 이데올로기 영역에서까지 총체적인 변화를 수반한 경우는 '체제 전환'으로 해석한다. 더불어 사회주의 국가들의 변화는 '체제 내 변화', '체제 개혁', '체제 전환' 중에서 한 가지 양상에 머물기도 하지만 일반적으로 연속선상에 있다고 본다. 다시 말해서 체제 내 변화는 체제 개혁으로 확산되는 발전 경로를 밟을 것이며, 체제 개혁을 위해 도입된 시장경제체제의 완성을 위해서는 궁극적으로 정치체제의 민주화가 수반되어야 한다는 점에서 체제 개혁은 체제 전환으로 이어질 개연성이 높다고 전망한다.[14]

---

11) Janos Kornai, *The Socialist System: The Political Economy of Communism* (New Jersey: Princeton University Press, 1992).

12) Kornai(1992), pp.386-392; 김근식, "사회주의 체제전환과 북한변화: 비교사회주의 관점에서,"『통일과 평화』제2권 2호(2010), p.114; 허준영(2011), pp.3-4에서 재인용.

13) 김근식(2010).

14) 이러한 맥락에서 중국은 체제 개혁 사례에 해당하는 국가로서 사회주의 정치체제는

체제 변화에 대한 이론적 논의에 따르면, 북한에서 관찰되고 있는 일련의 변화는 북한이 '체제 내 변화' 단계에 접어들었음을 짐작할 수 있게 한다. 이러한 맥락에서 북한체제 변화를 위한 국제사회와 한국 정부의 기술협력 및 지식공유 프로그램의 가동은 북한당국의 체제 변화에 대한 의지와 이에 기반한 요구가 있어야 가능하다. 북한은 체제 변화를 명시화하지 않았으나, 현재 시도하고 있는 일련의 경제 관련 개선조치들과 국제사회와 한국 정부가 제공하고 있는 지식공유 사업에 대한 북한의 지속적 참여는 북한이 이미 낮은 수준의 체제 변화과정에 접어들었다는 평가를 가능하게 한다. 실제로 북한 지식공유 사업의 양적 확대기인 1997부터 2007년 사이, 국제사회와 한국 정부는 총 90회에 달하는 교육 프로그램을 실시하였다. 빈도 측면에서 결코 적지 않은 횟수의 북한 관료, 교수진, 기업인, 학생을 대상으로 하는 지식공유 사업이 실시될 수 있었던 가장 큰 요인은 북한 내부적으로 동 사업을 통해 시장경제지식 및 국제사회의 발전된 제도와 과학기술을 습득할 필요성이 높아졌다는 것이다.

다시 말해서, 북한은 사회주의 계획경제를 공식적인 국가의 경제체제로 유지하고 있으나, 실제로 밑바닥에서 확산된 시장을 바탕으로 하는 경제현상을 거스를 수 없는 단계에 와 있음을 북한 지도부도 인식하고 있기 때문에 자신들의 권력 기반을 유지하기 위해서는 시장경제지식과 경제발전을 위한 기술의 습득이 필요했던 것이다.[15] 더불어, 외부적으로는 사회주의 계획경제 시스템이 작동하지 못한 가운데 전통적인 우방국들이 시장자본주의 경제체제로 전환하였고, 이것이 90년대 이후 북한의 지속적인 경제난을 초래한 하나의 이유가 되었다. 이 때문에 북한은 비록 공식적으로는 사회주의 경제체제를 대외적 공식 경제체제로 천명하고 있으나 실질적인 변화에 대응하기 위해서는 시장경제에 대한 이해와 공부가 필요했음을 알 수 있다. 이

유지한 채 시장경제를 받아들여 급속한 경제성장을 달성하였으나, 작금의 경제성장이 지속 가능하기 위해서는 정치체제에 있어서도 민주화가 수반되어야 한다고 본다.
15) 허준영(2011), p.12.

○ 표 1   사회주의 국가를 대상으로 한 지식공유 사업 현황

공여국/기관	대상국	시기	교육장소	내용	예산	예산마련
WB	러시아	'95~'99	러시아	경영관리, 금융관리, 공공재정, 차기 교육 과정 준비	51.3백만 (USD)	78.3%가 WB차관
ADB	몽골	'98~'05	몽골	시장경제 훈련전문가 양성, 법조인 시장경제 훈련센터 설치, 관련 교재 마련	1백만 (USD)	ADB와 몽골 정부
ADB	베트남 농업은행	'93~'95	베트남	시장경제 따른 대출신용평가, 감독, 관리 시스템 등 신용평가 제도	441,000 (USD)	ADB, 베트남 재무부, 상업은행
ADB	베트남	'92~'94	베트남	재무부 및 중앙은행, 상업은행을 대상으로 금융 및 채권분야에의 시장경제에 따른 은행제도 및 기술 전수	1.723백만 (USD)	미국, 헝가리
USAID	헝가리	'91-'92	미국, 헝가리	대학교수와 학생들에 대한 시장경제원리에 대한 전문지식	1,251,746 (USD)	미국, 알바니아 정부
USAID	알바니아	'92~'97	미국, 알바니아	경영교육, 시장경제교육	1,292,980 (USD)	–
USAID	우크라이나	'98-'02	우크라이나	국민들에 대한 시장경제교육	–	–
일본	러시아	'94~'97	러시아, 일본	수출촉진, 산업구조개혁, 산업정책 정비 등	–	–
일본	베트남, 캄보디아	'96~'06	일본, 베트남, 캄보디아	시장경제에 입각한 법률 및 운용체계 재정비 지원, 법조인에 대한 시장경제교육	–	–
캐나다	쿠바	'97~'98	쿠바	경제학 등 시장경제원리 전수	480만 (CAD)	캐나다

러한 고민은 국제사회와 남한 정부가 제공하는 지식공유 사업의 주된 콘텐츠가 시장경제교육에 집중되는 특징으로 나타나기도 하였다.

IV. 전통적 양자협력: 사회주의 국가들에 대한 체제 전환 기술협력

〈표 1〉에서 알 수 있는 바와 같이 동유럽국가들과 구사회주의 국가들에 대한 지식공유 및 기술협력 사업의 경우 이 글이 중심 주제로 다루고 있는 삼각협력 방식이라기보다는 공여국 정부(미국/USAID, 일본, 캐나다)와 국제 기구(WB, ADB)가 사업 대상국과 양자사업 형태로 이루어졌다는 특징을 가진다.

1980년대 동유럽과 사회주의 국가들을 대상으로 한 시장경제교육은 기술지원(technical assistance)의 명칭으로 실시되다가, 1990년대 중반 이후부터는 지식공유(knowledge sharing)와 기술협력(technical cooperation)의 명칭으로 수행되었다. 특히 이들 국가들을 대상으로 한 시장경제교육은 냉전의 해체와 함께 1990년대에 집중적으로 이루어졌는데, 이들 양자협력 방식의 기술협력 사업에 대한 평가로, 베트남 개혁의 초기 단계에 IMF, World Bank의 재정지원하에 UNDP가 실시한 기술지원(technical assistance)은 베트남에 대한 본격적인 국제금융 기구의 자금지원이 이루어지기 전에 이루어짐으로써 적절한 기여가 있었다고 평가되고 있다.16) 하지만 체제 전환국에 대한 시장경제 기술협력 사업은 공여국과 수원국 간의 정치, 외교적 관계에 따라 사업의 지속성과 안정성이 불투명한 점과 공여국의 필요와 정책적 관심에 따라 사업이 영향을 받는 점 등 부정적 측면 또한 지적되어 왔다. 또한 수원국의 내부 상황과 역량에 대한 고려와 변화된 국제정치경제 상황에 대한 분석없이 공여국의 경험에 기반해서 이루어지는 시장경제 전수 사업의 한계 또한 극복해야 할 과제이다.

---

16) World Bank, *Assessing Aid: What Works, What Doesn't and Why* (Washington, DC, 1998).

V. 지식공유 사업과 삼각협력의 발전: 북한 시장경제교육의 특징

북한에 대한 지식공유 사업의 경우, 북한의 폐쇄성과 남북관계의 특수성으로 인해 남북한 간 양자협력 방식의 사업보다는 북한과 정치·외교 관계가 원만한 국가나 북한과의 지리적 인접국, 중립국가 그리고 체제 전환의 경험을 가진 국가들과의 삼각협력 방식으로 진행되는 경향이 강하였다(〈표 3〉 참조).

윤병수는 북한 시장경제 관련 교육에 관한 시기 구분을 '발아기(1970~1984)' — '양적 확대기(1985~1996)' — '질적 확대기(1997~현재)'로 분류한다. 하지만 필자는 북한 고위관료들을 대상으로 한 시장경제 관련 교육을 '주체적 발아기(1970~1996)' — '국제사회에 의한 양적 확대기(1997~2007)' — '소강기·질적 성장 모색기(2008~현재)'로 구분하고자 한다. 먼저, 발아기는 북한이 시장경제를 학습하기 위해 자체적으로 관련 기관과 프로그램을 정비한 시기에 해당한다는 점에서 '주체적 발아기'가 적합하다고 본다. 하지만 윤병수의 분류법에 따른 '양적 확대기'는 1985년부터 1996년까지에 해당하는 시기로, 실제로 이 기간에 양적 확대가 미미하였다는 점과, 오히려 양적 확대는 1997

그림 1　　　　　　　**북한 시장경제교육 발전과정**

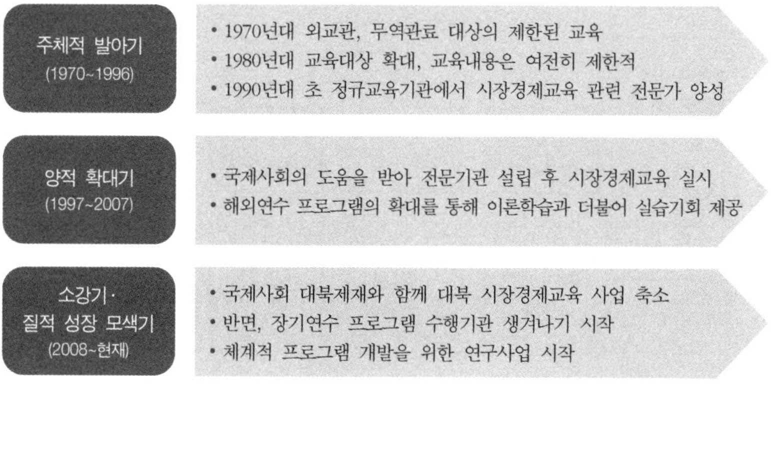

주체적 발아기
(1970~1996)
- 1970년대 외교관, 무역관료 대상의 제한된 교육
- 1980년대 교육대상 확대, 교육내용은 여전히 제한적
- 1990년대 초 정규교육기관에서 시장경제교육 관련 전문가 양성

양적 확대기
(1997~2007)
- 국제사회의 도움을 받아 전문기관 설립 후 시장경제교육 실시
- 해외연수 프로그램의 확대를 통해 이론학습과 더불어 실습기회 제공

소강기·
질적 성장 모색기
(2008~현재)
- 국제사회 대북제재와 함께 대북 시장경제교육 사업 축소
- 반면, 장기연수 프로그램 수행기관 생겨나기 시작
- 체계적 프로그램 개발을 위한 연구사업 시작

년부터 2007년에 두드러졌다는 점에서 동 시기를 '국제사회에 의한 양적 확
대기(1997~2007)'로 분류하고자 한다. 이후 2008년부터는 한국 정부를 중심
으로 북한 관료들을 대상으로 하는 시장경제 전수사업의 체계적 접근을 모
색하고 있다는 점에서 비록 빈도 측면에서 횟수의 감소(소강기)는 있었으나,
질적 성장을 모색하는 시기로 평가하고자 한다.

먼저, 북한 시장경제교육의 '주체적 발아기(1970~1996)'는 1970년대 초
로 거슬러 올라간다. 1970년대 이전, 당시 사회주의 국가와의 주된 경제협력
으로 인해 시장경제에 대한 이해의 필요성이 낮았던 북한은 동 시기에 인민
경제대학(1946년 설립), 국제관계대학(1956년 설립)을 중심으로 사회주의 경

● 그림 2   **북한 시장경제 교육기관**

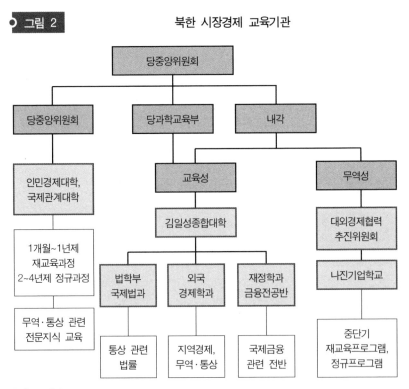

출처: 조명철(2008), p.44

제교육을 실시하였다. 이후 1970년대 들어 일본, 독일, 프랑스, 스위스 등 서방국가들과 교역이 증가하면서 자본주의 시장경제에 대한 이해의 필요성이 높아지기 시작하였다. 이에 따라 외교관과 무역관료를 대상으로 단편적·기술적 측면에 초점을 맞춘 재교육 형식의 제한된 시장경제교육을 실시하였다. 이후 1985년 이후부터 교육대상을 일반 경제부처관료, 현직 기업관료, 일반대학 졸업생까지 확대하였으나 기존의 체계와 내용은 유지하였다. 이후 1989년 냉전이 해체되고, 동유럽 국가들이 체제 전환 단계에 접어들자, 북한은 1990년대 초 김일성종합대학 내에 외국경제학과, 국제금융학과, 국제법과 등의 학과를 신설하여, 기존의 무역에 필요한 기능인력 양성에서 동분야들에 대한 전문가 양성 과정을 도입하였다.

이후 1997년부터 국제사회의 지원하에 북한 경제관료 및 정치관료를 대상으로 하는 시장경제교육 프로그램의 확대와 외부의 지원을 받아 북한 내 시장경제교육 전문기관을 설립하는 '국제사회에 의한 양적 확대기(1997~2007)'로 접어들었다. 먼저 북한이 외부의 도움을 받아 전문기관을 설립하고 시장경제에 대한 교육을 실시한 사례는 1998년 UNDP의 후원하에 나진기업학교를 설립하여 무역관료, 기업간부, 일반 학생들을 대상으로 관광, 기업경영, 통계, 지역관리, 복지, 관계법령, 과세, 금융, 부동산 등 관련 교육을 시작한 것이다. 이후 2004년 스위스 개발협력기구(SDC)의 지원을 받아 평양비지니스스쿨(PBS)을 설립하고 MBA 과정의 운영을 시작하였다. 특히 평양비지니스스쿨의 경우 중학교를 졸업한 신세대를 대상으로 국제상법개론, 전략경영론, 시장조사, 구매자 행태 및 전자상거래 등의 내용을 중심으로 외국 경영자들과 해외유학파들이 강의를 진행한다는 점에서 진일보한 것으로 평가할 수 있겠다.[17] 또한 평양비지니스스쿨은 나진기업학교와 함께 자본주의 확산의 거점으로써 강의 내용과 텍스트를 한국어와 영어로 출판하여 북한 내 기업, 정부부서, 연구소 등에 배포하는 것으로 알려져 있다. 자체적으로는 1999년, 북한은 시장지식 습득, 연구, 정책개발을 위해 노동당 국제부

---

17) 허준영(2011).

○ 그림 3   북한 시장경제 연구기관

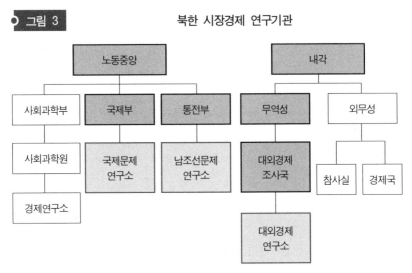

출처: 조명철(2008), p.45

내에 국제문제연구소, 통전부 산하에 남조선문제연구소, 내각의 무역성 대외경제조사국에 대외경제연구소를 설립하였다.[18] 이들 연구소들은 김일성대학, 인민경제대학, 국제관계대학, 외국어대학 등에서 관련 분야를 전공한 졸업생들을 배치하고 있는 것으로 알려져 있으며, 시장경제 관련 문헌과 정보들을 축적함으로써 북한 내에서 가장 전문적인 시장경제지식 연구기관으로 평가받고 있다.

동 시기 북한 시장경제교육 사업에 참여한 대상자의 70% 이상이 교육과 경제 관련 관료 및 교수진이었으며, 분야별로는 IT분야 19회, 경제경영 11건, 시장경제 9회, 경제특구 5회, 무역 4건, 체제 전환 5건, 법률제도 4건, 회계 2건, 농업관리 및 국제관계 2건, 기타 29회에 달한다.[19] 특히 '시장경제'나 '체제 전환' 사업의 경우 명시적으로 이러한 명칭을 사용하였음에도 불구하고 북한 관료들이 참여하였다는 점은 체제 전환에 있어 핵심 요소인 시

---

18) 윤병수(2005), p.11.
19) 박지연(2014) 자료를 바탕으로 작성.

○ 표 2 　　　　　　　　　북한 지식공유 사업 참여 현황

	'97	'98	'99	'00	'01	'02	'03	'04	'05	'06	'07
연수 인원	10 (4)	120 (5)	40 (4/2)	158 (5)	186 18	227 11	237 10	220 19	57 (8/3)	105 (5/2)	– (1/1)

* (A/B): A는 전체 사업건수, B는 참여인원이 확인되지 않는 사업건수
출처: 박지연(2014); 허준영(2011); 연합뉴스(2007/11/29)

장경제지식 습득에 있어 북한의 적극적 입장과 정책을 짐작할 수 있게 한다. 추진 주체로는 연속성을 가지고 동 사업에 참여한 기관이 존재하는데, 국제협상응용연구센터(CASIN) 9회, UNDP 6회, 노틸러스연구소 6회, 나우만재단 6회, 스톡홀름 상과대 5회, 시라큐스대학 및 한인회 5회, 한스자이델재단 5회 등이며, 북경대·뉴욕주립대·아시아재단 컨소시엄 4회, 한국 기관으로는 KDI가 단독 혹은 다양한 협력기관과 함께 9회에 걸친 시장경제교육 사업을 실시하였다.[20] 교육 장소로는 북한 내부 및 지리적으로 인접한 중국이 가장 선호되었는데, 중국 30회, 북한 15회, 스위스 10회, 서울 8회, 베트남 7회, 미국 7회, 벨기에 5회, 싱가포르 3회, 일본 4회, 이탈리아 4회, 러시아 3회 스웨덴 2회 등이었다.

　결론적으로 동 시기에 국제사회의 대북한 시장경제교육 사업은 양적으로 급속한 확대기임에 틀림없다. 다양한 사업 실시 주체 및 기관, 다양한 교육 분야, 그리고 해외 여러 장소의 활용은 북한 관료들로 하여금 다양한 체제와 시스템을 경험할 수 있는 기회를 제공하였을 것으로 평가할 수 있다. 다만 사업의 효과성을 제고하기 위해서 동 사업이 추구하는 궁극적인 목적에 대한 다양한 사업주체 간 합의와 이를 바탕으로 한 체계적 로드맵, 그리고 교육 콘텐츠 수립, 교육 수혜대상의 선정과 효과 관리 등을 효과적으로 조정 할 수 있는 메커니즘이 부재하였다는 점에서 동 시기를 양적 확

---

20) 박지연(2014) 자료를 바탕으로 작성하였으며, 자세한 추진 현황은 〈부록 1〉 참조.

대기로 평가하는 것이다.

2008년 이후부터는 남북관계의 경색과 함께 북한이 한국 정부 및 국제 사회와 대립적 대외정책을 펼침에 따라 북한 인력을 대상으로 하는 시장경제교육 사업은 소강상태에 접어들었다. 하지만, 2008년부터 현재까지, 북한 시장경제교육과 관련하여 유의미한 진전이 모색되고 있다는 점에서 필자는 2008년부터 현재까지를 '소강기·질적 성장 모색기'로 구분하고자 한다.

동 시기 국제사회의 북한 지식공유 사업은 총 15회에 걸쳐 진행된 것으로 파악되며, 참여인원만 500여 명이 넘는 것으로 파악되고 있다. 동 시기 지식공유 사업의 특징은 한스자이델재단과 같이 남북관계의 부침에도 불구하고 지속성을 바탕으로 시장경제교육 사업을 수행하는 기관들이 생겨나기 시작하였다는 점과 단기연수가 아닌 6개월 이상의 장기연수 프로그램을 제공하는 사업들이 형성되기 시작하였다는 점이다. 이와 관련하여 캐나다 UBC 대학의 박경애 교수팀은 2011년 '캐나다-북한 지식교류협력 프로그램(KPP: Canada-DPRK Knowledge Partnership Program)'을 발족하고 2014년까지 매년 6명의 경제 및 경영 분야 전공 북한 대학교수들을 UBC로 초청하여 6개월간 시장경제와 관련한 장기교육을 실시해왔다.

또한 2013년과 2014년에는 KPP 프로그램을 통해 북한과 형성된 인적네트워크 및 협력관계를 바탕으로 조선경제개발협회(KEDA)[21]와 함께 '북한 경제개발구 전문가 토론회'를 개최하기도 하였다. 더불어 북한 젊은층을 대상으로 시장경제교육 사업을 중점적으로 추진하고 있는 조선익스체인지(Chosun Exchange)가 2007년 비정부기구로 싱가포르에 설립된 이후 현재까지 북한과 싱가포르에서 총 8회[22]에 걸친 시장경제교육 사업을 실시하였

---

21) 경제특구 개발 활성화 측면에서 북한이 각국의 투자가와 민간단체, 비정부기구들 사이의 협조와 교류를 촉진하기 위해 북한이 설립한 민간단체로, 2013년 6월 8일 설립되었으며 북한 국가경제개발위원회의 후원을 받는다. 주요 업무로는 경제지대 개발 전략연구, 경제지대 관련 정보 소개 및 국제교류, 투자토론회와 상담회 조직, 해외 민간단체 및 비정부기구들과 협조 등이다.

22) 2014년 4번에 걸친 북한 내부 세미나와 1번의 싱가포르 세미나는 1회로 취급.

● 표 3 한국 정부의 삼각협력 방식으로의 북한 지식공유 사업 추진 현황

연도	프로그램	주최기관	날짜/ 기간	참가 대상	장소	교육내용
2001	KDI School (1차)	KDI 국제정책대학원	10월	–	–	– 한국개발원 연구물 10종류 기증
	IT관계자 해외방문	KDI 대학원, 하나비즈	10.9 ~13	40명 평양 정보센터 엔지니어	북경 (중국)	– IT·무역 분야 교육 – 산업시찰
	한반도 문제해결을 위한 지식교류 회의(1차)	KDI 대학원, North Pacific Region Advanced Research Center	10.15	5명 한국 사회학회 및 고려대학교 학자	사포르 (일본)	– 협력관계 구축 전략 교육
2002	북-중 세계 경제 공동 연구(1회)	KDI 대학원, 중국사회과학원	4.29 ~9.3	6명 경제전문가	북경 (중국)	– 경제교육 – 산업시찰
	현장학습	한국 정부	10.26 ~11.3	18명 내각, 노동당, 교육기관 출신 경제사절단	한국	– 한국 경제 개발 소개 – 산업시찰
	한반도 문제해결을 위한 지식교류 회의(2차)	KDI 대학원, 북태평양 지역연구소	10.5	6명 한국 사회학회, 조선대학교 학자	사포르 (일본)	– 협력망 구축 방법 교육
	동아시아 경제개발 국제 워크숍(1차)	KDI 대학원, 경제금융연구소	12.16 ~12.17	2명 재정성 관료	프놈펜 (캄보디아)	– 체제 전환국의 개발전략
2003	동아시아 경제, 무역, 교육 협력 콘퍼런스	KDI 대학원, 블라디보스토크 대학 경제학과	9.25 ~9.26	4명 북한 외교관	블라디 보스톡 (러시아)	– 동북아시아 에너지 협력, 지역안보, 인프라개발 및 무역 관련 교육
	KDI 대학원 도서기증(2차)	KDI 대학원	12월	–	–	– 경제 관련 도서 기증
2004	동아시아 전자 제도교류 심포지엄(1차)	한국 전기-기술연구소	5.18 ~5.19	7명 경제 전문가 (건교부 장관 포함)	서울	– 과학/공학, 경제, 금융 분야에서의 동북아 전자 시스템 구축 방안 논의
	현장학습	현대 아산 기업	5월	국내경제 전문가	상하이 선전	– 산업시찰*
	한국-캐나다 컴퓨터 그래픽디자인	지구촌 나눔 네트워크	7월 (1년)	15명 그래픽 전공학생들	평양	– 컴퓨터 그래픽 디자인 분야 1년 학위과정

	한국-캐나다 과학기술	지구촌 나눔 네트워크	7월 (10주)	40명 컴퓨터 센터 직원	평양	- 산업정보, 영어 교육, 기초과학 수업 제공
	6·15 남북 공동선언 및 한반도 평화 구축을 위한 국제콘퍼런스	김대중 대통령 도서관, 한국통일 문제연구소, 연세대학교 통일연구소(북한)	7.14 ~7.15	7명 대표단 (이종혁 및 아시아 평화위원회 부위원장 포함)	서울	- 공동선언 이행 관 련 제반사항 점검 - SK Telecom, 삼성전자공장 방문
	'철의비단길 사업' SEM 심포지엄	한국 철도 연구원	7.17 ~7.18	6명 철도청 관계자	서울	- 아시아와 유럽 철의 비단길 공사현장 방문
2005	개성공단 북한 경제인력 양성	통일부	50일	-	선전 (중국)	- 경제특구 및 경제지식 - 해외공단 시찰
2007	ICPC(IBM)	시라큐스 대학 및 통일부	가을	김책공대 연구진	중국 (북경)	- IT교육
2008	시장경제 지식공유 사업	기획재정부	9.10 ~11.19	24명 국제 기술경제교류위 원회, 김책공대, 평양외대, 국영 기업관리부 국장	대련대, 동북재 경대 (중국)	- 경영, 경제, 외국어 훈련 - 고위급 현장 학습
2009	시장경제 지식공유 사업	서울대 통일평화연구소, 대련대학 중조교류센터 (기획재정부)	10.3 ~12.11	48명 무역성, 외무성, 조선 국제무역중재 위원회, 국가 계획위원회, 기업인 등	대련대 (중국)	- 국제무역, 국제경 제, 지적재산권, 중국 중재법, 주 식시장 및 기념품 산업 활성화 - 인민소비품 보장 을 위한 경공업 활성화
2010	김책공대- 시라큐스대 협력연구	시라큐스 대학 및 통일부	1.24 ~1.29	김책공대 총장 등	북경 (중국)	- 김책공대 내 IT연구소 건립 관련 논의

* 진한색은 양자협력 방식
* 산업시찰 역시 시찰 대상 기관의 경험과 지식을 습득한다는 측면에서 시찰대상이 위치한 국가 역시 삼각협력의 한 축으로 간주; 광의의 삼각협력 개념, 즉 저개발국가인 북한을 포함한 3개 국가 간 협력 사업을 삼각협력으로 간주
출처: 조명철 외(2008), 박지연(2014)을 바탕으로 업데이트

다. 조선익스체인지 프로그램의 특징은 20~30대 젊은 층을 대상으로 한다는 점과, 여성인력 개발(전체 수혜대상자 중 60%에 달하는 130명이 여성)[23]에 집중하고 있다는 점, 북한 내 연수 대상자 중 우수 연수자를 선발하여 중국 상하이나 싱가포르 인턴십 기회를 제공함[24]으로써 실무경험을 습득할 수 있는 기회를 제공하고 있다는 점에서 기존의 시장경제교육 프로그램과 차별을 보이고 있다.[25]

한국 정부 차원에서는 북한 인력을 대상으로 하는 시장경제교육 사업을 '북한에 대한 시장경제지식공유 사업'으로 명명하고 동 사업을 남북 간 교류협력 사업의 일환이자 통일기반 조성 사업의 일환으로 활용하고자 하였다. 이러한 맥락에서 2008년 중국의 대련대와 동북재경대학에서 총 3회에 걸쳐 2명의 북한 관료, 기업인, 대학교수 등에 대한 교육 사업을 실시하였고, 2009년에는 대련대에서 48명의 인원을 교육하였다. 비록 2010년 5.24 조치로 인해 동 사업은 중단되었으나, 두 가지 측면에서 의미를 갖는다.

첫째는 동 사업의 기획이 일회성이 아닌 정례적 북한 지식공유 프로그램으로 기획되었다는 점과 비록 2010년부터 현재까지 중단된 상태이나 동 프로그램을 통해 북한에 시장경제지식을 전수하고 이를 통해 북한의 변화를 지원한다는 궁극적 목표하에 체계적인 지원 방안(콘텐츠, 교육기관 선정, 북한 인력 선정 파이낸싱 방안 등) 수립을 위해 관계 연구기관 및 정부가 구체적인 논의를 계속하고 있다는 것이다.

둘째는 한국 정부가 개발도상국을 대상으로 실시하고 있는 한국의 경제발전경험공유 사업(KSP: Knowledge Sharing Program)을 활용한 북한 시장경제지식공유 사업에 대한 연구를 시작하였다는 점이다. 결론적으로 국제사회와 한국 정부를 중심으로 북한 인력 시장경제교육 사업의 체계적 접근이

---

23) 채널A, "북도 여성 경영인 양성 시동 … 국제형 인재 발굴"(2014/7/12).

24) 인턴십 기회의 90%가 여성 참가자들인 것으로 나타났다. 미국의 소리, "북한서 여성 위한 '경영 수업' 인기"(2014/7/23).

25) 조선익스체인지 웹사이트, http://www.chosonexchange.org/(검색일: 2014/7/23).

모색되고 있다는 점에서 필자는 2008년 이후부터 현재까지를 '소강기·질적 성장 모색기'로 구분하는 것이다. 즉, 2008년부터 북한에 대한 시장경제교육 사업은 일회성이 아닌 정기적 사업으로, 그리고 사업의 효과성을 높이기 위해 단기연수보다는 장기연수의 형태로 사업을 형성함으로써 질적 성장을 도모하고 있다. 더불어 교육 콘텐츠의 개발과 사업의 효과적 수행을 위한 다양한 사업 추진 주체 간 협력과 조정 방안 마련을 위한 노력이 지속되고 있다는 점에서 질적 성장을 위한 기반여건들이 마련되고 있다고 평가할 수 있다.

VI. 체제 전환국에 대한 경제발전경험공유 사업(KSP)

경제발전경험공유 사업(KSP: Knowledge Sharing Program)은 기술협력 사업의 한 형태로, 국제사회는 1980년대 동유럽과 사회주의 국가들에 대한 기술지원(technical assistance), 1990년대 중반 이후부터는 지식공유(knowledge sharing), 기술협력(technical cooperation)의 명칭으로 체제 전환국과 개도국에 대한 시장경제 및 경제발전 지식과 경험을 전수하는 사업으로 사용되고 있다. 하지만 1950년대 도입된 근대화 이론에 바탕을 둔 선진국들의 시장경제 및 경제발전경험 사업은 중남미 국가들을 중심으로 끊임없는 도전을 받았다. 선진국들이 경제발전을 이루었던 대내외적 환경(18~19세기 초와 19세기 중반 이후의 대내외 정치·경제·사회 환경)과 개도국이 처한 환경 사이에는 차이가 있기 때문에 개도국이 선진국의 경제발전 모델을 따른다고 할지라도 선진국과 같은 경제발전이 어렵다는 것이 소위 종속이론을 바탕으로 한 근대화 이론에 대한 비판이다. 이러한 가운데 한국의 경제발전 경험은 개도국들에게 대안 모델로 인식되었고, 이것이 KSP의 탄생배경이 되었다. 2004년 첫 도입된 KSP는 기획재정부의 주관하에 실시되며, 국가정책자문

	체제 전환국	체제 전환국 중 한국 정부의 KSP 사업 국가
최빈국	앙골라, 베냉, 소말리아, 예멘	미얀마, 캄보디아, 에티오피아, 라오스, 모잠비크
기타 저소득국	아르메니아, 조지아, 키르기스스탄, 몰도바	아제르바이잔, 콩고공화국, 몽골, 타지스탄, 우즈베키스탄, 베트남
중하위 소득국	보스니아, 마케도니아, 세르비아, 투르크메니스탄	알바니아, 중국, 카자흐스탄
중상위 소득국	크로아티아	
구소련, 동유럽국 (공적원조 대상국)	벨로루시, 불가리아, 체코, 헝가리, 폴란드, 슬로바키아, 에스토니아, 라트비아, 리투아니아, 러시아, 슬로베니아	우크라이나, 루마니아

표 4 체제 전환국과 한국 정부의 KSP 사업 대상 국가

사업은 KDI가, 국제기구와의 공동컨설팅 사업은 한국수출입은행이, 경제발전경험 모듈화 사업은 KDI 국제정책대학원이 수행하고 있다.

2004년 시작 이래 2013년까지 총 135개국, 133개 사업을 수행하였으며, 사업 주제별로 경제발전·성장(49개), 거시금융(45개), 산업조직(44개), 국제무역(27개), 농업·환경·자원(27개), 노동·교육(20개), 지역경제(13개), 기타(5개) 사업을 수행하였다.[26] 특히 기재부가 개도국을 대상으로 실시해온 KSP의 상위 4대 분야(경제발전·성장, 거시금융, 산업조직, 국제무역)는 북한 인력을 대상으로 하는 지식공유 사업의 우선과제들로 활용 가능하다. 또한 KSP의 대상국가들 중에는 미얀마, 베트남, 중국과 같이 과거 사회주의 계획경제에서 시장경제로 전환한 국가들을 포함하고 있어, 한국 정부는 체제 전환과 관련한 지식공유 사업에 대한 노하우를 축적하고 있는 것으로 평가할 수 있다.

---

26) 박인원 외, 『2012 경제협력국가와의 경제발전경험 공유사업: 라오스』(서울: 한국개발연구원, 2013).

VII. 북한 국제경제 KSP 추진을 위한 제언

박근혜 정부는 2014년 3월 『드레스덴 통일구상』의 남북 주민 간 동질성 회복 방안 중 하나로 북한에 대한 시장경제지식공유 사업을 포함시켰다. "북한이 원한다면 국제사회와 함께 경제운용과 경제특구 개발 관련 경험, 금융, 조세관리, 통계 등에 관한 체계적인 교육과 훈련도 지원해 나갈 것…" 이라고 천명하고, 남북관계의 진전 이전이라도 남북협력 사업의 일환으로 남한의 경제발전 과정에서 터득한 노하우와 경험을 북한에 전수함으로써 상호 신뢰와 북한 경제발전을 위한 협력이 가능하다는 것이다. 이와 관련하여 기획재정부는 2004년 이래로 한국개발연구원(KDI), 한국수출입은행과 함께 지식공유 사업의 일환인 KSP를 실시한 경험과 노하우를 가지고 있으며, 국제사회(G20, UNDP 등)에서 KSP의 효과에 대한 긍정적인 평가를 받고 있다. 북한에 대한 지식공유 사업과 관련해서는 2012년 12월 기획재정부 제1차관 주제로 'KSP 추진협의회'를 개최하여 북한에 대한 '맞춤형 북한개발전략' 추진 의사를 밝힌 바 있으나, 남북관계 경색과 5.24 조치 등으로 추진되지 못하고 있다. 이러한 가운데 앞서 국제사회의 북한을 대상으로 하는 지식공유 사업에 북한이 적극적으로 참여해온 점을 미루어 짐작하였을 때 작금의 남북관계 경색기를 풀어나갈 수 있는 남북협력 사업의 하나로서 북한에 대한 KSP 사업을 고려할 수 있다.

구체적으로 첫째, 남북관계의 경색기인 현 시점에서 북한의 동 사업 참여에 대한 부담을 낮추기 위해서 한국 정부를 포함한 제3국을 협력대상국으로 선정하는 삼각협력 방식의 도입이 필요하다. 협력대상국을 선정하는 데 있어서 기준은 제1그룹: 북한 인접성 및 체제 전환국(중국, 러시아, 몽골, 베트남, 캄보디아 등), 제2그룹: 북한과 외교적 관계가 원만한 국가(스웨덴, 스위스, 노르웨이 등 유럽국가), 제3그룹: 현재 북한에 대한 지식공유 사업을 적극적으로 추진하고 있는 국가(캐나다, 독일 등) 등을 대상으로 협력대상국을 선정 가능하다. 특히 지리적 인접성과 체제 전환의 경험과 노하우를 가지고 있는

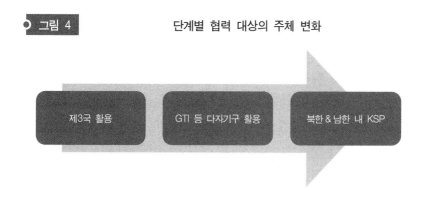

● 그림 4   단계별 협력 대상의 주체 변화

제3국 활용   GTI 등 다자기구 활용   북한 & 남한 내 KSP

중국, 러시아, 몽골, 베트남, 캄보디아 국가들을 우선 모색할 필요가 있다.

하지만 남북관계 변화에 따라 북한 국제경제 KSP 사업의 협력대상국을 달리할 필요가 있다. 경색기인 현시점에서 북한의 참여 가능성을 높이기 위해 양자협력이 아닌 제3국을 활용한 삼각협력 방식이 우선 고려할 수 있다. 제3국의 조건은 지리적 인접국가나 북한과의 외교관계가 원만한 국가, 그리고 체제 전환 경험을 가진 국가들을 협력대상국으로 하며, 남북관계 진전 시 국제기구를 활용하여 체제 전환과 관련한 국제금융기구의 체계적인 지원 방안을 모색할 수 있다. 이후 북한이 개혁·개방 단계 진입 시 북한과 남한 내 KSP 사업으로 전환하여 북한 일반 주민이나 대규모 기술 노동인력 양성을 위한 지식공유 사업으로 전환하여야 한다.[27)]

둘째, 북한 인력을 대상으로 하는 지식공유 사업의 일관된 명칭이 필요하다. 필자는 앞서 북한 인력을 대상으로 하는 사업들이 시장경제교육 사업으로 통칭되어 사용되어 왔으나, 콘텐츠 측면에서 IT교육 등 시장경제와 무관한 기술교육도 포함하고 있다는 점에서 지식공유 사업의 명칭이 바람직하다. 더불어 '시장경제'라는 표현에 북한이 민감하게 반응하기 때문에 '지식공유 사업'의 명칭이 타당할 것으로 본다. 나아가 정부는 국제사회의 개도국을

---

27) 윤병수(2005)는 중국과 베트남의 체제 전환 연구에서 시장경제로의 전환 시 대규모 기술노동자의 공급을 위한 교육체계 개편이 수반되어야 한다고 지적한다.

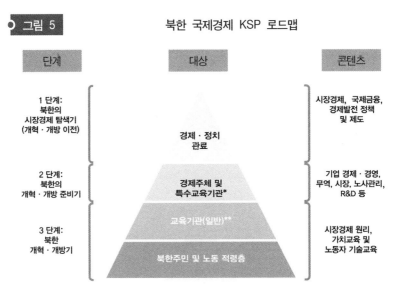

● 그림 5 　　　　　　　　　북한 국제경제 KSP 로드맵

단계　　　　　　　　대상　　　　　　　　콘텐츠

1 단계:
북한의
시장경제 탐색기
(개혁 · 개방 이전)

2 단계:
북한의
개혁 · 개방 준비기

3 단계:
북한
개혁 · 개방기

경제 · 정치
관료

경제주체 및
특수교육기관*

교육기관(일반)**

북한주민 및 노동 적령층

시장경제, 국제금융,
경제발전 정책
및 제도

기업 경제 · 경영,
무역, 시장, 노사관리,
R&D 등

시장경제 원리,
가치교육 및
노동자 기술교육

*특수교육기관 : 평양비지니스스쿨, 김일성대학, 대외경제연구소 등 북한이 선발된 특수인원을 대상으로
　　　　　　　　시장경제 교육, 연구 등을 위해 설립한 정부 연구소 및 대학 내 교육기관
**교육기관(일반) : 일반 주민들을 대상으로 하는 의무교육제도 상의 교육기관(유치원 1년, 인민학교 4년,
　　　　　　　　　고등중학교 6년, 대학 4~6년)

대상으로 한국의 경제발전경험을 공유하는 KSP 사업을 지속적으로 실시하여왔고, 사업의 효과에 대해 국제사회의 인지도가 높다는 점에서 북한에 대한 지식공유 사업도 KSP의 명칭을 접목할 필요가 있음을 제안한다. 결론적으로 북한 인력을 대상으로 하는 지식공유 사업은 일회성이 아닌 지속적인 성격을 가질 수밖에 없으며, 그 추진에 있어서 국제사회와의 파트너십이 필요하다는 측면에서 '북한 국제경제 KSP'로 하고 영문명은 'NK KSP on International Economy'로 할 경우 시장경제지식과 경제발전에 필요한 기술 교육 사업을 포괄하는 정책으로 발전 가능하다고 본다.

셋째, 북한 국제경제 KSP 사업의 체계적 로드맵 수립이 필요하다. 이제까지 북한 인력을 대상으로 하는 지식공유 사업은 추진 주체의 다양성과 독립성으로 인해 교육 대상자의 선정, 콘텐츠 등에 있어 일관성과 체계성을 확보하기 어려웠다. 국제사회의 다양한 기관(국제기구, 정부, NGO, 학계 등)들이 여러 수준(정치 · 경제관료, 기업인, 교육자, 학생 등)의 인력을 대상으로 동시 다발적인 시장경제 및 기술교육이 궁극적으로는 북한의 시장경제로의 전환을 위한 지원(input)이 될 것이라는 점에 대해서는 의심하지 않는다. 같은 맥락에서 남한 내 여러 기관이 북한 관료, 기업인, 교육자, 학생 등 다양한 계층을 대상으로 지식공유 사업을 실시하는 것도 궁극적으로 북한의 변화에 기여할 것으로 본다. 다만 한국 정부 차원에서 실시되는 북한 국제경제 KSP 사업의 경우, 한정된 예산의 사용과 사업의 효과 극대화 측면, 그리고 북한 권력층의 동 사업에 대한 우려 사항을 고려한 체계적인 로드맵이 필요하다.

〈그림 5〉와 같이 북한 인력을 대상으로 하는 사업이 경제체제의 성공적 전환을 유도하고 이것이 궁극적으로는 북한의 정치·사회 체제 전환으로 이어지는 순차적 변화를 상정하였을 때, 북한 인력 교육을 위한 교육 대상의 선정과 콘텐츠 마련의 기준을 제시할 로드맵이 필요하다. 북한의 개혁·개방 전 단계에서의 국제경제 KSP는 북한의 정책결정 과정에 참여하는 경제·정치 관료를 대상으로 하는 시장경제, 국제금융, 경제발전 전략 등에 대한 정책 및 제도 교육에 초점을 맞출 필요가 있다. 다음으로 북한이 체제 유지에 대한 내부 확신 혹은 필요성에 대한 인식을 바탕으로 국제경제 KSP 사업에 적극적으로 참여하고자 하는 단계에서는 기업, 무역소 등 북한 경제주체들을 대상으로 한 무역, 시장, 마케팅, R&D, 노사관리 등 기업 경영·경제 교육이 필요하다. 끝으로 북한이 개혁·개방 단계에 진입하여 시장경제를 북한의 공식적인 경제체제로 천명할 경우 북한 주민들을 대상으로 시장경제 원리 및 가치 교육과 노동인력 확대 공급을 위한 기술교육 그리고 이 기능을 담당할 교육기관을 대상으로 하는 지식공유 사업에 초점을 맞출 필요가 있다.

끝으로 북한 국제경제 KSP의 콘텐츠와 관련하여, 체제 전환국과 개발도상국에 대한 국제사회의 전략 및 정책 권고는 비교적 유사하나, 대신 체제 전환국에 대한 정책 권고나 지원의 경우 사회주의 계획경제제도를 시장 중심의 경쟁체제로 전환함으로써 효율성과 인센티브제도 도입에 초점을 맞추기 때문에 조금 더 급진적이고 급속한 제도 개혁을 요구한다. 또한 체제 전

⊙ 표 5	사회주의 국가들의 체제 전환을 위한 과제	
	개혁 단계	개방 단계
자유화	• 계획 시스템의 해체 • 가격 자유화	• 무역 자유화 • 무역제도 정비
안정화	• 인플레이션 억제를 위한 긴축정책	• 환율 단일화 및 안정화 • 경상계정에서의 자유태환
기업 개혁 (사유화)	• 농업 개혁 • 국유기업의 사유화 또는 상업화 • 기업 구조조정 • 비국유(사유)기업 육성	• 외국인 직접투자 유치 • 경제특구 활성화를 비롯한 지역적 개방 추진
제도 개혁	• 재정 개혁 • 금융 개혁 • 법률 개혁 • 노동시장 개혁 • 사회보상제도 개혁	• 금융시장 개방 • 지적재산권, 서비스 무역 등 관련 제도 정비

출처: Stanley Fisher and Alan Gelb, "The Process of Socialist Economic Transformation," *Journal of Economic Perspectives*, Vol.5, No.4(1991)

환국과 개발도상국에 대한 지식공유 사업의 콘텐츠가 경제성장에 초점을 맞추나 장기적인 관점에서 사회통합이 중요한 이슈로 대두될 수밖에 없기 때문에 장기적인 관점에서는 사회개발에 대한 균형적 접근도 필요하다. 무엇보다도 이러한 모든 제도 개혁 및 정책과제 실현에 있어 정치적 리더십과 관료집단의 역할이 중요하기 때문에 이들의 역량강화를 위한 사업이 선결되어야 함을 체제 전환국과 개발도상국에 대한 지원에서 강조하고 있다. 또한 과거 체제 전환국 기술협력 사업의 교훈은 수원국 상황의 과학적 진단을 통한 맞춤형 처방이 필요함을 강조하고 있다는 점에서 북한 국제경제 KSP 사업의 내용과 우선순위 선정을 위한 연구가 필요하다. 이러한 맥락에서 북한 국제경제 KSP 사업 시 북한의 주된 관심분야인 16개 경제특구 활성화를 위한 지식전수 사업을 우선 고려할 필요가 있다. 이후, 북한이 개혁 단계에 접어들기 이전 시점에 가능한 국제경제 KSP 사업의 콘텐츠는 World Bank,

EBRD, IMF의 권고에 따라 〈표 5〉의 분야별 우선 순위에 기반하여 콘텐츠
와 커리큘럼을 구성하는 것이 바람직할 것으로 보인다.

VIII. 맺음말

기존에 실시된 북한 인력에 대한 시장경제교육 및 관련 연수사업을 평
가함에 있어 상당수에 해당하는 사업이 삼각협력의 방식으로 이루어졌다는
점에서 국제개발협력에서 삼각협력 사업에 대한 사례와 연구의 시사점을 제
공한다. 하지만 북한에 대한 지식공유 사업을 평가함에 있어 삼각협력 메커
니즘이나 원칙 그리고 시사점을 바탕으로 북한 사업을 평가한 시도는 부재
하였다. 대신 지식공유 사업의 콘텐츠 분석을 바탕으로 북한 인력을 대상으
로 한 지식공유 사업이 무역을 위한 단편적 지식교육과 해외 산업시찰 및
단기 해외연수 위주의 사업이었다는 점과,[28] 7개 시장경제교육 사업[29] 형
식 중에서 교육의 효과성과 지속성이 높은 장기연수와 기관설립이 미비하였
다는 평가만 존재한다.[30]

북한 인력 교육을 통한 시장경제지식의 습득과 선순환적 북한 변화 그
리고 이를 바탕으로 한반도 평화통일을 모색하는 한국 정부의 입장에서 북
한을 대상으로 하는 지식공유 사업은 유의미한 의제임이 틀림없다. 그렇기
때문에 삼각협력 방식으로 북한 국제경제 KSP를 추진함에 있어 고려하여야
할 요소들에 대한 검토를 끝으로 본고의 결론을 대신하고자 한다.

첫째, 북한 국제경제 KSP 사업을 추진함에 있어 동 사업에 대한 북한의

---

28) 강일규(2008).

29) 자료교환, 산업체방문, 단기연수, 장기연수, 콘퍼런스, 공동연구, 기관설립 등.

30) 허준영(2011).

주인의식(ownership)이 필요하다. 북한 국제경제 KSP는 시장경제에 대한 지식을 전수함으로써 일차적으로는 북한의 경제발전에 기여하는 사업임을 인식하도록 북한당국을 설득할 필요가 있다. 이를 위해 장기적 관점에서 북한이 동 사업의 재원을 일부 부담하는 방식을 고려할 필요가 있다. 일례로 러시아체제 전환 시장경제 기술협력 사업의 경우 러시아가 필요 재원의 78% 이상을 세계은행에서 차관으로 충당함으로써 러시아 관료들로 하여금 사업 참여를 높이는 효과를 가져온 것으로 평가받고 있다.

둘째, 피교육자 및 교육자 선정의 적절성이다. 앞서 〈그림 5〉에서 제시한 바와 같이 북한의 상황을 고려한 로드맵에 따라 북한 국제경제 KSP를 실시함으로써 사업의 효과성을 높이는 방안에 대한 고민이 필요하다. 국내에서 진행 중인 개도국에 대한 KSP 사업의 효과성 평가에서 적절한 피교육자의 선정과 교육자의 전문성 매치가 중요한 요소로 지적되어 왔다. 실제로 광역두만강개발계획(GTI) 사업의 일환으로 국내에서 실시된 중국, 몽골, 러시아 관세 및 세관 관계자 연수 사업에서도 같은 문제가 발견된 바, 북한 국제경제 KSP 사업 시 단계별 피교육자 선정이 필요하다.

셋째, 북한 국제경제 KSP 로드맵에 따라 북한의 개혁개방 탐색기, 개혁개방 준비기, 개혁개방 실시 단계에 따라 취할 수 있는 북한 국제경제 KSP 사업의 피교육자 선정, 협력기관, 내용 등이 달라질 수밖에 없기 때문에 다양한 행위자와의 조정과 협력이 필수적이다. 동 사업의 추진에 있어 국제사회와의 삼각협력은 필요한 자본, 지식 제공 및 한반도 통일에 대한 국제사회의 지지 기반 확대라는 측면에서 의미를 가진다. 북한 국제경제 KSP 사업의 핵심은 경제 및 사회발전에 있어 다양한 분야에 걸친 전문성을 가진 학계 및 정부 부처의 참여가 필수적인 요소라는 점에서 한국 정부는 다양한 전문가 집단과 기관 및 협력대상국의 참여를 촉진하는 촉진자(facilitator)의 역할과 다양한 행위자를 조정하는 역할을 담당할 필요가 있다. 같은 맥락에서 국제기구가 주체가 된 체제 전환 기술협력 프로그램의 경우, 수원국으로 하여금 추후 국제금융기구 가입을 위한 평가에 있어 긍정적 요소로 작용한다는 점에서 국제기구를 통한 협력 방안 모색이 필요하다.[31]

끝으로, 국제개발협력 사업을 비롯한 대북지원에 있어 중요한 화두는 투명성의 확보이다. 체제 전환국 성공사례는 체제 전환국들에 대한 국제사회로 부터의 시장경제 및 체제 전환에 대한 지식과 노하우 전수 및 지원이 중요한 요소로 작용하였다는 점이다. 북한 개혁·개방과 경제발전에 있어 북한 국제경제 KSP 사업은 유의미한 효과를 기대할 수 있다. 이 때문에 향후 북한 국제경제 KSP 사업의 규모와 분야가 확대될 것으로 예상 가능하다. 북한 국제경제 KSP 규모의 확대는 자연스럽게 국회 및 시민사회, 타 관계 부처로부터 높은 수준의 투명성과 책무성을 요구받을 수밖에 없다는 점에서, 사업 운영에 있어서 투명성 그리고 효과 모니터링 절차의 정교화를 통해 책무성을 확보할 필요가 있다. 김대중, 노무현 정부의 대북지원 사업 추진과정에서 불거진 투명성 부재와 분배 모니터링의 실패, 그리고 효과성 측정의 부재는 대북지원에 대한 회의감을 불러일으킨 주요 원인이었다는 점에서 동 사업 추진에 있어 투명성과 책무성을 확보하기 위한 메커니즘에 대한 고려가 필요하다.

---

31) 장형수·김석진·송정호, 『북한개발지원을 위한 국제협력 방안』(서울: 통일연구원, 2009).

▣ 참고문헌 ▣

강일규. "북한의 시장경제 교육 현황과 개선 방안."『통일경제』제93호: 70-82. 2008.

김근식. "사회주의 체제전환과 북한변화: 비교사회주의 관점에서."『통일과 평화』제 2권 2호: 111-136. 2010.

박인원 외.『2012 경제협력국가와의 경제발전경험 공유사업: 라오스』. 서울: 한국개 발연구원, 2013.

박지연.『북한을 대상으로 한 시장경제교육 현황 및 사업제안』. 서울: 대외경제정책 연구원(내부보고자료), 2014.

윤병수. "북한의 인적자원개발 현황과 향후과제: 중국 및 베트남과 비료를 중심으로." 『나라경제』제7권 10호: 3-32. 2005.

장형수·김석진·송정호.『북한개발지원을 위한 국제협력 방안』. 서울: 통일연구원, 2009.

조명철.『북한의 시장경제교육 실태와 남북 협력방안』. 서울: 대외경제정책연구원, 2001.

조명철 외.『체제전환국의 시장경제교육 경험이 북한에 주는 시사점』. 서울: 대외경 제정책연구원, 2008.

허준영. "새로운 대북지원 방향모색을 위한 탐색적 연구: 북한 고급인력에 대한 시장 경제 교육을 중심으로."『행정논총』제50권 4호. 2011.

Chaturvedi, Sachin. "Characteristics and Potential of Triangular Development Cooperation(TDC): Emerging Trends, Impact and Future Prospects." UNDESA. 2012.

Fisher, Stanley, and Alan Gelb. "The Process of Socialist Economic Trans- formation." *Journal of Economic Perspectives*, Vol.5, No.4. 1991.

Fordelone, Talita Yamashiro. "Triangular Co-operation and Aid Effectiveness: Can triangular co-operation make aid more effective." OECD, 2009.

Honda, Shunichiro, and Mihoko Sakai. "Triangular Cooperation Mechanisms: A

Comparative Study of Germany, Japan and the UK." Japan: JICA Research Institute, 2014.

Ireson, Randall. "Study Tours and Training Programs for DPRK Specialist." In Shin & Lee. *U.S.-DPRK Educational Exchanges: Assessment and Future Strategy.* 2011.

JICA. "JICA's Support for South-South and Triangular Cooperation." Japan: JICA, 2013.

Kornai, Janos. *The Socialist System: The Political Economy of Communism.* New Jersey: Princeton University Press, 1992.

Kumar, Nagesh. "South-South and Triangular Cooperation in Asia-Pacific: Towards a New Paradigm in Development Cooperation." RIS Discussion Papers, RIS-DP #145. 2008.

OECD. "Triangular Co-operation Survey Report." OECD, 2013

Park, Jin, and Seung-Ho Jung. "Ten Years of Knowledge Partnership with North Korea." *Asian Perspective*, Vol.31, No.2: 75-93. 2007.

World Bank. *Assessing Aid: What Works, What Doesn't and Why.* Washington, DC, 1998.

미국의 소리. "북한서 여성 위한 '경영 수업' 인기"(2014/7/23).

연합뉴스. "북, 군경제외 경제에서 시장이 30~70% 차지"(2007/11/15).

연합뉴스. "정부, 북한 '시장경제 공부' 돕는다: 제3국 기관 활용 … 내년 예산 편성" (2007/11/29).

조선익스체인지 웹사이트. http://www.chosonexchange.org/(검색일: 2014/7/23).

채널A. "북도 여성 경영인 양성 시동 … 국제형 인재 발굴"(2014/7/12).

북한인권과 개발협력

정구연 | 강원대학교

I. 서론

냉전 종식 이후 개발협력의 정책적 외연은 수원국의 경제개발로부터 여성, 환경보호, 공공보건, 거버넌스 등 점차 다양한 영역으로 확대되었다. 특히 개발협력 사업수행에 있어 인권보호를 개발협력 목표 가운데 하나로 설정해야 한다는 논의들이 전개되었는데, 이는 인권외교와 개발협력은 그 효과에 있어 상호강화하는 경향을 보인다는 가정에 근거한다. 즉, 수원국에 대한 개발협력정책 추진을 통해 수원국 내부의 경제발전을 도모하며, 수원국 주민들의 기본적인 인권도 보장되는 방향으로 개발협력정책이 추진될 수 있다는 것이며, 그러한 방향으로 개발협력정책이 설계되어야 한다는 공감대가 확산되고 있는 것이다. 이에 인권대화(human rights dialogue), 인권 주류화(mainstreaming), 권리기반 접근법(rights-based approach) 등 다양한 방법론을 통해 공여국이 개발협력정책을 통해 인권 문제를 다루기 위한 시도가 이루어졌다.

물론 개발협력정책을 통해 수원국 국민의 인권을 개선시키고자 할 때, 과연 개발협력으로 인권보호의 수준이 실질적으로 제고될 것인가, 또한 인권개선 효과가 국가별로 일률적으로 나타날 것인가는 단언하기 어렵다. 다양한 개념과 유형의 인권이 존재하며, 그러한 인권들이 존재하는 제도적·정치적 맥락 역시 매우 상이하기 때문에 인권개선의 경로와 속도가 사례별로 다를 것이기 때문이다. 특히 북한과 같이 국제사회의 북한 주민 인권 문제 제기를 정권안보에 대한 위협으로 비판적으로 인식하는 경우, 인권개선을 목적으로 한 개발협력 사업을 개진하는 것 자체가 어려울 공산이 크다. 또한 북한이 2005년 파리선언(Paris declaration)에 명시된 개발협력 프레임워크와 같은 국제사회의 개발협력 관련 규범과 원칙을 수용하며 국제사회와의 관계정상화에 적극적으로 나서지 않는 이상 국제사회 역시 대북개발협력 개진에 회의적일 수 있으며 혹은 개발협력 실행 과정상의 많은 충돌 가능성이 존재할 수 있을 것이다. 그러나 북한에 대한 개발협력은 실질적으로 대규모의 자본유입이 불가피하며, 이에 따라 국제사회의 협력이 필수적이기 때문에, 궁극적으로 국제사회의 개발협력을 이끌어내기 위해서는 북한의 정치적 의지가 선행되어야 할 것이다.

한편 북한의 정치적 의지를 가정할 수 없다면, 실질적으로 북한 주민의 인권제고를 위한 개발협력정책의 효과를 제고시키기 위해서는 우선 국제사회에서 일반적으로 시행되던 개발협력정책을 북한체제의 맥락 속에 위치시킬 필요성에 직면하게 된다. 물론 이는 북한인권의 문제를 보편적 접근법이 아닌 특수성의 맥락에서 이해해야한다는 내재적 접근법을 의미하는 것은 아니다. 북한에 대한 연구 접근법을 여타 권위주의 혹은 독재체제를 연구하는 접근법과 달리해야 할 필요는 없다. 다만 북한 주민 인권개선을 위한 개발협력정책의 실효성을 담보하기 위해서는 북한체제의 특성으로부터 발생하는 개발협력정책 이행의 구조적 제약 요인들에 대한 고려가 선행되어야 한다는 것을 말한다. 즉, 북한의 개발협력 및 인권에 대한 인식을 반영한 세심한 대북 접근법을 고안해야 할 필요성에 직면하고 있는 것이다.

이에 본 장에서는 우선 국제사회에서 최근 논의되고 있는 개발협력정책과 인권외교와의 통합 논의에 대해 알아보고, 이것이 여타 인간안보적 접근과 인도적 지원 차원의 접근법과의 차별성을 논의한다. 둘째, 이러한 논의를 북한의 맥락에 위치시켜본다. 이를 위해 북한의 인권인식 현황과 정권안보 차원에서의 국제사회 인권외교에 대한 대응전략을 알아보고, 이러한 맥락에서 북한 주민에 대한 인권제고 방법, 특히 개발협력과의 연계가능성에 대해 분석한다. 셋째, 사례연구의 하나로서 현재 북한 내 확산되고 있는 결핵과 이에 대한 국제사회의 지원현황과 효과에 대해 논의해본다. 궁극적으로 본 장은 북한에 대한 개발협력에 있어 인권제고의 목표가 어떻게 위치할 수 있는지, 그리고 이를 통해 효과를 높일 수 있는 환경을 식별해보고자 한다.

II. 인권과 개발협력의 관계

1. 인권과 개발협력 논의의 진화

인권외교와 개발협력이라는 두 개의 정책적 영역은 2차 대전 이후 각기 독립적으로 발전해왔다.[1] 개념적 외연에 있어 개발협력이란 협의로서 공적 개발원조를, 광의로서는 해외직접투자까지 포함할 정도로 매우 포괄적이지만, 그 목적에 있어서는 수원국인 개발도상국 주민이 수원국 주민의 기본적 필요(basic needs)를 충족시켜주고자 한다는 공통점을 갖고 있으며, 이러한

---

1) P. Alston, "Ships passing in the Night: The Current State of the Human Rights and Development Debate seen through the Lens of the Millennium Development Goals," *Human Rights Quarterly*, Vol.27, No.3(2005), 755-829.

충족과정이 수원국 국민의 인권을 보장받는 수단이 되도록 기대한다. 이를
통해 궁극적으로 개도국간의 소득 및 복지 불균형을 해소하며 국제공공재
제공에 개도국이 기여할 수 있도록 여건을 만들어주고자 한다.[2] 한편 인권
외교의 경우 국가권력으로부터 국민 개개인의 기본적 인권을 보호해주는 데
그 목적이 존재한다. 결과적으로, 개발협력과 인권외교는 이론적으로 그 정
책추진 영역과 행위자, 그리고 추진 전략이 상이하다. 인권외교의 경우 주
로 정부의 영향력으로부터 독립적인 법률 전문가, 비정부기구, 초국적 인권
네트워크 혹은 국제기구들에 의해 인권유린 정부에 대한 영향력을 행사하고
자 하며, 이러한 행위자들을 중심으로 인권외교 추진방향과 시대별 담론이
발전해왔다.

반면 개발정책의 경우 주권국가인 공여국 혹은 공여기구가 수원국 정부
와 협력하며, 해당 개발협력정책 영역의 전문가들이 담당해왔다. 정책실행
전략에 있어서도, 인권외교의 경우 주로 '공개해서 망신주기(naming and
shaming)' 전략을 통해 해당 정부의 인권유린 현황, 예컨대 강제납치, 고문,
정치적 구금 등에 대해 국제사회의 인식을 환기시킴으로써 인권유린 행위의
정치적 비용을 높이는 전략을 추구해왔다. 반면 개발협력의 경우, 예컨대
공여국이 수원국에 대한 인프라 구축을 하는 데 있어 수원국의 정치적 행위
에 대해서는 대부분 중립적 위치를 유지해왔기에, 수원국의 개발협력 관련
정책은 설사 협력의 효과가 낮다 하더라도 인권외교와는 달리 여론이나 국
제사회의 비난으로부터 거리를 유지할 수 있었다. 요컨대 인권외교와 개발
협력정책은 정책을 추진하는 주체국의 입장에서 볼 때 일정 수준 양립할 수
없는 긴장관계를 내포하고 있다고 볼 수 있다.

이러한 두 영역 간의 간극이 좁혀질 수 있었던 계기는 1966년 유엔총회
에서 사회권 규약(ICESCR: International Covenant on Economic, Social and

---

2) Jose Antonio Alonso and Jonathan Glennie, "What is Development Coopera-
   tion?" ECOSOC 2016 Development Cooperation Forum Policy Briefs, No.1
   February 2015.

Cultural Rights)이 채택되었던 사례를 들 수 있다. 그러나 냉전기 구소련과 미국의 인권조약에 대한 정치 도구화로 인해 사회권규약이 내포하고 있는 개발협력과 인권정책 간의 괄목할만한 시너지 효과는 없었다. 한편 1968년 테헤란에서 열렸던 제1회 국제인권회의에서 또다시 사회개발과 경제개발과 관련한 국가정책 및 국제정책에 따라 인권증진 여부가 결정된다는 점이 언급되었고, 1977년 유엔인권위원회는 인권제고의 목표를 개발과정에 포함해야 한다고 직접 권고하기도 했다.[3] 1986년 유엔에서 제시된 '발전의 권리(Right to Development),' 즉 국제경제질서의 개혁을 통해 자원재분배를 위한 법적 근거를 구축하고자 했던 인권개념은 그 개념을 제기한 사실 그 자체로도 매우 고무적이었으나 비구속적 권리였기 때문에 인권기구나 개발협력기구에 대해 충분한 영향력을 행사할 수 없었을 뿐 아니라, '발전의 권리'의 수혜자와 공여자의 불분명한 경계로 인해 실제 집행되기도 어려웠다.[4]

미국의 경우 1961년 대외원조법(Foreign Assistance Act) 통과와 함께 국제개발처(USAID: US Agency for International Development)를 창설하였고, 1970년대 닉슨 대통령 재임기에는 현실주의적 관점에서 대외 원조와 인권 현안을 연계시키는 경향을 보이는 등 미국대외정책의 수단의 일환으로 대외 원조와 인권 현안이 이용되었다. 비록 대외 원조를 통해 수원국의 인권 현안에 대한 목소리를 내는 경향이 비록 선별적이긴 하였으나 개별국가의 대외정책 차원에서 인권과 개발협력의 연계정책은 이미 냉전기에 시작되었다고 볼 수 있다.[5]

---

3) 박형중·이금순·임강택·최춘흠·권율·장형수·이종무·권영경·강동완, 『국제사회 개발지원 이론과 실제: 북한개발지원을 위한 모색』, 경제인문사회연구회 협동연구총서 08-08-01(서울: 통일연구원, 2008), pp.39-41.

4) P. Uvin, *Human Rights and Development* (Bloomfield: Kumarian Press, 2004); Andrea Cornwall and Celestine Nyamu-Musembi, "Putting the Right-Based Approach to Development into Perspective," *Third World Quarterly*, Vol.25, No.8(2004), 1415-1437.

5) Rhonda L. Callaway and Elizabeth G. Matthews, *Strategic US Foreign Assistance: The Battle Between Human Rights and National Security* (Burlington,

한편 냉전 종식과 더불어 개발협력과 인권외교 간의 간극은 탈냉전이라
는 구조적 변화와 함께 실질적으로 좁혀질 수 있는 계기가 마련되었다. 우
선, 1993년 세계인권회의(World Conference on Human Rights)와 비엔나 선
언(Vienna Declaration)에서 모든 인권은 나눌 수 없고(indivisible), 상호의존
적이라 선언했을 뿐 아니라, 민주주의와 개발, 그리고 인권과 기본적 자유
(fundamental freedoms) 간의 상호강화관계를 재확인하였다.[6] 이후 유엔 내
부에서는 특히 사회권 규약에 대한 관심이 제고되었을 뿐 아니라, 1998년
교육의 권리(right to education)를 위한 특별 보고관(special rapporteur)을
임명하기도 하였다. 이러한 움직임은 개발협력정책을 경제적 관점에서만 바
라보던 시각을 바꾸었는데, 특히 '인간개발(human development)이'라는 개
념의 등장이 이를 대변한다.[7]

2000년 유엔개발계획(UNDP)의 인간개발 보고서인 〈인권과 인간개발
(Human Rights and Human Development)〉에서는[8] 인간개발과 인권제고의
관계에 대해 매우 구체적으로 보여주고 있는데, 특히 광의의 의미에서의 인
간의 '자유'를 실현하기 위해 개발협력과 인권제고 모두가 필요하다는 점에
주목하며 이 둘은 상호강화의 관계에 놓여 있다는 점을 강조하다. 다시 말
해, 인권은 사회정의와 정부의 책무성 제고를 통해 인간개발을 독려하게 되
며, 인간개발로의 접근은 모든 개개인의 인권을 제고시킬 수 있는 수단이라

VT: Ashgate Publishing Company, 2008); David Carleton and Michael Stohl,
"The Foreign Policy of Human Rights: Rhetoric and Reality from Jimmy Carter
to Ronald Reagan," *Human Rights Quarterly*, Vol.7, No.2(1985), 205-229.

6) Philip Alston and Mary Robinson, eds., *Human Rights and Development: To-
wards Mutual Reinforcement* (New York: Oxford University Press, 2005).

7) Amartyr Sen, *Development as Freedom* (Oxford: Oxford University Press, 1999);
Martha Nussbaum, "Capabilities as Fundamental Entitlements: Sen and Global
Justice," *Feminist Economics*, Vol.9, No.2(2004), 33-59; Martha Nussbaum,
"Beyond the Social Contract: Capabilities and Global Justice," *Oxford Develop-
ment Studies*, Vol.32, No.1(2004), 3-18.

8) 본 보고서는 다음의 사이트에서 확인 가능함(http://hdr.undp.org/sites/default/files
/reports/261/hdr_2000_en.pdf).

는 것이다. 또한 궁극적으로 인권과 인간개발은 모든 개개인들의 자유와 복지, 그리고 존엄성을 보장해주고자 하는 목적을 갖고 있다. 그러므로 인간의 자유 확대는 인권과 인간개발이 갖고 있는 공통의 목적이며, 상호강화의 관계에 놓여 있다고 보는 것이다. 보다 구체적으로 살펴보면, 인간개발은 개개인이 누릴 수 있는 자유의 강화 및 확대에 그 목적을 두었다면 인권은 개개인의 자유와 능력발휘를 보장케하는 권리 및 이의 보장을 목적으로 한다. 그런 의미에서 인권이란 인간개발의 의제에 윤리적 정당성을 제공해줄 수 있을 것이다.9)

이러한 맥락에서, 결과적으로 개발이라는 것은 하나의 권리로 인식되기 시작했으며, 개발협력과 인권외교 간의 간극은 더욱 좁혀졌을 뿐 아니라 공여국들이 개발협력정책을 수행하는 데 있어 파트너 국가의 거버넌스나 인권보호 수준을 제고시키고자 하는 윤리적 자각이 나타나게 되었다. 또한 윤리적 목적뿐만이 아니라, 거버넌스의 발전과 인권보호라는 조건하에서 개발협력의 효과성이 더욱 제고될 수 있다는 점 때문에 더욱 그러했다.10)

2. 개발협력과 인권의 통합 및 효과

개발협력을 통해 수원국의 인권보호수준을 제고시키려고 할 때 그 기준점은 대부분 유엔이 이끌어낸 국제인권협약에 명시된 인권 개념 및 유형에 근거한다. 그런 의미에서 이들 인권협약이 어떠한 유형의 인권을 포함하고 있는지, 그리고 이들 인권의 보호수준을 높이기 위해 어떠한 정책적 접근법

---

9) Tomas Amparo, "A Human Rights Approach to Development: Primer for Development Practictioners," *Partners for Law in Development Report* (April 2005), p.7.

10) OECD/WB, "Integrating Human Rights into Development: Donor Approaches, Experiences, and Challenges," 2nd Edition (Washington, DC: World Bank and Organization for Economic Cooperation and Development, 2013).

을 예시하고 있는지 알아볼 필요가 있다.

1948년 세계인권선언 채택 이후 유엔의 주도하에 총 9개의 국제인권협약이 만들어졌다. 앞서 언급한 사회권규약(ICESCR)과 자유권규약(ICCPR: International Covenant on Civil and Political Rights), 인종차별철폐조약(CERD: International Convention on the Elimination of All Forms of Racial Discrimination), 여성차별철폐조약(CEDAW: Convention on the Elimination of All Forms of Discrimination against Women), 고문방지협약(CAT: Convention against Torture and Other Cruel, Inhuman or Degrading Treatment or Punishment), 아동권리협약(CRC: Convention on the Rights of the Child), 이주노동자권리협약(CMW: Convention on the Protection of the Rights of All Migrant Workers and Members of their Families), 장애인권리협약(CRPD: Convention on the Rights of Persons with Disabilities), 강제실종협약(CED:

◑ 표 1 　　　　국제인권협약의 종류와 그에 따른 책무의 유형

	Respect (No Interference in the exercise of the Right)	Protect (Prevent violations from third parties)	Fulfill (Provision of Resources and the outcomes of policies)
ICCPR	Torture, extrajudicial killings, disappearance, arbitrary detention, unfair trials, electoral intimidation	Measures to prevent non-state actors from committing violations, such as torture, extrajudicial killings	Investment in Judiciaries, prison, police forces, and elections, and resources allocation to ability
ICESCR	Ethnic, racial, gender or linguistic discrimination in health, education, and welfare and resource allocations below ability	Measures to prevent non-state actors from engaging in discriminatory behavior that limits access to health, education, and other welfare	Progressive realization investment in health, education, and welfare, and resource allocations to ability

출처: UNDP, "Indicators for Human Rights Based Approaches to Development in UNDP Programming: A User's Guide," United Nations Development Programme Bureau for Development Policy Democratic Governance Group (New York, 2006)

Convention for the Protection of All Persons from Enforced Disappearance)
이 이에 해당된다.

이 가운데 가장 많은 인권협약 서명국 및 비준국 현황을 보유하고 있는
자유권규약과 사회권규약을 보면, 이 인권협약의 당사국들은 본 협약을 존
중하고(respect), 협약에 명시된 인권을 보호하며(protect), 그리고 이 인권들
을 구현(fulfill)할 책무가 있다고 언급한다.

한편 〈표 1〉에 나타난 바와 같이 자유권 및 사회권규약을 준수하는 데
있어서의 세 가지 책무의 유형은 매우 일반적인 수준에서 논의되었다. 그러
므로 실제로 그 안에 명시된 인권들이 어떻게 개발협력정책 틀 안에 위치시
킬 것인가의 접근법은 공여국별로 매우 다양하게 접근되어왔다. 예컨대 2007
년 OECD 개발원조위원회의 경우 〈인권을 위한 개발원조위원회의 행동지
향정책페이퍼(DAC Action Oriented Policy Paper on Human Rights(AOPP))〉
의 경우 인권 문제를 개발협력 사업의 과정 속에 포함시키는 데 있어서 고
려해야 할 열 가지 원칙을 제시한 바 있는데, 이는 〈표 2〉와 같다.

〈표 2〉에 나타난 OECD의 가이드라인은 여전히 규범적 당위성의 측면

● 표 2　　　　인권을 위한 개발원조위원회의 행동지향정책페이퍼
(DAC Action Oriented Policy Paper on Human Rights(AOPP))

 1. 대화를 통해 인권보호의 책무와 개발우선순위간의 연계에 대한 이해를 공유함
 2. 인권보호를 위해 수원국 정부에 대한 지원영역을 식별함
 3. 국가재건 과정에 있어서의 인권을 보호함
 4. 인권보호의 수요 측면을 지원함
 5. 포용적이고 안정적인 사회형성의 기반으로 비차별원칙을 제고함
 6. 원조일치 및 원조수단 결정과정에서 인권을 고려함
 7. 원조효과원칙들과 인권간의 상호강화 효과를 고려함
 8. 남에게 해를 입히지 않는다(do no harm)원칙을 준수함
 9. 악화되어가는 인권현황에 대해 조화롭고 점진적인 접근법을 택함
10. 원조규모 확대를 인권보호 제고에 기여하게끔 만듦

출처: OECD, "DAC Action-Oriented Policy paper on Human Rights and Development"
(February 2007), Paris: OECD

에서 인권보호가 개발협력의 일부가 되어야 함을 강조하고 있다. 실질적으
로 공여행위자가 이러한 규범적 당위성을 어떻게 구현하는가의 여부는 공여
행위자의 역량, 상대적 이익, 그리고 공여기구로부터의 위임 현황 등 다양한
변수에 따라 달라질 수 있다. 그러나 일반적으로 〈표 3〉에서와 같이 다섯
가지 유형의 접근법을 통해 개발협력과 인권외교의 연계전략이 형성되어왔
다. 예컨대 수사적 차원에서만 인권을 강조할 수도 있고, 인권대화 및 조건
부 협력(conditionality)을 전제로 제시할 수도 있을 것이며, 인권제고 및 민
주화 관련 프로그램을 개발협력정책에 포함시키거나, 인권주류화, 권리기반
접근법 등을 채택할 수도 있을 것이다.

첫째, 권리기반 접근법은 개발협력과 인권을 연계시키는 데 대한 공여국
과 수원국의 가장 높은 공약(commitment)을 보여주는 것으로서, 이는 개발

표 3   인권을 개발협력정책에 통합시키기 위한 공여국의 접근법

Implicit Human Rights work	Agencies may not explicitly work on human rights issues and prefer to use other descriptors (empowerment or general good governance)
Human Rights Project	Projects or programmes directly targeted at the realization of specific rights or specific groups
Human Rights Dialogue	Foreign policy and aid dialogues include human rights issues, sometimes linked to conditionality. Aid modalities and volumes may be affected in case of significant human rights violations
Human Rights Mainstreaming	Effort to ensure that human rights are integrated into all sectors of existing aid interventions. This may include 'do no harm' aspects
Human Rights-based Approaches	Human rights considered constitutive of the goal of development, leading to a new approach to aid and requiring institutional change

출처: OECD/WB, "Integrating Human Rights into Development: Donor Approaches, Experiences, and Challenges," 2nd Edition (Washington, DC: World Bank and Organization for Economic Cooperation and Development, 2013)

협력의 궁극적인 목표로 인권개선을 적시한다. 그런 의미에서 권리기반 접근법이 가장 관심을 보이는 영역은 빈곤의 정치적 측면으로서, 배제와 차별을 강화하고 야기하는 수원국 사회 내부의 정치적 동학에 집중하며 이에 대한 해결책으로 역량강화를 제시한다. 또한 인권논의에서와 같이 국가를 권리기반 접근법을 수행해야 하는 의무주체(duty-bearer)로, 그리고 시민들을 권리주체(right-holder)로 식별하는 데, 특히 주변화되고 취약한 시민들이 권리주체가 되어야 함을 강조한다. 한편, 궁극적으로 이와 같은 권리기반 접근법은 장기적인 시각으로 관찰해야 하는 정치적 참여 및 정치동학의 변화를 목적으로 한다는 점에 있어서 그 효과를 단기간에 측정하기 어렵다는 단점이 있다.

둘째, 인권주류화 접근법의 경우 권리기반 접근법보다 그 공약의 강도에 있어서는 약하지만 공여국의 수원국에 대한 모든 개발협력 프로그램에 있어서 인권의 의제를 포함시키고자 한다. 또한 '남에게 해를 입히지 않는다'는 소극적인 측면에서 특정 개발협력 프로그램이 인권보호에 부정적인 영향을 미쳤는가를 확인하는 과정을 포함한다. 이러한 인권주류화 접근법은 기본적으로 개발협력정책을 추진하는 과정에 있어 인권에 대한 책임이 모든 행위자 및 행위자 내부의 조직 차원에 보편적으로 인식되어야 한다는 점을 강조한다는 점에 있어 인권기반 접근법으로 나아가기 위한 하나의 과도기적 접근법이라고도 볼 수 있을 것이다.

셋째, 인권대화(human rights dialogue)나 조건부 원조(conditionality)의 형태를 들 수 있다. 조건부 원조의 경우 애초에 인권보호 수준을 제고하기 위한 마지막 수단(last resort)으로 고려되어야 한다고 주장되었는데, 최근에는 대부분의 공여국들이 인권, 민주주의 및 법치제고를 위한 개발협력의 요소로서 조건부 원조라는 조건을 포함시킨다. 인권대화의 경우, 기술협력의 차원에서 혹은 지속적인 인권유린 현황에 대한 우려를 전달하기 위한 방법으로서 외교적 협상과정의 일부로 채용되어왔다.

마지막으로 인권프로젝트의 경우 특정 인권에 대한 인식제고, 어린이, 여성 등 특정 집단의 역량강화, 인권기구에 대한 지원 등 상대적으로 그 적

용의 외연이 협소하다. 그런 의미에서 인권프로젝트는 단독으로 시행될 수
도 있지만 여타 인권기반 접근법과 병행하여 진행되기도 한다.

한편, 이와 같은 개발협력과 인권외교의 통합이 궁극적으로 수원국 내의
인권보호수준을 제고시킬 것인가의 여부에 대해서는 논란의 여지가 많다.
물론 이러한 논란의 기저에는 공여국 내의 좋은 거버넌스의 존재가 경제성
장에 기여한다는 가정(assumption)[11])에 근거해 개발협력이 수원국의 거버
넌스 개혁에 노력해왔다는 점이 존재한다. 그러나 여러 정량적 연구결과에
따르면 개발협력은 수원국의 거버넌스 발전을 이끌었다는 일관적인 결론을
도출하지 못하고 있다. 우선 개발협력을 통한 대규모의 자본 유입은 저소득
수원국의 효율적인 행정체제 및 독립적 사법기관 구축에 기여할 수 있다.
예컨대 공무원들에 대한 교육과 훈련기회를 제공하고, 이들에게 정기적인
소득을 보장해줌으로써 부정부패의 가능성을 낮출 수 있는 것이며 이는 궁
극적으로 거버넌스의 향상으로 이어질 것이라는 것이다.[12] 한편 세수보다
많은 개발협력자금은 수원국의 흡수역량(absorptive capacity)을 넘어서 오히
려 역효과를 초래할 수 있는데, 이는 수원국으로 하여금 세수를 거둬들이고
자 하는 의지를 약화시켜 스스로의 거버넌스를 향상시키고자 하는 의지를
약화시키게 되는 것이다.[13] 즉 개발협력에 대한 의존도를 높여 수원국 스스

11) Daron Acemoglu, Simon Johnson and James A. Robinson, "Institutions as a
    Fundamental Cause of Long-run Growth," in Philippe Aghion and Steven
    Durlauf, eds., *Handbook of Economic Growth*, Vol.1, Chapter 6(New York:
    Elsevier, 2005).

12) Caroline Van Rijckeghem and Beatrice Weder, "Corruption and the Rate of
    Temptation: Do Low Wages in the Civil Service Cause Corruption?" IMF
    Working Paper 97-73(1997).

13) Deborah Brautigam and Stephen Knack, "Foreign Aid, Institutions, and Gov-
    ernance in Sub-Saharan Africa," Economic Development and Cultural Change
    52-2(2004), pp.255-286; Todd Moss, Gunilla Pettersson and Nicolas van de
    Walle, "An Aid-institutions Paradox? A Review Essay on Aid Dependency and
    State Building in sub-Saharan Africa," in William Easterly, ed., *Reinventing
    Foreign Aid* (Cambridge, MA: MIT Press, 2008); Karen Remmer, "Does Foreign
    Aid Promote the Expansion of Government?" *American Journal of Political*

로의 발전가능성을 낮추게 되는 것이다.

요컨대 개발협력을 통해 인권보호 수준이 제고된다는 명제가 선형적인 관계로 정량적 데이터를 통해 증명된 바는 없지만, 원칙적으로 개발협력의 궁극적인 목표는 수원국 국민들의 적극적 자유를 증진시킨다는 측면에 있어 개발협력의 효과를 제고할 수 있는 환경을 형성한다는 점에 있어서는 이견이 없을 것으로 보인다.

3. 인권과 인간안보, 그리고 인도적 지원의 관계

한편 인권외교를 개발협력정책에 통합시킬 뿐만 아니라, 인간안보적 접근과 인도적 지원간의 개념적 차별성을 이해할 필요가 있다. 이러한 이론적 접근의 차이는 궁극적으로 정책적으로 북한 문제를 어떻게 인식하는가, 특히 북한 문제의 어떤 부분이 강조되는가의 측면뿐만이 아니라 그에 따른 차별적인 해결방법이 도출된다는 점을 고려해볼 때 이들에 대한 이해는 필수적이다.

이들에 대한 이해는 인권외교와의 비교를 통해 좀 더 용이해질 수 있을 것이다. 우선 인권외교의 경우, 인권단체는 인권유린으로 인한 인간의 고통을 불법화(outlaw)하는 데 그 목적이 있다. 인권단체는 그러므로 인간의 존엄성을 훼손하는, 즉 인권을 유린하거나 그 원인을 제공한 체제 및 행위자를 변화시키고자 하며, 특히 권력을 보유한 행위자의 행동기준을 강화하고자 한다. 결과적으로 인권정책의 동기란 인도적 지원과는 달리 상당히 정치적 동기에 근거하고 있다. 즉 자신의 운명에 영향을 미칠 수 있는 결정과정에 참여할 수 있는 개인이 늘어나는 과정, 즉 민주화의 과정 속에서 식별할 수 있는 동기라고 볼 수 있는 것이다.

반면 인도적 지원의 경우, 인간의 고통을 덜어주는(ease) 데 그 목적이

Science 48-1(2004), pp.77-92.

있으며, 인도적 지원 단체는 고통받는 개인들에게 구호물자를 전달하기 위해 무엇이든 그 국가 내에 존재하는 체제를 이용한다. 그리고 인도적 지원은 권력을 보유하지 않은 자들의 생활수준(living standard)을 향상시키기 위한 목적을 갖고 있다. 요컨대 인도적 지원의 동기란 자발적 연민 혹은 동정심(compassion)이라고 볼 수 있다.

요컨대 인권정책과 인도적 지원 간에 존재하는 차이는, 공여국 각각이 목표로 하는 수원국 정부 혹은 권력을 보유한 행위자와의 관계에 놓여 있다고 볼 수 있다. 한편 인간안보의 경우, 인권과 인도적 지원의 접근법과는 그 개념의 외연과 목적에 있어서 좀 더 세심한 이해가 필요하다.[14] 1992년 부트로스 부트로스-갈리(Boutros Boutros-Ghali) 유엔 사무총장에 의해 제시된 〈평화를 위한 의제(Agenda for Peace)〉[15] 보고서를 통해 시작된 인간안보의 논의는 1994년 〈인간개발보고서(Human Development Report)〉[16]로 본격적인 이론적 개념화가 시도되었다. 특히 공포로부터의 자유(freedom from fear)와 궁핍으로부터의 자유(freedom from want)라는 두 가지 개념을 중심으로 인간안보는 기존의 전통적인 안보개념의 변화를 도모했다. 안보개념의 기준점(referent point)을 주권국가에서 개인으로 이동시킴에 따라 안보의 목적이 무엇인가, 무엇으로부터의 안보위협인가, 그리고 이러한 위협을 상쇄시키기 위한 수단은 무엇인가에 대한 답이 변화하게 되었다.

우선 인간 개개인이 안보개념의 기준점이 됨으로써, 즉 개인의 안보가 궁극적인 목표가 됨으로써 안보의 목적은 주권국가가 직면한 군사적 혹은 전통적 개념의 안보위협이 아닌 개인이 직면한 사회적·경제적·환경적 위

---

14) Erich Weignartner, "Reconciling the Human Factor: Understanding the North Korean Human Rights/Humanitarian Divide," 38 North(May 2013).

15) United Nations, "An Agenda for Peace: Preventive Diplomacy, Peacemaking and peace-keeping," Report of the Secretary-General Boutros Boutros Ghali (June 17, 1992).

16) UNDP, *Human Development Report 1994—New Dimensions of Human Security* (New York: Oxford University Press, 1994).

협 등 상당히 다양한 분석 수준의 위협들이 논의의 대상이 되었다. 또한 이러한 위협에 대응하는 데 있어서 기존의 전통안보적 차원의 군사적 수단의 효용성은 매우 낮아지게 되어, 인권보호 및 민주화를 포함한 정치적 변화, 경제성장, 사회적 환경의 변화 등을 통해 위협의 수준을 완화시킬 수 있다.

요컨대 인간안보의 분석틀은 상당히 폭넓고 다양한 외연의 안보위협을 식별하고 있으며, 이에 대한 해결방법 역시 전통적인 군사안보적 수단 단독으로는 어려우며 정치, 경제, 사회적 환경의 변화 등과 함께 인간안보를 지켜내고자 한다. 즉 앞서 언급한 공포로부터의 자유와 궁핍으로부터의 자유 모두를 다루는 것이다. 이에 따라 인간안보의 분석틀이 식별할 수 있는 안보위협의 유형이 이와 같이 너무나 광범위하기 때문에 이론적 분석틀로서 유용할 것인가의 논란과 더불어 '인간안보'에 대한 보편적 개념정의 자체가 어려울 것이라는 비판적 시각이 존재한다.[17] 그럼에도 불구하고 인간안보 논의의 부상은 국가중심적 전통안보담론으로부터의 변화, 특히 인간 개인에게 기존의 안보구조 안에 존재하는 권력을 허용하는 것이라는 점에서 긍정적인 평가도 받고 있다.[18] 이와 관련한 인간안보에 대한 또 다른 논란은 이러한 위협경감의 역할이 해당 개인이 존재하는 국가뿐만이 아니라 국제조직, 비정부기구, 초국적 네트워크 등 광범위한 주체에게 존재하는가의 여부이다, 이는 '인간안보 제고를 위해 국제적 조치를 방해해서는 안 된다'는 주장[19]과 그 궤를 같이 하는데, 이는 다시 말해 인간안보위협을 경감시키는 등에 있어서 주권국가가 발휘할 수 있는 역량(capacity)과 권위(authority)를 제한한다는 결론으로 이어져 논란이 되었다.[20]

---

17) Barry Buzan, "A Reductionist, Idealists Notion that Adds Little Analytical Value," *Security Dialogue*, Vol.35(2004); K. Bajpai, "An Expression of Threats Versus Capabilities Across Time and Space," *Security Dialogue*, Vol.35(2004).

18) Amitav Acharya, "An Idea that Works in Practice," P. Burgess and T. Owen, eds., "What is Human Security?" Comments by 21 Authors, *Special Issues of Security Dialogue*, Vol.35(2004); Lloyd Axworthy, "A New Scientific Field and Policy Lens," *Security Dialogue*, Vol.35(2004).

19) D. Hubert, "An Idea that Works in Practice," *Security Dialogue*, Vol.35(2004).

결과적으로, 인간안보가 궁극적으로 달성하고자 하는 것은 해당 국가 국민들의 기본적인 생존조건을 충족시킬 뿐만 아니라 개인의 삶의 질적 향상과 인간의 존엄성을 지키는 것이라고 볼 수 있다. 그러한 의미에서 인간안보 접근법은 그러나 단순히 식량과 의약품을 전달하는 단기간의 인도적 지원의 수준에 머물러 있지 않으며, 만성적인 위협과 예측 불가능한 사회체제의 붕괴로부터 개개인의 안보를 지켜내고자 한다.

이에 따라, 북한에 대한 인간안보적 접근법은 다음과 같이 접근될 수 있다고 분석되어왔다. 인간안보론을 통해 북한에 접근하면,[21] 우선적인 목표는 남북한 주민의 생명, 복지, 인권이 될 것이며, 이러한 목표를 달성하는 주체는 국가, 국제기구, 비정부기구 등 다양하며, 수단은 군사적 수단뿐만이 아닌 인간개발, 인권신장, 정치발전 등이다. 보다 구체적으로, 첫째, 북한당국에 대한 접근법으로서 북한 주민의 인간안보를 유지할 수 있을 정도의 제도 혹은 경제적 기반을 마련하는 데 북한당국과 협력하는 것, 둘째, 북한 주민, 이때의 주민은 모든 인간안보의 혜택을 필요로 하지 않는 북한 엘리트 계층과 외부로부터의 접근성이 차단된 강제수용소의 사람들을 제외한 모든 주민을 의미하는데, 이들의 생존을 보장해주기 위해 식량과 보호, 의약품을 제공해주는 조치가 필요할 것이다. 궁극적으로 이러한 경제적 차원의 혜택 증가는 장기적으로 북한 주민이 정치적 목소리를 낼 수 있는 기회를 마련해줄 것이라고 인간안보접근법은 예측한다.

한편 이러한 인간안보적 접근법이 남북한 각각이 기존에 추구하던 안보전략에 따라 형성되던 분단체제를 해소하고 공존공영의 상태로 한반도의 상황이 전환될 수 있다는 주장은 상당히 단선적인 논리라고 볼 수 있다. 또한 인간안보적 접근법이 본 접근의 대상국가 혹은 대상 시민의 상태를 반드시

---

20) Martin Shaw, *Global Civil Society and International Relations* (1994); Nicholas Thomas and William Tow, "The Utility of Human Security: Sovereignty and Humanitarian Intervention," *Security Dialogue*, Vol.33(2002).

21) 서보혁, "인간안보와 국가의 역할," 『인간안보와 남북한 협력』(서울: 아카넷, 2013), p.99.

제고시킨다는 일관적인 정량적 증거가 부재하므로 그 논의의 차원 자체가 다르다고 볼 수 있다. 특히 북한의 경우, 이는 기본적으로 북한이 인간안보적 접근법을 수용할 것인가의 여부, 특히 보호책무라는 실천적 규범까지 등장한 상황에서[22] 이러한 접근법을 받아들일 것인가의 여부와 맞물려 있기 때문이다. 이러한 점에 있어 북한이 기본적으로 이제까지 논의한 다양한 접근들에 대해 어떠한 인식을 보유하고 있고 또 대응해왔는지를 가늠해 보는 것이 중요할 것이다.

III. 북한 주민의 인권과 개발협력

1. 인권에 대한 북한의 인식

세계인권선언(UN Universal Declaration of Human Rights)이 모든 사람은 태어날 때부터 자유롭고, 존엄성과 권리에 있어 평등하다고 밝히고 있는 것처럼(제1조), 북한의 헌법 역시 "국가는 모든 공민에게 참다운 민주주의적 권리와 자유, 행복한 물질문화생활을 실질적으로 보장한다"고 규정하고 있다(제64조). 북한은 이제까지 변호사법(제2조), 형사소송법(제5조), 인민보안단속법(제6조) 등 하위의 개별 법령에서 인권을 규정하고 있었으나, 지난 2009년 4월 9일 최고인민회의 제12기 제1차 회의에서의 헌법 개정을 통해 북한은 헌법적 차원에서 최초로 '인권존중 및 보호'를 명기하였다.[23]

---

22) Aidan Hehir, "From Human Security to the Responsibility to Protect: The Co-option of Dissent?" *Michigan State International Law Review*, Vol.22, No.3 (2014), 675-700.

23) 이규창, "북한인권법제 동향과 분석 및 평가," 『북한인권 이해의 새로운 지평』 북한인권센터 편(서울: 통일연구원, 2012), p.15.

● 표 4   북한의 인권 관련 법규

국제인권협약	권리	관련 법규
세계인권선언 자유권규약	인간의 존엄성, 생명권, 신체의 자유와 안전	형법, 형법 부칙(일반범죄), 행정처벌법, 인민보안단속법, 검찰감시법, 주민행정법
	평등권	북조선 남녀평등권에 대한 법령, 여성권리 보장법, 수도평양시관리법
	법의 보호를 받을 권리, 무죄로 추정받을 권리	형법, 변호사법, 재판소구성법, 신소청원법, 판결 및 판정집행법
	법원에 의해 구제받을 권리	형사소송법, 민사소송법, 해사소송관계법
	거주, 이전 및 여행의 자유	출입국법, 주민행정법, 살림집법
	참정권	각급인민회의 대의원 선거법
	국적을 가질 권리	국적법
	의견 및 표현의 자유	출판법
	가족권, 재산권	가족법, 민법, 상속법, 손해보상법
세계인권선언 사회권규약	경제적 권리	경제자유구법
	건강법	인민보건법, 전염병예방법, 의료법
	사회보장	사회보험법, 사회보장법, 어린이보육교양법, 연로자보호법, 장애자보호법, 아동권리보장법
	근로권	사회주의노동법, 노동보호법, 노동정량법, 인민경제계획법, 물자소비기준법
	교육권	교육법, 보통교육법, 고등교육법
	문화생활향유권	명승지 및 천연기념물보호법, 원림법, 자연보호구법, 광천법, 문화유산보호법
여성차별철폐 협약	여성권리보호	북조선 남녀평등권에 대한 법령, 여성권리보장법
아동권리협약	아동권리보호	어린이보육교양법, 아동권리보장법
장애인권리 협약	장야인권리보호	장애인보호법

출처: 한동호·김수암·이규창·이금순·조정아, 『북한인권백서 2014』(서울: 통일연구원, 2014),
    pp.75-76

○ 표 5   김정은 시대 북한의 인권 법제 정비

법규		제정 및 개정 시기	주요 내용
헌법		2009. 4. 9. 개정	• 인권존중 및 보호 명시 • 선군사상의 지도적 지침 천명 • '선군혁명 노선의 관철' 조항 신설
		2010. 4. 9. 개정	• 중앙재판소, 중앙검찰소 명칭을 최고재판소, 최고 검찰소로 변경
		2012. 4. 13. 개정	• 서문에 핵보유국 명시
		2013. 4. 13. 개정	• 금수산 태양궁전 내용 추가
자유권 분야	형법	2009. 4. 28. 2009. 7. 21. 2009. 10. 19. 개정	• 체제 유지 관련 규정들을 정치, 처벌강화

		2010. 10. 1.
		2011. 6. 7.
		2012. 4. 24.
		2012. 5. 14. 개정
			• 로동단련형: 6개월부터 2년→6개월부터
			  1년
			• 구속기간 1일: 로동단련형 기간 2일로
			  계산→1일로 계산

	형사소송법	2011. 10. 19. 2012. 5. 14. 개정	• 군수재판제도 도입 • 특수재판 심급제도 변경
	살림집법	2009. 1. 21. 제정 2009. 8. 4. 2011. 10. 25. 개정	• 살림집 이용권 거래제한
	재판소 구성법	2009. 4. 28. 개정	• 군수재판제도 도입
	신소청원법	2010. 2. 23. 개정	• 북한 주민의 신소청원권 강화
	철도차량법	2010. 12. 22. 제정	• 철도사업 위반행위에 대한 처벌 상세히 규정
	해사소송관계법	2011. 1. 19. 제정	• 해사청구권보호, 해사재판제도 도입
	주민행정법	2010. 7. 8. 제정	• 인민반 조직, 관리담당구역제
	행정처벌법	2011. 10. 16. 개정	• 국방관리질서 위반행위 처벌신설, 검찰감시 명시
	출입국법	2012. 4. 10. 개정	• 외국인의 거주, 이전의 자유 확대와 제한 동시 조치
	금수산태양궁전법	2013. 4. 1. 제정	• 김일성-김정일 부자 우상화
	인민경제계획법	2009. 8. 4. 2010. 4. 6. 개정	• 경제계획의 법적 의무감, 신속성, 계획성 강화

사회권 분야	물자소비기준법	2009. 11. 11. 제정	• 물자소비기준의 제정, 적용, 지도통제 등에 대해 규정
	노동정량법	2009. 12. 10. 제정	• 노동정량의 제정, 적용, 지도통제 등에 대해 규정
	노동보호법	2010. 7. 8. 제정	• 노동보호 관련 규정 및 제도정비
	보통교육법	2011. 1. 19. 제정	• 보통교육기관의 설립 및 운영, 보통교육 일군의 양성 등을 규정
	고등교육법	2011. 12. 14. 제정	• 고등교육 실시, 고등교육기관 조직 등을 규정
	자연보호구법	2009. 11. 25. 제정	• 자연보호구의 설정, 조사, 관리, 지도통제 등을 규정
	원림법	2010. 11. 25. 제정	• 원림의 조성, 관리, 지도통제 등을 규정
	사회보장법	2012. 4. 3. 개정	• 사회보장 절차, 사회보장금 지출 등을 규정
	문화유산보호법	2012. 11월경 제정	• 민주조선 제정사실 보도
	광천법	2013. 1월경 제정	• 조선중앙통신제정사실 보도
취약 계층 보호 분야	경제자유구법	2013. 5. 29. 제정	• 경제개발구 투자, 자유로운 경제활동 규정
	아동권리보장법	2010. 11. 22. 제정	• 아동 권리 보호를 포괄적으로 규정
	여성권리보장법	2010. 11. 22. 제정	• 여성 권리 보호를 포괄적으로 규정
	장애자보호법	2013. 11. 21. 개정	• 장애자 후원기금 규정 신설

출처: 한동호·김수암·이규창·이금순·조정아, 『북한인권백서 2014』(서울: 통일연구원, 2014), pp.84-85

〈표 4〉 및 〈표 5〉에서 나타나듯 북한은 인권 관련 많은 법규를 제정하였으며, 2009년 헌법 개정 이후 지속적으로 인권법제를 정비하고 있다. 그러나 실제에 있어서는 규정을 따르지 않는 경우가 많다. 특히 북한의 경제 상황 악화로 인해 근로권 혹은 사회보장 및 의료 관련 법규는 지켜지지 않는 경우가 더욱 많다. 또한 북한에서의 인권개념은 개인의 권리보호에 우선순위를 두기보다는 북한 헌법 제63조에 명기되어 있듯 "하나는 전체를 위하여, 전체는 하나를 위하여"라는 집단주의원칙에 근거하고 있다는 점을 고려해야 한다.

한편 형법이나 행정처벌법 등은 사회체제 유지 및 통제와 관련된 것으로서 상대적으로 더욱 엄격하게 준수되고 또한 적용되고 있는데, 이는 기본적으로 북한에서는 법이 정치의 수단이기 때문이다.[24] 이에 따라 관련 법규는 엄격하게 적용되지만, 더욱 중요한 것은 김일성, 김정일 및 김정은 개인의 지시가 초법적으로 준수되고 있는 사항에 주목할 필요가 있을 것이다. 이러한 맥락에서 헌법 개정을 통해 북한은 사회통제를 강화하고 있는데, 특히 형법과 행정처벌법 개정을 통해 내부통제와 탈북자에 대한 단속 및 처벌을 강화하고 있다.[25] 또한 북한의 핵심국가정책인 핵경제병진노선을 지지하는 법제를 구축하고 있다. 2012년 4월 헌법개정 시 서문에 북한은 핵보유국임을 명시하였고, 2013년 4월 1일 최고인민회의 제12기 7차 회의에서는 〈자위적 핵보유국의 지위를 더욱 공고히 할 데 대하여〉를 최고인민회의 법령으로 채택한 것이다.[26]

그러므로 인권법제가 지속적으로 정비되고는 있으나, 이는 여성, 아동, 장애인 등 체제 유지에 크게 위협이 되지 않는 부분에 집중되어 있다는 점을 간과하지 말아야 할 것이며, 이러한 유형의 인권에 집중함으로써 또한 대외적으로는 인권개선 선전효과를 거두고자 하는 것으로 분석되어왔다.[27]

요컨대 이러한 헌법 조항과는 별개로, 북한 정권이 국제사회가 북한 주민의 인권 문제를 제기하는 것을 어떻게 인식하느냐의 여부가 인권보호 제고를 목표로 하는 개발협력의 효과를 결정할 것이다.

기본적으로 국제사회가 북한 정권의 인권 문제를 제기하는 상황에 대해 북한은 이를 외부로부터의 위협, 특히 정권안보 및 체제안보 차원의 위협으로 인식하고 있으며, 최근 국제사회의 대북제재 국면이 심화되고 북한 주민에 대한 인권탄압의 주체가 북한 정권에서 김정은 개인까지 거명됨에 따라

---

24) 김정일, 『사회주의 법무생활을 강화할 데 대하여』(평양: 조선로동당출판사, 1989), p.11; 통일연구원, 『북한인권백서 2014』(서울: 통일연구원, 2014), p.76에서 재인용.

25) 이규창, "북한의 주민통제 법제정비와 체제유지," 통일연구원 Online Series Co 12-45 (2012.12.31).

26) 통일연구원, 『북한인권백서 2014』(서울: 통일연구원, 2014), p.79.

27) 통일연구원, 『북한인권백서 2014』(서울: 통일연구원, 2014), p.78.

위협인식이 점차 고조되고 있는 상황이다. 더욱이 국제사회에서의 인권공세
는 북한의 외교적 입지를 더욱 고립시키는 이슈이기 때문에, 북한으로서는
계속되는 국제사회로부터의 대북 인권공세에 대해 더욱 공세적으로 대응할
수밖에 없는 상황에 놓여 있다. 간과하지 말아야 할 점은, 국제사회가 북한
인권 문제의 정치화를 통해 북한에 대한 정치적 압박을 가하고 있는 것과
마찬가지로 북한 역시 대북인권공세의 정치화를 통해 체제 유지를 도모하고
있다는 점이다.

　우선, 국제사회의 북한인권 문제 논의 및 비판에 대한 북한의 인식은 전
술한 바와 같이 정권 및 체제안보 차원에 놓여 있다. 이러한 인식체계에는
여러 가지 요인이 영향을 미쳐왔는데, 우선 구소련 및 사회주의국가 붕괴가
그 첫 번째이다. 1990년대 구소련의 붕괴와 잇달은 사회주의국가 붕괴에 대
해 북한은 이를 심각한 정권안보 차원의 위협으로 인식하였는데, 북한은 특
히 자유 및 인권의 확산과 대규모 탈출, 그리고 서방에 의한 정보유입을 통
한 사회 내부 인식변화가 붕괴의 주요 원인으로 이해하였다.[28] 더욱이 이라
크 및 아프가니스탄 전쟁, 시리아 내전 등 미국이 인권을 명분으로 개진한
군사적 개입은 해당 국가 지도자들의 파국으로 이어졌다는 인식으로 인해
북한의 국제사회의 인권공세에 대한 대응은 더욱 공세적이 될 수밖에 없다.
결과적으로 이와 같은 맥락에서 북한은 국제사회의 북한인권 문제제기에 대
해 사회주의체제 와해전략 차원의 북한 정권교체 혹은 정권붕괴라는 정권안
보 위협의 관점으로 인식하고 있다.

　더욱이 북한은 세계질서를 '미국' 주도의 자유주의 질서가 아닌 '제국주
의 질서로 인식하고 있으며, 인권공세는 제국주의 세력이 세계를 제패하기
위한 수단으로 규정하고 있다. 이에 따라 북한은 유엔인권위원회(전 유엔인
권이사회)에서 2003년 이후 14년째 채택되고 있는 북한인권결의안에 대해
매번 반발하고 있다. 지난 2016년 3월 23일 유엔인권위원회 47개 이사국의

---

28) 김수암, "북한 공진화전략 연구: 인권," EAI 북한 공진화전략 연구패널 보고서 No.5
　　(2010).

컨센서스로 채택된 북한인권결의안에 대해서도 제네바 주재 북한대표부는 "극단적인 정치화, 선택성, 이중기준을 드러낸 반공화국결의를 전면 거부한다"고 밝혔으며, "미국과 다른 적대세력의 정치군사적 대결과 음모의 산물"이라고 비난하였다.[29]

또한 북한은 북한식, 즉 소위 '우리식의 인권'을 실현하는 길은 북한의 주체사상을 철저히 구현함으로써 가능하다고 주장한다.[30] 즉 수령, 당, 대중이 하나의 유기체적 조직으로 기능할 때 인권이 보장될 수 있다는 결론으로 이어지고 있으며, 이에 따르면 인권은 수령이 대중에게 시혜적으로 베푸는 혜택으로 인식되고 있으며, 그러므로 개인의 주체적인 권리 의식 자체가 존재할 수 있는 인식적 공간이 부재하게 되는 것이다.[31]

결과적으로 북한 정권은 국제사회의 인권공세는 북한의 주체사상과 이에 기반한 북한의 체제, 그리고 '사회주의 사상전선'을 무너뜨리기 위한 내부 와해공세의 정치적 수단이라고 결론짓고 있다. 결과적으로 북한의 사회주의체제를 유지하기 위해서는 치열한 사상전선을 형성해야 하며, 인권 문제에 대해 안보적 논리로 대응하고 있는 것이다.

더욱이 최근에는 국제사회의 대북인권공세가 단순히 북한의 체제에만 국한되지 않고 지난 2014 유엔인권이사회의 북한인권조사위원회 보고서(Report of the Commission of Inquiry on Human Rights in the Democratic People's Republic of Korea)는 북한 내 인권침해현황이 북한의 정부, 기관 및 당국자들에 의해 이루어진 반인도범죄로 규정하고 있다. 또한 반인도범죄에 책임이 있는 혐의자들을 기소하여 법정에 세우고, 이 과정을 감독할 특별검사를 임명해야 한다고 권고함으로써 북한 내 인권유린 현황은 또 다른 국면을 맞게 되었다. 즉 북한 내 인권유린에 책임이 있는 개인을 국제형사재판소(Inter-

---

29) 통일뉴스, "유엔인권이사회, 14년째 '북한인권결의' 채택," 2016.3.24.
30) 김수암, "북한 공진화전략 연구: 인권," EAI 북한 공진화전략 연구패널 보고서 No.5 (2010).
31) 서보혁, 『북한인권: 이론, 실제, 정책』(서울: 한울, 2007), pp.142-153.

national Criminal Court)에 국제사회에 회부해야 함을 제기한 것이다. 더욱이 2016년 통과된 〈북한제재강화법(North Korean Sanction Enforcement Act of 2016, H.R. 757)〉은 더욱이 북한 내 인권유린 및 통제 현황에 대해 공개적으로 김정은의 책임임을 밝히고 있어, 국제사회에 대한 대북인권공세는 더욱 그 수위가 높아지고 있으며, 이는 북한체제뿐만이 아닌 최고지도자에 대한 위협으로 받아들일 수밖에 없는 상황이다.

2. 북한 주민의 인권과 개발협력의 연계

앞서 북한인권에 대한 논의를 고려해볼 때, 북한 주민의 인권 상황이 북한에 대한 개발협력정책으로 인해 과연 제고될 수 있을 것인가, 혹은 상호 시너지 효과를 낼 수 있는가에 대해서는 상당한 논란의 여지가 존재한다. 특히 이것은 수원국이 북한이라는 체제라는 점에서 더욱 그러하다.

우선 공여국들이 최근 제시하고 있는 개발협력의 규범이 북한에게 받아들여질 것인가가 우선적으로 고려되어야 할 것이다. 대북 개발협력은 다양한 분야에 대해 상당히 큰 규모의 재원이 필요할 것으로 예측되는 바, 다수의 공여국 혹은 공여기구들의 참여가 필수적일 것이다. 대북 개발협력에 대한 이들의 참여와 지지를 이끌어내기 위해서는 이들이 제시하는 개발협력의 규범과 관행을 고려해야 할 필요가 있을 것이다. 이는 이들에게 북한은 하나의 저소득 수원국의 하나일 뿐이며, 이들에게 여타 저소득 수원국에게 적용되는 규범과 관행을 적용할 가능성이 있기 때문이다.[32] 또한 이때의 규범과 관행이란 공여국의 관점에서 수원국에 대한 개발협력 효과를 제고시키기 위해 축적되어온 것이기 때문에, 이러한 규범에 대해 북한이 어떻게 반응 혹은 대응할 것인지 식별하는 것은 대북 개발협력의 성패를 예측하는 데 중

---

32) 김석진, "개발원조의 국제규범과 대북정책에 대한 시사점," 정책자료 2009-106(서울: 산업연구원 2009), p.15.

요한 작업이 될 것이다. 더욱이 핵실험과 미사일 발사 등으로 인해 제재 국
면에 놓여 있는 북한의 경우, 국제사회와의 관계정상화야말로 국제사회로부
터의 개발협력을 공여받기 위한 선결과제일 것이다.[33]

한편 최근의 주요 공여국 혹은 공여기구의 개발협력에 대한 규범은
2005년 파리 고위급 포럼(Second High-Level Forum on Aid Effectiveness,
HLF-2)에서 채택된 파리선언(Paris Declaration)에 근거하고 있다. 이는 원조
의 질적 향상과 개발효과 진작을 위한 로드맵으로서, 〈표 6〉과 같이 공여국
과 수원국 모두가 따라야 할 5가지 원칙을 제시하였다.

2005년 파리선언과 2008년 아크라 행동강령의 이행사항을 평가한 2011
년 부산세계개발원조총회(HLF-4)에서는 전통 공여국들의 파리선언의 심화
를 시도했으나, 중국 등 신흥공여국들은 전통적 공여국들이 구축해온 파리

◐ 표 6   **파리선언의 5대 원칙**

파리선언 원칙	내용
수원국의 주인의식 (ownership)	수원국 스스로 개발전략 수립
수원국과의 원조일치 (alignment)	공여국 및 공여기관들이 수원국의 국가전략 및 제도, 행정절차를 충분히 존중하여 이와 일치하는 방향으로 사업 진행
원조 공여자 간 협력 (harmonization)	공여국 및 공여기관들 간 협력을 통해 공통의 전략을 수립·진행하고 정보를 공유하여 역할을 분담할 것
성과지향적 관리 (Managing for Results)	성과지향적으로 원조사업을 관리하고 모니터링 및 사후 평가체계 확립
상호 책무성 (mutual accountability)	공여국 및 수원국 정부가 각각의 국민들에게 원조자금의 사용내역과 그 성과에 대한 평가결과를 투명하게 공개하고 이에 대해 책임질 것

출처: 안옥윤·윤정현·민영진, "제4차 세계개발원조총회와 한국의 원조정책," 정책자료 2011-151
　　(서울: 산업연구원, 2011)

---

33) 김석진, "개발원조의 국제규범과 대북정책에 대한 시사점," 정책자료 2009-106(서울:
　　산업연구원 2009), p.125.

선언의 규범에 대해 부정적이었다. 이에 양측은 보다 차별화된 개발협력이 행에 합의하였으며, 파리선언은 개발협력을 시행하는 데 있어서의 기본적인 규범으로 자리 잡고 있다.

특히 성과지향적 관리는 최근 개발협력 사업을 진행하는 데 있어 정량적 데이터가 중요하게 되는 계기가 되고 있다. 개발협력 사업의 결정, 지속 및 중단 등 중요한 결정을 하는 데 있어서의 기준이 정량적 데이터가 되는 것이다. 과거에는 수원국의 일인당 국민소득이 어느 구간에 속하는가의 여부가 개발협력 사업을 시작하는 데 있어 중요한 기준점이었지만, 최근에는 수원국의 민주주의 지수 혹은 인권보호의 수준 역시 그 공여국의 개발협력 요건 판단의 근거가 되기도 한다. 대표적인 것이 미국 부시 행정부 당시의 새천년 도전계정(Millennium Challenge Account)으로서, 정량적 성과지표 (performance indicator)를 통해 특정 수원국들의 거버넌스 개혁정책을 보상하기 위한 목적을 갖고 있는 것이다. 즉 빈곤완화와 민주적 거버넌스 제도의 확립을 목적으로 하고는 있지만, 그만큼 개혁의 성과가 있는 수원국을 중심으로 미국의 개발협력재원이 집중되는 것이다.[34]

북한의 경우 지난 2016년 개발원조위원회(DAC)의 수원국 목록(ODA List)에서 최빈국(Least Developed Countries)의 카테고리가 아닌 일인당 GNI지수가 US$1,045보다 적은 기타 저소득국(Other low income countries)의 유형에 속해 있는데, 이에 속한 국가는 케냐, 타지키스탄, 짐바브웨와 북한 4개국뿐이다.[35] 반면 앞서 논의한 바와 같이 북한의 열악한 인권환경과 정권 안보로의 집착, 그리고 대외적인 모험주의 군사도발은 해외 공여국들로 하여금 오히려 북한에 대한 개발협력 가능성을 낮추고 있다. 즉 북한 내부에 만연한 기근과 인권유린의 상황에도 불구하고 북한 정권의 막대한 군비지출

---

34) Curt Tarnoff, *Millennium Challenge Corporation* (Washington, DC: Congressional Research Service, 2013)(February 13, 2013), p.3.

35) OECD 개발원조위원회 수원국 목록(DAC ODA List)는 다음의 웹사이트에서 확인 가능(https://www.oecd.org/dac/stats/documentupload/DAC%20List%20of%20 ODA%20Recipients%202014%20final.pdf).

과 무기 생산은 해외공여국들로 하여금 북한 정권의 우선순위가 북한 주민의 생활향상에 있지 않음을 어렵지 않게 깨닫게 된다는 것이다.36) 마지막으로, 북한에 대한 어떠한 형태의 원조도 사후 모니터링이 어렵다는 점 역시 북한에 대한 개발협력의 장애물이다. 특히 인도적 지원이 아닌 개발협력의 경우, 공여국의 책무성(accountability)이 존재하는가의 여부는 궁극적으로 개발원조를 제공한 공여국 국민의 이해와 법에 충실한 개발협력 사업이 실시되었는가, 혹은 투명하게 사업이 진행되었는가의 여부로 이어지기 때문에, 이를 판단하기 위해서는 개발협력이 본래의 목적에 충실했는가를 측정하기 위한 모니터링 작업이 필수적이기 때문이다.

이와 같이 개발원조 차원에서 최근 제시되는 조건부 원조의 형태를 고려해볼 때, 북한은 애초에 개발원조를 공여받기 어려운 상황 속에 놓여 있다고 판단할 수 있다. 이는 인도적 지원에 있어서도 마찬가지이다. 북한은 오랜 시간 기근과 빈곤 속에 놓여지며 인도적 지원이 불가피한 상황이었으나, 과연 북한에게 인도적 지원을 제공하는 것이 윤리적으로 옳은 선택인가에 대해서는 논란이 분분했다. 우선 북한에게 제공된 인도적 지원, 예컨대 식량, 보건장비 등이 실제로 이것이 필요한 주민들에게 제공될 것인가에 대해서 많은 대북지원활동가들에 의해 의혹을 샀다. 즉 실제로 이를 필요로 하는 주민들이 아닌 군인들에게 제공되거나 주민성분에 따라 차별적으로 제공될 가능성이 있다는 것이다.37) 또한 북한과 같이 주민의 인권이나 생활향상에 우선순위를 두지 않고 정권안보에 급급하는 현황을 볼 때, 이들에게 단기적인 인도적 지원을 제공하여 현재 북한 주민이 겪고 있는 인도적 위기의 직접적인 책임을 져야 하는 바로 그 북한 정권의 연장에 기여한다는 딜레마도 존재한다.

---

36) Carol Lancaster, "Foreign Aid and International Norms: The Case of North Korea," Choong-yong Ahn, Eberstadt Nicholas and Young-sun Lee, eds., *A New International Engagement Framework for North Korea* (Washington, DC: Korea Economic Institute of America, 2004), p.171.

37) op. cit., p.170.

특히 북한 내부에서 인도적 지원을 위해 활동해온 비정부기구들의 경험
에 따르면, 북한당국의 정보통제, 개개인의 이동 통제, 그리고 생산수단의
통제를 통해 국제 원조의 예기치 못한 부작용, 즉 정권안보의 약화 가능성
을 차단하고자 했다. 한편 북한의 정권안보를 위해 북한 내부에서 활동하는
해외대북지원활동가들의 행동을 통제했던 것은 오히려 공여국 피로(donor
fatigue) 현상을 앞당긴 것으로 분석되었다.[38] 공여국 피로 현상은 결국 국
제사회의 대북 인도적 지원의 규모를 축소시키는 결과로 이어졌고, 오히려
대북 인권운동가들의 활동을 촉진시키는 계기가 되었다. 즉 대북지원활동가
들이 북한 내에서 자유롭게 활동할 있도록 이들의 인권을 보장해야 한다는
주장에서부터 개발협력의 혜택에 대한 북한 주민의 접근권이 보장되어야 한
다는 주장으로 이어지게 된 것이다.

3. 사례연구: 북한에 대한 보건협력을 중심으로

지난 2016년 북한의 4차 핵실험 이후 한반도 긴장고조 국면에서도 유진
벨 재단(Eugene Bell Foundation)은 북한의 다제내성결핵(Multidrug-resistant
tuberculosis, MDR-TB) 치료사업을 위한 약품과 관련 물품을 북한에 보냈다.
유진벨 재단이 북한의 결핵치료사업을 위해 지난 20년간 북한에 물품을 보
내왔으나, 지난 4차 핵실험 이후 정부는 남북경협중단을 이유로 물자반출을
승인하지 않아 논란이 된 바 있다. 그러나 인도적 지원은 남북관계의 변화
와 관계없이 지속한다는 방침을 바탕으로 결국 계속적인 지원이 이뤄지고
있는 상황이다.
사실 다제내성결핵과 관련한 국제사회의 인도적 지원의 경우 단순히 보
건 문제의 프레임으로 인식할 수도 있을 것이나, 이와 같은 질병치료의 문

---

38) L. Gordon Flake and Scott Snyder, *Paved with Good Intention: The NGO
Experience in North Korea* (Westport. Connecticut: Praeger, 2003), p.113.

제는 이미 오래전부터 인권의 맥락에서도 논의되어온 바 있다. 예컨대 에이즈(AIDS)와 관련해서는 에이즈 보균자에 대한 사회적 차별의 문제로 인해 질병치료접근성과 기회가 줄어든다는 문제 등이 인권의 차원에서 다뤄졌고, 그러한 맥락에서 인권기반 접근법이 보건협력에 대해서도 적용되어왔다. 2008년 개발원조위원회 인권 태스크팀(DAC Human Rights Team)의 경우 인권의 개념을 보건협력분야에 적용하는 것이 파리선언에 적시된 원조효과성을 높이는 데 효과가 있었다고 밝히고 있기도 하다.[39]

요컨대 이러한 보건협력의 과정에서 주안점을 두어야 할 것은 좁게는 건강권(right to health), 그리고 넓게는 사회권규약과 자유권규약에 명시된 인권들에 대한 보장을 통해 건강권이 잘 보장될 수 있는 환경을 조성하는 데 있을 것이다. 이때의 건강권이란 보건의료에 대한 권리(right to health care), 건강보호에 대한 권리(right to health production) 등의 의미로 사용되어왔다.[40] 이에 세계보건기구 헌장에서는 건강을 '완전한 육체적·정신적 및 사회적 복리의 상태를 뜻하고, 단순히 질병 또는 병약이 존재하지 않는 것'이라 정의하고 있으며, 도달할 수 있는 최고수준의 건강을 향유하는 것이 인간의 기본적 건강이라고 정의하고 있다.[41] 이러한 건강권을 실현하는 방법은 일차적으로 해당 국가의 역량과 의지에 달려 있다. 그러나 국제사회는 유엔의 다양한 체제를 통해 각국의 건강권 이행을 감시하고 있다.

예컨대 유엔인권이사회의 보편적 정례검토(Universal Periodic Review), 혹은 특별보고관제도를 통해 독립적인 전문가를 특별보고관으로 임명하여 특정 국가와 관련한 인권 문제를 조사하고 보고할 수 있는 제도를 갖고 있

---

39) OECD, "Linking Human Rights and Aid Effectiveness for Better Development Results: Practical Experience from the Health Sector," Report for the Human Rights Task Team of the OECD DAC Network on Governance(GOV-NET) (Paris: OECD, 2008).

40) Brigit C. A. Toebes, *The Right to Health as a Human Rights in International Law* (Antwerp: Intersentia, 1999), pp.16-17.

41) 박진아, "국제법상 건강권의 보호와 북한의 이행," 『북한인권 이해의 새로운 지평』 (서울: 통일연구원, 2012).

다. 또한 자유권위원회나 사회권위원회 등 유엔의 인권조약체제에 기반한 건강권이행감시체제도 존재한다. 그러나 이러한 국제법 차원의 건강권이행 감시가 해당 국가의 건강권이행역량제고로 이어지진 않는다. 그러한 의미에 서 보건협력이 필요한 것이다.

표 7 북한 주민의 사망률

사망률	세계	동아시아 및 남아시아	한국	북한
연령별 평균 사망률(100,000명당)				
15세 이하	519	515	38	244
15~59세	377	429	170	336
60세 이상	4412	5265	2760	4160
신생아 사망률	61	77	4	26
5세 이하 사망률	51	55	5	33

출처: Yo Han Lee et al., "Overview of the Burden of Diseases in North Korea," *Journal of Preventive Medicine and Public Health*, Vol.46, No.3(2013), 111-117

표 8 북한 주민의 사망원인 비교

(단위: %)

사망원인	전 세계	저소득국가	동아시아 및 남아시아	한국	북한
감염성 질병, 영양 및 모성 환경 (communicable disease, maternal and nutritional conditions)	27.5	57.6	34.7	6.1	29.1
비감염성 질병 (non-communicable disease)	63.5	33.3	54.6	82.3	65.1
부상(injury)	9.0	9.1	10.7	11.6	5.8

출처: Yo Han Lee et al., "Overview of the Burden of Diseases in North Korea," *Journal of Preventive Medicine and Public Health*, Vol.46, No.3(2013), 111-117

북한의 질병부담(burden of disease)의 상황을 통해 북한의 보건상황을 살펴보면, 북한 주민의 사망률과 주요 사망원인은 주변지역의 평균과 큰 차이를 보임을 알 수 있다.

북한 헌법 제56조에서 "국가는 전반적 무상치료제를 공고 및 발전시키며 의사담당구역제와 예방의학 제도를 강화하여 사람들의 생명을 보호하며 근로자의 건강을 증진시킨다"고 명시하고 있다. 실제로 무상치료제도, 의사담당구역제도, 그리고 예방의학제도는 북한의 보건의료영역에서의 주요 구조라고 할 수 있으며, 1990년대 초 북한의 개방정책 및 국제보건 문제에 대응하기 위해 다양한 법적 정비를 한 바 있다.[42] 그러나 고난의 행군 이후 잔존하는 경제위기와 체제 차원의 위기로 인해 북한 의료체계는 유명무실한 상황이며, 특히 권력층과 부유한 상류층에게 혜택이 집중되고, 일반 주민들은 상대적으로 보건 및 의료 차원의 혜택으로부터 주변화되기에 이르렀다.[43]

이에 국제사회 및 한국은 대북지원 사업을 통해 보건의료분야에 대한 대북지원을 해왔다. 우선 한국의 경우 보건의료분야 지원규모는 지난 1995년부터 10년간의 대북지원 사업 중 11%를 차지하고 있으며, 주로 의약품, 백신, 의료소모품 등 기초보건의료와 감염성 질환 관리, 병원 개보수 지원 등을 해온 것으로 나타나고 있다.[44] 세계보건기구 역시 1996년부터 북한 주민의 의료 및 보건상황 제고를 위해 지원을 시작했으며, 특히 결핵, 말라리아, HIV/AIDS와 같은 전염성 질환 치료 및 모니터링 체계 구축 분야 등에 집중해왔다.[45]

한편 보건의료분야 개발협력의 경우 사실상 비정치적 영역으로 간주되

---

42) 김성욱, 『북한 인민보건법에 관한 연구』, 2009 남북법제연구보고서 (1)(서울: 법제처, 2009), p.7.

43) 통일연구원, 『북한인권백서 2012』(서울: 통일연구원, 2012), pp.301-302.

44) 황나미, "보건의료분야의 남북교류 및 협력 증진을 위한 정책방향," 『보건복지포럼』 제104호(2005), p.34.

45) WHO, *WHO Country Cooperation Strategy 2004-2008: Democratic People's Republic of Korea* (Geneva: WHO, 2003).

어 남북관계의 부침과 관계없이 진행될 것이라 간주할 수도 있으나, 사실
상 북한의 체제 특성상 북한 주민의 건강권 향유를 위해서는 보건협력과정
에 있어 인권의 요소가 포함되어야 할 것이다. 앞서 언급한 바와 같이 북한
의 인권개념은 상당히 집단주의적이며, 북한의 보건역량의 부재는 성분별
보건 및 의료 혜택에 대한 차별적 접근성을 야기하고 있기 때문이다.[46] 이
는 근본적으로 건강권에 대한 위반이라고 볼 수 있으며, 북한 주민의 건강
권 회복을 위해서는 단순히 물리적인 보건협력뿐만이 아니라 보건협력의 효
과를 제고시킬 수 있는 사회 전반의 거버넌스 향상 차원의 개발협력이 필요
할 것이기 때문이다.

IV. 결론

북한에 대한 개발협력은 사실상 그것이 남북관계 차원에서, 그리고 국제
사회 차원에서 가능할 것인가의 여부를 고려해야 한다. 특히 지금과 같이
국제사회로부터의 대북제재 국면에 놓여 있는 상황 속에서는 사실상 인도적
지원조차 어려운 실정이다. 두 번째로, 북한에 대한 개발협력이 과연 효과
를 거둘 수 있을 것인가를 예측하기란 매우 어렵다. 이는 수원국으로서 북
한이 개발협력에 대해 어떻게 반응할 것인가, 혹은 북한의 체제적 특성이
외부로부터의 개발협력과 어떻게 상호작용을 할 것인가의 여부 때문이다.

더욱이 북한에 대한 인권보호 제고를 위한 개발협력 사업은 앞서 언급
한 도전과 더불어 북한의 인권에 대한 인식이 상이하다는 점을 고려해야 할
것이다. 국제사회의 인권 문제제기에 대해 체제안보 차원의 위협으로 인지

---

46) Sandra Fahy, "Right-Based TB Programs for Migrants and Prisoners Needed
   in North Korea," *Health and Human Rights Journal*, Vol.18, No.1(2016).

하고 있다는 점을 고려할 때, 북한에 대한 인권보호 제고를 위한 개발협력은 제기조차 어려운 상황이라고 볼 수 있다.

그럼에도 불구하고 북한에 대한 인권보호 제고를 위한 개발협력은 북한 내 개발협력 효과증진뿐만이 아니라 북한 주민의 다양한 인권이 보장되기 위한 환경조성에 기여할 것이다. 그런 의미에서 대북 개발협력의 큰 틀에 대한 논의가 한국뿐만이 아니라 국제사회의 다양한 사례를 바탕으로 진행될 필요가 있으며, 또한 북한 내부의 체제적 제약요소를 고려하여 이를 극복하도록 지속적인 노력을 해야 할 것이다.

▣ 참고문헌 ▣

김석진. "개발원조의 국제규범과 대북정책에 대한 시사점." 정책자료 2009-106. 서울: 산업연구원, 2009.

김성욱. 『북한 인민보건법에 관한 연구』. 2009 남북법제연구보고서 (1). 서울: 법제처, 2009.

김수암. "북한 공진화전략 연구: 인권." EAI 북한 공진화전략 연구패널 보고서 No.5. 2010.

김정일. 『사회주의 법무생활을 강화할 데 대하여』. 평양: 조선로동당출판사, 1989.

박진아. "국제법상 건강권의 보호와 북한의 이행."『북한인권 이해의 새로운 지평』. 서울: 통일연구원, 2012.

박형중·이금순·임강택·최춘흠·권 율·장형수·이종무·권영경·강동완. 『국제사회 개발지원 이론과 실제: 북한개발지원을 위한 모색』경제인문사회연구회 협동연구총서 08-08-01. 서울: 통일연구원, 2008.

서보혁. 『북한인권: 이론, 실제, 정책』. 서울: 한울, 2007.

_____. "인간안보와 국가의 역할."『인간안보와 남북한 협력』. 서울: 아카넷, 2013.

이규창. "북한의 주민통제 법제정비와 체제유지." 통일연구원 Online Series Co 12-45(2012.12.31).

_____. "북한인권법제 동향과 분석 및 평가."『북한인권 이해의 새로운 지평』. 북한인권센터 편. 서울: 통일연구원, 2012.

통일연구원. 『북한인권백서 2012』. 서울: 통일연구원, 2012.

_____. 『북한인권백서 2014』. 서울: 통일연구원, 2014.

황나미. "보건의료분야의 남북교류 및 협력 증진을 위한 정책방향."『보건복지포럼』제104호. 2005.

Acemoglu, Daron, Simon Johnson, and James A. Robinson. "Institutions as a Fundamental Cause of Long-run Growth." In Philippe Aghion and Steven Durlauf, eds. *Handbook of Economic Growth*, Vol.1. Chapter

6. New York: Elsevier, 2005.

Acharya, Amitav. "An Idea that Works in Practice." P. Burgess and T. Owen, eds. "What is Human Security?" Comments by 21 Authors, *Special Issues of Security Dialogue*, Vol.35. 2004.

Alonso, Jose Antonio, and Jonathan Glennie. "What is Development Co-operation?" ECOSOC 2016 Development Cooperation Forum Policy Briefs, No.1. February 2015.

Alston, Phillip. "Ships passing in the Night: The Current State of the Human Rights and Development Debate seen through the Lens of the Millennium Development Goals." *Human Rights Quarterly*, Vol.27, No.3: 755-829. 2005.

Alston, Philip, and Mary Robinson, eds. *Human Rights and Development: Towards Mutual Reinforcement*. New York: Oxford University Press, 2005.

Amparo, Tomas. "A Human Rights Approach to Development: Primer for Development Practictioners." *Partners for Law in Development Report* (April 2005).

Axworthy, Lloyd. "A New Scientific Field and Policy Lens." *Security Dialogue*, Vol.35. 2004.

Bajpai, K. "An Expression of Threats Versus Capabilities Across Time and Space." *Security Dialogue*, Vol.35. 2004.

Brautigam, Deborah, and Stephen Knack. "Foreign Aid, Institutions, and Governance in Sub-Saharan Africa." *Economic Development and Cultural Change* 52-2. 2004.

Buzan, Barry. "A Reductionist, Idealists Notion that Adds Little Analytical Value." *Security Dialogue*, Vol.35. 2004.

Callaway, Rhonda L., and Elizabeth G. Matthews. *Strategic US Foreign Assistance: The Battle Between Human Rights and National Security*. Burlington, VT: Ashgate Publishing Company, 2008.

Carleton, David, and Michael Stohl. "The Foreign Policy of Human Rights: Rhetoric and Reality from Jimmy Carter to Ronald Reagan." *Human Rights Quarterly*, Vol.7, No.2: 205-229. 1985.

Cornwall, Andrea, and Celestine Nyamu-Musembi. "Putting the Right-Based Approach to Development into Perspective." *Third World Quarterly*, Vol.25, No.8: 1415-1437. 2004.

Fahy, Sandra. "Right-Based TB Programs for Migrants and Prisoners Needed in North Korea." *Health and Human Rights Journal*, Vol.18, No.1. 2016.

Flake, L. Gordon, and Scott Snyder. *Paved with Good Intention: The NGO Experience in North Korea*. Westport. Connecticut: Praeger, 2003.

Hehir, Aidan. "From Human Security to the Responsibility to Protect: The Co-option of Dissent?" *Michigan State International Law Review*, Vol. 22, No.3: 675-700. 2014.

Hubert, D. "An Idea that Works in Practice." *Security Dialogue*, Vol.35. 2004.

Lancaster, Carol. "Foreign Aid and International Norms: The Case of North Korea." Choong-yong Ahn, Eberstadt Nicholas and Young-sun Lee, eds. *A New International Engagement Framework for North Korea*. Washington, DC: Korea Economic INstitute of America, 2004.

Moss, Todd, Gunilla Pettersson, and Nicolas van de Walle. "An Aid-institutions Paradox? A Review Essay on Aid Dependency and State Building in sub-Saharan Africa." In William Easterly, ed. *Reinventing Foreign Aid*. Cambridge, MA: MIT Press, 2008.

Nussbaum, Martha. "Beyond the Social Contract: Capabilities and Global Justice." *Oxford Development Studies*, Vol.32, No.1: 3-18. 2004.

Nussbaum, Martha. "Capabilities as Fundamental Entitlements: Sen and Global Justice." *Feminist Economics*, Vol.9, No.2: 33-59. 2011.

OECD. "Linking Human Rights and Aid Effectiveness for Better Development Results: Practical Experience from the Health Sector." Report for the Human Rights Task Team of the OECD DAC Network on Governance (GOV-NET). Paris: OECD, 2008.

OECD/WB. "Integrating Human Rights into Development: Donor Approaches, Experiences, and Challenges." 2nd Edition. Washington, DC: World Bank and Organization for Economic Cooperation and Development, 2013.

Remmer, Karen. "Does Foreign Aid Promote the Expansion of Government?" *American Journal of Political Science* 48-1: 77-92. 2004.

Rijckeghem, Caroline Van., and Beatrice Weder. "Corruption and the Rate of Temptation: Do Low Wages in the Civil Service Cause Corruption?" IMF Working Paper 97-73. 1997.

Sen, Amartyr. *Development as Freedom*. Oxford: Oxford University Press, 1999.

Shaw, Martin. *Global Civil Society and International Relations.* 1994.

Tarnoff, Curt. *Millennium Challenge Corporation.* Washington, DC: Congressional Research Service. February 13, 2013.

Thomas, Nicholas, and William Tow. "The Utility of Human Security: Sovereignty and Humanitarian Intervention." *Security Dialogue*, Vol.33. 2002.

Toebes, Brigit C. A. *The Right to Health as a Human Rights in International Law.* Antwerp: Intersentia, 1999.

UNDP. Human *Development Report 1994 — New Dimensions of Human Security.* New York: Oxford University Press, 1994.

_____. "Indicators for Human Rights Based Approaches to Development in UNDP Programming: A User's Guide." United Nations Development Programme Bureau for Development Policy Democratic Governance Group. New York, 2006.

United Nations. "An Agenda for Peace: Preventive Diplomacy, Peacemaking and peace-keeping." Report of the Secretary-General Boutros Boutros Ghali. June 17, 1992.

Uvin, P. *Human Rights and Development.* Bloomfield: Kumarian Press, 2004.

Weignartner, Erich. "Reconciling the Human Factor: Understanding the North Korean Human Rights/Humanitarian Divide." 38 North(May 2013).

WHO. *WHO Country Cooperation Strategy 2004-2008: Democratic People's Republic of Korea.* Geneva: WHO, 2003.

취약국 원조 논의와 북한개발협력*

박지연 | 전북대학교

I. 서론

1995년 8월 23일 북한은 유엔대표부를 통해 유엔인도지원국에 긴급 구호를, 세계보건기구에 의료진 파견 등을 요청하였다. 이를 계기로 국제사회는 북한에 대한 원조를 시작하였으며, 대북지원은 약 20년간 한해도 빠짐없이 지속되어왔다. 2014년을 기준으로 지원 총액은 약 41억 4,900만 달러이다.[1] 동기간 북한 GDP 대비 평균 약 2%의 지원을 20년간 지속해온 셈이

* 본 글은 Park, "Norms and Realities of Applying Aid Discourse on Fragile States to North Korea," *Asian Politics and Policy*, Vol.8, No.4(2016)를 재정리한 것임을 밝힙니다.

1) 국제사회의 지원은 한국과 OECD 공여국 지원의 합; 한국 정부의 대북지원 규모(민간지원 제외)는 1995년부터 2013년에 해당하며 집행액을 기준 한국은행에 고시된 각연

다.2)

대부분의 보고서들은 대북지원이 효과적이었던 것으로 분석한다. 대표적인 연구로는 FAO/WFP(2004), UNDP(2007), UNICEF(2008, 2007, 2006) 등이 있다. 본 연구들은 해당 기관들의 지원사업에 초점을 맞춘 평가보고서들이며, 사업의 성과라는 미시적인 측면에서 대북지원의 효과를 긍정적으로 평가하고 있다. 김정수(2010), 김종갑(2005), 이금순(2001) 등은 보다 포괄적인 차원에서의 대북지원의 효과를 논의하고 있으며, 공통적으로 대북지원이 북한의 경제난을 일정 수준 완화시킨 것으로 분석한다. 유사한 분석으로 양문수(2007)는 한국의 대북지원이 북한 경제 및 북한 사회에 긍정적인 영향을 미쳤을 뿐 아니라 한국 경제에도 긍정적인 영향을 미쳤다고 서술하며, 이우영(2014)은 대북 인도적 지원이 남북한 주민들의 마음의 통합에 긍정적인 영향을 미쳤다고 주장한다.

반면 Kim(2014), 문경연(2012), Soderberg(2006), 조한범(2005) 등은 국제사회의 대북지원이 효과적이지 못했던 것으로 평가한다. 각각의 논문은 다양한 기준을 바탕으로 대북지원의 비효율성을 지적하고 있다. 예를 들어

도 종가평균환율을 적용하여 계산(통일부 통계, http://www.unikorea.go.kr(검색일: 2015.04.15)), 한국은행 경제통계시스템, http://ecos.bok.or.kr/(검색일: 2015.04.15); 한국을 제외한 OECD의 대북지원은 1995년부터 2013년까지에 해당하며 약정액 기준(OECD Statistics, http://stats.oecd.org(검색일: 2015.04.15)); GDP는 UN statistics, http://unstats.un.org/(검색일: 2015.05.11), GDP 규모는 추정 방식상의 문제로 실제보다 크게 측정되었을 가능성이 있음을 감안하면 GDP 대비 지원의 비중은 2%를 상회할 것으로 추정된다.

	1995	1996	1997	1998	1999	2000	2001	2002	2003	2004	2005	2006	2007	2008	2009	2010	2011	2012	2013
국제사회지원	260.39	8.58	129.07	88.34	267.12	254.21	156.02	495.75	334.64	356.64	377.49	287.49	484.19	240.20	81.03	91.15	71.37	82.34	72.85
북한의 GDP	4849.30	10587.91	10322.79	10273.49	10280.00	10607.91	11021.86	10910.00	11051.00	11168.00	13031.20	13764.39	14374.67	13336.80	12035.15	13945.17	15689.23	15907.40	15454.35
지원/GDP(%)	5.37	0.08	1.25	0.86	2.60	2.40	1.42	4.54	3.03	3.20	2.90	2.09	3.37	1.80	0.67	0.65	0.45	0.52	0.47

2) 북한정보포털, 북한의 재정규모 추이, http://nkinfo.unikorea.go.kr/nkp/main/portalMain.do(검색일: 2015.04.20), 단 북한의 경제난이 가장 심각했던 1995년부터 1997년까지와 2002년 재정규모에 대한 정보가 부재하여 계산에서 제외한 점을 감안하면 평균 규모는 이보다 높을 것으로 판단된다.

Kim(2014)의 경우에는 국제사회의 대북지원은 북한의 지속가능한 발전 및 인도적 상황개선에 기여하기 못하였으며, 그 이유를 북한 국내 정치에서의 정치와 사회의 분절 및 대북 인도적 지원이 가지는 정치성에서 찾고 있다. 문경연(2012)은 대북지원의 비효율성을 원조 공여의 정치성에서 기인하는 것으로 판단, 이를 완화시키기 위한 대안적 접근법으로 인간의 기본적욕구 접근법을 제안하였다. Soderbeg(2006)와 조한범(2005)의 경우 대북지원이 오랫동안 지속되어왔다는 것은 지원이 효율적이지 못함을 보여주는 것이라 지적하면서 대북지원의 한계를 서술하고 있다.

위와 같은 대북지원에 대한 평가가 공통적으로 보여주고 있는 문제는 평가의 기준이 지나치게 미시적이거나 혹은 모호하다는 것이다.3) 한국의 대북지원에 대한 평가들은 평가기준이 모호하다는 공통된 한계를, 한국을 제외한 국제사회의 대북지원에 대한 평가들은 평가기준이 사업레벨의 미시적인 측면에 국한되어 있다는 한계를 가진다. 물론 대북지원에 대한 논의가 가지는 기본적인 한계는 북한의 폐쇄성에 기인하는 것이다. 정보 제공을 거부하는 대상에 대한 깊이 있는 논의는 근본적인 한계를 가질 수밖에 없기 때문이다. 그러나 2차적으로 이와 같은 연구의 한계는 국제사회의 대북지원에 대한 규범적 논의 즉, 대북지원 이슈들을 아우르는 상위 논의의 결여 때문인 것으로 판단된다. 국제사회가 대북지원을 행위함에 있어 공통된 규범을 가지고 있지 않기 때문에 대부분의 연구들은 사업단위의 평가보고서나, 기준이 없는 효과성 논의에서 벗어나기 어려운 것이다.

국제사회에서 원조 규범에 대한 논의는 원조의 일관된 집행과 적절한 평가 그리고 이를 통한 원조효과 증진의 필수조건으로 인식되어왔다. 북한의 경우 초기 긴급구호, 인도주의적 지원에 있어서는 일정 수준의 국제사회 논의를 적용하여 해당 규범을 차용할 수 있었지만, 20여 년간 지속된 원조

---

3) 인도주의적 규범을 논의한 문경연(2012)은 예외로 하나, 대북지원이 인도적 지원을 넘어서는 다양한 지원의 형태로 확장되고 있는 점을 감안하여 추가적인 논의의 필요성은 여전히 존재한다.

에도 불구하고 여전히 관련된 이슈를 해결하지 못하고 있는 점을 감안하면, 대북 원조에 관한 체계적인 접근의 필요성은 더욱 높다고 할 수 있다. 대북 지원은 또 다른 종류와 깊이를 가지는 규범을 필요로 하고 있다고 하겠다.

본 연구는 국제사회의 대 취약국 원조 규범을 북한에 도입하고 이를 바탕으로 대북지원에 대한 평가를 시도하고자 한다. 최근 국제사회는 수원국의 취약성을 개선시켜 개발의 기초를 다지는 작업에 대한 대 취약국 원조 논의를 활발히 진행하고 있으며, 북한의 경우도 국제사회의 지속적인 지원에도 불구하고 여전히 취약성이 개선되지 못하고 있는 수원국들 중 하나인 점에 착안한 시도이다.

이 글의 구성은 다음과 같다. II절에서는 취약국 원조 규범을 대북지원 사례에 도입하기 위해 국제사회의 대 취약국 원조 논의를 분석한다. III절에서는 국제사회가 북한의 취약성을 어떻게 평가하고 있는가를 다양한 지표분석을 통해 살펴본다. 만약 국제사회가 북한을 취약국으로 인식하고 있지 않다면 국제사회의 대 취약국 원조 규범의 도입은 무의미한 작업일 수 있기 때문에 이와 같은 검토는 필수적이라 판단된다. 다음으로 IV절에서는 취약국 원조 논의의 중심에 놓여 있는 뉴딜(New Deal)을 활용하여, 국제사회 대북지원의 규범을 제안하고, 이를 바탕으로 대북지원의 현실을 분석한다. V절 결론에서는 본문의 내용을 요약하고, 연구의 한계와 의의를 밝힌다. 이글에서 국제사회의 대북지원은 한국의 대북지원을 포함하지 않는다. 남북한 간의 관계를 일반적인 국가 간의 관계로 다루는 것에는 한계가 있을 수 있기 때문에 한국 정부의 대북지원 규범에 대한 논의는 추후 연구로 남겨둔다.

II. 국제사회의 대 취약국 원조 논의

국제사회에서 취약국에 대한 논의가 이루어지기 시작한 것은 탈냉전 이후부터이다. 당시 일부 국가에서 이데올로기로 억압되었던 인종, 언어, 문화, 종교 등의 원인으로 이질적인 집단 간 분쟁이 발생하기 시작하였으며, 이러한 분쟁이 미치는 영향은 국경을 초월한 것이었다.[4] 국제사회는 분쟁을 경험하고 있는 이러한 국가를 실패국가 혹은 취약국가라 명명하기 시작하였다. 2001년 9.11 사건 이후 테러리즘이 확산되면서 실패국가에 대한 관심이 국제정치 논의의 중심에 놓이게 되었다.[5] 당시 실패국가에 대한 국제사회의 대응은 평화유지군 활동 등을 통한 적극적 개입의 형태를 띠고 있었으나, 국제사회에서의 개입은 국가주권이라는 국제관계의 주요 원칙과 충돌하고 있을 뿐 아니라 미국의 소말리아 개입이나 나토의 코소보 개입의 경우에서처럼 실제 개입의 효과가 긍정적이지 못한 경우가 다수 발견되는 한계를 가지고 있었다.[6]

최근 취약국 논의가 구체화되기 시작한 것은 취약국 이슈가 원조효과 논의와 연계되면서부터이다. 일반적으로 원조효과 논의는 공여국의 측면과 수원국의 측면 등 두 가지 측면에서 이루어져왔다. 공여국의 측면에서는 공여의 분절과 조합 정도에 따른 원조의 효과,[7] 원조 배분의 방식에 따른 원조

---

4) 이현, "개발과 이슈 취약국 개입을 위한 뉴딜," 『개발과 이슈』 제20호(2014), p.6.

5) Sebastian Ziaja, "What Do Fragility Indices Measure? Assessing Measurement Procedures and Statistical Proximity," *Zeitschrift fur Vergleichende Politikwissenschaft* 6(2012), pp.42-44.

6) Mdeleine K. Albright and Richard S. Williamson, *The United States and R2P: From Words to Action* (Washington, DC: United States Institute of Peace, 2013); International Commission on intervention and State Sovereignty(ICISS), *The Responsibility to Protect* (Ottawa: International Development Research Centre, 2001).

7) Simeon Djankov et al., "The Curse of Aid," *Journal of Economic Growth* 13 (2008), pp.169-194; Clark C. Gibson et al., *The Samaritan's Dilemma: The*

의 효과[8] 등이 논의되어왔다. 반면 수원국의 측면에서는 수원국의 정치·제도적 환경의 특징이 원조 효과에 미치는 영향[9]이 매우 중요하게 다루어져 왔으며, 특히 9.11 이후 정치, 경제적으로 조건이 열악한 수원국에 대한 원조 논의가 구체화되면서 취약국 원조에 대한 차별화된 프레임 구축이 시도되었다.[10]

구체적으로 살펴보면 먼저, 파리선언(2005)과 아크라 행동계획(2008)은 취약국을 포함한 원조 전반의 효과성 제고를 위한 원칙들이었다. 이러한 선언들은 이후 원조효과 개선을 위한 논의과정을 거쳐 평화구축 및 국가건설에 대한 딜리 선언(2010), 몬로비아 로드맵(2011), 뉴딜(2011) 등을 통해 취약국만을 대상으로 한 원조 규범으로 구체화되었다. 예를 들어 파리선언은 일반적인 차원에서의 수원국의 주인의식(ownership), 수원국의 개발전략에

Political Economy of Development Aid (Oxford: Oxford University Press, 2005); Stephen Knack and Aminur Rahman, "Donor Fragmentation and Bureaucratic Quality in Aid Recipients," *Journal of Development Economic* 83(2007), pp.176-197 등을 참조.

8) Tito Cordella and Giovann Dell'Ariccia, "Budget Support Versus Project Aid," *The Economic Journal* 117(2007), pp.1260-1270; Jan Petersson, "Foreign Sectoral Aid Fungibility, Growth and Poverty Reduction," *Journal of International Development* 19(2007), pp.1074-1098 등을 참조.

9) Craig Burnside and David Dollar, "Aid, Policies, and Growth," *World Bank Policy Research Working Paper* No.569252(1997); Crag Burnside and David Dollar, "Aid, Policies, and Growth: Revisiting the Evidence," *American Economic Review* 90(2000), pp.847-868; Paul Collier and David Dollar, "Can the World Cut Poverty in Half," *World Development* 29(2001), pp.1787-1802 등을 참조.

10) 취약성을 측정하는 방법들에 대한 다양한 논의를 포함하여, 취약성 지표를 활용한 원조효과 측정에 대한 새로운 시각들이 활발히 소개되고 있음. 대표적인 연구로는 Timothy Besley and Torsten Person, "Fragile States and Development Policy," *Journal of European Economic Association* 9(2011), pp.371-398; Charles T. Call, "Beyond the Failed State: Toward Conceptual Alternatives," *European Journal of International Relations* 17-2(2010), pp.1-24; Carment David et al., *Security, Development, and the Fragile State* (London: Routledge, 2010) 등이 있음.

공여국 원조의 일치(alignment), 공여국 간 원조조화(harmonization), 결과 중심적이고 효율적인 자원 활용 및 의사결정(managing for results), 공여국과 수원국 간 상호 책임성 강화(mutual accountability) 등을 강조하였고, 이후 아크라 행동계획은 파리선언의 위 다섯 가지 원칙을 달성하기 위한 행동계획을 제시한 것이었다면, 2010년 딜리 선언은 취약국에 특화된 평화구축과 국가건설에 대한 새로운 비전을 수립하는 등 파리선언과 아크라행동계획의 일반적인 사안들을 취약국 대상으로 구체화시켰다. 특히 딜리 선언은 평화구축과 국가건설 목표(Peace Building and State Building Goals: 이하 PSGs)를 개발을 달성하기 위한 전제조건으로 제안하고, 이를 달성하는 데 있어 걸림돌이 되는 문제들을 해결하기 위한 논의를 제안하였다. 2011년 국제사회는 몬로비아 로드맵을 통해 평화구축과 국가건설에 대한 다섯 가지 목표(legitimate politics, security, justice, economic foundation, revenues & service)에 합의하고 이들 목표 이행 상황을 측정할 수 있는 지표 개발과 분쟁 및 취약국에 이들 목표가 성과를 낼 수 있는 새로운 개발 체계 정립을 추진하게 된다.[11)]

이러한 과정을 거쳐 2011년 취약국 개발을 위한 이정표, 취약국에서 보다 나은 성과를 내기 위해 제안된 뉴딜(New Deal)이 발표되었다. 뉴딜은 첫째, MDGs의 토대로서 평화구축 및 국가건설 목표들과 분쟁 및 취약국에서의 개발협력 지침을 제시 둘째, 이해관계자들이 취약국이 주인의식을 갖고 주도적으로 취약성에서 벗어날 수 있도록 지원할 수 있는 새로운 방식에 초점 셋째, 원조를 제공함에 있어 자원을 좀 더 효과적으로 관리하고 더불어 이런 지원의 성과를 바탕으로 배분함으로써 공여자들과 수원국들이 서로 신뢰를 구축할 수 있는 방침을 마련한 것으로 평가된다.[12)]

뉴딜에 따르면, PSGs를 달성하기 위해 취약국은 다섯 가지 실행과제를

---

11) International Dialogue on Peacebuilding and Statebuilding, The Monrovia Roadmap, www.pbsbdialogue.org/(검색일: 2015.04.05).

12) 이현, "개발과 이슈 취약국 개입을 위한 뉴딜," 『개발과 이슈』 제20호(2014), pp.15-16.

가지는데,13) 첫째, 취약국은 취약국 주도로 취약성의 원인과 특징을 분석할 의무를 가진다(fragility assessment). 둘째, 취약국 주도로 하나의 비전과 하나의 계획을 수립하고 취약성 탈피를 위해 해당 계획을 실행해야 하며(one vision, one plan) 셋째, 하나의 비전과 하나의 계획을 이행을 위해 모든 당사자들 간의 파트너십을 체결해야 한다(compact). 넷째, PSGs를 활용한 이행 상황 모니터링에 참여해야 하며(use), 마지막으로 수원국은 효과적인 평화구축과 국가건설을 위한 정치적 대화와 리더십 지원(support political dialogue & leadership)을 적극적으로 수행해야 한다. 한편 공여국은 취약국에 대한 원조에 있어14) 첫째, 모든 수준에서 재원 사용의 투명성을 제고해야 하며(transparency), 둘째, 취약국에서의 투자 증진을 위한 위험관리를 실행해야 한다(risk management). 셋째, 취약국 시스템 구축 및 이를 활용한 원조 활동을 해야 한다(use of country systems). 넷째, 평화로운 국가 건설을 위해 현지 기관들과 행위자들의 역량강화에 적극적으로 참여해야 하며(strengthen capacities) 다섯째, 공여국은 단순하고, 신속하고, 정교한 메커니즘을 통한 시의적절하고 예측 가능한 원조를 제고해야 한다(timely & predictable aid).

　　뉴딜에 대한 이행평가는 2014년 처음으로 이루어졌다. 이를 위해 수원국15)에 대한 조사와 갈등과 취약에 대한 국제 네트워크(International Network on Conflict and Fragility: 이하 INCAF) 회원국16)에 대한 설문 결과를 활용하였다. 단, PSGs 달성정도에 대한 평가는 현재 평가지표 개발이 완료되지 못하였기 때문에 평가에서 제외되었다. 뉴딜 추진현황에 대한 평가결과를 살펴보면 먼저 취약국의 뉴딜 이행에 있어서 '자체적인 국가 취약성 평가'와 '관련 국가와의 협약 체결'의 항목에 대해서는 의미 있는 개선이 이

13) 뉴딜 수원국, http://www.newdeal4peace.org/focus/(검색일: 2015.05.10).

14) 뉴딜 공여국, http://www.newdeal4peace.org/trust/(검색일: 2015.05.10).

15) 아프가니스탄, 콩고, 시에라리온, 솔로몬제도, 동티모르.

16) 벨기에, 캐나다, 덴마크, EU, 핀란드, 프랑스, 독일, 일본, 포르투갈, 스웨덴, 스위스, 영국, UNDP, 미국, 세계은행 등.

루어지지 못한 것으로 평가되었다. 반면, '취약국 주도로 하나의 비전과 하나의 계획을 수립하고 취약성 탈피를 위해 해당 계획을 실행'해야 하는 항목과 '효과적인 평화구축 및 국가건설을 위한 정치적 대화와 리더십 지원'의 항목에 대해서는 약간의 개선이 이루어진 것으로 보고되었다. 한편 PSGs를 활용한 이행 상황 모니터링 수준은 개선되지 않은 것으로 분석되었다. 뉴딜 이행에 대해서 변화는 보이나 체계적인 변화의 조짐은 아니라는 것이 총평이다.[17]

다음으로 공여국에 대한 평가결과를 살펴보면,[18] 첫째, '원조의 투명성' 증진과 관련해서는 약간의 개선이 이루어진 것으로 평가되었다. INCAF의 회원국들은 원조 투명성과 관련한 다양한 이니셔티브에 참여해왔으며, 더불어 개별 국가 내에서 중앙정부가 관리하는 관련 기관 간 정보 공유 체계를 구축해온 것이 평가에 반영되었다.[19] 그러나 여전히 취약국들이 보유하고 있는 원조데이터들은 운영상의 역량 부족 혹은 시스템의 취약으로 적절한 시기에 원조 투입을 위한 정보제공에 한계를 보이고 있기 때문에 원조투명성 확보 차원에서 관련 역량강화의 필요성은 더욱 크다. '위험관리'의 항목에 대해서는 일정 수준의 개선이 있었던 것으로 평가되었다.

둘째, 공동기금을 통해 다양한 공여 주체들이 원조에 참여함으로써 국가에 대한 위험을 분산시켜 여타 외부 투자를 촉진해야 하는 것에 대하여 공여국의 인식 수준은 크게 향상된 것으로 보인다. 예를 들어, 뉴딜 모니터링 보고서에 따르면 주요 공여국들의 공동기금을 경유한 취약국 지원 비율은 2010년 약 13%이었던 것이 2012년 37%로 크게 증가한 것을 알 수 있다. 이는 취약국을 지원하지 않는 위험에 대한 인식을 크게 확대하되, 취약국에 대한 직접적인 지원을 확대하는 것에 대한 위험관리의 수단으로 공동기금을

---

17) IDPS, *NEW DEAL MONITORING REPORT* (IDPS, 2014), pp.11-13.

18) IDPS, *NEW DEAL MONITORING REPORT* (IDPS, 2014), pp.16-24.

19) 호주, 캐나다, 독일, 스위스, 영국, 미국 등이 International Aid Transparency Initiative에 가입, IDPS, *NEW DEAL MONITORING REPORT* (IDPS, 2014), p.16.

경유한 지원방식이 활발히 검토되고 있음을 의미하는 것이다.

셋째, '취약국 시스템의 사용'과 관련해서는 개선되지 않은 것으로 분석되었다. 공여국의 수원국에 대한 재정지원이 전체 지원에서 차지하는 비중은 계속 낮아졌기 때문인데, 여기서 공여국이 재정에 대해 직접적인 지원을 수행할 경우 수원국이 자국의 시스템을 사용하여 취약성의 개선에 기여할 수 있다고 보았기 때문이다. 기본적으로 대부분의 공여국들은 취약국 시스템의 개선이 담보될 경우에만 재정지원을 긍정적으로 검토하는 경향을 가진다.

넷째, '수원국 역량강화'에 대해서는 공여국마다 다양한(a range of different) 태도를 보이고 있으나, 이에 대해 적극적인 태도를 보이는 집단의 경우에도 논의 수준이 구체적이지 못해 실제 적용에 한계를 가지고 있는 문제가 있다. 역량강화 보고서가 발표되더라도 이것이 정책에 반영되지 못하는 한계도 가지고 있어 전체적으로 개선이 되지 못한 것으로 평가하고 있다.

마지막으로 '신속하고, 정교한 메커니즘을 통한 시의적절하고 예측 가능

● 그림 1   **뉴딜(New Deal)의 내용과 모니터링 결과**

주: 실선은 SUBSTANTIAL PROGRESS, 점선은 SOME PROGRESS, 나머지는 NO PROGRESS를 의미
자료: NEW DEAL, http://www.newdeal4peace.org/new-deal-snapshot/(검색일: 2015.04.20);
　　　IDPS, *NEW DEAL MONITORING REPORT*(IDPS, 2014)의 평가결과 참조하여 저자 작성

한 원조'를 실행하였는가에 대해서는 일정 수준의 개선이 이루어진 것으로 평가하고 있다. 이러한 평가는 15개의 INCAF 회원국들의 지원 메커니즘의 개선(Donor Use of Quick Response Mechanism in g7+ Countries)에 대한 분석을 통해 이루어졌다. 예를 들어 캐나다는 START라는 프로그램을 통해 취약국 재건을 위한 특별 메커니즘을 구축하고, 수원국의 상황에 따라 빠른 시간 내에 접근할 수 있도록 원조 공여 시스템을 운영하고 있으며, 핀란드의 경우 특정 기금에 대한 FAST-TRACK 메커니즘을 운영, 예산승인이 신속하게 될 수 있도록 취약국 원조 체계를 별도로 운영하고 있다.

국제사회에서 취약국 논의는 기본적으로 한 집단의 취약성이 해당 집단의 문제만이 아닌 국제사회 공동의 이슈로 불특정 다수의 피해가 발생할 수 있다는 문제의식에서 구체화되었으며, MDGs 달성과 관련하여 지속적인 지원에도 상황개선의 여지가 발견되지 않는 특정 국가들에 대한 국제사회의 책임의식에 기반하여 체계화되었다. 그리고 그 결과로 뉴딜이라는 취약국에 대한 일종의 맞춤형 지원규범이 도출된 것이다. 뉴딜에 기반한 취약국과 공여국의 원조이행 수준은 현재 다양한 분야에서 개선을 필요로 하고 있는 단계이다. 사실 특정 국가에 대하여 어떠한 조건의 원조가 효과적인지에 대한 논의는 여전히 진행 중이다. 최근 뉴딜에서 제안된 취약국에 대한 원조 규범과 이에 기반한 원조의 원칙이 지원의 효과를 담보하고 있는가도 이러한 차원에서 여전히 논의의 대상일 수밖에 없다. 그럼에도 불구하고 원조에 대한 구체적이고, 체계적인 접근방식은 원조효과 개선에 긍정적인 영향을 미칠 것으로 예상되며, 따라서 뉴딜에 기반한 post-2015의 모색은 취약국뿐만 아니라 국제사회 전반의 지속가능한 성장을 위해 의의를 가진다고 평가할 수 있다.

III. 북한의 취약성에 대한 국제사회의 시각

MDGs 달성의 기한인 2015년 현재, 국제사회는 취약국에 대한 새로운 원조 프레임을 도입하여 post-2015를 준비하고 있다. 북한에 대한 국제사회의 지원이 20년간 지속되었고, 여전히 북한은 국제사회의 지원국 리스트에 남아 있는 상황에서 이 글은 대북지원에 대한 새로운 접근방식으로 취약국 규범을 차용하고자 한다. 서두에 문제제기한 것과 같이 국제사회의 대북지원에 대한 규범 논의는 매우 취약하기 때문에 북한에 대한 접근방식을 체계화하고, 구체화하는 초보적인 작업으로서 취약국 원조 논의의 북한 적용을 시도하는 것은 나름의 의의를 지닌다고 할 수 있다. 취약국 원조 규범의 대북지원 적용을 시도하기 위해서는 북한을 취약국으로 볼 수 있는가에 대한 논의가 필요하다. 본 절에서는 국제사회에서 북한에 대한 취약성을 어떻게 평가하고 있는가를 구체적으로 살펴봄으로써 북한에 대한 취약국 원조 논의 적용의 가능성을 검토한다.

취약국[20]에 대한 정의는 기관에 따라 차이를 가지고 있지만, 전반적으로 국가가 국민에게 기본적인 기능을 제공할 수 있는 역량과 의지가 없거나 미약하고 이로 인해 정치적 그리고 경제적 권위와 정당성이 의문시되는 국가를 의미한다.[21] 국제사회는 여러 기관들의 취약성 측정의 결과를 바탕으로 개별 국가들의 취약성을 평가하고, 평가 결과를 다양한 취약국 논의에 사용하고 있다. 한편 Fragile State Index, Index of State Weakness, Global Peace Index 등 대부분의 취약국 평가 지수는 북한에 대한 평가를 포함하고 있다. 본 연구에서는 이러한 평가지표들을 분석하여 북한의 취약성에 대

---

20) 분쟁 및 취약국(conflict and fragile states)을 취약국(fragile states)으로 부르며, 유사한 의미로 실패한(failed or failing), 위기의(crisis), 약한(weak), 악한(rouge), 붕괴된(collapsed) 등이 사용되고 있음.

21) Frances Stewart & Graham Brown, *Fragile States* (Oxford: Center for Research On Inequality, Human Security and Ethnicity, 2009), pp.3-4.

| ● 표 1 | | | | | 국제사회의 취약국 평가 지수 |

	안보	정치	경제	사회	해당년도
Index of State Weakness	✓	✓	✓	✓	2008
Peace and Conflict Instability Ledger	✓	✓	✓	✓	2001~2012
(Fragile) Failed State Index	✓	✓	✓	✓	2005~2014
State Fragility Index	✓	✓	✓	✓	2007~2014
Global Peace Index	✓				2008~2013
WGI, Political Stability and Absence of Violence	✓				1996~2014

자료: Javier Fabra Mata · Sebastian Ziaja, *Measuring Fragility* (UNDP · German Development
Institute, 2008)를 참고하여 저자 작성

한 국제사회의 시각을 파악한다. 북한의 취약성에 대한 국제사회의 시각을
특정 데이터의 지표분석을 통해 일반화시키는 것에는 한계가 있을 수 있다.
그러나 여타 국가들과의 상대적인 평가를 요약해 제공하고 있다는 측면에서
국제사회가 인식하고 있는 북한의 취약성을 일정 수준 파악할 수 있을 것으
로 예상된다. 더불어 다양한 종류의 데이터를 살펴봄으로써 특정 집단의 이
해만이 반영된 취약성 판단의 한계를 보완하고자 한다.

첫째, 가장 오랜 기간 연속성을 가지는 취약국 평가 지수는 Fragile States
Index(이하 FSI)이다. FSI는 2005년부터 178개국을 대상으로 100개의 지표
들을 바탕으로 취약성을 측정하고 있다. 여기서 취약국이란 자국 영토에 대
한 무력통제가 불가능하며, 법적 권위를 상실하고, 타 국가와의 상호작용 불
가능한 국가를 의미한다.[22] 12개의 기본 측정 지수는 사회 · 경제지수와 정

---

22) A state that is failing has a several attributes. One of the most common is
the loss of physical control of its territory or a monopoly on the legitimate
use of force. Other attributes of state failure include the erosion of legitimate
authority to make collective decisions, an inability to provide reasonable
public services, and the inability to interact with other states as a full member
of the international community, The Fund for peace, FAQ, http://global.
fundforpeace.org/(검색일: 2015.03.30).

치·군사지수로 구분된다. 사회·경제지수는 인구압(DP), 난민 문제(REF), 집
단갈등(GG), 불평등한 경제성장(UED), 인구유출(HF), 빈곤 및 경제성장 감
소(ECO) 등이다. 정치·군사지수는 국가합법성(SL), 공공서비스(PS), 인권(HR),
안보(SEC), 지도층 분열(FE), 외부관여(EXT) 등이다. 2005년 이후 북한에
대한 취약성 측정 결과를 살펴보면, 먼저 전체적으로 절대적 및 상대적 취
약성은 완화된 것으로 보인다. 2010년 이전까지 상위 178개 국가 중 20위
를 상회하였으나, 2010년 이후에는 25위 안팎의 수준을 유지하고 있으며,
최종 점수도 2010년까지는 증가하다가 이후 감소추세를 보이고 있다. 그러
나 기본적으로 90점 이상의 경우 취약성이 높은 그룹으로 평가되는 것을 감
안하면, 지난 10년간 매년 90점 이상을 기록한 바, 비교적 높은 수준의 취
약성을 지닌 국가로 평가된다. 항목별로 살펴보면, 대체적으로 모든 항목이
심각한 취약성을 보이고 있지만 10년 평균이 9 이상인 항목은 경제성장, 국
가합법성, 공공서비스, 인권이며, 집단갈등은 평균 5.1로 가장 낮은 수준의

 그림 2   FSI 북한의 취약성 변화(2005~2014년)

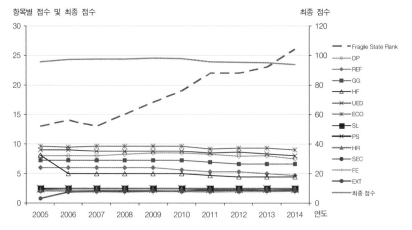

주: 점수가 높을수록 취약성이 높음
자료: The Fund for Peace, Fragile State Index, http://global.fundforpeace.org/(검색일:
2015.03.30).

취약성을 보였다. 특히 국가합법성은 9.8로 가장 심각한 수준의 취약성을 가진 것으로 평가되었다. 2014년에는 94.0점으로 26위에 랭크되어 여전히 취약성이 높은 수준인 것을 알 수 있으며, 전체 178개 국 중 국가합법성과 관련한 취약성은 1위를 기록하였다.

둘째, State Fragility Index(이하 SFI)는 George Mason University의 Global Report on Conflict, Governance and State Fragility를 통해 발표되는 162개국의 취약성 평가 결과이다. SFI에서의 취약성이란, 정권의 유효성과 정당성의 결핍에서 오는 것으로 이 두 가지를 모두 보유하기 못한 국가는 실패한 국가이다.[23] 2005년 이후 2015년 현재까지 2007년 2009년 2011년 2014년 4회 해당 지수를 발표하였으며, 안보, 정치, 경제 및 사회 분야를 각각 효과성 지표와 합법성 지표로 구분하고, 그 외 무력충돌, 레짐 종류, 오일소비 및 지역적 변인 등도 고려하여 총 12개 지표를 바탕으로 최종 취약지수를 결정하고 있다. 취약성을 없음(0-3), 낮음(4-7), 보통(8-11), 심각(12-16), 높음(16-19), 매우 높음(20-25)로 구분하고 있는데, 북한의 경우에는 2007년 낮음(7), 2009년과 2011년에는 보통(10), 2014년에도 보통(8)으로 평가되었다. 전체적으로 취약성은 존재하나 심각한 수준은 아닌 것으로 분석하고 있는데, 이것은 안보, 정치, 사회 등의 영역에서 국가의 통제력을 높이 평가하고 있기 때문인 것으로 보인다. 예를 들어 정권의 사회 통제에 대한 항목의 경우 조사 대상 기간 모두 취약성에 있어 최저점을 기록하고 있다.

셋째, World Governance Indicator(이하 WGI)의 Political Stability and Absence of Violence는 국가의 취약성을 논의하기 위해 세계은행에서 발표된다. WGI는 헌법에 위배되거나 폭력적인 수단으로 인해 정부가 불안정하게 될 수 있다는 것을 감안하여 취약성을 측정한다.[24] 1996년부터 35

---

23) Javier Fabra Mata · Sebastian Ziaja, *Measuring Fragility* (UNDP · German Development Institute, 2008), p.73.

24) Political Stability and Absence of Violence/Terrorism measures the perceptions of the likelihood that the government will be destabilized or overthrown by

개의 지표를 분석하여, 측정결과를 발표해왔는데 취약성(weak)이 최고인 경우 -2.5로, 취약성이 최저인 경우 2.5로 표기된다. 북한의 경우 2005년부터 2013년까지의 취약성 평가결과를 살펴보면, 2007년과 2008년을 제외하고는 모두 (-)를 기록하고 있음을 통해 대체적으로 취약한 국가인 것으로 평가되었다. 특히 최근 들어 취약성이 크게 증가해 해당 기간 중 최저값 (-.0.53)을 기록하고 있다.

넷째, Peace and Conflict Instability Ledger(이하 PC)는 University of Maryland에서 다룬 국가 취약성 지수로, 160개 국가를 대상으로 2001년부터 2012년까지 총 6회에 걸쳐 발표되었다.[25] PC에서 국가의 불안정성이란 혁명, 전쟁, 인종갈등, 정권전복 등의 사건으로 인해 발생하는 것으로 정의[26]하고 있으며, 정권지속성, 영유아사망률, 경제개방도, 군사화, 주변국과의 관계 등 5개의 지표를 통해 국가 위험지수 즉 취약성을 도출하고 있다. 취약성은 매우 낮음(파랑), 낮음(녹색), 중간(노랑), 높음(주황), 매우 높음(빨강) 등으로 나뉜다. 북한의 경우를 살펴보면, 2008년과 2010년 노랑 그리고 2012년 녹색을 기록하고 있다. 즉, 2008년과 2010년에는 중간 수준의 취약성을 보이고 있다면, 이후에는 낮은 수준의 취약성을 가지는 것으로 분석된다. 북한의 경우 2008년, 2010년 2012년 모두 경제개방도, 군사화에 대해서는 높은 취약성을, 영유아사망률은 중간의 취약성을 띠고 있으나 정권지속성의 경우 3회 모두 취약성이 거의 없는 것으로 평가되어 전체적인 취약

---

unconstitutional or violent means, including domestic violence and terrorism, World Bank, *Governance Matters 2008(FAQ)*, http://info.worldbank.org(검색일: 2015.03.30).

25) 단, 2001년부터 2005년까지의 측정지표, 방식과 2008년 이후 방식의 차이로 인해 본 논문에서는 2008년 이후의 자료만 도입함.

26) Events that create significant challenges to the stability of states. These include revolutionary wars, ethnic wars, adverse regime changes, and genocides or politicides, J. J. Hewitt, J. Wilkenfeld and T. R. Gurr, *Peace and Conflict 2008: Executive Summary* (Washington, DC: Center for International Policy and Country Services and Resource Mobilization Department: 2008), p.5.

성은 중간 수준으로 보고되었다. 단 2012년의 취약성은 낮은 수준으로 분석되었는데, 이것은 주변국가와의 관계의 취약성이 '중간'에서 '낮음'으로 변했기 때문이었다. 즉, 북한의 취약성은 중국 등과의 관계개선으로 '중간' 수준에서 '낮은' 수준으로 개선된 것이다.

다섯째, Global Peace Index(이하 GP)는 비평화(negative peace)를 측정하는 방식으로 국가별 평화(positive peace)의 수준을 분석하기 위해 Institute dor Economic and Peace에서 고안한 지수이다. 특히 문화와 제도가 국가의 평화에 미치는 영향에 초점을 맞추어 국가의 취약성을 분석하고 있는 특징을 가진다. GP에서 비평화는 기본적으로 전쟁과 갈등에서 기인하는 것으로 특히 주변국가와의 폭력적인 갈등과 내전 등으로 그 정도가 가중될 수 있다.[27] 2008년부터 2014년까지의 자료를 바탕으로 북한의 취약성을 살펴보면, 먼저 매년 북한은 상위 5% 안팎에 속하는 취약성이 심각한 국가였다. 특히 2011년에 상대적인 취약성은 제일 높았던 것으로 상위 3.3%를 기록하였으며, 2009년이 상대적으로 취약성이 가장 낮은 것으로 발표되었으나 여전히 상위 6.5%를 기록하였다. GP는 크게 군사화, 사회 안정 및 안보, 국내외 갈등 등의 지표들을 가지고 있으며, 하위 지표로서 각각 7개, 10개, 5개 총 22개의 지표를 가진다. 북한의 경우 모든 항목에 대해 최소값이 2.4이고 최대값이 3.5인데, 일반적으로 지수의 크기가 2 이상인 경우 비평화에 가까워지는 것으로 평가하는 것을 감안하면 북한의 취약성은 비교적 높다고 할 수 있다. 특히 국내외 갈등의 측면(평균 2.5)보다는 군사화(평균 3.24)와 사회 안정 및 안보 측면(3.06)에서 높은 취약성을 보이고 있다.

마지막으로 Index of State Weakness in the Developing World(이하

---

27) Definition of Measuring, Negative Peace, The simplest way of approaching it is in terms of harmony achieved by the absence of war or conflict. Applied to nations, this would suggest that those not involved in violent conflicts with neighboring states or suffering internal wars would have achieved a state of peace, GPI(Global Peace Index), *Methodology: Results & Findings* (Institute for Economics and Peace, 2008), p.3

그림 3   북한의 취약성에 대한 국제사회의 평가(2005~2014년)

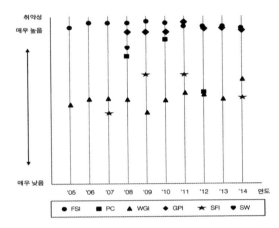

주: 지수별로 다양한 기준과 평가 게이지를 가지기 때문에 상대평가는 불가능
자료: The Fund for Peace의 각 년도 자료, http://global.fundforpeace.org/; Global Report의
각 년도 자료, http://www.systemicpeace.org/globalreport.html; Worldwide Govern-
ance Indicators, Political Stability and Absence of Violence 자료, http://info.world
bank.org/; Peace and Conflict 각 년도 자료, http://www.cidcm.umd.edu/pc/; Broo
kings 보고서, http://www.brookings.edu/research/reports/2008/02/weak-states-index
를 참조하여 저자 작성

SW)는 Brookings가 2008년 발표한 국가 취약성 지수이다. SW에서의 취약
국가는 기본적인 역량 혹은 역량을 채우려는 의지가 결핍된 국가들로서 특
히 정부의 책임성, 지속가능한 경제성장의 환경, 투명하고 타당한 정치제도,
무력으로부터의 국민 보호, 영토관리 그리고 인간의 기본권이 부재한 국가
를 의미한다.[28] SW는 안보, 정치, 경제, 사회분야의 20개 지표들을 통해

---

28) We define weak states as countries that lack the essential capacity and will
to fulfill four sets of critical government responsibilities: fostering an environ-
ment conducive to sustainable and equitable economic growth; establishing
and maintaining legitimate, transparent, and accountable political institutions;
securing their population from violent conflict and controlling their territory;
and meeting the basic human needs of their population, E. S. Rice and S.
Patrick, *Index of State Weakness in the Developing World* (Washington, DC:
Brookings Institution, 2008), p.3.

최종 취약성을 평가하는데, 북한은 141개 국가들 중 15위를 기록하였다. 항목별로 특징을 살펴보면, 안보분야와 사회분야의 취약성은 상대적으로 낮아 전체 다섯 그룹 중 각각 하위 두 번째와 세 번째 그룹에 속하고 있었지만, 정치적 취약성과 경제적 취약성은 최하위 그룹에 속해 매우 심각한 수준인 것으로 분석하고 있다.

다양한 지수들을 대상으로 국제사회의 북한 취약성 평가의 결과를 요약하면 첫째, 정도의 차이는 보이지만 대부분의 데이터는 북한을 취약국으로 평가하고 있다. 북한의 취약성을 가장 심각하게 평가하고 있는 지수는 FSI이며, 취약성을 상대적으로 낮게 평가하는 지수는 PC이다. 지수가 국가합법성, 경제성장, 인권 등 정치, 경제적 요인에 집중한 지표로 구성된 경우 취약성이 높게 나타난 반면 정권의 안정성, 인종갈등 등 사회, 안보적 요인 등의 지표가 지수를 구성한 경우 취약성이 상대적으로 낮게 나타난 것으로 분석된다. 한편 취약성의 절대 수준은 다르지만, 최근 취약성이 일정 수준 낮아지고 있는 경향이 대부분의 지수에서 관찰되고 있는데, 경제난의 완화가 취약성 완화에 긍정적인 영향을 미친 것으로 파악된다. 그러나 GP와 같이 일부 지수의 경우 취약성이 증가한 것으로 보기도 하는데, 이는 인권, 군사화 분야에 대한 취약성 증가 때문인 것으로 판단된다.

IV. 북한에 대한 취약국 원조 논의의 도입: 규범과 현실

국제사회의 대북지원[29]은 1995년 북한의 원조 호소를 계기로 시작되었으며, 2013년까지 총 18억 9,361만 달러가 지원되었다.[30] 최대 지원은

---

29) 한국 정부의 대북지원은 제외.

30) OECD 공적개발원조 통계는 2015년 5월 현재 2013년까지의 현황만 집계되어 있기

그림 4 　　　国제사회의 대북지원(1995~2013년)

US$, million

	1995	1996	1997	1998	1999	2000	2001	2002	2003	2004	2005	2006	2007	2008	2009	2010	2011	2012	2013	year
■총액	19,91	5,55	103,9	77,31	238,5	74,34	80,49	287,2	115,9	123,2	70,18	49,47	108,8	200,5	57,95	73,61	65,54	80,28	60,67	
■DAC회원국	4,00	5,55	33,32	22,67	199,5	29,34	55,16	214,9	81,87	91,67	37,54	29,90	86,92	180,0	35,46	20,74	39,70	38,62	31,47	
▨국제기구	15,91	0,00	70,62	54,64	39,06	45,00	25,33	72,30	34,03	31,59	32,63	19,57	21,93	20,50	22,49	52,88	25,84	20,23	29,20	

주 1: 약정액 기준
주 2: 2012년 대북지원 총액에는 DAC 비회원국인 쿠웨이트의 대북 유상원조 2,143만 달러를
　　 포함
자료: OECD statistics http://stats.oecd.org/(검색일: 2015.04.15)

2002년에 이루어졌으며 그 규모가 약 2억 8,720만 달러인 반면, 최소 지원
은 1996년에 이루어졌고 그 규모는 약 555만 달러이다. 한편 국제사회의 대
북지원의 규모는 증감을 반복해왔는데, 특히 1999년, 2002년, 2008년을 정
점으로 증감이 반복되다가 최근 5년간 6,000만 달러 전후로 소규모 대북지
원이 지속되고 있는 특징을 보이고 있다.

　　경제지원이 20여 년간 지속되어왔음에도 이에 대한 체계적인 논의는 발
견하기 어렵다. 인도적 차원의 지원 논의가 일부 국제기구를 중심으로 이루
어지긴 했지만, 대부분의 공여국들은 여타 공여국들과의 논의를 통한 체계
적인 접근보다 북한의 호소에 기반한 수동적인 지원을 해왔기 때문이다.[31]

　　때문에 해당 기간을 대상으로 규모를 파악.
31) 이러한 주요 공여국들의 원조 이행의 한계는 북한이 핵 문제 등의 이유로 오랜 기간
　　경제제재 대상국의 지위도 동시에 가지고 있었기 때문임. 즉 경제지원 대상국이면서
　　경제제재 대상국인 북한에 대한 원조 논의는 구조적인 한계로 논의가 활발히 진행되

서두에서 언급하였듯이 이 글은 이러한 상황에 대한 문제제기와 해결방안 모색을 목적으로 취약국 원조 논의를 바탕으로 대북지원에 대한 논의를 시도한다.

기본적으로 취약국에 대한 국제사회의 지원은 국가의 취약성을 개선시키는 데 목적을 둔다. 즉, 일회적인 경제지원이 아닌 대상 국가의 취약성을 개선하기 위한 기초공사를 우선시하는 것이다. 취약국 북한에 대한 지원 또한 이러한 목적을 가지고 이행되어야 할 것이며, 실제 이러한 규범에 부합하는 지원이 이루어지고 있는가를 공여국의 측면과 북한의 측면을 나누어 그 현실을 평가하고자 한다.[32] 뉴딜에 따르면 공여국은 대북지원에 있어 재원 사용의 투명성 제고, 대북투자 증진을 위한 위험관리, 국가 시스템 구축 및 활용, 다양한 분야의 역량강화, 단순하고, 신속하고, 정교한 메커니즘을 통한 시의 적절하고 예측 가능한 원조 등을 수행해야 한다. 한편 수원국인 북한은 취약성의 원인과 특징을 자체적으로 분석, 취약성 탈피를 위한 비전과 계획을 세우고 이를 실행, 계획 이행에 있어 관련 기관들과의 파트너십 체결, PSGs을 바탕으로 취약성 완화를 위한 이행 상황 모니터링에 참여, 평화구축과 국가건설을 위한 정치적 대화와 리더십 지원에 적극적으로 참여 등의 의무를 가지게 된다.

위의 원조 규범들을 대북지원의 현실에 차례로 적용해보면, 첫째, 공여국의 측면에서 '원조의 투명성' 증진과 관련해서는 일정 수준의 개선이 이루어진 것으로 평가할 수 있다. 이는 대북지원에 대한 특수성이기보다는 국제사회의 원조 투명성 확보의 노력에 따른 대북지원 주요 공여국들의 적극적

어오지 못했으며, 원조집행에 있어서도 제한적인 수준에서 이루어진 점을 간과할 수는 없다.

32) 뉴딜에 대한 이행평가 또한 현재 명확한 기준을 수립하고 있기 보다는 다양한 평가 시도를 통한 기준 마련의 논의를 진행하고 있는 수준이기 때문에 제한적인 평가일 수밖에 없음을 밝힌다. 그럼에도 불구하고 국제사회가 공동으로 대응하는 취약국 원조 이행에 대한 평가를 대북지원에 도입하여, 국제적 기준을 마련하기 위한 시도의 측면에서는 의미를 가진다고 할 수 있다.

인 참여의 결과라 할 수 있다. 대북지원의 주요 공여국들이 포함된 INCAF
가 원조 투명성과 관련한 다양한 이니셔티브를 이끌어온 것도 대북지원 투
명성 증대에 기여했을 것으로 판단된다.[33] 특히 CRS를 통해 OECD DAC
회원국들은 대북지원에 대한 규모, 목적, 방식 등을 자세히 보고하도록 되어
있으며, 이를 통해 대북지원의 투명성이 일정 수준 유지되고 있는 상황이
다.[34] 그러나 북한은 적절한 시기에 원조 투입을 위한 정보제공에 기여하지
못하고 있는 상태이다. 이는 역량 부족 혹은 시스템의 취약에 의한 것일 수
도 있으나, 현재는 정보공개의 의지가 1차적인 문제로 지적된다. 한편 일부
지원 프로그램 단위별로 공여국과의 협조체제를 통한 원조 통계 공유로 원
조의 투명성 확보를 시도하고는 있지만,[35] 북한의 폐쇄성에 기인한 근본적
인 한계들이 원조의 투명성 확보에 걸림돌이 되고 있는 것으로 평가된다.

둘째, '위험관리' 차원에서 대북지원이 합동기금(pooled fund)을 통해 원
조를 집행하는 사례는 UN의 원조 호소를 통한 공동모금의 사례를 제외하고
는 찾기 어렵다. 따라서 대북지원에서 '위험관리' 이슈는 적절히 이행되고
있지 못하다는 평가가 가능하다.

셋째, 대북지원의 경우 북한 재정에 직접적인 지원을 한 사례는 찾아보
기 어렵다. 다만 국가 간의 합의에 따른 일시적인 지원의 경우 예를 들어
중국의 대북지원의 경우 현금지원을 약속한 사례도 있지만,[36] 이 경우, 북
한의 취약성 완화를 통한 평화구축을 목적으로 하기보다 북한당국의 필요에
의한 요구이기 때문에 취약성 개선을 위한 북한 내 시스템 사용의 사례로

---

33) International Aid Transparency, http://www.aidtransparency.net/(검색일: 2015.
03.05).

34) OECD Statistics, http://stats.oecd.org/(검색일: 2015.04.15).

35) 스위스 모니터링 보고서 참조, SDC(Swiss Agency for Development and Coopera-
tion), *SDC Medium-Tarm Programme North Korea 2012-14*(SDC, 2011).

36) 예를 들어 2004년 김영남 최고인민회의 상임위원장이 중국을 방문, 경제 원조를 약속
받았으며, 2005년 후진타오 국가주석이 북한을 방문하며 경제 원조 제공을 약속하는
등 북중 간 고위급 접촉을 통해 재정지원이 이루어짐, 전병곤, "중국의 북핵 문제
인식과 중북관계의 변화," 『중국학 연구』 35(2006), pp.271-272.

다루기는 어렵다.

넷째, '수원국 역량강화'에 대해서는 공여국마다 다양한(a range of different) 태도를 보이고 있으나, 대북지원의 주요 공여국들은 대체적으로 역량강화에 적극적인 태도를 보이고 있다. 특히 독일의 경우, 지난 3년간 총 52회 대북지원을 실시하였는데 이 중 약 42회가 교육지원을 통한 역량강화의 목적으로 이루어졌다.[37]

마지막으로 '신속하고, 정교한 메커니즘을 통한 시의 적절하고 예측 가

○ 표 2   취약국 북한에 대한 국제사회 원조 이행 수준 평가

	평가항목	평가질문	평가결과
주요공여국	원조투명성	- 국제원조투명성 레짐 참여 - 수원국과의 원조협의	- 공여국의 투명성 증진은 이루어지고 있으나 북한과의 협력이 어려움
	위험관리	- 합동기금	- 거의 없음
	북한시스템사용	- 재정지원 규모 - 지원방식의 특성	- 매우 낮음
	역량강화	- 지원 프로그램 - 약량강화보고서 발간	- 일부 공여국에 의해 적극적
	신속정확원조	- 공여국 시스템 - 지원사례	- 공여국의 개도국 시스템은 개선되고 있으나, 북한의 경우 외부 정보와의 차단으로 공여국 시스템 활용이 제한
수원국	취약성평가	- 취약성보고서 작성	- 작성 안 함
	협약체결	- 국제기구 및 타국가와의 협약 체결	- 체결 안 함
	비전·계획·실행	- 국가개발계획, 실행 여부	- 계획 수립·실행에 적극적이나 접근방식 다름
	정치대화	- 원조관련 주요회의 참여	- 불참

---

37) OECD Statistics, http://stats.oecd.org/(검색일: 2015.04.15).

능한 원조'를 실행하였는가에 대해서는 일정 수준의 개선이 이루어진 것으로 평가할 수 있다. 이는 15개의 INCAF 회원국들의 지원 메커니즘의 개선 (Donor Use of Quick Response Mechanism in g7+ Countries)에 대한 일반적인 분석이 대북지원에도 반영되기 때문이다.

북한의 취약국 원조이행 평가와 관련하여 모든 지표에 대한 평가는 매우 부정적이다. 기본적으로 북한은 자국의 취약성을 인정하고, 이를 개선하기 위해 주요 공여국들과 협력하는 g7+ 국가들과는 다른 조건의 취약국이기 때문이다. 구체적으로 자국에 대한 취약성 평가는 공개된 바 없으며,[38] 취약국 원조와 관련한 국가나 단체와의 협약은 거의 이루어지지 않았고, 원조와 관련한 국제사회의 논의에도 참여한 바 없다. 최근 자국의 경제적 취약성을 개선시키기 위한 다양한 경제정책이 공개된 바 있으나, 해외자본 유치 차원의 계획발표이기 취약성 개선이라는 국제사회의 프레임에 대한 적극적인 참여로 판단하기는 어렵다.

국제사회가 북한을 취약국으로 구분하는 것은 명확하지만, 취약국에 대한 지원의 프레임을 북한에 적용하여 적절한 지원을 수행해왔는가에 대해서는 부정적으로 평가할 수밖에 없어 보인다. 일부 취약성 개선에 기여할 것으로 보이는 항목들이 이행되기는 하였지만, 북한에 대한 취약성 완화를 목적으로 하였다기보다 전반적인 원조 기구들의 원조효과 개선을 위한 노력의 일환으로 해석된다.

---

38) 영유아 영양상태 등에 대한 매우 지엽적인 종류의 취약성 평가만 일부 존재.

V. 결론

본 연구는 국제사회의 대북지원 평가 논의들의 문제점을 제기하고, 대북지원 평가의 한계가 북한의 폐쇄성과 더불어 관련 논의의 부족에 있음을 지적하였다. 논의의 부족을 해결하기 위해 최근 활발히 진행되고 있는 취약국 원조 논의를 살펴보고, 해당 논의에 기반한 원조 규범을 대북지원에 적용하는 것을 시도하였다. 취약국 지원 규범에 기반하여 대북지원의 현실을 평가한 결과, 북한 스스로 자국의 취약성 개선을 위한 원조수용이 거의 관찰되지 않았을 뿐 아니라, 주요 공여국들도 취약국 원조 이행 논의에 기반한 원조 집행을 추진해오지 못하고 있었다. 국제사회는 북한의 취약성을 심각하게 평가하고 있음에도 대북지원에 있어 대 취약국 지원 규범은 적용되고 있지 않았다.

본 글은 기존의 대북지원 관련 연구에 있어 다루어지지 못했던 원조 규범이란 포괄적인 차원의 접근을 시도했다는 측면에서 의의를 가진다. 기존 대북지원 평가 논의가 주먹구구식의 논의로 귀결되었던 것이 관련 이슈를 아우르는 프레임에 대한 논의의 부족 때문인 점을 감안한다면, 본 연구는 이를 해결하기 위해 국제사회의 취약국 원조 논의의 도입을 구체화한 기초연구로서 의의를 지니는 것이다. 반면 기초연구로서 논의의 깊이에 한계를 가지고 있다. 특히 국제사회의 취약국 원조 논의 자체가 구체화되어가는 단계에 놓여 있기 때문에, 해당 논의를 북한이라는 새로운 대상에 적용할 경우 깊이 있는 분석이 매우 어려울 수밖에 없다. 예를 들어 취약성 측정 및 취약국에 대한 원조 이행 수준 측정 등에 도입된 여러 변인들은 현재 구체화 단계로, 구체적인 도입의 한계를 가지고 있다.

본 연구는 기초연구에 불과하지만 향후 국제사회의 대 취약국 원조에 대한 논의를 구체화시키는 과정에서 취약국 북한에 대한 논의를 생산해내며, 다양한 원조 규범들을 실제 대북지원 현실에 반영할 수 있는 토대로 활용될 수 있을 것이라 기대한다.

■ 참고문헌 ■

김정수. "인도적 대북지원과 북한체제의 존속력에 미친 영향."『통일정책연구』19-1: 209-236. 2010.

김종갑. "대북지원의 효율성 제고방안."『통일정책연구』14-2: 1-15. 2005.

문경연. "대북지원의 인간안보적 재해석."『북한연구학회보』16-2: 295-328. 2012.

양문수. "북한에 대한 인도적 지원의 경제사회적 효과."『동향과 전망』70: 243-272. 2007.

이금순. "대북 인도적지원의 성과와 한계."『사회과학연구논집』27: 12-33. 2001.

이우영. "대북 인도적 지원과 남북한 마음의 통합."『현대북한연구』17-2: 44-84. 2014.

이 현. "개발과 이슈 취약국 개입을 위한 뉴딜."『개발과 이슈』제20호. 2014.

전병곤. "중국의 북핵 문제 인식과 중북관계의 변화."『중국학 연구』35: 271-272. 2006.

조한범. "대북지원 10년의 성과와 과제."『통일정책연구』14-2: 79-99. 2005.

Albright, K. Mdeleine, and Richard S. Williamson. *The United States and R2P: From Words to Action*. Washington, DC: United States Institute of Peace, 2013.

Besley, Timothy, and Torsten Person. "Fragile States and Development Policy." *Journal of European Economic Association* 9: 371-398. 2011.

Burnside, Craig, and David Dollar. "Aid, Policies, and Growth." *World Bank Policy Research Working Paper* No.569252. 1997.

_____. "Aid, Policies, and Growth: Revisiting the Evidence." *American Economic Review* 90: 847-868. 2000.

Call, T. Charles. "Beyond the Failed State: Toward Conceptual Alternatives." *European Journal of International Relations* 17-2: 1-24. 2010.

Collier, Paul, and David Dollar, "Can the World Cut Poverty in Half." *World*

Development 29: 1787-1802. 2001.

Cordella, Tito, and Giovann Dell'Ariccia. "Budget Support Versus Project Aid." *The Economic Journal* 117: 1260-1270. 2007.

David, Carment et al. *Security, Development, and the Fragile State.* London: Routledge, 2010.

Djankov, Simeon et al. "The Curse of Aid." *Journal of Economic Growth* 13: 169-194. 2008.

FAO/WFP. *Special Report: FAO/WFP Crop and Food Supply Assessment Mission to the DPR Korea.* FAO/WFP, 2004.

Gibson, C. Clark et al. *The Samaritan's Dilemma: The Political Economy of Development Aid.* Oxford: Oxford University Press, 2005.

GPI(Global Peace Index). *Methodology: Results & Findings.* Institute for Economics and Peace, 2008.

Hewitt, J. J., J. Wilkenfeld and T. R. Gurr. *Peace and Conflict 2008: Executive Summary.* Washington, DC: Center for International Policy and Country Services and Resource Mobilization Department, 2008.

IDPS. *NEW DEAL MONITORING REPORT.* IDPS, 2014.

International Commission on intervention and State Sovereignty(ICISS). *The Responsibility to Protect.* Ottawa: International Development Research Centre, 2001.

Kim. "The Politics of Foreign Aid in North Korea." *The Korean Journal of International Studies* 12-1: 425-250. 2014.

Knack, Stephen, and Aminur Rahman. "Donor Fragmentation and Bureaucratic Quality in Aid Recipients." *Journal of Development Economic* 83: 176-197. 2007.

Mata, Fabra Javier, and Sebastian Ziaja. *Measuring Fragility.* UNDP · German Development Institute, 2008.

Petersson, Jan. "Foreign Sectoral Aid Fungibility, Growth and Poverty Reduction." *Journal of International Development* 19: 1074-1098. 2007.

Rice, S. E., and S. Patrick. Index of State Weakness in the Developing World. Washington, DC: Brookings Institution, 2008.

SDC(Swiss Agency for Development and Cooperation). *SDC Medium-Term Programme North Korea 2012-14.* SDC, 2011.

Soderberg, Marie. "Can Japanese Foreign Aid to North Korea Create Peace and

Stability." *Pacific Affairs* 79-2: 433-454. 2006.

Stewart, Frances & Graham Brown. *Fragile States*. Oxford: Center for Research On Inequality, Human Security and Ethnicity, 2009.

UNDP. *Report of the Board of Auditors on the Special audit requested by the ACABQ into Activities of UNDP, UNFPA, UNOPS and UNICEF in the DPRK*. UNDP, 2007.

UNICEF. *UNICEF Humanitarian Action: DPRK in 2006*. UNICEF, 2006.

_____. *UNICEF Humanitarian Action: DPRK in 2007*. UNICEF, 2007.

_____. *UNICEF Humanitarian Action: DPRK in 2008*. UNICEF, 2008.

Ziaja, Sebastian. "What Do Fragility Indices Measure? Assessing Measurement Procedures and Statistical Proximity." *Zeitschrift fur Vergleichende Politikwissenschaft* 6: 39-64. 2012.

뉴딜 공여국. http://www.newdeal4peace.org/trust/(검색일: 2015.05.10).

뉴딜 수원국. http://www.newdeal4peace.org/focus/(검색일: 2015.05.10).

북한정보포털. http://nkinfo.unikorea.go.kr/nkp/main/portalMain.do(검색일: 2015.04.20).

통일부 통계. http://www.unikorea.go.kr(검색일: 2015.04.15).

한국은행 경제통계시스템. http://ecos.bok.or.kr/(검색일: 2015.04.15).

Global Report. http://www.systemicpeace.org/globalreport.html

International Aid Transparency. http://www.aidtransparency.net/(검색일: 2015.03.05).

International Dialogue on Peacebuilding and Statebuilding, The Monrovia Roadmap. www.pbsbdialogue.org/(검색일: 2015.04.05).

OECD Statistics. http://stats.oecd.org(검색일: 2015.04.15).

Peace and Conflict. http://www.cidcm.umd.edu/pc/(검색일: 2015.03.30).

The Fund for Peace. http://global.fundforpeace.org/(검색일: 2015.03.30).

The Fund for Peace. FAQ. http://global.fundforpeace.org/(검색일: 2015.03.30).

The Fund for Peace. Fragile State Index. http://global.fundforpeace.org/(검색일: 2015.03.30).

UN Statistics. http://unstats.un.org/(검색일: 2015.05.11).

World Bank. Governance Matters 2008(FAQ). http://info.worldbank.org(검색일: 2015.03.30).

Worldwide Governance Indicators. http://info.worldbank.org/(검색일: 2015.03.30).

색인

필자 소개 (가나다순)

- **권 율**

    대외경제정책연구원 선임연구위원

    서강대학교 경제학 박사

    주요 저서 및 논문 |

    『SDG 도입이후 개도국 협력전략과 정책과제』(공저)(대외경제정책연구원, 2016)

    『체제전환국의 경제개발비용 조달』(공저)(대외경제정책연구원, 2000) 외 다수

- **김상기**

    통일연구원 부연구위원

    University of Iowa 정치학 박사

    주요 저서 및 논문 |

    "Third-party Intervention in Civil Wars and the Prospects for Postwar Development"(*Journal of Conflict Resolution*, 2017)

    "북한의 국제적 사회화 전망: 국제기구 참여와 외교정책 선호의 변화, 1991-2005"(공저)(『국제정치논총』, 2015) 외 다수

• 김지영

숭실대학교 정치외교학과 조교수

University of California, Irvine 정치학 박사

주요 저서 및 논문 |

"Foreign Aid to North Korea: Practices and Effectiveness"(*Journal of Northeast Asian Studies*, 2016)

"Aid and State Transition in Ghana and South Korea"(*The Third World Quarterly*, 2015) 외 다수

• 김태균

서울대학교 국제대학원 부교수

옥스퍼드대학교 사회정책학 박사, 존스홉킨스대학교 국제관계학 박사

주요 저서 및 논문 |

"Forging Soft Accountability in Unlikely Settings: A Conceptual Analysis on Mutual Accountability in the Context of South-South Cooperation"(*Global Governance*, 2017)

"Poverty, Inequality and Democracy: Mixed Governance and Welfare in South Korea"(*Journal of Democracy*, 2011)

• 문경연

전북대학교 국제인문사회학부 조교수

Cranfiled University 국제개발협력 박사

주요 저서 및 논문 |

Introduction to International Development Cooperation (Korea University Press, 2017) 외 다수

• **박지연**

전북대학교 국제인문사회학부 조교수

이화여자대학교 북한학 박사

주요 저서 및 논문 |

"Why targets of economic sanctions react differently"(*International Journal of Conflict and Violence*, 2017)

"Same Money, Different Names: Analysis of South Korean Aid to North Korea"(공저)(*Asian Perspective*, 2017) 외 다수

• **손혁상**

경희대학교 공공대학원 원장 / 교수

경희대학교 정치학 박사

주요 저서 및 논문 |

『시민사회와 국제개발협력: 한국개발NGO의 현황과 과제』(집문당, 2015)

"Do Different Implementing Partnerships Lead to Different Project Outcomes?"(*World Development*, 2017) 외 다수

• **유웅조**

국회입법조사처 외교안보팀 팀장

미국 뉴욕주립대(Binghamton) 정치학 박사

주요 저서 및 논문 |

『동아시아의 보편성과 특수성』(공저)(서울대학교 국제문제연구소, 2014)

U.S. Foreign Aid, Democracy and Human Rights(American Studies Institute Seoul National University, 2008) 외 다수

· **정구연**

강원대학교 정치외교학과 조교수

캘리포니아 대학 로스앤젤레스(UCLA) 정치학 박사

주요 저서 및 논문│

『트럼프는 어떻게 미국 대선의 승리자가 되었나』(도서출판 오름, 2017)

"트럼프 대외정책과 동아시아 안보지형의 변화: 재균형 정책의 진화를 중심으로"(『통일정책연구』, 2016) 외 다수

· **황지환**

서울시립대 국제관계학과 부교수

University of Colorado, Boulder 정치학 박사

주요 저서 및 논문│

"Revisiting the Functionalist Approach to Korean Unification: The Role of International Organizations and NGOs"(*Journal of International and Area Studies*, 2015)

"The Paradox of South Korea's Unification Diplomacy: Moving beyond a State-Centric Approach"(*International Journal of Korean Unification Studies*, 2014) 외 다수